Skandal-
experten,

Experten-
skandale

CASPAR HIRSCHI

Skandalexperten, Expertenskandale

Zur Geschichte eines Gegenwartsproblems

Matthes & Seitz Berlin

Inhalt

für Göttiandi,
le critique supérieur

Einleitung
Der Traum der Wissensgesellschaft

> Ein guter Historiker wird man nicht, indem man die Gegenwart aus seinem Geist tilgt, ganz im Gegenteil.
>
> PIERRE BOURDIEU, *Manet. Eine symbolische Revolution* (2015)

Als der Kalte Krieg ein Ende fand und das World Wide Web am Anfang stand, brach eine kurze Zeit zum Träumen an. Es waren nur ein paar Jahre, aber das reichte für agile Denker, um prächtige Luftschlösser einer neuen Welt- und Wissensordnung zu entwerfen. Spätestens 2001 wurden die Traumgebäude weggefegt. Sie hielten den symbolischen Druckwellen, die der Einsturz des World Trade Centers ausgelöst hatte, nicht stand. Das Erwachen aber war hart, und es dauerte lange. Bis heute klammern wir uns an einzelnen Traumfetzen fest, nur um der grauen Wirklichkeit nicht ins Gesicht schauen zu müssen.

Zu den Träumen aus den 1990er-Jahren gehört die Vorstellung, wir lebten in einer Wissensgesellschaft. Sie steht für das Versprechen einer Welt, in der Information über Ideologie und Ignoranz triumphiert, vermittelt durch Experten, die sie in immer höherer Quantität und Qualität zur Verfügung stellen. Was der Ritter für die Feudalgesellschaft, der Entdecker für die Kolonialgesellschaft und der Fabrikant für die Industriegesellschaft war, sollte der Experte für die Wissensgesellschaft sein: Vorreiter eines neuen, hochgebildeten Menschenschlags, der dank seiner Kompetenz in der Politik den Konsens herbeiführt und in der Wirtschaft die Effizienz erhöht. Wenn

Wissen der wichtigste Rohstoff der Zukunft sein sollte, wie es eine ebenso einprägsame wie schiefe Analogie wollte, so würden Experten die erfolgreichsten Rohstoffhändler der Welt werden.

Hätte es eines letzten Beweises bedurft, dass der Traum der Wissensgesellschaft geplatzt ist, so haben ihn der Austritt Großbritanniens aus der Europäischen Union und der Einzug Donald Trumps ins Weiße Haus erbracht. Nicht weil in beiden Ereignissen die Ignoranz über das Wissen triumphiert hätte, wie es aus manchen Kommentaren der ersten Stunde herausklang. Was den Brexit-Entscheid und die Trump-Wahl zu Akten der Illusionszerstörung machte, war die Art und Weise, wie sie im Vorfeld eingeordnet worden waren. Die Bürgerinnen und Bürger wussten um die kapitale Bedeutung der anstehenden Entscheidung, die Massenmedien berichteten rund um die Uhr über den Stand des Rennens, und viele Experten von Rang und Namen bezogen in seltener Geschlossenheit und Entschiedenheit Stellung: Sie sprachen sich für den Verbleib Großbritanniens in der EU und für die Wahl Hillary Clintons zur amerikanischen Präsidentin aus. Das Brexit- und Trump-Lager versuchte, aus der Not eine Tugend zu machen, spielte die Experten gegen das Volk aus und erntete empörte Reaktionen. In den Medien dominierte die Erwartung, die Bürger würden der Stimme der Wissenschaft, wenn sie so laut und eindeutig erklang, am Ende schon folgen. Und beide Male verkündeten die letzten Prognosen demoskopischer Experten, dass alles den erwarteten Lauf nehmen würde. Als es dann anders kam, war die politische Erschütterung umso größer. Die beiden ältesten Demokratien der Welt haben nicht nur schwerwiegende Entscheidungen mit ungewissem Ausgang für die ganze Welt getroffen, sie haben den Glauben an eine von Expertenwissen angeleitete Politik aufgekündigt.

Seither zeigt sich weit über Großbritannien und die Vereinigten Staaten hinaus in aller Deutlichkeit, was sich schon lange abgezeichnet hat: Mit dem Internetzeitalter ist keine expertenbasierte Konsensdemokratie entstanden, in der ein informierter Pragmatismus den Platz der ideologischen Konfrontation einnimmt. Eher ist das Gegenteil eingetreten. Die Polarisierung hat zugenommen, politische Extremisten und religiöse Fundamentalisten treiben die etablierten Parteien vor sich her, das Internet erleichtert die Verbreitung von Propagandalügen und Fehlinformationen, und wissenschaftliche Experten sehen sich als Komplizen einer »korrupten« Elite im Kreuzfeuer.

Wie schnell sich das Blatt gewendet hat, zeigen Bemühungen von staatlichen Behörden, den wissenschaftlichen Anteil an der eigenen Arbeit sprachlich zum Verschwinden zu bringen. 2017 erwog das Gesundheitsministerium der Vereinigten Staaten, in Budgetdiskussionen mit dem Kongress auf Begriffe wie »evidence-based« oder »science-based« zu verzichten, in der Annahme, dadurch eher Unterstützung von den republikanischen Mehrheiten in beiden Parlamentskammern zu erhalten.[1]

Was ist das für eine Welt, in der die Wissenschaft zur politischen Hypothek und der Experte zum populären Hassobjekt wird, und wie ist sie entstanden? Zeitdiagnostiker haben rasch eine Antwort gefunden, in der sich der Traum der Wissensgesellschaft ins Gegenteil verkehrt, den Albtraum einer demokratisch verbrämten Herrschaft der Dummen. Das meistbeachtete Buch zum Thema ist *The Death of Expertise* des amerikanischen Politikwissenschaftlers Tom Nichols.[2] Es wurde begeistert aufgenommen und schon kurz nach dem Erscheinen in elf Sprachen übersetzt. Nichols diagnostiziert eine »umgekehrte Evolution«, weg von »geprüftem Wissen« hin zu »Volksweisheiten und Mythen«, wobei diese nicht mehr von Mund zu Mund, sondern über elektronische Medien verbreitet würden. Der Tod der Expertise komme in Gestalt eines »von Google angetriebenen, auf Wikipedia beruhenden und von Blogs durchtränkten Kollapses jeder Trennung zwischen Profis und Laien, Studenten und Lehrern, Wissenden und Staunenden – mit anderen Worten, jenen mit einem klaren Leistungsausweis auf einem Gebiet und jenen mit gar keinem«. Wer zu letzteren gehöre, könne umso ungehemmter die eigene Ignoranz zum Ausdruck der individuellen Selbstbestimmung verklären,

Gefühlen den Vorzug vor Tatsachen geben und sich in »fast kindlicher« Weise auch nur dem Einmaleins politischer Prozesse verweigern. Die amerikanische Öffentlichkeit, konstatiert Nichols, sei nicht mehr imstande, wissenschaftliche Experten von politischen Entscheidungsträgern zu unterscheiden, und deshalb umso mehr geneigt, beiden alles Mögliche anzulasten. In Donald Trumps Wahl sieht Nichols eines der jüngsten und lautesten Signale, »die den bevorstehenden Tod der Expertise ankündigen« – und mit ihm das baldige Ende der Demokratie.[3]

Nichols' Zeitdiagnose ist deprimierend für die Menschheit, aber tröstlich für die Wissenschaft. Wenn wir es mit einer Evolution rückwärts zu tun haben, die vom Internet befeuert wird und wegen der »Faulheit der Öffentlichkeit« kaum aufzuhalten ist, dann fallen Experten einer Entwicklung zum Opfer, für die sie keine Verantwortung tragen und an der sie nichts Wesentliches ändern können. Was ihnen bleibt, ist das einsame Rufen in der Wüste oder, wozu der von Nichols zitierte Publizist James Traub nach dem Brexit appelliert hat, der heroische »Aufstand gegen die ignoranten Massen«.[4] Zwar widmet Nichols den Fehlern von Experten ein ganzes Kapitel, aber was er darin an Versäumnissen, Fehleinschätzungen und Selbstüberschätzungen von Kollegen anführt, erscheint als nachgeordneter Problemzusammenhang, dessen Ursachen wissenschaftsintern gelöst werden könnten. Der Wissenschaftsjournalist Mathias Plüss, der Nichols' Buch im Magazin des Schweizerischen Nationalfonds vorgestellt hat, gibt dessen Tenor treffend wieder, wenn er seine Leserinnen und Leser beschwichtigt, die »gegenwärtige Expertenkrise« sei »keine eigentliche Wissenschaftskrise«.[5] Wenn dem so ist, kann man getrost zur eigenen Forschung und zur Tagesordnung zurückkehren.

Wer heute die Apokalypse der Expertise ausruft, ist genauso wirklichkeitsfremd wie die Propheten, die vor dreißig Jahren die Ankunft der Wissensgesellschaft verkündet haben. Was Experten derzeit widerfährt, ist kein Tod auf Raten, verschuldet durch die digital verdorbenen Massen der Dummen und Faulen, sondern ein medial inszeniertes Degradierungsritual. Degradiert werden kann aber nur, wer zuvor privilegiert worden ist. Genau deswegen gibt es einen Zusammenhang zwischen dem Expertenkult der jüngeren Vergangenheit und der Expertenschelte der Gegenwart. Die Geschichte ist reich an Überhöhungen und Erniedrigungen von Experten, und oft lagen beide nahe beieinander. Während aber das Drama früher auf konkrete Auseinandersetzungen mit spezifischen Spezialisten bezogen war, hat es heute eine generalisierende Dynamik angenommen, die grundsätzlich neu ist. Brexiteers und Trumpisten haben diese Dynamik nicht entfacht, sondern aufgenommen und in die ihnen nützliche Richtung gelenkt. Entstanden ist sie schon früher, spätestens mit der pauschalen Überhöhung von Experten zu privilegierten Bewohnern der Wissensgesellschaft. Da die Wissenschaftler an dieser Überhöhung mitgewirkt haben, tragen sie nun auch einen Teil der Verantwortung am Gegenwind, der ihnen ins Gesicht bläst. Wollen wir aber verstehen, wie sie in die jetzige Situation geraten sind, müssen wir zuerst den Spuren nachgehen, die der Traum der Wissensgesellschaft in der politischen Realität hinterlassen hat, bevor wir die Geschichte des Experten weiter zurückverfolgen. Das soll in diesem Buch geschehen.

Experten als Wissensparlamentarier

Der Politologe Robert E. Lane, der als Begriffsschöpfer der Wissensgesellschaft gilt, hegte schon 1966 die Erwartung, die Mitglieder der »knowledgeable society« würden sich »von objektiven Standards einer verifizierbaren Wahrheit« leiten lassen und im Fall eines höheren Bildungsabschlusses sogar nach »wissenschaftlichen Regeln des Beweisens und Schlussfolgerns« handeln. In erster Linie aber versprach sich Lane von der neuen Ordnung eine Entpolitisierung der Politik: An die Stelle der »üblichen kurzfristigen politischen Kriterien« und des »ideologischen Denkens« würde die »Anwendung wissenschaftlicher Kriterien für politische Beschlüsse« treten. Im Konzept der Wissensgesellschaft lebte die Hoffnung, der Politik könne der polarisierende Parteiengeist ausgetrieben werden.[6]

Als die Prognose der Wissensgesellschaft in die Welt gesetzt wurde, war sie das optimistische Gegenstück zum Gespenst der Technokratie, das in den 1960er- und 70er-Jahren, bedingt durch die wissenschaftliche Aufrüstung und den technischen Planungsoptimismus beidseits des Eisernen Vorhangs, weit prominentere Autoren umtrieb.[7] Technokratiekritiker wie Herbert Marcuse und Jürgen Habermas unterschieden sich von Lane nicht so sehr in der Beschreibung, umso mehr aber in der Bewertung ihrer Zukunftsvisionen. Auch sie hielten Experten für Pioniere und Profiteure einer technischen Planbarkeit von Politik, nur sahen sie in ihnen eine Gefahr für die demokratische Meinungsbildung und Mitbestimmung.[8] Was den einen ein Gewinn an Rationalität, war den anderen ein Verlust an Egalität, und lange sah es aus, als hätten Letztere die Debatte gewonnen.

Während die Technokratiekritiker vor und nach 1968 den antielitären und theorieaffinen Grundton der Zeit trafen, verfehlten ihn die Anhänger der Wissensgesellschaft gleich doppelt. Sie redeten einer neuen Bildungsaristokratie das Wort und setzten mehr auf rhetorischen Effekt als auf theoretische Substanz. Tatsächlich besitzt der Begriff der Wissensgesellschaft, anders etwa als jene der Agrar-, Industrie- oder Dienstleistungsgesellschaft, die auf der gleichen kategorialen Ebene angesiedelt sind, keine Trennschärfe. Sobald man unter »Wissen« mehr versteht als reine wissenschaftliche Erkenntnis, sobald man Kategorien wie »Alltagswissen« oder »kulturelles Wissen« ins Spiel bringt, erscheint die Behauptung, eine Gesellschaft sei »wissensbasiert«, etwa so spezifisch wie die Feststellung, sie beruhe auf geschlechtlicher Fortpflanzung. Selbst Autoren, die den Begriff stark machen wollen, verstehen Wissen als »anthropologische Konstante«.[9] Mit anderen Worten: Sie können sich ein Gegenstück zur Wissensgesellschaft, so etwas wie eine »Unwissens-« oder »Ignoranzgesellschaft«, gar nicht vorstellen. Damit aber beginnen die Probleme bereits bei der Frage, welche Gesellschaften *nicht* als Wissensgesellschaft gelten dürfen.

Es brauchte andere Zeitumstände, damit der rhetorische Wohlklang die theoretische Dürftigkeit zuzudecken vermochte. In den 1980er-Jahren ging der Technokratiekritik mangels ideologischen Rückhalts an den Universitäten und empirischer Evidenz einer Expertenherrschaft die Luft aus. In den 1990er-Jahren setzte dann die Idee der Wissensgesellschaft zum verspäteten, aber umso steileren Höhenflug an. Der Fall des Eisernen Vorhangs weckte neue Hoffnungen auf eine ideologiefreie Politik wissensbasierter Problemlösung in globaler Perspektive, und die digitale Informationsexplosion beflügelte die Erwartung eines Wissenswettbewerbs unter Experten zum Besten der Menschheit. Sollte es in Zukunft noch gesellschaftliche Bruchlinien geben, würden diese zwischen Spezialisten und Laien, Gebildeten und Ungebildeten verlaufen.

Die Regierungen westlicher Demokratien machten sich die Rede von der Wissensgesellschaft rasch zu eigen, nicht zuletzt, weil sie sich damit das Prädikat einer wissensbasierten Politik ausstellen konnten. Die Berufung auf »unabhängige« Experten wurde zum festen Bestandteil der Choreografie, mit der Regierungen ihre Beschlüsse rechtfertigten, und so entstand zu nahezu jedem Thema, das sich in medienwirksamer Weise wissenschaftlich unterfüttern ließ, eine passende Expertenkommission. 2015 hat der Politikwissenschaftler Edward Page den Versuch unternommen, die Zahl der wissenschaftlichen Beratungsgremien in staatlichem Auftrag zu ermitteln. Er kam allein für Großbritannien auf über achtzig.[10] Je umstrittener ein Sachverhalt wirkte, desto attraktiver erschien die präventive Herstellung und öffentliche Inszenierung eines Expertenkonsenses. Kontroversen sollten im Keim erstickt werden, indem man eine Situation des wissenschaftlich vorgegebenen Sachzwangs kreierte.

Eine Weile lang ging die Rechnung auf. Expertenkommissionen wurden so zusammengesetzt, dass sie nach außen wie kleine Wissensparlamente wirkten, in denen alle Spezialistenmeinungen zu einem Thema vertreten waren. Ihre Beratungen waren in aller Regel vertraulich, ihre Berichte öffentlich, sodass Differenzen zwischen Experten und Politikern vor dem Erscheinen der Berichte bereinigt werden konnten und kaum Dissens an die Öffentlichkeit drang. Das Beratungsergebnis konnte anschließend als offizielle Position der Wissenschaft ausgegeben werden.

In dieses Vorgehen flossen verschiedene Vorstellungen von Wissenschaft ein, die konzeptionell unvereinbar, funktional aber stimmig sind. Während das Wissensparlament Ausdruck eines pluralistischen Wissenschaftsverständnisses ist, das sich vom Glauben an die reine Objektivität und politische Neutralität der Wissenschaft verabschiedet hat, beruht die Arbeit in diesem Parlament auf einer Parallelisierung der wissenschaftlichen mit der demokratischen Konsensfindung, als ließe sich wissenschaftlicher Dissens durch Kompromisseschmieden überwinden. Der Schlusskompromiss jedoch, der von möglichst allen »Parteien« mitzutragen ist, wird medial wieder so aufbereitet, dass der Eindruck entstehen soll, es gebe tatsächlich eine wissenschaftliche Wahrheit, die von einer neutralen Expertenelite garantiert und von den politischen Auftraggebern respektiert werde.

Diese zweckdienliche Inkonsequenz erlaubte es sogar, den »Expertenrat« erst nach dem Entscheid einzuholen, wenn dies aus Zeitdruck, Kontrollbedürfnis oder anderen Gründen opportun erschien. In offensichtlicher Weise geschah dies 2011 beim deutschen Atomausstieg, als sich die Bundesregierung nach der Reaktorkatastrophe in Fukushima zu einer raschen Reaktion gezwungen sah, umso mehr, als sie vom Tsunami in Japan auf dem falschen Fuß erwischt worden war. Ein halbes Jahr zuvor hatte sie, gestützt auf drei Expertengutachten, den »Ausstieg vom Ausstieg« verkündet und die Laufzeiten deutscher Kernkraftwerke verlängert. Um nun den »Ausstieg vom Ausstieg vom Ausstieg« zu begründen, brauchte es erneut die Unterstützung von Experten, diesmal mit konträrer Empfehlung, und dazu noch post festum. Die Regierung holte Gutachten von zwei weiteren Gremien ein, darunter von einer eigens für diesen Zweck ins Leben gerufenen »Ethikkommission für eine sichere Energieversorgung«, die den Tenor ihrer Stellungnahme bereits im Titel mitdiktiert bekam. Die Übung ging angesichts der ungünstigen Umstände erstaunlich glatt über die Bühne, und genau das war der Zweck des geballten Expertenaufgebots.

»Technokratie« als List der Politik

Die Aufrüstung der Expertenberatung im Namen der Wissensgesellschaft führte nicht zu einer technokratischen Durchdringung der Politik, wie es der Begriff der Expertokratie oder die Rede von wissenschaftlichen Beratungsstäben als »fünfter Gewalt« im Staat (neben der Exekutive, Legislative, Judikative und der Presse) suggeriert.[11] Vielmehr verstärkte sie die politische Instrumentalisierung der Wissenschaft. Regierungen mit ungewählten Fachspezialisten an der Spitze waren in jüngerer Zeit seltene und eher kurzlebige Ausnahmen für akute Krisensituationen. Sie kamen zustande, wenn Parteipolitiker angesichts des Zwangs zu unpopulären Maßnahmen noch so gerne auf Regierungsverantwortung verzichteten, und sie hielten sich gerade so lange, bis die Krise überwunden schien und die Parteipolitiker wieder eine günstige Gelegenheit sahen, in Machtpositionen einzurücken. So erging es der italienischen Regierung unter dem Ökonomen Mario Monti und der griechischen Regierung unter seinem Fachkollegen Loukas Papademos. Beide wurden 2011 auf dem Höhepunkt der südeuropäischen Staatsschuldenkrise unter internationalem Druck eingesetzt, und beide mussten, als das Schlimmste überstanden war, wider Willen wieder abtreten. In Griechenland war es bereits nach einem halben Jahr, in Italien nach eineinhalb Jahren so weit.

Experten, die in wissenschaftlichen Beratungsorganen mitwirkten und an gewählte Regierungen mit technokratischen Erwartungen herantraten, machten ähnlich ernüchternde Erfahrungen. Fanden sie mit ihren Forderungen keine politische Unterstützung, wurden sie im besten Fall ignoriert und im schlechtesten kaltgestellt. Ersteres widerfuhr nach 2008 mehreren Ökonomen in europäischen Expertengremien, als sie aus wissenschaftlichen Modellen zwingende Maßnahmen zur Stabilisierung der Eurozone ableiteten, damit aber bei den auf Zeit spielenden Regierungen Nordeuropas auf taube Ohren stießen. Letzteres traf 2009 den englischen Psychopharmakologen David Nutt in seiner Funktion als Präsident der staatlichen Expertenkommission für Drogenkonsum, nachdem er die britische Regierung öffentlich zu einer wissenschaftlich abgestützten Drogenpolitik aufgefordert hatte: Er wurde zum Rücktritt gezwungen.

Experten erhalten durch ihre exponierte Tätigkeit in der Politik zwar mehr Verantwortung, aber es ist eine Verantwortung ohne Verfügungsgewalt, und dadurch bleiben die Profite, solange das System einigermaßen funktioniert, bei den politischen Eliten. Noch mehr als bei erfolgreichen Aktionen wie dem Atomausstieg zeigen sich die ungleichen Kräfteverhältnisse bei misslungenen Vorhaben. Sehen sich Politiker aufgrund »expertenbasierter« Entscheidungen medialer Empörung und öffentlichem Unmut ausgesetzt, geraten sie in Versuchung, die symbolische Verantwortung, die sie ihren Experten zuvor aus legitimationsförderlichen Gründen abgetreten hatten, in eine reale Schuld zu übertragen. In solchen Situationen bieten sich Experten als Blitzableiter an, und ein politischer Missstand lässt sich mit dem Argument wegerklären, die Regierung sei nicht wissensbasiert genug beraten worden. Wie schnell sich die politische Rechtfertigungslogik drehen kann, erlebten Erdbebenexperten in Italien nach der Zerstörung des Abruzzenstädtchens L'Aquila 2009, als sie für die mangelhaften Präventionsmaßnahmen der Regierung den Kopf hinhalten mussten, nachdem sie sich kurz zuvor von der gleichen Regierung als inoffizielle Pressesprecher hatten einspannen lassen.

Die Reaktionen der Scientific Community auf Skandale wie jenen um den englischen Drogenexperten und die italienischen Erdbebenexperten fielen heftig aus. Allerdings kamen sie dem Versuch gleich, den Traum der Wissensgesellschaft vor der Realität in Schutz zu bringen. Dadurch blieb das strukturelle Risiko, das die hohe Exponiertheit von Experten im politischen Betrieb für Demokratie *und* Wissenschaft mit sich brachte, ausgeblendet. Man hat die Gefahr erst in dem Moment erkannt, als politische Hasardeure mit explizit gegen Experten gerichteten Kampagnen Erfolge feierten, die man kurz zuvor noch für unmöglich gehalten hätte. Mit Großbritannien und den Vereinigten Staaten waren es nicht nur die zwei ältesten Demokratien, sondern auch die zwei weltweit führenden Wissenschaftsnationen, in denen sich eine expertenkritische Politik zuerst auf breiter Basis durchsetzte. Vor allem in den Vereinigten Staaten wich die Empörung nun dem Entsetzen, aber dadurch wurde die Ratlosigkeit, wie der Gefahr zu begegnen sei, nur noch größer. Damit sind wir wieder beim Gegenwartsproblem angelangt, um dessen Geschichte es hier geht.

Zurück zu den Anfängen

Dieses Buch beginnt und endet in der Gegenwart. Der Hauptteil wird eingerahmt von den Fallstudien über den englischen Drogenexperten und die italienischen Erdbebenexperten, die 2009 fast zeitgleich, aber unabhänigig voneinander öffentlich degradiert wurden. Die detaillierte Rekonstruktion der beiden Fälle zeigt, dass nicht nur die Politik, sondern auch die Medien und die Wissenschaft zur Überhöhung des Experten beitragen, damit in der Öffentlichkeit unerfüllbare Erwartungen schüren und letztlich das Skandalisierungspotenzial der Rolle steigern. Die Absichten von Politikern, Journalisten und Forschern unterscheiden sich dabei so stark, wie sich die Auswirkungen auf ihren Berufsstand gleichen: Dem kurzfristigen Nutzen für einzelne Akteure steht der langfristige Schaden für die Metiers in Form eines öffentlichen Vertrauensverlusts gegenüber. Insofern stellen die Polemiken gegen »fake news«, »broken politics« und »partisan experts« unterschiedliche Symptome desselben Problemzusammenhanges dar.

Die Kapitel zwischen den Fallstudien zur Gegenwart gehen bis in die französische Monarchie des späten 17. Jahrhunderts zurück, wo die Figur des Experten erstmals eine erkennbare Gestalt angenommen hat. Es war die Zeit, als der junge Ludwig XIV. Versailles zum Zentrum einer prachtvollen Hofkultur aufbaute und sein Finanzminister Jean-Baptiste Colbert die königliche Verwaltung zum Vehikel einer raffinierten Innovationspolitik machte.[12] Beide Vorgänge folgten einem strukturanalogen Muster, das in der Formalisierung offizieller Abläufe bestand. Während davon am Hof die Rituale des königlichen Zeremoniells betroffen waren, ging es in der Verwaltung um die Verfahren der administrativen Arbeit. Das formelle Festschreiben der Prozeduren erbrachte da wie dort einen Kontrollgewinn, allerdings um den Preis einer Selbstunterwerfung unter das eigene Regelwerk. Ludwig XIV. wurde durch das höfische Zeremoniell ebenso diszipliniert wie seine Hofleute, Colbert durch die administrativen Abläufe ebenso auf Effizienz getrimmt wie seine Funktionsträger.

Im Zentrum der französischen Innovationspolitik, die Colbert in den zwei Jahrzehnten seines Wirkens zwischen 1661 und 1683 angestoßen, aber längst nicht abgeschlossen hat, standen Verfahren des Sammelns, Prüfens, Verbesserns, Verwaltens und Verteilens von politisch verwertbarem Wissen. Für den Historiker Jacob Soll war Colbert ein »Information Master«, der den Ausbau der staatlichen Macht in neuer Weise mit dem Aufbau eines Informationsmonopols verband.[13] Letztlich ging es bei seinen Reformen aber um mehr, nämlich um das Filtern und Umwandeln von Information in Wissen – und um dessen Weitergabe an Akteure außerhalb der Verwaltung, damit es seine Erneuerungskraft in Industrie, Handwerk, Handel und Armee entfalten konnte.[14] Zu diesem Zweck griff Colbert auf bestehende Funktionsträger wie die Intendanten zurück, denen er umfassende Aufgaben in der Informationsvermittlung von der Provinz nach Paris übertrug, und er setzte neues Fachpersonal wie die Inspektoren ein, denen er den Doppelauftrag erteilte, privates Wissen über die französischen Manufakturen zu erwerben und den Manufakturen umgekehrt staatliches Wissen über neue Technologien oder Absatzmärkte zu vermitteln.[15]

Eine entscheidende Rolle bei der verfahrensgeleiteten Verwandlung von Information in Wissen kam Institutionen zu, in deren Betrieb Colbert nicht direkt eingreifen konnte, deren Rahmenbedingungen er aber umso stärker zu gestalten versuchte: die Gerichte und die Akademien. Hier nun trat die Figur des Experten in Erscheinung. Der Experte war, begriffs- wie rollengeschichtlich gesehen, ein Geschöpf des Gerichts. Der Befund kommt nur auf den ersten Blick überraschend: Das Gericht stand im 17. Jahrhundert wie keine andere Institution für eine verfahrensgeleitete Wahrheitsermittlung und Urteilsbegründung und stellte damit für Herrscher wie Forscher eine Orientierungsgröße ersten Ranges dar. Die Figur des Experten ist aus den von Colbert initiierten Reformen der gerichtlichen Gutachtertätigkeit hervorgegangen und avancierte in den königlichen Akademien über den Aufbau von Verfahrensabläufen nach gerichtlichem Vorbild zu einer Stütze seiner Innovationspolitik.

Experten empfahlen sich für ihre Schlüsselrolle bei der Verwandlung von Information in Wissen aufgrund von zwei Eigenschaften, die ihnen nach der Reform des französischen Zivilrechts durch den *Code Louis* 1667 zugeschrieben wurden: Sachkompetenz und Unabhängigkeit. Die beiden Eigenschaften standen von Beginn an in einem Spannungsverhältnis zueinander, denn in der Gerichtspraxis ging die Gewährleistung der einen oft auf Kosten der anderen. Hatte Colbert mit dem *Code Louis* die Unabhängigkeit der Experten gestärkt, indem er Vorschriften erließ, wer zum Experten qualifiziert und wie die Begutachtung durchzuführen sei, so wurde nach dessen Umsetzung bald moniert, die Gerichte hätten es mit inkompetenten Experten zu tun, weil viele Spezialisten, die mit den Angeklagten den gleichen Beruf und damit oft auch die gleiche Zunftzugehörigkeit teilten, wegen mangelnder Unabhängigkeit ausgeschlossen seien. Auf diese Weise kam ein Prozess des permanenten Reformierens und Justierens in Gang, der im Verlauf des 18. Jahrhunderts eine neue Expertenfigur hervorbrachte, die Kompetenz und Unabhängigkeit endlich zu vereinigen schien: den staatlich akkreditierten und alimentierten Wissenschaftler mit Sitz in einer königlichen Akademie.

Auch diese Figur hatte ihr institutionelles Fundament in Colberts Innovationspolitik. Als er Finanzminister wurde, gab es zwei königliche Akademien in Frankreich, als er starb, sieben dieser Prestigeinstitutionen. Den fünf Akademien, an deren Gründung er beteiligt war, wurden spezielle Tätigkeitsgebiete zugewiesen, auf denen sie Informationen sammeln, prüfen und zu wertvollem Wissen verarbeiten sollten. Eine unter ihnen, die 1666 gegründete Académie royale des sciences, stieg im 18. Jahrhundert zur europaweit führenden Forschungsstätte im Bereich der mathematischen und experimentellen Wissenschaften auf. Neben ihrer wissenschaftlichen Tätigkeit wirkte die Académie des sciences auch als Gutachterinstanz für technische Erfindungen, die, wenn sie als neu und nützlich taxiert wurden, mit einem königlichen Privileg versehen wurden, das ihren Urhebern zugleich als Qualitätszertifikat und Konkurrenzschutz diente. Mit der Zeit avancierte die Akademie zu einer Art fortschrittsverpflichteten Zensurbehörde auf industriellem, militärischem und logistischem Gebiet.[16] Und mehr als ihre eigenen Forschungen war es diese Gutachtertätigkeit, die innerhalb der Akademie zum Aufbau von Verfahrensabläufen nach gerichtlichem Vorbild führte.

Dass die Entstehung der Expertenrolle in engem Zusammenhang mit der Entwicklung einer modernen Innovationspolitik steht, hat neben dem Zusammenwirken bestimmter Institutionen und Personen noch tieferliegende Ursachen. Beide Prozesse fallen in eine Zeit der herrschaftlichen und wissenschaftlichen Expansion, in der die Verarbeitung neuer Informationen zu einem vorrangigen Problem wird. Während die europäischen Staaten fremde Kontinente erobern und globale Handelsrouten etablieren, entdecken europäische Forscher unbekannte Welten von der größten bis zur kleinsten Dimension. Für das territoriale wie wissenschaftliche Ausgreifen sind technologische Innovationen zentral, und nicht selten kommen die gleichen Instrumente zum Einsatz – so etwa das Fernrohr, das für die maritime Navigation wie für die astronomische Observation Anwendung findet. Entsprechend naheliegend ist es für die Beteiligten, die Ausdehnung der staatlichen Macht und des wissenschaftlichen Wissens als ineinander verschränkte Vorgänge zu verstehen. Zeitgenossen sprechen metaphorisch vom Erobern unbekannter Gestade, wenn sie das Erzielen neuer Erkenntnisse meinen, und erforschen konkret Steine, Pflanzen, Tiere und Menschen fremder Länder, während diese von ihren Regierungen unterworfen werden.[17]

Die präzedenzlose Geschwindigkeit, mit der neues Wissen erschaffen und neue Territorien erschlossen werden, erzeugt bei Herrschern wie Forschern den Eindruck unbegrenzter Möglichkeiten, aber auch einen Zustand der Unübersichtlichkeit und Überforderung. Um 1700 beginnen sich die Klagen von Gelehrten zu häufen, sie könnten das Wissen, das auf ihrem Gebiet publiziert würde, nicht mehr absorbieren.[18] Je weiter sich das Reich des Wissens ausdehnt, desto kleiner wird die Parzelle, die ein einzelner Mensch gründlich bewirtschaften kann. Dadurch erhöht sich nicht nur der Druck zur Spezialisierung, sondern auch der Bedarf nach Wissensvermittlung zwischen den sich ausformenden Spezialgebieten. Die Herrschaftsapparate europäischer Staaten durchlaufen im selben Zeitraum einen vergleichbaren Prozess. Sie können die gesteigerten Anforderungen ihres territorialen und administrativen Ausgreifens nur bewältigen, indem sie die Arbeitsteilung erhöhen und die Kommunikation verdichten. Dabei wird auch das Verhältnis von Wissenschaft und Politik neu organisiert. Zu den klassischen Funktionseliten der Juristen gesellen sich wissenschaftliche Fachleute unterschiedlicher Ausrichtung, die jedoch, damit sie die Entscheidungsträger stets mit neuestem Wissen versorgen können, weniger dem Herrschaftsapparat einverleibt als in weitreichender Autonomie belassen und von außen als Berater beigezogen werden.

Im Zeichen der Spezialisierung, Autonomisierung und gleichzeitigen Instrumentalisierung der Wissenschaften setzt sich unter Herrschern und Forschern eine Einstellung durch, die in dieser

Entschiedenheit ebenfalls neu ist: Wissen ist Macht, aber die Wissenden sind nicht die Mächtigen. Experten entstehen in einer Welt, in der das alte Ideal einer personellen Einheit von Wissen und Macht, wie es noch die Renaissancekultur mit den Figuren des platonischen Philosophenkönigs und des ciceronianischen Senatsredners proklamierte, auseinanderbricht. Sie sind Kreaturen arbeitsteiliger Machtstrukturen, in denen Herrschende wie Wissende ihre Kompetenzen konzentrieren, um in komplementärer Kooperation auf neue Probleme reagieren und selber neue Lösungen produzieren zu können.

Damit sich solche Strukturen stabilisieren, bedarf es der Selbstbeschränkung aller Beteiligten. Idealtypisch heißt das: Experten können noch so viel von einer Sache verstehen, sie müssen die Ausführung anderen überlassen. Sie dürfen Einfluss auf Entscheidungsträger ausüben, aber keine Entscheidungsbefugnis beanspruchen. Die Macht von Politikern und Richtern bleibt unangetastet. Umgekehrt sind diese dazu verpflichtet, sich nicht in die Wissensarbeit der Experten einzumischen. Die Glaubwürdigkeit von Experten steht und fällt mit der ihnen zugestandenen Unabhängigkeit. Sie sind darauf angewiesen, dass sich ihrer Wissensarbeit Handlungsfelder eröffnen, die Entscheidungsträger als autonom respektieren und für nützlich halten. Damit sind Experten Günstlinge einer umfassenden Staatspatronage, durch die sie sogar einen gewissen Schutz vor dem Staat selbst genießen. Der Expertenrolle liegt sowohl ein Autonomieversprechen als auch ein Beratungsbedürfnis von Seiten der Entscheidungsträger zugrunde. Politikern und Richtern ist der Part von einsichtsfähigen Vernunftmenschen zugedacht, die genug wissen, um zu wissen, dass sie nicht genug wissen. Sie sollen sich aus eigenem Willen an einen Informationstropf hängen, der sie konstant mit neuem Wissen versorgt. Sind die Bedingungen, unter denen ein Expertendasein idealiter möglich ist, schon derart voraussetzungsreich, kann davon ausgegangen werden, dass sie realiter nur selten zur Gänze erfüllt sind. Und berücksichtigt man zudem, dass Experten auch unter idealen Bedingungen in einem Umfeld tätig sind, das neben ihrer formellen

Aufgabe eine Fülle informeller Funktionen zulässt, wird die strukturelle Brisanz ihres Tuns sichtbar. Darin liegt das Skandalpotenzial der Expertenfigur.

Skandalgeschichten

Während das erste historische Kapitel die Bedingungen untersucht, unter denen Experten im Ancien Régime vom Gericht in die Politik und zugleich vom Handwerk in die Wissenschaft aufstiegen, beschreiben die darauffolgenden Kapitel die systemischen Spannungen, denen sie ausgesetzt waren, anhand von großen Skandalen aus dem 18. und 19. Jahrhundert. Experten waren jeweils an entscheidender Stelle in öffentliche Affären verwickelt, und manchmal wurden sie sogar selber zum Skandalon. Die Geschichte dieser Skandale ist schon oft erzählt worden und hat sich in der öffentlichen Erinnerung zu mythischen Lehrstücken verfestigt, aber gerade deshalb ist es reizvoll, sie von ungewohnter Warte aus zu betrachten. Mit dem Blick auf die involvierten Experten und mit der Analyse wenig beachteter Quellen entsteht jeweils ein neues, in mancher Hinsicht überraschendes Bild der Ereignisse, das mit dem Anspruch verknüpft ist, ihren historischen Ablauf und ihre heutige Relevanz besser zu erfassen.

Alle beleuchteten Skandale eint, dass sie stark von Wissenskonflikten geprägt sind. In ihnen prallen unvereinbare Wahrheitsansprüche zu bestimmten Ereignissen oder Sachverhalten aufeinander und werden mit wissenschaftlichen Mitteln ausgefochten. Was macht Skandale als Untersuchungsgegenstände so interessant, abgesehen von der hohen Dosis an Dramatik, die sie Betroffenen wie Beobachtern bescheren? Zu einem Skandal kommt es dann, wenn eine medial erhobene Anklage gegen bestimmte Personen wegen eines Normenverstoßes eine ebenso medial orchestrierte Entrüstung von unbeteiligten Dritten auslöst. Die skandalisierten Personen werden einem öffentlichen Tribunal ausgesetzt, das weder eine Rollentrennung zwischen Anklägern und Richtern noch eine Verteidigung vorsieht. Zudem können sich die Anklagepunkte im Verlaufe des Prozesses verschieben oder ganz verlagern, weshalb der Soziologe John B. Thompson von Verstößen »erster« und »zweiter Ordnung« spricht, an denen viele Skandale erst entzündet und anschließend am Lodern gehalten werden.[19] Damit überlagern sich in Skandalen zwei Zeit- und Handlungsebenen, die in Gerichtsprozessen systematisch getrennt sind: jene des zu klärenden Tatbestandes und jene des aktuellen Prozessgeschehens. Skandale bestehen aus Ad-hoc-Deutungen von Vorgängen, die noch gar nicht abgeschlossen sind, sondern im Akt des »Enthüllens« weiter vorangetrieben werden, bis sie sich in einem reinigenden Gewitter oder in allgemeinem Überdruss erschöpfen. Man sollte Skandale daher als mediale Degradierungsrituale von Personen oder Institutionen und nicht als außergerichtliche Strafverfahren verstehen.[20]

Ein Degradierungsritual bedarf, um Aufmerksamkeit zu erhalten und Wirkung zu erzeugen, einer beträchtlichen Fallhöhe der betroffenen Personen. Zielscheibe eines Skandals kann nur werden, wer einen guten Ruf zu verlieren und hohen Ansprüchen zu genügen hat. Experten haben beides, aber das ist noch nicht alles, was sie zu idealen Opfern der Skandalisierung macht. Das Degradierungsritual wird im Namen der öffentlichen Meinung vollzogen und folgt der Rechtfertigungslogik, dass soziale Normen und moralische Gebote höhere Geltung haben als der Rang und Namen der Degradierten. Skandalisierer setzen eine breit geteilte Überzeugung von Normalität voraus, an die sie appellieren und mit der sie dem skandalisierten Geschehen den Eindruck der Eindeutigkeit verleihen. Die erfolgreiche Suggestion von Eindeutigkeit ist Voraussetzung dafür, dass ein Skandal überhaupt in Gang kommen kann. Allerdings ist es mit der Eindeutigkeit vorbei, sobald im Zuge der medialen Bewirtschaftung des Skandals Gegenstimmen zu Wort kommen, welche die Anklage relativieren, kritisieren oder ihrerseits skandalisieren. Gerade jene Skandale, die sich zu großen Medienereignissen auswachsen, folgen kaum je dem Szenario, das ihnen die Skandalisierer der ersten

Stunde zugedacht haben. Anstatt einer »runden« und »sauberen« Geschichte, die von der Enthüllung des Skandalons über die öffentliche Degradierung der Skandalisierten zur kollektiven Bekräftigung von verletzten Normen führt, produzieren sie ein voyeuristisches Drama voller Ambivalenzen, Ungerechtigkeiten und Uneindeutigkeiten und lassen dabei eine latente Normenkonkurrenz zum offenen Konflikt ausarten. Bei Expertenskandalen ist es zum Beispiel die gleichzeitige Geltung einer an der öffentlichen Meinung und am wissenschaftlichen Forschungsstand orientierten Politik. Die Aufmerksamkeitslogik der Medien hat an der Eskalation meist einen bedeutenden Anteil, ist aber selten ein ursächlicher Faktor. Skandale sind Mechanismen zur Entladung von sozialer Aggression, und insofern gehört es zu ihrer »Natur«, dass sie mit dem Anspruch starten, eine verletzte Ordnung wiederherzustellen, und in einem Feld der Verwüstung enden können.

Genau das aber macht ihre Faszination für die historische und soziologische Forschung aus. Skandale spülen innere Spannungen im Normengefüge einer Gesellschaft an die Oberfläche, ohne dass diese von den Beteiligten selber thematisiert, geschweige denn gelöst werden könnten. Sie lassen zu hohe, zu enge oder zu widersprüchliche Erwartungen an bestimmte Personen, Institutionen oder Verfahren erkennen, indem sie diese wiederholt zur Zielscheibe von Entrüstungskampagnen machen. Für Experten gilt dies, wie die folgenden Kapitel zeigen werden, in besonderem Maße.

Um den tiefer liegenden Spannungen der hier behandelten Skandale auf die Spur zu kommen, werde ich den jeweiligen Handlungsablauf, der zu einem bestimmten Skandal geführt hat, detailliert darlegen. Das gibt mir die Möglichkeit, die Skandalisierungsnarrative gegen den Strich zu bürsten. Als Sofort-Deutungen mit Entrüstungsfunktion sind Skandalisierungsnarrative chronisch unzuverlässige Rekonstruktionen, und da sie auf die normative Dimension eines Geschehens fixiert sind, um Schuldige zu überführen und abzustrafen, können sie dessen kulturellen und strukturellen Unterbau kaum

Beachtung schenken. Gleichwohl bleiben viele Skandalisierungsnarrative auch in der Rückschau unhinterfragt stehen, sei es, weil sie für die Medien zu attraktiv sind, um kritisch überprüft zu werden, sei es, weil die Gesellschaft moralisch eindeutige Dramen als öffentliche Reinigungsrituale braucht. Häufig sind auch die historischen Nacherzählungen von Skandalen noch derart nahe an ursprünglichen Skandalisierungsnarrativen, dass ein Verständnis ihrer Entstehungszusammenhänge erschwert ist. Von den hier analysierten Fällen gilt das für den kürzlich erfolgten Expertenprozess von L'Aquila ebenso wie für die weit zurückliegenden Skandale um die Familie Calas und um Alfred Dreyfus.

Die Gegenwärtigkeit der Geschichte

Indem dieses Buch Geschichte und Gegenwart eng aufeinander bezieht, um die historischen Voraussetzungen der heutigen »Wissenspolitik« freizulegen, erzählt es nicht etwa eine »lineare« Geschichte, die von einem Entwicklungsstadium zum nächsten schreitet, bis sie im Hier und Jetzt anlangt. Vielmehr beschreibt es eine ungerichtete Dynamik, die von einem steten Widerspruch zwischen innovativen Absichten und ihren unintendierten Folgen vorangetrieben wurde und noch immer wird. Gibt es ein Erzählmuster, das die Chronologie des Buches durchzieht, so ist es jenes einer Wiederkehr ähnlicher Konstellationen unter veränderten Bedingungen. Es dient dem doppelten Zweck, die Geschichtlichkeit der Gegenwart und die Gegenwärtigkeit der Geschichte zu verdeutlichen.

I

Aufstieg und Fall eines drogenpolitischen Technokraten

Er wurde entlassen, weil er nicht zugleich ein Regierungsberater und ein Aktivist gegen die Regierungspolitik sein kann. Dieses Prinzip ist wohlbekannt und seit Langem in Kraft.

ALAN JOHNSON, *Why Professor Nutt was Shown the Door* (2009)

Was ist unter einem Experten zu verstehen? Ich schlage vor, den Begriff mit drei Tätigkeiten zu verbinden: der Demonstration von Spezialwissen, der Vermittlung dieses Wissens an Laien und der Behauptung von Unabhängigkeit. Experten treten als Repräsentanten eines Wissensgebiets auf und weisen sich durch Fachtitel aus, die ihre Zugehörigkeit zu einer Spezialistengemeinschaft bezeugen. Ihre Rolle können sie nur ausüben, wenn Außenstehende mit Fragen an sie herantreten. Experten werden um Informationen und Einschätzungen, um Empfehlungen und Rat gebeten. Egal, ob sie auf der medialen Bühne oder hinter verschlossenen Türen agieren, ihre kommunikative Tätigkeit beschränkt sich auf das Antwortgeben. Die Antworten kommen dabei Übersetzungen gleich. Experten präsentieren, anders als Spezialisten im Gespräch unter sich, ihr Fachwissen in einer von Fachjargon so weit gereinigten Form, dass es für Laien verständlich wird.

Die Art der Fragen setzt den Rahmen, in dem sich Experten bewegen können. Vor Gericht beantworten sie Sachfragen und werden entsprechend als Sachverständige bezeichnet. Ähnlich limitiert ist ihr Spielraum in den Medien, wo die Choreografie von Experteninterviews, am auffälligsten in Nachrichtensendungen, der mündlichen

Befragung von Sachverständigen im (angloamerikanischen) Gericht nachempfunden ist. Ungleich mehr Möglichkeiten haben Experten in der Politik. Hier ist ihr potenzieller Einfluss am größten, denn sie sollen nicht nur Materien erklären, sondern auch Maßnahmen empfehlen. Sie treten, um die Analogie zum Gericht weiterzuführen, zugleich als Sachverständige und als Anwälte auf. Zu entscheiden aber haben sie nichts. Wo diese Grenze aufgeweicht oder aufgehoben ist, verwandeln sich Experten in Technokraten.

Gemeinsam dagegen ist Experten im Gericht, in den Medien und in der Politik die Erwartung, dass ihre Aussagen aus unabhängiger Position erfolgen. Unabhängigkeit bedeutet dabei zweierlei: am Beratungsgegenstand kein ökonomisches Interesse zu haben und in der Beratungstätigkeit keinen politischen Einflussversuchen ausgesetzt zu sein. Entstehen Zweifel an der Unabhängigkeit, erscheinen Experten je nach Situation als Lobbyisten oder Propagandisten, und ihre Glaubwürdigkeit ist ramponiert.

In den Mühlen der Politik

Die Definition des Experten bietet eine erste Klärung, worüber wir sprechen, aber sie lässt noch nicht erahnen, in welchem Spannungsfeld Experten stehen. Dazu braucht es die Analyse von Fallbeispielen. Die erste betrifft einen Fall im doppelten Sinne. Es geht um den Sturz eines Drogenspezialisten in England, der als Vorsitzender einer staatlichen Expertenkommission die unsichtbaren Grenzen seines Tätigkeitsbereichs austestete. Als er merkte, dass er sie überschritten hatte, war es schon zu spät. Die Folgen waren für ihn relativ dramatisch, für uns sind sie umso erhellender. Beginnen wir aber, als das Schielen nach der Macht für ihn noch allzu reizvoll wirkte.

Am 18. Juli 2006 legte die parlamentarische Kommission für Wissenschaft und Technologie des britischen Unterhauses einen Bericht zum Umgang der Regierung mit ihren Drogenexperten vor.[1] Es ging um die Mitglieder des Advisory Council on the Misuse of Drugs, dem unabhängigen Beratungsorgan für die Drogenpolitik. Der Bericht präsentierte einen ernüchternden Befund. Die Zusammenarbeit zwischen dem Expertengremium und der Regierung funktioniere nicht zufriedenstellend. Die Parlamentarier machten für die Missstände beide Seiten verantwortlich. Auf der Regierungsseite bemängelten sie ein Desinteresse für empirische Evidenz und auf Expertenseite ein Versagen bei der Erarbeitung derselben. Zudem zeigten sie sich beunruhigt, dass sich der Innenminister, in dessen Verantwortung die Drogenpolitik fällt, und der Präsident des Advisory Council im Bezug auf die Kompetenzen des Gremiums öffentlich widersprachen.[2]

Besonders hart ins Gericht ging der Bericht mit den Experten. Die Parlamentarier zeigten sich »extrem enttäuscht« über die mangelnde Transparenz und Präsenz des Gremiums.[3] Vor allem aber warfen sie dem Advisory Council vor, seiner Hauptaufgabe, der Klassifikation von Drogen nach ihrer Gefährlichkeit, ungenügend nachgekommen zu sein.[4] Was hat es mit dieser Klassifikation auf sich? Die Gefährdungsklassen sind ein Pfeiler der britischen Drogenpolitik. Sie setzen den strafrechtlichen Sanktionsrahmen für den Besitz und Handel illegaler Rauschmittel. 2006 waren zum Beispiel für die »Class C«-Droge Anabolika für Besitz maximal zwei Jahre Gefängnis und für den Handel bis zu 14 Jahre Gefängnis vorgesehen, für die »Class A«-Droge Kokain für Besitz dagegen bis zu sieben Jahre Gefängnis und für Handel maximal lebenslänglich.[5] Seit dem *Misuse of Drugs Act* von 1971 werden illegale Drogen in Großbritannien in drei Gefährdungsklassen eingeteilt, wobei das Gesetz nicht festlegt, nach welchen Kriterien die Klassifikation zu erfolgen hat, sondern den ebenfalls 1971 gegründeten Advisory Council beauftragt, die Klassifikation regelmäßig zu evaluieren und zu aktualisieren. 2006 nun bemerkte die parlamentarische Kommission, die offiziellen Experten könnten keine wissenschaftlich gestützte Begründung abgeben, wie die Drogen ihren jeweiligen Platz im ABC-System gefunden hätten.

Ausgenommen von der Kritik war ein einzelnes Gremium innerhalb des Advisory Council, das Technical Committee. Dessen

Mitglieder, betonten die Parlamentarier, arbeiteten seit 18 Monaten an einem alternativen Klassifikationssystem, ohne dass dieses im Council diskutiert worden sei.[6] Den Vorsitz des Technical Committee hatte Professor David Nutt, ein Spezialist für die zerebrale Wirkung von Drogen, der damals die Abteilung für Psychopharmakologie an der Universität Bristol leitete. Nutt hatte den Parlamentariern einen unveröffentlichten Entwurf des neuen Klassifikationssystems zur Verfügung gestellt, den diese nun in ihrem Bericht ausführlich würdigten.

Schaut man sich die Passagen an, die der Bericht aus Nutts Entwurf zitiert, und ergänzt dazu noch Nutts mündliche Aussagen aus den Anhörungsprotokollen der Kommission, erhält man den Eindruck, die Parlamentarier hätten ihre Kritik an der Expertenbehörde aus

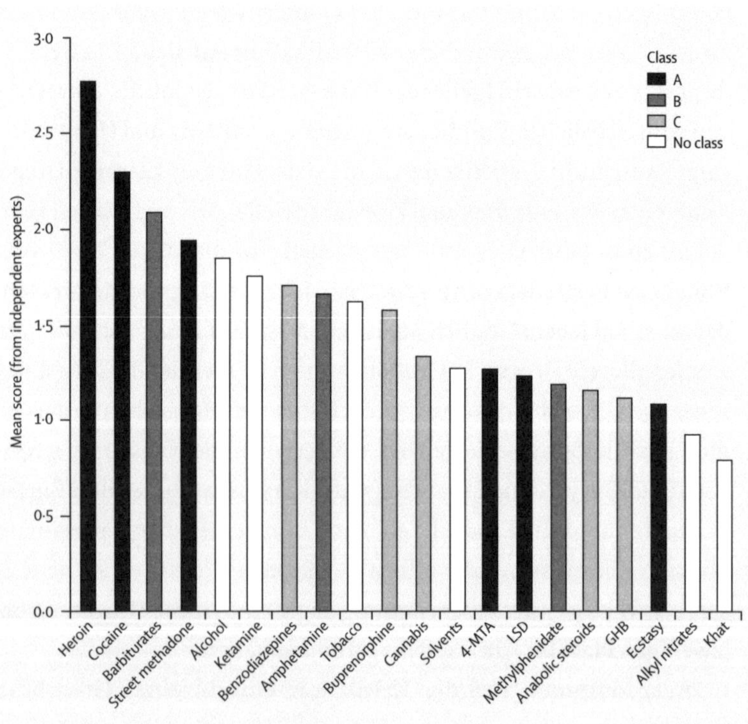

dem Technical Committee ebendieser Expertenbehörde bezogen. Sie beriefen sich auf Nutts Papier, um die fehlende Systematik im Klassifikationssystem, die willkürlichen Grenzen zwischen den Gefährdungsklassen und die problematische Verknüpfung zwischen Schädlichkeit und Strafmaß hervorzuheben.[7] Weiter führten sie Nutts mündliche Aussage an, wonach »in der (Präventions-)Erziehung die Botschaft empirisch abgestützt« sein müsse, wenn man verhindern wolle, dass die Leute sagten, »sie ist Müll«,[8] und schlossen mit der Empfehlung:

> Die identifizierten Probleme verdeutlichen die Tatsache, dass die angekündigte Überarbeitung des Klassifikationssystems dringend geboten ist, und die Regierung wird aufgefordert, die Beratungen darüber unverzüglich aufzunehmen. Es ergeht der Vorschlag, dass die Regierung eine wissenschaftlich besser abgestützte Schädlichkeitsskala entwickeln und diese von den Strafen für Besitz und Handel abkoppeln soll. Des Weiteren wird ein dringender Bedarf an höheren Investitionen in die Forschung festgestellt, um die politische Entwicklung auf diesem Gebiet zu unterstützen.[9]

Nutts mit anderen Forschern geschriebener Entwurf für eine neue, wissenschaftlich solidere Schädlichkeitsskala erschien im März 2007 in der renommierten Fachzeitschrift *The Lancet*.[10] Die

←

Mit dieser grafischen Darstellung der Gefährlichkeit von Drogen wollte David Nutt 2007 die fehlende wissenschaftliche Basis der britischen Drogenpolitik mit ihren drei Gefährdungsklassen A, B und C sichtbar machen. Illegale und legale Drogen sind nach einem Berechnungsschema von »unabhängigen Experten« angeordnet und zugleich nach ihrer gesetzlichen Klassifikation eingefärbt. Das Schema der Experten, das die körperliche Abhängigkeit, die gesundheitlichen Folgen und den gesellschaftlichen Schaden aufrechnet, weist Alkohol und Tabak als gefährlicher aus als Drogen der höchsten gesetzlichen Gefährdungsklasse A wie LSD und Ecstasy.

Publikation löste, unterstützt von einer Pressekonferenz der Autoren, ein beträchtliches Medienecho aus. Allerdings war dafür weniger die Klassifikationsmethode verantwortlich als ein umfassender Vergleich von legalen und illegalen Drogen.

Die BBC staunte, dass Alkohol und Tabak unter zwanzig ausgewerteten Drogen auf den Schädlichkeitsplätzen fünf und neun rangierten und damit weiter vorn als mehrere Drogen der Klasse A.[11] Der Guardian titelte: »Alcohol worse than ecstasy on shock new drug list«.[12] Der Artikel kam jedoch erst im zehnten Absatz auf das neue Klassifikationssystem zu sprechen, das neben den gesundheitlichen Folgen auch die körperliche Abhängigkeit und den gesellschaftlichen Schaden quantitativ auswertete. Dass bei diesen Kriterien ein systematischer Vergleich von legalen und illegalen Drogen nicht ganz ohne Tücken ist, kam nicht zur Sprache; der Ton war durchweg positiv. Wie die BBC unterstrich der *Guardian* die politischen Implikationen der Befunde und zitierte ein Mitglied der parlamentarischen Kommission mit den Worten, der Advisory Council müsse der Regierung nun formelle Vorschläge unterbreiten, wie man das geltende System auf der Grundlage der neuen Erkenntnisse reformieren könne.

Ende Juni 2007 trat Gordon Brown die Nachfolge von Tony Blair an der Spitze der Labour-Regierung an, und im Zug des üblichen Stühlerückens wurde Jacqui Smith zur Innenministerin ernannt. Spätestens jetzt schien die Botschaft von David Nutt und der parlamentarischen Kommission für Wissenschaft und Technologie an der Regierungsspitze Gehör zu finden. Im Januar 2008 wurde Nutt zum neuen Präsidenten des Advisory Council ernannt.[13] Er hatte im Schatten des politischen Machtwechsels den Machtkampf im wissenschaftlichen Beratungsstab gewonnen.

Bis er aber das Amt im Oktober des gleichen Jahres offiziell antrat, war die Aufbruchstimmung wieder verflogen. Die Regierung Brown war nach anfänglichem Auftrieb in ein Umfragetief gefallen, aus dem sie sich mit populären Maßnahmen wieder herausmanövrieren wollte. Im Mai 2008 entschied Jacqui Smith auf der Basis einer eilends durchgeführten öffentlichen Umfrage und gegen den Rat des Advisory Council, Cannabis von der C-Klasse in die B-Klasse anzuheben, nachdem die Droge erst vier Jahre zuvor auf Empfehlung der Experten von der Regierung Blair abgestuft worden war. So bestand einer der letzten öffentlichen Auftritte von Sir Michael Rawlins, dem von Nutt verdrängten Präsidenten des Advisory Council, darin, sein Missfallen über die wissenschaftlich nicht nachvollziehbare Regierungsentscheidung zum Ausdruck zu bringen.

Nutt versuchte nach seinem Amtsantritt dennoch, das neue Klassifikationssystem in die politische Realität umzusetzen. Dazu nahm er sich als Erstes die »Überprüfung« von Ecstasy als Droge der A-Klasse vor, obwohl die Innenministerin verkündet hatte, eine Abstufung würde »eine gefährliche Botschaft« aussenden.[14] Wie nach den Ergebnissen der *Lancet*-Studie nicht anders zu erwarten, kam die Expertenkommission zum Schluss, Ecstasy gehöre in eine tiefere Klasse, sah aber vom präzedenzlosen Vorschlag ab, die Droge in exakter Befolgung von Nutts neuem Klassifikationssystem gleich um zwei Klassen abzustufen.

Die moderate Anpassung nach unten rief bereits die Medien auf den Plan, und nun war es mit der wohlwollenden Berichterstattung vorbei. Das Boulevardblatt *Daily Mail* warnte im November 2008 vor den »verheerenden Folgen«, die eine Abstufung von Ecstasy haben könnte, und berief sich dabei auf einen Psychologieprofessor der Universität Swansea, Andrew Parrott, der sich als Ecstasy-Experte ausgab und Nutt widersprach. Der Artikel schloss mit einem Wink an Jacqui Smith, sie müsse sich, nachdem sie soeben die »desaströse Abstufung« von Cannabis rückgängig gemacht habe, auf »politischen Widerstand« gefasst machen, wenn sie der Expertenmeinung nachgebe. Die deutlichste Botschaft des *Daily Mail* war jedoch das Bild zum Text. Es handelte sich um eine Fotografie, die eine junge bewusstlose Frau an Schläuchen in einem Spitalbett zeigt. Darunter stand: »1995 starb Leah Betts, nachdem sie an ihrem 18. Geburtstag beim Feiern Ecstasy genommen hatte.«[15] Das Bild hatte einen hohen Wiedererkennungswert, war es doch im Anschluss an den Tod des

Teenagers bereits für eine massenmediale Anti-Drogen-Kampagne benutzt worden.

Der mediale Wink wäre nicht nötig gewesen. Als der Artikel im *Daily Mail* erschien, hatte Jacqui Smith den Experten bereits mitgeteilt, eine Abstufung von Ecstasy komme nicht infrage. Einige Mitglieder des Advisory Council, unter ihnen auch der neue Präsident Nutt, signalisierten nach dem einmaligen Ereignis einer zweifachen Missachtung ihrer Empfehlungen Widerstand. Über den *Guardian* ließen sie verlauten, sie planten einen Vorstoß, die Klassifikation von illegalen Drogen aus den Händen der Politiker zu nehmen und nach dem Vorbild des Monetary Policy Committee der Bank of England, das die Zinssätze festlegt, einem kleinen, unabhängigen Expertengremium zu übertragen, in dem die Fachleute selbständig beraten und entscheiden könnten. Mit anderen Worten: Sie wollten sich in Technokraten verwandeln. Im gleichen Artikel wurde Nutt mit den Worten zitiert, der Advisory Council werde als Nächstes ein Gutachten zu LSD vorlegen, das wie Ecstasy in der obersten Gefährdungsklasse rangierte, gemäß seinem neuen Klassifikationssystem aber relativ ungefährlich sei.[16]

Dazu sollte es nicht kommen, denn Anfang 2009 begannen sich die Ereignisse zu überschlagen. Die Empfehlung zur Abstufung von Ecstasy stand kurz vor der Publikation, und obwohl die Experten damit rechnen mussten, dass sie in den Wind sprechen würden, investierten sie viel Energie in den Bericht, um die wissenschaftliche Solidität des neuen Klassifikationssystems unter Beweis zu stellen. Auf fünfzig Seiten Text bestimmten sie die Gefährlichkeit von Ecstasy nach dem im *Lancet* vorgestellten Kriterienkatalog und stellten systematische Vergleiche mit anderen Drogen an. Zur sozialen Schädlichkeit etwa merkten sie an, Ecstasy-Konsumenten gingen häufiger einer beruflichen Tätigkeit nach als Heroin- oder Kokainabhängige und neigten seltener zu Gewaltausbrüchen als Alkoholisierte. Diente der Vergleich mit illegalen Drogen der Klasse A dazu, die hohe Beschaffungskriminalität ihrer Konsumenten hervorzuheben, so hatte der Einbezug der legalen Droge Alkohol den Zweck, die starke Kriminalitätsanfälligkeit der durch Suff Berauschten zu betonen.[17]

Um dem wissenschaftlichen Argumentarium präventiv die Spitze zu brechen, kündigte Jacqui Smith bereits ein paar Wochen vor der Publikation der Empfehlung über den *Daily Mail* ein weiteres Mal ihren Widerstand gegen die Experten an. Die politische Niederlage der Expertenkommission war vorauszusehen, ließ sich aber noch in einen moralischen Sieg verwandeln. Diese Absicht könnte David Nutt geleitet haben, als er Ende Januar in seiner fachwissenschaftlichen Hauspostille, dem *Journal of Psychopharmacology*, ein Editorial mit dem Titel »Equasy: eine übersehene Sucht mit Implikationen für die derzeitige Drogendebatte« veröffentlichte.[18] Die Droge Equasy, legte Nutt dar, werde von mehreren Millionen Briten konsumiert, darunter Kindern und Jugendlichen, sie löse die Ausschüttung von Adrenalin und Endorphinen aus und führe jährlich zu zehn Todesfällen, hundert schweren Straßenunfällen und einem Mehrfachen an Gehirnschäden.

Was ist Equasy? Nutt definierte es als »Equine Addiction Syndrome«, zu Deutsch: als Reitsucht zu Pferde. Er benutzte die phonetische Nähe zu Ecstasy als Aufhänger für das Argument, man könne die Gefährlichkeit von illegalen Rauschmitteln erst realistisch einschätzen, wenn man sie in Relation zu legalen Tätigkeiten mit hohem Gefährdungsgrad setze. Bei einem Pferderitt sei das Risiko eines körperlichen Dauerschadens deutlich höher als bei einem Ecstasy-Trip. Sein Editorial schloss mit der Forderung, die politische Klassifikation von Drogen zukünftig unter Einbezug dieser Vergleichsebene vorzunehmen.

Es dauerte ein paar Tage, bis die Medien Wind von Nutts Editorial bekamen. Zuerst reagierte der *Daily Telegraph*, was sicher nicht Nutts Szenario eines perfekten Skandals entsprach. Die konservative Zeitung verfolgte in drogenpolitischen Fragen eine repressive Linie, und weil sie sich zudem als Stimme des alten englischen Establishments verstand, musste sie an Nutts Vergleich einer Partypille mit Britanniens edelstem Sport und heiligstem Tier Anstoß nehmen. Der *Telegraph* stellte den Vergleich ausführlich vor, versah ihn aber mit einer anderen Pointe: Durch den Mund von drogenpolitischen Hardlinern ließ er verlauten, Nutt befinde sich auf einem »persönlichen Kreuzzug« zur Legalisierung von Ecstasy. Das war zwar falsch, eignete sich aber gut als Brücke zur Forderung, Nutt als Präsidenten der staatlichen Expertenbehörde zu entlassen.[19] Der »Torygraph« verband die Rücktrittsforderung mit einer scharfen Kritik an der Labour-Regierung, welche die Personalie Nutt und den drogenpolitischen Zickzackkurs letztlich zu verantworten habe.

Der Artikel verfehlte seine Wirkung nicht. Über David Nutt entlud sich ein telefonisches Donnerwetter der Innenministerin. Jacqui Smith verlangte von ihm eine öffentliche Entschuldigung gegenüber den Angehörigen von Ecstasy-Opfern. Nachdem sich auch mehrere Mitglieder des Advisory Council von der Aussage ihres Präsidenten distanziert hatten, kam Nutt der Forderung nach. Damit konnte er seinen Vorsitz behalten. Zwei Tage später übte sich die Innenministerin vor dem Unterhaus in Schadensbegrenzung. Nutts provokativer Vergleich wurde von ihr mit einem populistischen Kurzschluss erledigt:

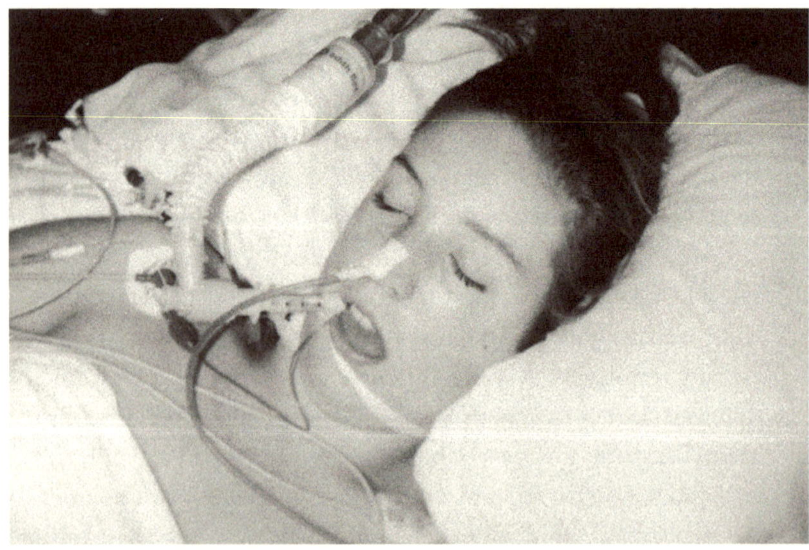

> Ich bin sicher, die meisten Menschen würden den Bezug, den er in seinem Artikel zwischen Pferdereiten und illegalem Drogenkonsum erdichtet, einfach nicht hinnehmen. Für mich ist das eine Verharmlosung eines ernsthaften Problems; es trivialisiert die Gefahren von Drogen, demonstriert Gefühllosigkeit gegenüber den Familien von Ecstasy-Opfern und sendet an junge Menschen die falsche Botschaft über die Gefährlichkeit von Drogen.[20]

Smith machte sich die vermeintliche Empörung aus dem Volke zu eigen, indem sie Nutt als Paradefall eines verrückten (»nutty») Professors vorführte und dabei eine Argumentation aufbaute, die alle Folgerungen aus der angeblichen Ungeheuerlichkeit seines Vergleichs zwischen Partypille und Pferdesport ableitete: Nutts moralisches Versagen, emotionale Kälte, politische Gefährlichkeit - und sachliche Unredlichkeit.

Ganz anders kommunizierte das Innenministerium den Entscheid, die Empfehlung des Advisory Council zu ignorieren. Hatte Smith bei ihrer Anhebung von Cannabis ein halbes Jahr zuvor noch versucht, die Illusion einer expertengestützten Politik aufrechtzuerhalten, so blieb ihr nun bloß die Möglichkeit, den Dissens mit den Experten möglichst herunterzuspielen. Smith ließ dafür ihrem Unterminister, Alan Campbell, den Vortritt, der die Ecstasy-Frage nicht als Problem der Wissenschaft, sondern der politischen Kommunikation darstellte: Die Regierung habe die Pflicht, die Öffentlichkeit

←

Leah Betts starb 1995, nachdem sie an ihrem achtzehnten Geburtstag erst Ecstasy und dann ungefähr sieben Liter Wasser geschluckt hatte. Die Fotografie, die sie im Koma kurz vor dem Tod zeigt, trug zum Ruf von Ecstasy als einer hochgefährlichen Droge bei. Sie wurde in Kampagnen für eine repressive Drogenpolitik eingesetzt und tauchte 2009 wieder in den Medien auf, als David Nutt mit seinem Vergleich von Ecstasykonsum und Pferdereiten für Empörung sorgte.

zu schützen, und könne es sich nicht leisten, bei jungen Leuten den Eindruck zu wecken, sie nehme Ecstasy weniger ernst.[21] Damit waren die Argumente gekonnt ignoriert und das Thema vorläufig erledigt.

Ein riskantes Geschäft

Nutts Spielraum als Experte war nach der öffentlichen Bloßstellung im Parlament geschrumpft, sein Plan einer wissenschaftlich gestützten Drogenklassifikation gescheitert. Seiner akademischen Karriere tat das allerdings keinen Abbruch. Nutt wechselte von der Universität Bristol auf einen privat finanzierten Lehrstuhl am Imperial College London, wo er ein neues, auf ihn zugeschnittenes Departement aufbauen konnte. Ein erster politischer Hoffnungsschimmer schien für ihn auf, als Jacqui Smith Anfang Juni 2009 im Zuge eines Spendenskandals von ihrem Posten zurücktreten musste und durch Alan Johnson ersetzt wurde, der zuvor das Amt des Gesundheitsministers bekleidet hatte. Schon im Juli sah Nutt die Zeit gekommen, dort weiterzumachen, wo er mit seinem »Equasy«-Editorial aufgehört hatte. Er hielt im Londoner King's College vor hundertfünfzig Hörern einen Vortrag mit dem Titel »Die Einschätzung der Schädlichkeit von Drogen: ein riskantes Geschäft?«.[22] Zu Beginn stellte er nochmals das neue Klassifikationssystem und dessen Ergebnisse aus der *Lancet*-Studie vor, um anschließend den Gründen nachzugehen, warum es in der Politik auf so viel Widerstand gestoßen war. In den Mittelpunkt seiner Argumentation rückte er die wahrnehmungsverzerrende Wirkung der medialen Berichterstattung und die fehlerhafte Auswertung öffentlicher Umfragen durch die Regierung.

Als Beweis für die manipulative Rolle der Medien führte Nutt Statistiken aus Schottland über die Berichterstattung bei Todesfällen an. Sie zeigten, dass Todesfälle infolge von Drogenkonsum eine viel höhere Chance haben, in die Medien zu kommen, als solche nach einer Überdosis Medikamente, und sie zeigten ebenso, dass ein Tod durch Methadon nur in einem von 16 Fällen eine Medienmitteilung wert ist, während ein Tod durch Ecstasy so gut wie immer ein mediales Nachspiel hat. In Nutts Augen beeinflusste die mediale Aufmerksamkeitspolitik die staatliche Drogenpolitik gleich doppelt, einerseits direkt, andererseits indirekt über die Resultate von Meinungsumfragen.

Damit war Nutt bei Jacqui Smith angelangt. Vor ihrem Cannabis-Entscheid im Mai 2008 hatte sie sowohl eine öffentliche Umfrage als auch eine wissenschaftliche Studie – die dritte in fünf Jahren – zur Schädlichkeit von Cannabis in Auftrag gegeben. Während der Advisory Council nach einer neuerlichen Datenerhebung zum Schluss gekommen war, Cannabis sei, auch in Form des konzentrierten »Skunk«, relativ harmlos, nie tödlich und daher in der C-Klasse zu belassen, hatte die öffentliche Umfrage scheinbar das gegenteilige Resultat ergeben: 58 Prozent der Befragten wünschten eine Aufwertung und 32 Prozent sogar eine Einstufung in die A-Klasse, während nur 18 Prozent den Status quo beibehalten und 11 Prozent Cannabis legalisieren wollten.[23] Für Jacqui Smith hatte dieses Ergebnis damals den Ausschlag gegeben, ihren Entscheid im Unterhaus mit der »öffentlichen Wahrnehmung« (»public perception») und dem Gebot der »Vorsicht« (»caution») zu rechtfertigen – so ernst sie die Empfehlung der Experten auch nehme.[24]

Nutt argumentierte in seinem Vortrag jedoch, die Umfragezahlen drückten gar nicht den Wunsch nach einer repressiveren Drogenpolitik aus. Als die Befragten nämlich zum Strafmaß für Cannabis-Besitz Stellung nahmen, votierten 41 Prozent für die C-Klasse, 27 Prozent wollten gar keine Strafe und bloß 24 Prozent wünschten eine Erhöhung in die B- und A-Klasse. Nach Nutts Lesart hieß das: Ein Großteil der Befragten sah in der Drogen-Klassifikation vor allem ein Abschreckungsinstrument und davon wiederum ein beträchtlicher Teil sogar einen funktionalen Ersatz für das gesetzliche Strafmaß. Wenn überhaupt, mussten die Umfrageergebnisse als Votum für die Abkoppelung der politischen Klassifikation von der gesetzlichen Repression verstanden werden.

Die im Rückblick entscheidenden zwei Argumente folgten aber erst am Ende des Vortrags. Das eine knüpfte an die provokative Parallele zwischen Ecstasy-Schlucken und Pferdereiten an: Um die Schädlichkeit von Drogen richtig einschätzen zu können, sei es nützlich und nötig, systematische Vergleiche mit anderen menschlichen Aktivitäten zu ziehen, die legal, aber gefährlich seien. Das andere war ein Fehdehandschuh in Richtung des neuen Innenministers: Wegen des Dissenses zwischen Experten und Politikern sei der Zeitpunkt reif, eine öffentliche Debatte über die relative Schädlichkeit und rechtliche Klassifikation von Drogen zu beginnen. Mit ihr lasse sich dann auch die Frage klären: »Wem vertraut die Öffentlichkeit mehr – Experten oder Politikern?«[25]

Nach dem Vortrag geschah lange nichts. Die im Titel von Nutts Vortrag gestellte Frage nach dem Risiko seiner wissenschaftlichen Beratertätigkeit wurde erst beantwortet, als der Text drei Monate später vom King's College veröffentlicht wurde. Nun brach eine öffentliche Debatte aus, allerdings eine andere als die von Nutt angekündigte.[26] Auslöser war nicht die Publikation selbst, sondern ihre multimedial orchestrierte Ankündigung. Nutt versuchte mit ihr einem zweiten *Telegraph*-Szenario vorzubeugen und das Heft des Handelns diesmal in der Hand zu behalten: Am Tag der Veröffentlichung erschien eine regierungskritische Passage aus seinem Vortrag im *Guardian*, flankiert von einem Begleitartikel, in dem ein Journalist, der zuvor schon drei Artikel zu Nutts Reklassifizierungsinitiative geschrieben hatte, eine alte Nachricht als neue Erkenntnis verkündete: »Alkohol schlimmer als Ecstasy«.[27] Nutt selbst gab am gleichen Tag der BBC zwei Interviews und stellte dem Sender die Tabellen aus seinem Aufsatz für die Internet-Berichterstattung zur Verfügung.[28]

Tags darauf kam die Reaktion aus dem Innenministerium. Sie fiel heftig aus. Alan Johnson forderte Nutt per E-Mail zum Rücktritt aus dem Advisory Council auf. Die Begründung lautete, er habe als offizieller Experte den Auftrag, die Regierung mit »wissenschaftlichen Tatsachen« (»matters of evidence«) zu versorgen. Mit seinen jüngsten Kommentaren, die »so viel mediale Aufmerksamkeit« erhalten hätten, habe er sich jedoch von den Tatsachen verabschiedet und für eine Neuausrichtung der Regierungspolitik »lobbyiert«. Als Präsident des Advisory Council könne er den Eindruck nicht vermeiden, er schließe dessen Tätigkeit in seine Kommentare ein. Dadurch aber untergrabe er die »wissenschaftliche Unabhängigkeit« (»scientific independence«) des Expertengremiums. Der Innenminister betonte weiter, es sei nicht Nutts »job« als Präsident der staatlichen Expertenbehörde, eine öffentliche Debatte über die Drogenpolitik zu lancieren: »Es ist wichtig, dass die Botschaften der Regierung über Drogen klar sind und Sie als Berater nichts unternehmen, um deren öffentliches Verständnis zu untergraben.«[29] Da Nutt nach seinem Vergleich von Ecstasy-Schlucken und Pferdereiten nun erneut gegen diese Auflage verstoßen habe, habe Johnson das Vertrauen in ihn verloren und fordere ihn auf, sein Amt mit sofortiger Wirkung zur Verfügung zu stellen.

Dieser Brief hatte politisches Sprengpotential. Das harte Durchgreifen war das eine, die Rechtfertigung desselben das andere. Der Innenminister schien nicht nur eine lästige Person loswerden, sondern Experten allgemein in die Schranken weisen zu wollen. Das nutzte Nutt aus. Zwar musste er der Rücktrittsaufforderung Folge leisten, nicht aber ohne die Kündigung publik zu machen und von einem ihm wohlgesinnten Journalisten kommentieren zu lassen. Der gleiche BBC-Journalist, der tags zuvor über den Inhalt von Nutts Vortrag berichtet hatte, veröffentlichte wenige Stunden nach der Kündigung das Schreiben des Innenministers sowie Nutts schriftliche Reaktion darauf. In seinem Kommentar zur Vorgeschichte der Ereignisse übernahm er im Wesentlichen die Darstellung aus Nutts Vortrag.[30]

Auch die Printmedien griffen die Geschichte auf, und diesmal war es der linksliberale *Guardian*, der die Labour-Regierung am schärfsten angriff. In einem Editorial wurde Johnson beschieden, er sei zu schwach, um mit unbequemen Wahrheiten umzugehen, und ziehe es daher vor, »to shoot the messenger«.[31] Johnson ließ diesen Vorwurf nicht auf sich sitzen und schrieb einen Leserbrief, in dem er zum Kündigungsgrund präzisierte, Nutt habe nicht wegen seiner Ansichten gehen müssen, sondern wegen seiner unvereinbaren Rollenkombination aus »Regierungsberater« und »Aktivist gegen die Regierungspolitik«. Er fügte an: »Dieses Prinzip ist wohlbekannt und seit Langem etabliert.«[32]

Der Protest der Wissenschaft

Als der Leserbrief erschien, hatte der Innenminister bereits neue Sorgen, denn das Ganze wuchs sich zu einem wissenschaftspolitischen Skandal aus. Zwei Mitglieder des Advisory Council waren aus Protest über die Kündigung zurückgetreten, und vier weitere sollten nach einem Gespräch mit Johnson Anfang November folgen. Protest kam auch aus der parlamentarischen Kommission für Wissenschaft und Technologie, die drei Jahre zuvor mit ihrem Ruf nach einer wissenschaftlich fundierten Drogenpolitik Nutts Aufstieg an die Spitze des Advisory Council eingeleitet hatte.

Ebenfalls Anfang November veröffentlichten rund hundert Wissenschaftler, davon 17 offizielle Regierungsberater, unter der Federführung von Lord Martin Rees, dem Präsidenten der Royal Society, eine Erklärung, in der sie die Regierung zur Zusicherung von drei »Prinzipien im Umgang mit wissenschaftlicher Beratung« aufforderten.[33] Das erste Prinzip war die Respektierung der akademischen Freiheit, die es jedem wissenschaftlichen Experten erlaube, sich uneingeschränkt zu äußern, sofern er nicht in seiner Funktion als Regierungsberater auftrete; ausgenommen von diesem Prinzip seien nur jene Wissenschaftler, die aus Gründen der nationalen Sicherheit Geheimhaltungsklauseln unterschrieben hätten. Das zweite Prinzip war die Garantie der wissenschaftlichen Unabhängigkeit von Expertenkommissionen, die es verbiete, Experten aufgrund öffentlicher Äußerungen über eine Empfehlung an die Regierung zu tadeln, zu bestrafen oder zu entlassen, auch dann, wenn die Regierung die betreffende Empfehlung abgelehnt habe. Das dritte Prinzip schließlich galt der angemessenen Berücksichtigung von wissenschaftlichem Rat, wonach die Regierung, wenn sie Expertenmeinungen zurückweisen wolle, die Kommission noch einmal anhören müsse, und dann, sofern sie bei ihrer Absicht bleibe, die Gründe für die Rückweisung im Detail darzulegen habe.

Die Intervention der Scientific Community gab Johnson die Gelegenheit, die Befriedung von »Nutt-Gate«, wie die Zeitschrift *Nature* den Skandal nannte, dem Wissenschaftsminister Paul Drayson zuzuschieben. Drayson zeigte gegenüber den Wissenschaftlern Verständnis, kritisierte Johnson für die fehlende Absprache und begrüßte die Ausarbeitung der Beratungsprinzipien.[34] Anstatt die drei Prinzipien aber zu bekräftigen, ließ er ein eigenes Grundsatzpapier »Über die wissenschaftliche Regierungsberatung« ausarbeiten, das er am 15. Dezember 2009 dem Parlament zur Konsultation vorlegte. Darin konzedierte er offiziellen Experten, sie dürften »sachbezogene Beweise und Analysen öffentlich kommunizieren, auch dann, wenn sie zur Regierungspolitik im Widerspruch stehen«.[35] Zugleich verlangte er von den wissenschaftlichen Beratern Akzeptanz dafür, dass die Wissenschaft nur ein Teil des »Beweismaterials« sei, das von der Regierung zur politischen Entscheidungsfindung berücksichtigt werde. Zum Stein des Anstoßes wurde aber folgender Satz: »Die Regierung und ihre wissenschaftlichen Berater sollen zusammenarbeiten, um eine übereinstimmende Position zu erreichen, und beide sollen durch ihr Handeln nicht das gegenseitige Vertrauen untergraben.«[36]

Die Vorbehalte gegen diesen Passus wurden vom Oxforder Abgeordneten Evan Harris im *Times Higher Education* zusammengefasst. Harris hielt der Regierung in scharfem Ton vor, sie wolle sich mit dem Satz einen gleichgeschalteten Expertenapparat aufbauen. Für ihn passte auch ins Bild, dass der Entwurf des Wissenschaftsministers kein Bekenntnis zur akademischen Freiheit enthielt. Er sah die Labour-Regierung auf dem Weg zu einem Umgang mit Experten, wie ihn George W. Bush in den Vereinigten Staaten pflegte, und stellte die Diagnose: »Entweder haben den sehr gesunden und gescheiten Wissenschaftsminister Lord Drayson zwischenzeitlich die Sinne verlassen, oder seine Hand muss von bösartigeren oder neandertalerischen Kräften in den Korridoren der Macht geführt worden sein.«[37]

Drayson ruderte Ende Februar 2010 nach einer Anhörung in der parlamentarischen Kommission für Wissenschaft und Technologie zurück und gab am 24. März die Schlussfassung der Prinzipienliste bekannt. Diese würdigte nun im ersten Absatz die akademische Freiheit von wissenschaftlichen Beratern. Die Aussage, Regierung und Experten sollten sich gemeinsam um eine übereinstimmende Position bemühen, wurde fallen gelassen, nicht aber die Passage, beide dürften nicht das gegenseitige Vertrauen untergraben.[38] Auf mehrmaliges Nachhaken von Evan Harris hin gab der Wissenschaftsminister zu verstehen, die wissenschaftlichen Berater selbst respektive ihre offiziellen Vertreter, die Chief Scientific Advisers, hätten darauf bestanden, den Vertrauenspassus im Dokument zu behalten. Schließlich, so Drayson, bilde er »fast einen Hippokratischen Eid zwischen beiden Seiten«.[39]

Das Prinzip, zwischen Ministern und Experten müsse eine Vertrauensbeziehung bestehen, kam einer nachträglichen Absolution für Innenminister Johnson gleich. Dieser nämlich hatte sich früh von seiner im Leserbrief an den *Guardian* vertretenen Argumentation, Nutt habe eine unhaltbare Doppelrolle spielen wollen, verabschiedet und sich auf den im Kündigungsschreiben verwendeten Wortlaut zurückbesonnen, er habe sich von Nutt trennen müssen, weil er kein Vertrauen mehr in ihn gehabt habe.[40] Insgesamt hatte die Regierung mit dem neuen Grundsatzpapier ihre wichtigsten Ziele erreicht. Sie sprach sich vom Vorwurf der unangemessenen Abstrafung eines kritischen Experten frei und setzte wissenschaftlichen Regierungsberatern klarere Grenzen. Als die Koalition der Tories und Liberaldemokraten nach den Wahlen vom Mai 2010 die Regierung übernahm, bestätigte der neue Wissenschaftsminister, der Konservative David Willetts, die von der Labour-Regierung erlassenen Prinzipien zur wissenschaftlichen Beratung.[41]

David Nutt hatte in der Zwischenzeit bereits eine neue Expertenkommission ins Leben gerufen. Er nannte das Kind Independent Scientific Committee on Drugs. Möglich geworden war die Gründung dank einer 450 000-Pfund-Spende eines Hedgefonds-Managers. Im Januar 2010 stellte Nutt die Expertenkommission vor den Medien als das »stärkste Team von Drogenforschern« vor, das Großbritannien je gesehen habe. »Was diese Kommission leisten wird«, sagte er, direkt an die britische Öffentlichkeit gerichtet, »ist, Ihnen – sowohl in Ihrer beruflichen Rolle als auch in Ihrer Rolle als Mitglied der Öffentlichkeit und vielleicht sogar als Eltern – die Wahrheit über Drogen zu vermitteln, ungehindert von jeglicher Art politischer Einflussnahme.« Das sei Wissenschaft von unten, wahrhaft unabhängig. Nutt verband die Gründung seines Gremiums mit der Hoffnung, »andere wissenschaftliche Beratungsgremien in der Regierung würden auch so werden wie wir«.[42]

Die reine Wahrheit, Wissenschaft von der Basis, totale Unabhängigkeit und ein Vorbild für alle staatlichen Expertenkommissionen – Nutt vermittelte den Eindruck, er habe dank dem erzwungenen Rücktritt aus dem offiziellen Beratungsgremium nun endlich den richtigen Ort gefunden. Seine Rhetorik unterstellte einen Grundsatzkonflikt zwischen Wissenschaft und Politik, der jede staatliche Expertenkommission paralysiere und delegitimiere, und sie unterstellte ebenso einen Grundsatzkonsens innerhalb der Wissenschaft, der »die Wahrheit über Drogen« und die Maßnahmen für eine wissenschaftlich gestützte Drogenpolitik zweifelsfrei hervorbringen könne.

Noch im gleichen Jahr veröffentlichten Nutt und mehrere Ko-Autoren im *Lancet* einen Aufsatz mit einer ausgefeilteren Version des berühmten Klassifikationssystems.[43] Sie unterschieden nun zwischen dem »Schaden für Konsumenten« und dem »Schaden für andere« und erweiterten ihre Messkriterien auf 16 Aspekte, darunter auch schwierig zu quantifizierende wie »familiäre Verwerfungen« (»family adversities«) und unerwartete wie »internationaler Schaden« (»international damage«). Die Rangliste der zwanzig aufgeführten Drogen war wie gemacht für eine große Schlagzeile: An erster Stelle stand, und zwar mit großem Abstand, der sich vor allem durch den »Schaden für andere« ergab, Alkohol. Im zweiten und dritten Rang waren Heroin und Crack klassiert, im sechsten Tabak, im achten Cannabis, und am unteren Ende der Tabelle standen Ecstasy und LSD. Britische und amerikanische Medien titelten »Alkohol gefährlicher als Heroin«, Nutt gab der BBC ein nächstes Interview, und das Innenministerium ließ verlauten, man habe den Bericht nicht gelesen, aber soeben ein eigenes Beratungsprogramm zu den Folgen von Alkohol beschlossen.

Nur im *Guardian* hakte die Journalistin Decca Aitkenhead, die bisher nicht über Nutt berichtet hatte, nach. Sie traf sich mit dem »ehemaligen Regierungsberater« zu einem Gespräch und verwickelte ihn in Widersprüche. Eine ihrer Nachfragen galt der gezielten Auslassung, mit der Nutt so viel mediale Aufmerksamkeit erregte: der fehlenden Trennung von legalen und illegalen Drogen. Wie Nutt selber feststelle, sei Alkohol als schädlichste Droge klassifiziert, weil er am meisten konsumiert werde. Müsste man, schlug Aitkenhead vor, nach dieser Logik nicht Teetrinken für gefährlicher halten als den Mount Everest zu besteigen? Schließlich verbrühten sich mehr Menschen in ihrer Stube als im kalten Schnee am höchsten Berg erfrören. Ein anderer Einwand der Journalistin wog noch schwerer. Als sie Nutt fragte, warum der Advisory Council unter seiner Leitung Crystal Meth von der B-Klasse in die A-Klasse verlegt habe, antwortete dieser spontan: »Wir waren besorgt, dass wenn die Polizei hart gegen Crack-Höhlen vorgeht, Crackhändler und -süchtige zu Crystal Meth wechseln würden.« In den Ohren der Journalistin klang das zwar nach einem »äußerst pragmatischen«, aber nicht nach einem »rein wissenschaftlichen Beweggrund«.[44] Sie schloss mit dem Bekenntnis, sie würde sich, obwohl Nutt die Standards einer wissenschaftlichen Drogenpolitik, die er an die Regierung stelle, selber nicht einhalten könne, doch lieber von ihm beraten lassen als von den verantwortlichen Politikern.

Politiker, Experten, Journalisten: Kollision der Handlungslogiken

So viel zum Ablauf der Ereignisse. Die Details des Falles sind deshalb bedeutsam, weil sich an ihnen systemische Probleme der heutigen Expertentätigkeit aufzeigen lassen. Sie bestehen in widersprüchlichen

Rollenerwartungen an Experten, wobei die Widersprüche von den beteiligten Akteuren auch dann nicht problematisiert werden können, wenn sie zusammenprallen. Die Folge ist eine unkontrollierte Eskalation, die schließlich in eine scheinbare Konklusion mündet, womit die systemischen Probleme verwischt, aber nicht gelöst werden.

Der gesamte Ereignisablauf, den ich chronologisch aufgerollt habe, erstreckte sich über gut drei Jahre, die eigentliche Kontroverse selbst über weniger als ein Jahr. Dabei kam es genau genommen zu zwei Kontroversen mit noch kürzeren Zeitverläufen: einer ersten, die sich um die Vergleichbarkeit von Drogen drehte und sich bereits nach wenigen Tagen erschöpft zu haben schien, bis sie Nutt im Vortrag am King's College wieder aufwärmte, und einer zweiten, die den Funktionen und Kompetenzen wissenschaftlicher Politikberater galt und mehrere Akteure und Institutionen über Monate hinweg beschäftigte, bis sie in einem formellen Verfahren mit einem offiziellen Prinzipienkatalog abgeschlossen wurde. Diese zweite Kontroverse soll im Zentrum der nun folgenden Interpretation stehen.

Wie ist die Kontroverse einzuordnen? Ich beantworte die Frage zuerst aus der Sicht der involvierten Akteure, wobei ich sie in drei Gruppen unterteile: Wissenschaftler, Politiker und Journalisten. Jeder Gruppe ordne ich einen eigenen Betrachtungshorizont zu, von dem ich die jeweiligen Handlungslogiken ableite, die ihr Konfliktverhalten bestimmt haben. Mit diesem Vorgehen möchte ich zeigen, dass man die Affäre Nutt nicht verstehen kann, wenn man nach persönlichem Fehlverhalten sucht und Schuldige findet. Ein solcher Ansatz bedingt bereits eine vorgängige Übernahme einer bestimmten Handlungslogik. Es geht mir vielmehr um den Nachweis, dass die Protagonisten der Affäre gemäß den Gesetzen ihrer eigenen Handlungslogik sinnvoll agiert haben. Letztlich bedeutet das aber, dass die Handlungslogiken selbst die Kollision herbeigeführt haben.

Die meisten Wissenschaftler, die gegen die Entlassung von Nutt protestierten, sahen in ihr eine Verletzung der akademischen Freiheit und einen Angriff auf die Unabhängigkeit von wissenschaftlichen

Regierungsberatern. Nutt selbst hatte zu dieser Deutung der Vorgänge angeregt, als er die E-Mail-Kündigung durch den Innenminister publik machte. Sie diente anschließend als Begründung für den Rücktritt der sechs Experten aus dem Advisory Council und für die Forderung der knapp hundert Wissenschaftler nach einem Prinzipienkatalog für die wissenschaftliche Regierungsberatung. Die geschlossene Reaktion der britischen Wissenschaftselite sorgte dafür, dass aus der Debatte über die Gefährlichkeit von Drogen eine Kontroverse über die Bedingungen der wissenschaftlichen Politikberatung wurde.

Laut dem BBC-Reporter Mark Easton, der von Beginn an über die Affäre berichtet hatte, von Nutt wiederholt mit Material versorgt worden war und mit vielen beteiligten Wissenschaftlern in Kontakt stand, sahen die protestierenden Forscher nicht nur ihre Redefreiheit und Unabhängigkeit, sondern auch die Grundlage ihrer Aufklärungsarbeit bedroht. Für sie Partei ergreifend, deutete Easton die Kündigung Nutts als Verstoß gegen die Lehren aus dem BSE-Skandal der 1990er-Jahre. Damals sei es den offiziellen Experten verwehrt geblieben, ihre Warnung, die Krankheit könne vom Tier auf den Menschen übergreifen, hörbar zu machen. So habe das Landwirtschaftsministerium seine Beschwichtigungspropaganda ungestört von publizierten Expertenmeinungen fortsetzen können, bis es zu spät gewesen sei. Anschließend habe ein offizieller Untersuchungsbericht betont, die Politik sei auf unabhängige Experten angewiesen, die über Risiken »ohne politische Untertöne« informierten, wolle sie das Vertrauen der Öffentlichkeit zurückgewinnen.[45] Mit Nutts Kündigung, so Easton, sei nun wieder ein Punkt erreicht, wo die Expertenmeinung nur noch privat interessiere. Easton mutmaßte, der Skandal um David Nutt könne ein wichtiger Moment im Verhältnis zwischen Regierung und Experten werden: »Es fühlt sich fast an, als setze eine Kampagne ein, als versammeln sich Akademiker hinter Bannern und rufen nach einer Erneuerung der Prinzipien aus dem Zeitalter der Aufklärung!«[46] Mit diesem – in britischen Ohren recht revolutionär klingenden – Pathos dürfte Easton die Stimmung der protestierenden Wissenschaftler gut getroffen haben. Spätestens als ihre Prinzipien vorlagen, war klar, dass die Forschenden die Expertenrolle in eine aufklärerische Tradition stellten. Wissenschaftliche Politikberater sollten Regierende wie Regierte mit dem bestmöglichen Wissen versorgen, und dazu mussten sie die Freiheit haben, öffentliche Kritik an politischen Entscheiden zu üben, die wissenschaftlichen Befunden zu widersprechen schienen. Die Verpflichtung, ihre Aussagen vorgängig mit den politischen Auftraggebern abzustimmen, war mit diesem Freiheitsverständnis schwer zu vereinen. Obwohl von der Regierung gewählt, mussten sie von ihr gänzlich unabhängig sein, und für diese Unabhängigkeit leisteten sie auch, wie Nutt und seine Unterstützer gerne hervorhoben, einen Tribut, indem sie für ihre staatliche Beratungstätigkeit außer den Spesen keine Entschädigung verlangten. Mit dieser expansiven Rollendefinition erhielten Experten die Ermächtigung, auf allen Kanälen jene aufklärerische Tat zu vollbringen, die manche Kommentatoren mit David Nutts Regierungskritik assoziierten: »Speaking truth to power«.[47] Von hier aber war der Weg nicht mehr weit zu einem politischen Steuerungsanspruch, mit dem Demokratie in Technokratie umschlagen kann.

Die protestierenden Wissenschaftler mochten von politischer Warte aus gesehen eine Extremposition vertreten, sie konnten sich aber, zumindest bei naiver Lesart, auf das bestehende Reglement für wissenschaftliche Politikberatung stützen. Die Labour-Regierung hatte eben zuvor einen modifizierten *Code of Practice for Scientific Advisory Committees* erlassen, in dem die Erinnerung an das kommunikative Fiasko der Tory Regierung während der BSE-Krise nachhallte. Der Verhaltenskodex verlangte von den Expertengremien, zur Information der Bürger regelmäßig öffentliche Sitzungen abzuhalten, und versicherte ihren Mitgliedern, beim Umgang mit den Medien werde ihre Freiheit, das persönliche Forschungsgebiet öffentlich zu vertreten, nicht beschnitten.

Dabei hielten die Regierungspolitiker die Information der Öffentlichkeit durch ihre Experten tatsächlich für wichtig, und daran änderte auch die Affäre Nutt nichts. Allerdings ordneten sie ihr eine ganz andere Funktion zu. Während die Experten es als ihre Aufgabe sahen, die Inhalte ihrer öffentlichen Kommunikation von den Inhalten ihrer politischen Empfehlungen abzuleiten, erwarteten die Politiker von ihnen, sich bei öffentlichen Stellungnahmen an den Inhalten der politischen Entscheidungen zu orientieren. Denn sobald eine Entscheidung getroffen war, gaben die Regierungspolitiker den Experten, die an ihrer Vorbereitung beteiligt waren, eine neue Funktion: Sie dienten nicht mehr als Berater, sondern als Legitimatoren, vermittelten nicht mehr wissenschaftliche Wahrheit, sondern politische Glaubwürdigkeit. Ihre öffentliche Kommunikation sollte den Politikern ein »expertengestütztes« Handeln attestieren. Entsprechend waren bei ihrer »Aufklärung« der Öffentlichkeit nur Informationen erwünscht, die das Vorgehen der Regierung rechtfertigten.

Solange die Regierungspolitiker den Empfehlungen ihrer Experten folgten, ließ sich der Widerspruch der beiderseitigen Erwartungshaltungen leicht überspielen. Auch noch in dem Moment, als die Regierung auf Meinungsumfragen anstatt auf Expertenempfehlungen hörte, wäre die Kollision zu vermeiden und die legitimatorische Funktion der Experten zu retten gewesen. Als Jacqui Smith den Entscheid begründete, Cannabis in eine höhere Gefährdungsklasse zu verlegen, betonte sie vor dem Parlament, sie habe »von den 21 Empfehlungen« des Advisory Council alle befolgt – »bis auf jene zur Klassifikation«.[48] Damit wäre der Schein eines expertengestützten Vorgehens gewahrt gewesen, vorausgesetzt, die instrumentalisierten Experten hätten das gemacht, was sie in solchen Situationen traditionell tun, nämlich gute Miene zum bösen Spiel. Das Problem war in diesem Fall, dass David Nutt mit seinen technokratischen Ambitionen für solch ein Stillhalten kaum geeignet war und diese durch die Berufung zum Präsidenten des Advisory Council noch angefacht wurden.

Aus Sicht der Regierung stellte der Fall Nutt jedoch keine Infragestellung der wissenschaftlichen Beratung und schon gar keine Bedrohung der akademischen Freiheit dar. Mit der funktionalen Zweiteilung der Expertenrolle in einen Beratungsauftrag vor und einen Propagandaauftrag nach der Entscheidung schien Nutts Unabhängigkeit als wissenschaftlicher Politikberater gar nicht tangiert zu sein. Johnson konnte den Spieß sogar umkehren und Nutt vorwerfen, er selbst beeinträchtige mit seiner öffentlichen Kritik die Unabhängigkeit des Expertengremiums, weil er nicht verhindern könne, dass die Medien seine persönliche Meinung mit der Kommissionsmeinung gleichsetzten und damit die übrigen Kommissionsmitglieder unfreiwillig in seine Kampagne hineinzogen.[49]

Nutt war aus politischer Sicht allein ein Problem der öffentlichen Kommunikation, allerdings ein großes. Dass er anstatt einer legitimatorischen eine delegitimatorische Funktion ausübte, hätte man zur Not ertragen können; untragbar wurde die Situation durch die mediale Breite und polemische Schärfe seiner öffentlichen Auftritte. Dass Nutt ein Kommunikationsproblem darstellte, durfte zwar so gegenüber den protestierenden Wissenschaftlern nicht gesagt werden, aber die Stellungnahmen von Jacqui Smith und Alan Johnson ließen es durchblicken. Egal ob es um die Begründung der politischen Entscheide oder um die Kritik an Nutt ging, stets war von »public perception«, »public understanding« und »clear message« die Rede. Aus den Kommentaren aus dem Innenministerium klang heraus, politischer Erfolg sei eine Frage der medialen Außenwirkung. In einem System, in dem die Medienstrategie das politische Verhalten diktiert, dürfen Regierungspolitiker nicht zulassen, dass sie ein eigener Experte über die Medien kritisiert. Insofern war es eine politische Notwendigkeit, Nutt nach seiner medialen Kampagne aus dem Amt zu werfen.

Für die Medien selbst hatte die Affäre Nutt nochmals eine andere Bedeutung. Die beteiligten Journalisten verfolgten Nutts wissenschaftliche und drogenpolitische Auftritte vorwiegend aus zwei Gründen: Sie wollten ein Sensationsbedürfnis befriedigen und ein Skandalpotenzial ausschöpfen. Ob sie Nutt freundlich oder feindlich gesinnt waren, spielte dabei eine untergeordnete Rolle. Zu Beginn ihrer Berichterstattung überwog das Sensationsinteresse. Mit der Publikation der ersten *Lancet*-Studie zog Nutt vor allem deshalb mediale Aufmerksamkeit auf sich, weil er illegale mit legalen Drogen verglich und zu einem Schluss kam, der sich als spektakuläre Neuigkeit inszenieren ließ: »Alcohol more dangerous than ecstasy«. In den Folgejahren wiederholten sich Schlagzeilen dieser Art, teilweise sogar verfasst von denselben Journalisten; dabei war das einzig neue Ergebnis, das Nutt den Medien 2010 im Vergleich zu 2007 zu bieten hatte, ein weiterer Aufstieg des Alkohols in der Gefährlichkeitsskala. Anstatt »Alkohol gefährlicher als Ecstasy« konnten die Journalisten nun »Alkohol gefährlicher als Heroin« titeln.

Neben dem Sensationswert erkannten viele Journalisten schon früh das Skandalpotenzial der Nutt-Story. Hier diente ihnen der Vergleich von legalen und illegalen Drogen nur als Zünder; der eigentliche Sprengstoff war Nutts Stellung als staatlicher Experte. Um das Skandalpotenzial auszuschöpfen, mussten die Medien den Widerspruch zwischen der wissenschaftlichen und gesetzlichen Drogenklassifikation zu einem Konflikt zwischen Experten und Politikern aufbauen. Das gelang vorzüglich, dank kräftiger, wenn auch nicht immer freiwilliger Mithilfe der Protagonisten auf beiden Seiten und – wohl noch entscheidender – dank perfektem Zusammenspiel der liberalen und konservativen Medien. Der ideologische Antagonismus zwischen dem *Guardian* und der BBC auf der einen und dem *Telegraph* und den Boulevardzeitungen auf der anderen Seite erfüllte eine ideale Eskalationsfunktion. Diffamierten konservative Blätter Nutt als arroganten Verharmloser des Drogenkonsums, heroisierten ihn linksliberale Medien zum aufklärerischen Vorkämpfer einer rationalen Drogenpolitik. Und da beide die Regierung scharf angriffen, wenn auch aus konträren Gründen, erzeugten sie im Innenministerium eine aggressive Hektik, die sich nur gegen Nutt richten konnte.

Bei der Verfolgung ihrer Eskalationsstrategie profitierten die Medien von der allgemeinen Unsicherheit darüber, wo dem öffentlichen »Interventionsrecht« von staatlichen Experten Grenzen gesetzt sind. Die Unsicherheit ermöglichte es den Journalisten, klare Regelverstöße zu diagnostizieren, wo es in Wirklichkeit um das wechselseitige Ausloten von Grauzonen ging. Ob der Präsident eines staatlichen

Expertengremiums gegen Regierungsentscheide öffentlich die Stimme erheben durfte, war am Anfang der Affäre ebenso ungeklärt wie an ihrem Ende, und mit der Frage, ob die Entlassung des Präsidenten nach wiederholter Kritik durch die Regierung legitim war, verhielt es sich genauso. Die Medien überdeckten die Unsicherheit durch parteiische Positionierungen und erzeugten so den Schein normativer Gewissheit. Sie sorgten dafür, dass die Unsicherheit gar nicht thematisiert werden konnte und sich die Kontroverse nur durch öffentlichen Überdruss, eine offizielle Scheinlösung oder beides beenden ließ.

Woher aber kam die Unsicherheit? Zunächst ist festzuhalten, dass zwischen formellen Aufgaben und informellen Erwartungen an Experten seit jeher Spannungen bestehen. Es ist für Machtträger schon lange verlockend, sich bei heiklen Entscheiden hinter Experten zu verstecken, während diese immer wieder versuchten, von der Berater- in die Entscheiderrolle zu schlüpfen. Solange beide Seiten gewisse Grenzen nicht überschritten, bestand ein labiles Gleichgewicht zwischen politischen Fremdlegitimierungs- und wissenschaftlichen Selbstermächtigungswünschen. Damit war es jedoch vorbei, als politische Entscheidungsprozesse im Zeichen der »Wissensgesellschaft« eine neue Choreografie erhielten. Auf der Ebene der Inszenierung hat die Expertenrolle eine markante Aufwertung erfahren. »Wissensbasiertes« Handeln meint im politischen Jargon »expertengestütztes« Handeln. Zugleich haben Experten als Exponenten der Wissensgesellschaft an medialer Präsenz gewonnen.

Nun könnte man meinen, der höhere Status und die größere Sichtbarkeit habe Experten auch mehr Einfluss eingetragen, und genau das wird von der Wissensgesellschaftsrhetorik ja auch unterstellt. Das dürfte sich als Trugschluss erweisen. Experten sind weniger denn je Herren der Verfahren, in denen sie mitwirken. Man könnte sogar sagen: Anstatt nur einer arbeiten sie nun zwei Instanzen zu, der Politik und den Medien. Dadurch geraten sie leichter zwischen Hammer und Amboss und werden anfälliger für Manipulationen. Wenn ihre Empfehlungen publiziert oder sogar live gesendet werden, müssen sie ihre Worte auf die Goldwaage legen, und vieles von dem, was sie zuvor in formellen Verfahren zum Ausdruck bringen konnten, dürfen sie nicht mehr kundtun. Regierungspolitiker haben umgekehrt noch mehr Anlass als zuvor, ihren Experten vorgängig zu vermitteln, welche Empfehlungen erwünscht sind und welche nicht.

Politiker können ihre Expertenkommissionen aber auch eleganter in Schach halten, wenn es ihnen weniger um guten Rat als um gute Presse geht. Sie setzen die Kommissionen zusammen wie Miniparlamente, in denen das ganze wissenschaftliche Meinungsspektrum und alle Betroffenengruppen zu einem Thema repräsentiert sind. Der Auftrag lautet dann, eine Position zu finden, die von möglichst allen »Parteien« mitgetragen wird. Im Unterschied zum Politikerparlament hat ein solches Expertenparlament also nicht die Aufgabe, einen Dissens, sondern einen Konsens zu inszenieren, und je vielfältiger die Positionen der Kommissionsmitglieder sind, desto minimaler und banaler tendiert der Konsens zu werden. Wer es sich antut, die Empfehlungen zu lesen, die aus solchen Übungen herauskommen, merkt leicht, dass sie kaum zu politischen Beratungszwecken taugen, umso mehr aber zur legitimatorischen Absicherung von Entscheidungen. Auf diese Weise gerinnt die offizielle Beratungstätigkeit von Experten zum Ritual und ihr Reputationsgewinn mündet in einen Einflussverlust.

David Nutt als Symptom

David Nutts Verhalten wird vor dem Hintergrund der größeren Exponiertheit von Experten besser verständlich. Seine mediale Präsenz verleitete ihn zur Annahme, er könne die liberale Presse und die BBC für seine Reformanliegen einspannen und gegen die Regierung in Stellung bringen. Der Versuch war angesichts der strukturellen Kräfte, denen er ausgesetzt war, von Beginn an zum Scheitern verurteilt. Anstatt die Medien für seine Zwecke zu instrumentalisieren, instrumentalisierten sie ihn für ihre. Sogar die Journalisten, die mit seinen Anliegen sympathisierten, sahen es nie als ihre Aufgabe an, für ihn eine öffentliche

Debatte über die relative Schädlichkeit von Drogen zu organisieren. Beim Verfolgen ihrer Eskalationsstrategie kam ihnen entgegen, dass sie sich besser in die Wissenschaftler hineinversetzen konnten als jene in sie. Im Betrachtungshorizont von Nutt und seinen universitären Unterstützern hatten die strategischen Interessen der Medien und der Regierung keinen Platz, und so befanden sie sich zum Schluss in einer klassischen Denkerposition: Argument gewonnen, Streit verloren.

Während die Medien gezielt auf eine Kollision zuarbeiteten, um dann aus ihr als Nutznießer eines guten Skandals herauszuschleichen, rutschten Experten und Minister mit unintendierter Zwangsläufigkeit in diese hinein und kamen beide nur mit einem öffentlichen Gesichtsverlust aus ihr heraus. Erstere verloren den Schein der Unabhängigkeit, Letztere den Schein der kompetenzgeleiteten Politik. Zudem war die Vertrauensbasis zwischen Experten und Ministern erschüttert. Bester Beweis dafür ist just der Streit über den Vertrauenspassus in den Regierungsprinzipien für den wissenschaftlichen Expertenrat, dessen triviale Feststellung, dass Politiker und Experten in ihrer Zusammenarbeit auf beiderseitiges Vertrauen angewiesen seien, bei Wissenschaftlern die Alarmglocken schrillen ließ – womit gerade der fundamentale Vertrauensverlust zum Ausdruck kam.

Angesichts der kollidierenden Handlungslogiken kam die Debatte um Beratungsprinzipien nach der Entlassung von Nutt einem kollektiven Verdrängungsakt gleich. Zwar lag der Debatte die Einsicht zugrunde, dass die Affäre Nutt an die ideologischen Fundamente der wissenschaftlichen Regierungsberatung rührte, sie steuerte jedoch von Anbeginn auf einen oberflächlichen Kompromiss zu, der die Widersprüche mit der begrifflichen Anmut von »akademischer Freiheit«, »wissenschaftlicher Unabhängigkeit« und »gegenseitigem Vertrauen« übertünchte. Die Spannung zwischen der offiziellen und inoffiziellen Funktion von Experten kam ebenso wenig zur Sprache wie die problematische Rolle der Medien in politischen Verfahren. Letztlich ging es in der ganzen Nachbearbeitung für Politiker wie Wissenschaftler vor allem darum, möglichst rasch zum Status quo ante zurückzukehren, geleitet vom gemeinsamen Interesse, die öffentliche Legitimität der Expertenrolle aufrechtzuerhalten.

Die Affäre Nutt verdeutlicht damit in besonderer Anschaulichkeit die dysfunktionale Stabilität der Expertenrolle im Politikbetrieb der Nullerjahre. Solange Politiker wie Wissenschaftler aus konträren Motiven zum gleichen Schluss kamen, dass staatliche Experten zu Kommunikationszwecken das mediale Scheinwerferlicht suchen sollten, kam es in schöner Regelmäßigkeit zu schmezlichen Zusammenstößen. Tatsächlich folgte, kaum war in Großbritannien Ruhe eingekehrt, gleich der nächste Zwischenfall in Italien, und diesmal waren die Folgen noch drastischer, weshalb der Skandal schnell auf die internationale Bühne gehoben wurde. Ich werde den italienischen Fall im letzten Kapitel aufrollen, zuerst aber kehre ich zurück ins 17. und 18. Jahrhundert, um die historischen Fundamente freizulegen, auf denen David Nutt und andere wissenschaftliche Politikberater heute ihre Interpretation der Expertenrolle aufbauen.

Der Blick in die Vergangenheit lässt einen entscheidenden Wandel im Zusammenspiel von Wissenschaft und Politik sichtbar werden. Nutt hat etwas getan, was so kaum einem Gelehrten der Aufklärung in den Sinn gekommen wäre. Er hat versucht, die Rolle des offiziellen Experten mit jener des öffentlichen Kritikers zu fusionieren, oder noch stärker: den Kritiker dem Experten einzuverleiben. Die Rollenverbindung bescherte ihm ein mediales Strohfeuer und rasches Verglühen. Nutts Versuch spricht Bände über die heutige Statushierarchie zwischen Experten und Kritikern und hängt, wie ich eben argumentiert habe, mit der medialen Aufblähung der Expertenrolle in den letzten Jahrzehnten zusammen. In der Aufklärung dagegen wurden die beiden Rollen auseinandergehalten und von verschiedenen Personen besetzt, die gerade wegen der klaren Funktionsteilung ein politisch schlagkräftiges Gespann bilden konnten. Der britische Innenminister Johnson hatte die Geschichte auf seiner Seite, als er sich auf das alte Prinzip berief, man könne nicht gleichzeitig offizieller Regierungsberater und öffentlicher Regierungskritiker sein.

II
Die Geburt des Experten im Gericht

Der Richter hat Experten benannt, um die Bauarbeiten der Maurer, Dachdecker usw. zu besichtigen.

Dictionnaire de l'Académie Française (1694)

Im Juni 1785 stellte Joseph Banks einen vielsagenden Vergleich an.[1] Er war damals schon sieben Jahre lang Präsident der Royal Society und galt bei Freunden und Feinden als Paradebeispiel eines *Amateur Gentleman*, der aus freien Stücken und ohne finanzielle Sorgen botanisierte und experimentierte. Der Vergleich betraf verschiedene Typen von königlichen Akademien, wobei Banks einen Kontrast zwischen dem Königreich Großbritannien und dem europäischen Kontinent herstellte, der seine Nation, seine Institution und nicht zuletzt seine Person im besten Licht erscheinen ließ. Banks stellte auf die eine Seite die Académie des sciences in Paris sowie die Akademie der Wissenschaften in Berlin, auf die andere die Royal Society in London. Die beiden Institutionen auf dem Kontinent, betonte er, seien mangelhafte Nachbildungen des britischen Vorbilds:

> Es sind Vereinigungen gelehrter Männer, die nach ihrer Wahl durch den jeweiligen Monarchen beständig aufgerufen sind, jene Fragen zu beantworten, die ihre Regierung ihnen gerade vorzulegen gedenkt und die sie wegen der Pensionen, die ihnen der Monarch nach seinem Gutdünken gewährt, unbedingt beantworten müssen, was auch immer sie zum Inhalt haben mögen.[2]

Der kontinentale Kopierversuch, so Banks, habe das genaue Gegenteil des insularen Originals hervorgebracht. Die Royal Society nämlich sei »eine Versammlung freier Engländer, gewählt von unsereinem und gefördert auf unsere eigenen Kosten. Wir nehmen keine Pension oder andere Vergütung an, die uns in irgendeiner Hinsicht zu Befehlsempfängern eines Regierungsdepartements machen könnte, so mächtig dieses auch sein mag.«[3] Entsprechend habe sich die Royal Society Aufträgen von staatlichen Behörden stets geschlossen widersetzt.

Der Vergleich von Banks klingt so triumphalisch, dass man den Eindruck gewinnen könnte, der Autor habe sich von etwas überzeugen wollen, an das er selber nicht ganz glaubte. Und tatsächlich: In den Jahren zuvor hatte Banks britische Parlamentarier aufgefordert, die Royal Society finanziell zu unterstützen, und dabei das Argument bemüht, die kontinentalen Könige zeigten sich ihren Akademien gegenüber viel großzügiger. Zugleich hatte Banks innerhalb der Akademie weiterhin das Ideal einer aristokratischen Liebhaberwissenschaft hochgehalten, was seine Feinde unter den Fellows dazu animiert hatte, ihn als »mere amateur« zu beschimpfen und sich selbst als »men of science« von ihm abzugrenzen.

Es kann gut sein, dass Banks das, was er als Hierarchie zwischen einer unabhängigen Amateurwissenschaft diesseits und einer politisierten Sklavenwissenschaft jenseits des Ärmelkanals proklamierte, in seinem täglichen Tun genau umgekehrt erlebte: als eine vom Festland, vor allem von Frankreich ausgehende, überaus erfolgreiche

⟶

Frontispiz der Philosophical Puppet Show von 1785, einer Satire auf Joseph Banks und die naturforschenden Amateure der Royal Society. Dem Präsidenten der Royal Society wird die Narrenkappe aufgesetzt. Er thront auf einem Sockel mit den Wörtern »ignorance«, »arrogance« und »pride« und wird als »Shallow Banks« und »Naturalist« (»natural« in der Bedeutung von »Halbschlauer«) verspottet. Um ihn herum stehen und sitzen neugierig-nutzlose Amateure, beschäftigt mit exotischen Kuriositäten und lächerlichen Schriften.

to the Queen
Injunction
by
Pride
Ignorance
Arroganc

Professionalisierung und Verstaatlichung der wissenschaftlichen Forschung, die im Begriff war, auch in Großbritannien Fuß zu fassen. Ein Indiz dafür ist, dass sein Portrait des kontinentalen Akademikers, wenn man von der negativen Wertung absieht, mit erstaunlicher Präzision das Profil des modernen Experten traf: Es war und ist die Pflicht und das Privileg von Experten, »Fragen zu beantworten, die ihre Regierung ihnen gerade vorzulegen gedenkt«.

Suchen wir nach den Anfängen der modernen Expertenrolle, kann uns die Geschichte des Wortes als Wegweiser dienen. Als Substantiv gibt es den »Experten« noch nicht lange. Im Deutschen und Englischen wurde der Begriff erst im Laufe des 19. Jahrhunderts geläufig. Nicht so in Frankreich: Bereits 1680 gab César-Pierre Richelet in seinem Wörterbuch zwei Definitionen des Substantivs »expert«. Die erste lautete: »Die Kenntnisreichsten und Geschicktesten in einer Kunst oder Wissenschaft wie Poesie, Beredsamkeit usw.«[4] Fast noch aufschlussreicher ist die andere Definition von Richelet, die »experts« mit »les jurez«, den Geschworenen im Gericht, gleichsetzt. Die Zuordnung des Begriffs zum Gerichtswesen wurde vom 1694 erstmals erschienenen *Dictionnaire de l'Académie Française* bestätigt. Die Akademiker gaben als Beispielsatz für die Verwendung des Begriffs an: »Der Richter hat Experten benannt, um die Bauarbeiten der Maurer, Dachdecker usw. zu besichtigen«.[5]

Die von Richelet und den Akademikern angegebene Definition des Experten als Sachverständiger vor Gericht war Ende des 17. Jahrhunderts noch jung. Sie spiegelte das Zwischenresultat einer schrittweisen, von Jean-Baptiste Colbert initiierten Reform des französischen Justizwesens unter Ludwig XIV. wider, in deren Verlauf die gerichtliche Gutachtertätigkeit stärker fixiert und institutionalisiert wurde. Die Berufung von Sachverständigen selbst war dabei alles andere als neu. Sie ist bereits im Römischen Recht verankert, am ausführlichsten in den *Digesten*. In der Rechtspraxis der Frühen Neuzeit reichte die Palette der berücksichtigten Berufsgruppen von Schreinern und Zimmerleuten über Landvermesser und Architekten bis zu Chirurgen und Kalligrafen. Traditionell dominierten Vertreter der Handwerkszünfte unter den Gutachtern. Sie traten vor Gericht in der Regel als Zeugen auf, entweder für eine der Parteien oder für den Richter. Weil sie vor ihrer Aussage einen Eid ablegen mussten, wurden sie in Frankreich als »jurés« bezeichnet.[6]

Zwischen 1667 und 1690 wurde dieses System auf eine frühmoderne Grundlage gestellt. Ich werde zuerst die Reformschritte skizzieren und dann die ihnen zugrundeliegenden Motive erläutern. Dabei konzentriere ich mich auf das Zivilrecht und ziehe nur punktuell Vergleiche zum Strafrecht, weil ich die zivilrechtlichen Änderungen für aufschlussreicher halte. Die *Ordonnance de Saint-Germain-en-Laye* von 1667, besser bekannt unter dem Titel *Code Louis*, legte für das französische Zivilrecht detaillierte Richtlinien für die »Nomination und Berichterstattung der Experten« fest.[7] Für den Fall, dass die zwei Parteiexperten konträre Gutachten einreichten, habe der Richter einen dritten Experten zu ernennen, der die beiden anderen bei einer weiteren Bestandsaufnahme begleite. Gelangten die drei nun zu einem übereinstimmenden Ergebnis, sei ein gemeinsamer Rapport zu verfassen, falls nicht, gebe jeder einzeln seine Meinung ab.[8] Für den besonderen Fall, dass ein »bourgeois« und ein »artisan« als Experten wirkten und keine Übereinstimmung erzielten, müsse der dritte auch ein »bourgeois« sein.[9]

Was hatte es mit der Unterscheidung von »Bürgern« und »Handwerkern« auf sich? Als »artisans« galten berufstätige Praktiker im Wissensfeld ihrer Gutachtertätigkeit, als »bourgeois« dagegen Personen, die nicht oder nicht mehr praktisch tätig waren. Das erklärt aber noch nicht, warum der *Code Louis* beim Dissens zweier Experten den »bourgeois« eine Zwei-zu-eins-Überzahl gewährte. Rechtsgelehrte des 18. Jahrhunderts kommentierten aus der Rückschau, der Grund habe in der fehlenden Unabhängigkeit der berufstätigen Experten gegenüber Personen aus ihrem eigenen »métier« gelegen, deren Arbeit sie zu begutachten hatten.[10] Gab es Zweifel an der Unabhängigkeit von Experten, kam es eher zu Beschwerden der Parteien, wodurch Prozesse verschleppt zu werden drohten. Dass den

Reformern tatsächlich daran gelegen war, eine höhere Unabhängigkeit der Sachverständigen zu gewährleisten, verdeutlicht ihr Entscheid, den Experten unter Androhung hoher Bußen zu verbieten, »persönlich oder über ihre Bedienstete irgendwelche Geschenke von den Parteien anzunehmen oder zu dulden, dass diese ihre Spesen vergüten«.[11] Die Unabhängigkeit der gerichtlichen Gutachtertätigkeit wurde damit an sozialen und ökonomischen Kriterien festgemacht, allerdings in rein negativer Weise, indem angegeben wurde, was Unabhängigkeit verhindert, aber nicht, was sie ermöglicht.

Drei Jahre später erließ Ludwig XIV. eine entsprechende *Ordonnance* für das französische Strafrecht. Die Einberufung von Experten war hier allein den Richtern vorbehalten.[12] Zu den Aufgaben gehörte das Zuordnen von Handschriften und Identifizieren von Fälschungen.[13] Unter Umständen konnten die Sachverständigen auch nach der Urteilsverkündung konsultiert werden, wobei der Erlass dafür ein konkretes Beispiel nannte: Werde eine Frau zum Tode verurteilt, die schwanger zu sein vorgebe oder scheine, solle sie von Hebammen untersucht werden, »die ihr Gutachten in der vorgeschriebenen Form unter dem Titel von Experten« einreichten. Stellten die Expertinnen eine Schwangerschaft fest, müsse die Hinrichtung aufgeschoben werden, bis das Kind auf der Welt sei.[14] Das Beispiel ist nicht nur deshalb aufschlussreich, weil es belegt, dass die Gerichtsexpertise damals keine reine Männerdomäne war, sondern weil es zeigt, wie risikobehaftet der Sachverständigenrat sein konnte. Wurde eine schwangere Frau aufs Schafott geführt, weil einer Hebammen-Expertin eine Fehldiagnose unterlaufen war, drohten Letzterer ebenfalls strafrechtliche Konsequenzen.

Zurück zum Zivilrecht: So ausgeklügelt die Regulierung von 1667 zu sein schien, das neue System war nicht von langer Dauer. Bereits zwanzig Jahre später setzte die nächste Reform ein, die nun weit über das Gerichtswesen hinausstrahlen sollte. Die Änderungen wurden diesmal nicht mit einem umfassenden Reformakt vollzogen, sondern mit einer Reihe von Edikten, die verschiedene Maßnahmen, Wissensgebiete oder Regionen betrafen.[15] Den Anfang machte 1690 ein Erlass über das Bauwesen, wo die Gutachtertätigkeit traditionell den Maurern und Zimmerleuten vorbehalten war.[16] Er ordnete in der Stadt Paris die Gründung von fünfzig Ämtern für »experts jurez« an, von denen die Hälfte durch »architectes bourgeois« und die andere Hälfte durch »entrepreneurs« zu besetzen sei. Als »bürgerliche Architekten« wurden nur jene zugelassen, die sich gänzlich aus dem Baugeschäft zurückgezogen hatten. Die Parteien und der Richter sollten ihre Gutachter fortan aus den Reihen dieser Amtsträger wählen, der Richter sei jedoch nicht verpflichtet, in seinem Urteil der Gutachtermeinung zu folgen. Die fachliche Zuständigkeit der Experten wurde detailliert festgeschrieben, und allen anderen Personen wurde untersagt, »Einfluss auf ihre Arbeit zu nehmen«.

Die Arbeit der neu installierten amtlichen Experten ging weit über die Gutachtertätigkeit in Gerichtsverfahren hinaus; sie wurden ausgesandt, um Baustellen zu inspizieren, Baumaterialien zu prüfen oder Kostenschätzungen vorzunehmen. Mit anderen Worten: Sie sollten nicht nur zur gerichtlichen Konfliktlösung, sondern auch zur staatlichen Qualitätskontrolle eingesetzt werden. Kandidaten für die Ämter mussten ihre Befähigung in einer Prüfung unter Beweis stellen, die von vier Mitgliedern des Expertengremiums unter der Leitung des Polizeileutnants des Pariser Gerichtshofs Châtelet durchgeführt wurden. Geprüft wurden drei Kernkompetenzen: Geometrie, Bautechnik und Messverfahren.[17]

In den folgenden Jahren wurden weitere Edikte erlassen, die entsprechende Ämter für andere Fachgebiete einrichteten und das neue System in den Provinzstädten einführten. 1692 wurde ausgewählten »médecins et chirurgiens jurés« ein offizieller Sachverständigenstatus zugesprochen. Dabei wurden sie zwar nicht als Experten bezeichnet, aber zweifellos als solche behandelt. Die Parallelen zum Baurecht sind augenfällig. Die Chirurgen, Physiologen und Hebammen, die in die Gruppe der offiziellen Sachverständigen aufgenommen worden waren, mussten nun nicht mehr bei jedem Auftritt vor Gericht einen Schwur ablegen und die Wahrheit ihrer Aussagen verbürgen, da sie in ihr Amt eingeschworen worden waren.[18] Damit genossen sie ein dauerhaftes Privileg auf höheres Sachwissen, und ihre Befugnisse wurden 1699 in die Formel gefasst: »Auf Sachfragen antworten Sachverständige, auf Rechtsfragen antworten Richter«.[19] Es handelte sich dabei um einen leicht abgeänderten Lehrsatz aus dem englischen Common Law, den der Rechtsgelehrte Edward Coke um 1620 geprägt hatte.[20] Kürzer und klarer ließen sich die komplementäre Aufgabenteilung und verfahrenstechnische Autonomie von Experten und Richtern kaum fassen.

Der prägnante Satz verdeckt aber zugleich einen markanten Unterschied zur englischen Rechtspraxis: Die Sachverständigen im französischen Gerichtsbetrieb hatten nun im Verfahrensablauf eine Rolle inne, die sie von den übrigen Zeugen abhob. Sie wurden nicht mündlich vernommen und damit der Möglichkeit eines Kreuzverhörs ausgesetzt, sondern sie reichten eine schriftliche Stellungnahme ein, von der die Richter zusammen mit dem übrigen Beweismaterial Gebrauch machen konnten. Die Schriftlichkeit der Expertenaussagen war auch deshalb von Bedeutung, weil sie den Sachverständigen die Gelegenheit gab, die Früchte ihrer Arbeit in den wissenschaftlichen Diskurs ihrer Disziplin einzuspeisen. In der Chirurgie entwickelten gerichtliche Expertenberichte nach 1760 unter dem Titel *Consultations de chirurgie* ein Eigenleben als neuer gerichtsmedizinischer Publikationstyp, mit dem Sachverständige anhand eines abgeschlossenen Falles ihrer Fachöffentlichkeit Lösungsvorschläge zu einem forensischen Problem unterbreiten konnten.[21]

Die Herausbildung einer gerichtsmedizinischen Fachöffentlichkeit wurde auch dadurch begünstigt, dass die Sachverständigen mit der Strafrechtsreform von 1692 zu einem stabilen Bestandteil des Gerichtspersonals wurden und fortan mit Richtern und Anklägern auf einer kontinuierlichen Basis zusammenarbeiten konnten. Dadurch waren die strukturellen Grundlagen gelegt, um zwischen Experten, Richtern und Untersuchungsbehörden eine auf Bekanntschaft und Kompetenz beruhende Vertrauenskultur aufzubauen.

Was hatte nun aber die Reform der Reform, die auf den ersten Blick wie ein großer Modernisierungssprung aussieht, motiviert? Im Edikt über das Bauwesen von 1690 ist zu lesen, die von der Krone 1667 beschlossene Einführung und Privilegierung von »experts bourgeois« habe

> allerhand Personen, sehr häufig ohne ausreichende Erfahrung, Gelegenheit gegeben, sich in die Erstellung von Gutachten in den besagten Künsten und Berufen einzumischen, von denen sie weder praktische noch theoretische Kenntnisse besaßen, so dass die Unordnung aufgrund der Unfähigkeit dieser Sorte Experten noch zugenommen hat.[22]

Man hatte die kompetente Abhängigkeit der Handwerkerexperten durch die inkompetente Unabhängigkeit von Laienexperten ersetzt. Um Sachkompetenz und Unabhängigkeit personell zu vereinen, sollten nun die Expertenämter geschaffen werden.

Die Begründung des Edikts wurde über sechs Jahrzehnte später im Artikel »Expert« der *Encyclopédie* von Diderot und d'Alembert untermauert. Der Verfasser des Artikels, der Rechtsgelehrte Antoine-Gaspard Boucher d'Argis, bettete das Edikt in ein Fortschrittsnarrativ ein, das dem aufklärerischen Anliegen der Enzyklopädisten entsprach. Dabei gingen jedoch zwei andere, eher inoffizielle Motive der Reform unter. Sie betrafen weniger juristische und epistemische als politische und finanzielle Gesichtspunkte.

Das eine inoffizielle Motiv erschließt sich aus dem Umstand, dass eine bestandene Prüfung nicht genügte, um ein Expertenamt zu bekleiden. Ein Kandidat musste zusätzlich 6 000 Livres bezahlen. Damit erwarb er auch das Recht, das Amt zu verkaufen oder zu vererben. Die Kompetenz zur offiziellen Expertise war demnach epistemisches, finanzielles und erbliches Kapital. Die Krone nutzte die Reform als Mittel zur schnellen Geldbeschaffung in Zeiten eines kriegsbedingt strapazierten Staatshaushaltes. 1688 hatte Ludwig XIV.

einen Eroberungsfeldzug in westliche Gebiete des Heiligen Römischen Reichs begonnen, der bald in einen ebenso wüsten wie kostspieligen Zermürbungskrieg unter Beteiligung mehrerer Mächte ausartete und erst neun Jahre später im Frieden von Rijswijk ein Ende fand. Der Verkauf von Ämtern zur kurzfristigen Einnahmensteigerung war keine Novität, er hatte unter Ludwigs ausgabefreudigem Regime schon zuvor inflationäre Züge angenommen. Neu hingegen war die Unverfrorenheit, mit der die Krone die Bemühungen um eine bessere Qualitätskontrolle der gerichtlichen Expertise und handwerklichen Arbeit zum Anlass nahm, die Zünfte finanziell zu melken. Sie ging so weit, den vermögenden Korporationen nach 1691 mehrere hundert Ämter für »jurés« ohne konkreten Auftrag aufzuzwingen, versehen mit dem Zusatzangebot, die Ämter gegen eine hohe Zusatzgebühr gleich wieder abzuschaffen.[23] Eine ähnliche Fiskalschikane betraf die Erblichkeit der Ämter von »experts entrepreneurs«: Leisteten die Zünfte eine Zusatzzahlung, konnten sie die Ämter der Zunftmitglieder nach dem Ableben des Amtsinhabers selber neu besetzen.[24]

Das zweite inoffizielle Motiv hing mit dem ersten eng zusammen, war aber weniger fiskal- als machtpolitischer Art. Es zielte darauf ab, die staatliche Kontrolle über die Zünfte zu verstärken. Viele Zünfte, gerade in Paris, waren seit Jahrhunderten nicht nur wohlhabend, sondern auch in hohem Maße selbstreguliert. Colbert hatte ihre Autonomie bereits 1669 mit der landesweiten Einführung staatlicher Inspektoren für die Manufaktur- und Handwerksbetriebe eingeschränkt.[25] Die Reformen in den 1690er-Jahren setzten diesen Prozess fort, wobei vor allem die Ämter für bürgerliche Experten den Zugriff von außen zu erleichtern versprachen. Dementsprechend groß waren die Abwehrreaktionen gegen die bürgerlichen Amtsträger aus den Reihen der Handwerker.[26] Der Autonomiegewinn der Experten gegenüber den Zünften ging also einher mit einem Autonomieverlust der Zünfte gegenüber dem Staat, ein Vorgang, der im Verlaufe des 18. Jahrhunderts erst zu einer signifikanten Schwächung und dann, im Zeichen des Liberalismus der frühen Revolutionsjahre, zur kompletten Auflösung der Korporationen führte.

Insgesamt lag der Einrichtung der frühmodernen Expertenstrukturen in Frankreich ein Motivkomplex zugrunde, der an innerer Widersprüchlichkeit ebenso reich war wie jener der spätmodernen Nachfolgestrukturen. Es gab jedoch einen wichtigen Unterschied: Außer den Gerichten hatten die damals beteiligten Parteien wenig Interesse daran, die aus den Gegensätzen entspringenden Konflikte auszuhalten, um das System zu bewahren. Den Zünften erschien die Reform als finanzielle und politische Zumutung, und der Krone waren kurzfristige Profite wichtiger als langfristige Stabilität.

Schließlich trugen auch die Experten zur Schwächung des neuen Systems bei. Da sie sich in ihre Ämter einkaufen mussten, brauchten sie für deren Ausübung einen finanziellen Anreiz. Das Edikt von 1690 legte fest, den Experten werde für eine Bestandsaufnahme innerhalb der Stadtgrenzen von Paris sechs Livres und in den Vorstädten sieben Livres ausbezahlt. Die Krone nahm also für die kurzfristigen Mehreinnahmen langfristige Mehrausgaben in Kauf (die sie dann wiederum auf die Zünfte oder Bauherren überzuwälzen versuchte). Das Entschädigungssystem war der Reputation der »experts jurés« nicht förderlich. Bald wurde, auch von Seiten hoher Funktionäre, der Vorwurf laut, die Experten schröpften das Regelwerk nach Kräften, indem sie untereinander Absprachen träfen, wonach gemeinsam begutachtende »bourgeois« und »entrepreneurs« konträre Gutachten einreichten, damit ein dritter Amtsträger am Fall mitverdienen könne.[27] Das Fehlen eines festen Lohnes trug auch dazu bei, dass die Experten wiederholt unter Korruptionsverdacht gerieten. Die »bourgeois«, die ihren Lebensunterhalt aus Einnahmen außerhalb des Baugewerbes bestreiten mussten, waren dafür besonders anfällig. Viele von ihnen praktizierten als Anwälte und spielten damit im Justizbetrieb eine Doppelrolle, die neue Abhängigkeiten mit sich brachte. Zudem hatten sie mit dem Edikt von 1690 ihren klaren Vorrang vor den »entrepreneurs« eingebüßt, was im 18. Jahrhundert wiederholt Anlass zu Ressentiments und Rangstreitigkeiten zwischen den beiden Expertengruppen gab.[28]

Der Journalist Louis-Sébastien Mercier bündelte die Korruptionsvorwürfe an die »experts jurés« 1783 in seinem *Tableau de Paris*: »Es ist den amtlichen Experten verboten, ein Geschenk von den Parteien anzunehmen. Glauben Sie, diesem Gesetz werde in religiöser Weise gefolgt? Diese amtlichen Experten sind manchmal echte heimliche Unternehmer.«[29] Es gehörte zu Merciers Markenzeichen, die französische Hauptstadt als modernes Babylon zu beschreiben. Umso bezeichnender war es für den Ruf der »experts jurés«, dass sie in seinem Panorama der urbanen Verkommenheit einen prominenten Platz einnahmen.

Die Akademisierung der Expertenrolle

Bereits im frühen 18. Jahrhundert gehörten einige einflussreiche »bürgerliche« Experten im Baugewerbe der Académie royale d'architecture an. Somit waren sie ideale Repräsentanten des Profils des sachkundigen und unabhängigen Gutachters. Um 1720 figurierten mit Germain Boffrand und Nicolas de Lespine gleich zwei Mitglieder der Architekturakademie auf der Namensliste der »architectes experts bourgeois«, wobei Lespine sogar als Vorsitzender (*Doyen*) aller »expert jurés« aufgeführt wurde.[30] Dieser Umstand ist insofern bemerkenswert, als die Akademiker an der Einrichtung der Expertenämter zuerst keine Freude hatten, weil sie ihren Monopolanspruch auf Normvorgaben für die Baupraxis bedroht sahen. Erst mit der Zeit erkannten sie in der neuen Institution eine Gelegenheit zur Ausweitung ihres Wirkungskreises. Es entspann sich eine Kompetenzkonkurrenz, die sich in wiederholten Angriffen von Akademikern auf die Glaubwürdigkeit der »experts jurés« und zugleich in personellen Überschneidungen zwischen der Akademie und dem Expertencorps manifestierte. Ihren bedeutendsten Niederschlag aber fand sie in der Nachbildung der gerichtlichen Expertenstrukturen innerhalb der Akademie.[31]

Die 1671 von Colbert gegründete Académie d'architecture bestand seit der Jahrhundertwende aus zwei Klassen, wobei die amtsälteren Mitglieder die erste, privilegierte Klasse bildeten. 1717 erhielt sie neue Statuten, die eine zusätzliche Differenzierung zwischen den beiden Klassen einführte: Den Mitgliedern der »première classe«, nicht aber jenen der »deuxième classe« wurden fortan »les fonctions d'Entrepreneurs« untersagt. Diese Auflage entsprach der Unterscheidung zwischen »experts bourgeois« und »experts entrepreneurs« im Gerichtswesen. Sie diente auch einem ähnlichen Zweck: Mitglieder der Akademie wurden regelmäßig mit der Ausführung und Begutachtung königlicher Bauprojekte betraut, sodass die Verhängung eines Praxisverbots auf die erste Klasse eine personelle Trennung der beiden Aufgaben erlaubte.[32]

Die Statutenänderung erfolgte zu einem Zeitpunkt, als die Akademie die Kontemplation über die klassische Architekturlehre zurückstellte und sich intensiver mit der Praxis der Bauplanung und -reglementierung zu befassen begann. Für diese von aufklärerischem Nützlichkeitsdenken inspirierte Interessenverlagerung erwies sich eine Beschäftigung mit den Rechtsgrundlagen des Bauwesens als unerlässlich.[33] Das dabei erworbene Wissen war zudem als Angriffswaffe gegen die offiziellen Gerichtsexperten willkommen. Zu einem der kuriosesten Schauplätze des Verdrängungskampfes avancierte eine zweiteilige, über 600-seitige Abhandlung mit dem Titel »Die Baugesetzgebung gemäß dem Gewohnheitsrecht von Paris«.[34]

Sie erschien erst 1748, an ihrem Ursprung aber stand eine in den 1720er-Jahren vom »Architecte du Roi« Antoine Desgodets an der Académie d'architecture gehaltene Vorlesung, die von seinem Schüler und dem späteren »architecte expert bourgeois« Martin Goupy mitgeschrieben, annotiert und posthum publiziert wurde. Kurios war die Schrift deshalb, weil sich Goupy in seinen Begleitkommentaren

COVRS
D'ARCHITECT
LVDOVICO MAGNO
De la Boissiere, fecit

einen Sport daraus machte, die expansiven Kompetenzansprüche des Akademiemitgliedes Desgodets zurückzuweisen.[35]

Dieser hatte in seiner Vorlesung behauptet, man rechne zu den »Jurés ou Experts, & Gens à connoissans« vor Gericht nicht nur amtlich ernannte Experten, sondern auch Architekten, erfahrene Bürger (*bourgeois expérimentés*), Handwerker und andere Fachleute (*gens connoisseurs*).[36] Damit waren Desgodets zufolge ebenfalls Akademiker als Gerichtsexperten zugelassen. Goupy entgegnete darauf in einer langen Fußnote, dass sich Desgodets auf die Zustände vor dem Edikt von 1690 beziehe und dass es seit 1690 »eine Vielzahl von Urteilen gegeben hat, die diese [die amtlichen] Experten in ihren Funktionen bestätigt haben und die die Gutachten von Architekten, sogar solchen aus der königlichen Akademie, für nichtig erklärt haben«.[37]

Das Gesetz mochte Goupy recht geben, aber vor Gericht hatten es die Akademiker tatsächlich längst geschafft, sich als Konkurrenten zu den amtlichen Experten in Szene zu setzen. Desgodets selbst behandelte in seiner Vorlesung einen Grundstücksstreit aus dem Jahr 1718, in dem die Expertisen von zwei königlichen Architekten und Akademiemitgliedern der ersten Klasse erstellt worden seien. Da Lespine der zweiten Klasse angehörte, war also mindestens einer der Gutachter kein offizieller Experte. Sobald die gerichtliche Gewohnheit vom schriftlichen Gesetz auch nur sporadisch abzuweichen begann, war die Autorität der amtlichen Gerichtsexperten infrage gestellt.

←

Frontispiz einer gedruckten Vorlesung des Architekten und »Ingénieur du Roy« François Blondel an der Académie royale d'architecture, erschienen 1675. Die Darstellung verdeutlicht zum einen die intellektuelle Orientierung der Akademie an der antiken Ästhetik und Architekturtheorie, zum andern ihre funktionale Ausrichtung auf die Verherrlichung der französischen Monarchie. Erst im 18. Jahrhundert traten praktische Fragen der Planung und Reglementierung von Bauprojekten unter Einbezug von Experten in den Vordergrund.

Jean-Baptiste Colbert stellt Ludwig XIV. die Mitglieder der Académie royale des sciences vor. Henri Testelins Gemälde dieser wohl fiktiven Szene entstand in den ersten Jahrzehnten nach der Gründung der Akademie. Es zeigt die Vielfalt der wissenschaftlichen Aktivitäten der Mitglieder anhand unterschiedlichster Instrumente und Objekte. Der prominenteste Gegenstand ist die gesüdete Karte

am rechten Bildrand, auf welcher der geplante Verbindungskanal zwischen Atlantik und Mittelmeer, der »canal des Deux-Mers«, eingetragen ist. Colbert hatte den Bau des Kanals 1666, im Gründungsjahr der Académie des sciences, in Auftrag gegeben. Indem die Bauplanung als Kerngeschäft der Akademie ausgegeben wird, erscheint sie als eine dem praktischen Nutzen verpflichtete Institution.

Experten als Innovationsberater: die Académie des sciences

Die Neuausrichtung der Académie d'architecture fiel in eine Zeit des politischen Reformfiebers. Als er 1715 starb, hatte Ludwig XIV. einen militärisch angeschlagenen und finanziell ausgebluteten Staat hinterlassen, dessen Geschäfte wegen der Minderjährigkeit des Thronfolgers vom »Regenten« Philippe d'Orléans geführt wurden. Philippes politischer Veränderungswille, der in vielem auf eine Restauration des alten Hochadels abzielte, wurde in den königlichen Akademien als Aufforderung verstanden, sich stärker in politische Entscheidungsprozesse einzubringen.

Langfristig am erfolgreichsten war dabei die Académie royale des sciences, die sich im gleichen Zeitraum zu einer Institution mit Fachgutachtergremien mauserte und dabei die Figur des offiziellen Experten mit neuer Autorität ausstattete. Ihre Gründung ging auf das Jahr 1666 zurück, als Jean-Baptiste Colbert die Fäden der französischen Wirtschafts- und Wissenschaftspolitik in den Händen hielt.

Colbert gab der Institution bereits ein erstes organisatorisches Gerüst. Die Hierarchie unter den Mitgliedern war zu Beginn noch recht einfach: Oben rangierten renommierte Wissenschaftler, die über königliche Pensionen sowie über Stimm- und Wahlrecht verfügten, unten die Schüler, die nichts davon besaßen und in der Regel unter der Protektion eines bestimmten Wissenschaftlers standen.

Die Académie des sciences differenzierte sich in der Folge weiter aus und erhielt mit dem Reglement von 1699 die Gestalt einer hierarchisch strukturierten Forschungs- und Beratungsanstalt. An der Spitze der Gesellschaft standen nun gemäß Reglement zehn »Ehrenmitglieder« (»honoraires«), von denen die meisten königliche Minister oder bedeutende Hofleute waren und aus deren Reihen der König jährlich einen Präsidenten und Vizepräsidenten ernannte. Auf der zweiten Stufe folgten zwanzig »Pensionäre« (»pensionnaires«), die die Elite unter den wissenschaftlichen Praktikern stellten. Sie setzten sich gewöhnlich aus den amtsältesten Mitgliedern jedes Wissensgebiets zusammen, bezogen – nomen est omen – eine königliche Pension und stellten den Direktor und Vizedirektor, die von der Gesellschaft in jährlichem Turnus für die Leitung des wissenschaftlichen Tagesgeschäfts gewählt wurden. Im Vergleich zu den *honoraires* waren die *pensionnaires* nicht nur wissenschaftlich kompetenter, sondern auch institutionell präsenter, und da sie unter den wissenschaftlichen Mitgliedern die Einzigen waren, die in den wichtigen Geschäften das Abstimmungs- und Wahlrecht besaßen, war die Macht bei ihnen konzentriert. In der Hierarchie folgten zwanzig, seit 1699 international durchmischte, »Beisitzer« (»associés«), die ihren Lebensunterhalt außerhalb der Akademie bestreiten mussten und darauf warteten, nach dem Senioritätsprinzip unter die Pensionäre einzurücken. Am untersten Ende befanden sich die »Schüler« (»élèves«), die 1716 in »Adjunkte« (»adjoints«) umgetauft wurden, weil man den Schülerbegriff für ausgebildete Wissenschaftler als zu erniedrigend empfand. Sie aspirierten auf die Stellen der Beisitzer und hatten bei Beratungen im Plenum im Hintergrund zu sitzen und den Mund zu halten.

Fachlich blieben die wissenschaftlichen Mitglieder der Akademie nach 1699 zwei Haupt- mit je drei Unterbereichen zugeordnet. Die Geometer, Astronomen und Mechaniker bildeten die Klasse der »Mathematik«, die Anatomen, Botaniker und Chemiker die Klasse der »Physik«. Der Grad der Spezialisierung variierte je nach Wissensgebiet. Während ein Geometer relativ leicht zu den Mechanikern wechseln konnte und umgekehrt, blieben die Astronomen unter sich, ja züchteten im 18. Jahrhundert regelrechte Forscherdynastien heran.[38]

Die Aufteilung der Akademiker in Spezialdisziplinen erwies sich für eine Tätigkeit der Institution als besonders nützlich: die Prüfung von Privilegiengesuchen, die aus der Akademie eine Art Patentamt avant la lettre machten.[39] Bemühten sich Private bei der Krone um ein Alleinverwertungsrecht für ein technisches Verfahren, wurde die Akademie um eine Empfehlung gebeten. Sie richtete dafür Kommissionen in ihren Spezialgebieten ein, deren Mitglieder abzuklären hatten, ob es sich bei der Technik um eine Innovation handle, ob der Antragsteller einen geistigen Eigentumsanspruch glaubhaft machen könne und ob die Technik der französischen Krone einen wirtschaftlichen oder militärischen Nutzen bringe. Um eine verlässliche Einschätzung vorzunehmen, forderten die Kommissionsmitglieder Modelle an, stellten Versuche nach oder reisten an die Orte, wo die Technik entwickelt oder bereits angewendet wurde. In ihren Gutachten konnten sie eine Reihe verschiedener Empfehlungen machen, neben der Annahme und Ablehnung auch die Aufforderung zur Vorlage zusätzlicher Beweismittel oder zur Verbesserung der eingebrachten Verfahren. So kam es gelegentlich vor, dass die Kommissionsmitglieder über die Jahre mehrmals zu einer Technik Stellung nahmen und dabei gegenüber den Antragstellern allmählich nicht nur eine Gutachter-, sondern auch eine Beraterrolle einnahmen.

Ihre differenzierten Erklärungen waren Teil einer ausgeklügelten und peniblen Glaubwürdigkeitspolitik, die darauf abzielte, das Risiko von Fehlurteilen zu minimieren und Antragsteller so wenig wie möglich vor den Kopf zu stoßen. Wurde eine Technik nicht ganz durchschaut, sahen die meisten Kommissare von einer Bestätigung ab, auch wenn der Befund vielversprechend ausfiel. In ihren Begründungen zogen sie sich gerne auf eine Position der epistemischen Bescheidenheit zurück, wonach es ihnen an sicherem Wissen mangle, um einem Antrag die vorbehaltlose Zustimmung zu geben. Kategorische Zurückweisungen kamen selten vor. So viel Höflichkeit hatte ihre Kosten. Mancher Gesuchsteller mit einem ungeübten Ohr für Zwischentöne interpretierte eine Zurückweisung als Ermunterung, sein Gesuch zu überarbeiten und neu einzureichen. Anstatt im zweiten Anlauf Klarheit zu schaffen, verlegte sich die Akademie in solchen Fällen lieber darauf, die Verfahren zu verschleppen, bis sich die Angelegenheit von alleine ergab. Die diplomatische Umgehungstaktik bewährte sich lange Zeit: Nur bei wenigen Antragstellern kippte die Enttäuschung über eine Ablehnung in Empörung um. Die Krone wiederum folgte den Empfehlungen der Akademie in der Regel vorbehaltlos.

Neben ihrer Tätigkeit als Gutachter für Erfindungen und Innovationen wirkten viele Akademiker außerhalb ihrer Institution als Zensoren für die königliche Direction de la librairie.[40] In Fächern wie Mathematik, Physik, Chemie und Astronomie war die königliche Zensur fest in Akademikerhand. Tatsächlich bestand zwischen den beiden Tätigkeiten nur ein gradueller Unterschied. Anders als die theologischen »érudits« hatten die naturwissenschaftlichen »savants« bei der Prüfung von Publikationsvorhaben das Neue und Nützliche zu fördern und dabei sicherzustellen, dass es sich auf der Höhe des wissenschaftlichen Erkenntnisstandes befand.[41] Ihre Aufgabe entsprach damit mehr der heutigen Peer Review als der politischen Repression, die man gemeinhin mit der Zensur des Ancien Régime in Verbindung bringt.

Nach dem Tod Ludwigs XIV. nutzte die Institution ihre Einbindung in die staatliche Wirtschaftspolitik, um ihren politischen Einfluss auszuweiten. Maßgeblich beteiligt an diesem Prozess war der Pensionär René-Antoine Ferchault de Réaumur. Er verfasste in den 1720er-Jahren eine Reformschrift mit dem Titel »Reflexionen über den Nutzen, den die Académie des sciences für das Königreich erbringen könnte, wenn dieses ihr die Hilfe leisten würde, die sie benötigt«.[42] Der kritische Klang des Titels war Programm. Réaumur betonte zuerst den politischen und wirtschaftlichen Ertrag der sechs Wissensgebiete der Akademie und forderte dann eine Reihe von Maßnahmen, damit der Nutzen der Gesellschaft stärkere Wirkung entfalten könne. Unter anderem verlangte er, Akademiker zu amtlichen Inspektoren des Manufaktur- und Bauwesens zu ernennen und ins Bureau de commerce aufzunehmen, wo die staatliche Wirtschaftspolitik beraten und beschlossen wurde. Gleichzeitig wollte er die Akademie auf ein unabhängiges finanzielles Fundament stellen: Ähnlich wie die Universitäten von Oxford und Cambridge sollte die Krone sie mit einem beträchtlichen Grundbesitz (»fonds de terre«) ausstatten, von dessen Erträgen sie ihre Mitglieder autonom finanzieren könnte. Réaumur richtete sich damit gegen das Pensionsregime der Regierung, das er für zu unsicher hielt. Im Wunsch nach finanzieller Autonomie steckte auch ein Professionalisierungsanspruch: Akademiker sollten ihrer wissenschaftlichen Arbeit nachgehen können, ohne nebenher ihren Lebensunterhalt als Ärzte, Apotheker oder Lehrer verdienen zu müssen. Dass mehr als die Hälfte der Mitglieder ihre akademischen Tätigkeiten nur »comme des amusements« ausüben konnten, hielt er für einen unhaltbaren Zustand.

Der Wissenschaftshistoriker Éric Brian hat Réaumurs »Réflexions« als »Wendepunkt in der Geschichte der Akademie« bezeichnet.[43] Von da an seien viele Akademiker zu Inspektoren der königlichen Verwaltung ernannt und vom Bureau de commerce »unter dem Titel von Experten« für technische Abhandlungen hinzugezogen und zu Feldforschungen ausgesandt worden.[44] Tatsächlich stieg die Académie des sciences im Verlauf des 18. Jahrhunderts zur mächtigsten wissenschaftlichen Expertenbehörde Frankreichs auf. Diese Entwicklung auf Réaumurs Schrift zurückzuführen, ist jedoch gewagt, denn er verfuhr mit ihr in einer Weise, die bis vor Kurzem ein Signum der europäischen Expertenkultur war: Er behielt sie hinter den Kulissen, sodass sie kaum sichtbare Spuren hinterließ. Heute ist nur noch eine Reinschrift von seiner Hand erhalten, und es ist nicht einmal klar, ob sie überhaupt gelesen worden ist. Aus ihrem Inhalt lässt sich ableiten, dass Réaumur einflussreiche Figuren in den Ministerien und am Hof ansprach, denen die Akademie noch wenig vertraut war. Der zeitgenössische Umgang mit ähnlichen Memoranden erlaubt die Vermutung, dass er sie vor ausgesuchtem Publikum mündlich vorgetragen hat.

Die weitere Geschichte der Académie des sciences ist, wie wir noch sehen werden, reich an Debatten über die internen Strukturen und die externen Funktionen der Gesellschaft. So kontrovers diese Debatten aber auch geführt wurden, sie drangen während des gesamten Ancien Régime kaum je an die Öffentlichkeit. Reformschriften wurden intern präsentiert, diskutiert und archiviert. Die Mitglieder der Akademie hielten sich an das ungeschriebene Gesetz, ihre politischen Anliegen auf möglichst direktem Weg an die Entscheidungsträger zu adressieren und im Fall des Scheiterns jedes Ausweichen auf öffentliche Einflussversuche zu unterlassen. Damit ermöglichten sie es dem König und seinen Ministern, auf die Sicherheit der Kommunikationskanäle zu vertrauen, und sie konnten sich erhoffen, ihre politische Kritik ohne Angst vor Sanktionen vorzutragen. Réaumur etwa warf der Krone durchaus offensiv vor, sie habe der Akademie »alle Vorteile entzogen, die sie von ihr hätte beziehen können«, und die Institution stehe »vor dem Absturz«, wenn sie von ihren politischen Protektoren nicht durch eine große Veränderung gestärkt werde.

Damit solche Worte auf offene Ohren stießen, bedurfte es einer Vertrauensbasis zwischen Akademie und Hof. Allem Anschein nach hatte sie lange Bestand, denn in späteren Jahren reklamierten Akademiker für sich sogar ein Recht auf politische Intervention. Um 1780 argumentierte der Sekretär der Académie des sciences, Condorcet, in einem unveröffentlichten Memorandum an den spanischen König, die königlichen Akademien kompensierten die politischen Defizite, die eine Monarchie gegenüber einer Republik habe. Könne in einer Republik jeder Bürger »l'activité de son génie« für den Staat fruchtbar machen, so bestehe in einer Monarchie die Gefahr, dass jene Männer, »die mit Gestaltungsdrang, Talenten und einer zu stolzen Seele geboren sind, um sich den Pfründenverteilern zu fügen«, dem Staat mangels Entfaltungsmöglichkeiten mehr schadeten als nützten. Die Akademien könnten diese Gefahr bannen, weil sie unabhängigen Talenten nicht nur eine ruhmreiche Karriere ermöglichten, sondern auch das Recht gewährten, »sich in die Politik einzumischen«.[45] Die gelehrte Politikberatung erhielt hier einen aktivistischen Beiklang, der das Rollenkorsett des Experten zu sprengen drohte. Mit dem selbsterklärten Ziel, Gutachtertätigkeit für den Staat mit Kritik am Staat zu verbinden, beanspruchten die Akademiemitglieder einen höheren Beraterstatus als die amtlichen Sachverständigen im Gericht. Zum Beantworten von Fragen, die ihnen vorgelegt wurden, trat das Vorschlagen von Lösungen, die gerade nicht auf der politischen Agenda standen. Entscheidend für das Vertrauensverhältnis zwischen Akademie und Hof war dabei, dass Expertise wie Kritik in eine vertrauliche Kommunikation eingebettet blieben, es sei denn, die Krone hatte selbst ein politisches Interesse daran, ein Gutachten an die Öffentlichkeit zu bringen.

Ähnlich wie ihre kleine Schwesterinstitution, die Académie d'architecture, brachte sich die Académie des sciences auch als Beraterin und Lehrmeisterin von Handwerkern in Position. Den ursprünglichen Anstoß dazu hatte Colbert mit dem Auftrag gegeben, die Geräte und Maschinen in den verschiedenen Handwerksberufen zu beschreiben und abzubilden. Das Projekt wurde um 1700 begonnen, später unter Réaumurs Anleitung energisch vorangetrieben und nach dessen Tod 1757 vom Botaniker Duhamel du Monceau zur Publikationsreife gebracht. Ab 1761 erschien der erste Band der aufwändig gestalteten *Description des arts et métiers*, und bis 1788 folgten über hundert weitere Folio-Bände.[46] Charles Gillispie zufolge handelt es sich um die »umfangreichste Sammlung an technologischer Literatur, die je produziert wurde«.[47] Um die Informationen über Werkzeuge, Maschinen, Techniken und Arbeitsabläufe zusammenzutragen, waren die Akademiker auf die Mithilfe zahlreicher Handwerker und Techniker angewiesen, von denen einige sogar als Autoren für einzelne Abhandlungen engagiert wurden.[48] Mit der Veröffentlichung der Ergebnisse kündigten die Autoren an, es sei nun an den »sçavans«, den »artistes« neues Wissen zu vermitteln, diesmal aber unter der Bedingung klarer Hierarchien zwischen »théorie« und »pratique«:

> Der Geometer, der Mechaniker, der Chemiker werden dem intelligenten Handwerker Einsichten vermitteln, um Hindernisse zu überwinden, die er nicht zu bewältigen gewagt hat. Sie werden ihn auf den Weg bringen, um nützliche Neuigkeiten zu erfinden.[49]

Die *Description des arts et métiers* eignete sich allerdings mehr zur repräsentativen Darstellung als zur praktischen Umsetzung des Nützlichkeitspostulats. Als teure Prachtausgabe war das Werk dazu bestimmt, seine Wirkung am Hof und in den Salons zu entfalten. Für den Wissenstransfer in die Werkstätten wählten die Akademiker, wenn sie ihn tatsächlich anstrebten, weiterhin den Weg der mündlichen Vermittlung. Anders als die Autoren der *Encyclopédie*, die für ihre berühmten Bildbände zu Handwerk und Technik von den Stichen der Académie des sciences abkupferten, brachten die Akademiemitglieder den Handwerkern nicht viel Achtung entgegen. Gillispie hat den Gegensatz in eine prägnante Formulierung gefasst: »Diderots Instinkt war es, den Autoritäten kritisch und den Handwerkern wohlwollend zu begegnen. Der Instinkt der Akademiemitglieder und offiziellen Experten war es, den Autoritäten wohlwohlend und den Handwerkern kritisch zu begegnen.«[50]

Die öffentliche Autorität der Akademie wurde auch durch ihren strukturellen Aufbau gestärkt. Die Tatsache, dass nur die amtsältesten Mitglieder mit einer königlichen Pension ausgestattet waren, entlastete alle Akademieangehörigen vom Verdacht, ihr Amt aus monetären Interessen auszuüben. Die Regelung, dass nur »pensionnaires« und »honoraires« abstimmungsberechtigt waren, gab den Empfehlungen der Akademie den Anschein höherer Unabhängigkeit. Und der Umstand, dass Minister und Hofleute in ihrer Mitte saßen, ließ die forschenden Mitglieder gegenüber der Öffentlichkeit respektabler erscheinen und gegenüber der Krone durchsetzungsfähiger auftreten. Wie Condorcet mit einem Anflug von Spott bemerkte, hatte die Präsenz von hohen Aristokraten noch einen weiteren Vorteil: Hofleute könnten sich für »hommes d'esprit« und Wissenschaftler für »hommes de court« halten.[51]

Die Académie des sciences als königliches Expertentribunal

Ein Jahr vor Ausbruch der Französischen Revolution blickte der Chemiker Antoine Lavoisier, der in der Académie des sciences eine ähnlich dominante Position einnahm wie Réaumur ein halbes Jahrhundert zuvor, auf die Geschichte der Institution zurück: Die Akademie sei eingerichtet worden, führte er aus, um für den König neue Erfindungen zu prüfen, doch habe sie sich dank des Vertrauens der Öffentlichkeit mit der Zeit zu einem »freiwilligen Tribunal« für Privatpersonen erweitert. Seit ihrer umfangreichen Beschreibung der Techniken und Berufe habe sie ihre »Gerichtsbarkeit« nochmals ausgeweitet, werde sie nun doch regelmäßig vom Parlement, dem obersten Gerichtshof, und vom Lieutenant général de Police, dem obersten Polizeikommandanten, für Expertisen konsultiert.[52]

Lavoisier formulierte den geschichtlichen Abriss im Zuge eines internen Debattenbeitrags zur Frage, ob die Akademie für das Pariser Lokalgericht ein Expertengutachten in einem Schadensersatzprozess über einen fehlkonstruierten Globus für den König erstellen solle. Er sprach sich für die Annahme des Auftrags aus, aber die Tatsache, dass er dazu die ganze Geschichte der Akademie rekapitulierte, deutet darauf hin, dass die Gutachtertätigkeit vor Gericht noch nicht zum festen Aufgabenbereich ihrer Mitglieder gehörte. Sein historisches Argument einer sukzessiven Kompetenzerweiterung der Akademie war in ein allgemeines Fortschrittsnarrativ eingebettet, aber es trug dem tatsächlichen Geschichtsverlauf insofern Rechnung, als die Institution vor der Revolution auf dem Höhepunkt ihrer Macht stand. Noch war nicht vorauszusehen, dass ihr diese Machtstellung bald zum Verhängnis würde. Einem aufmerksamen Zeitgenossen wie Lavoisier hätte höchstens auffallen können, wie vielseitig angreifbar sich die Akademie durch ihre Expansionsstrategie in den 1780er-Jahren gemacht hatte.

Doch er kümmerte sich in dieser Zeit weniger um die Außenwirkung als um die inneren Abläufe der Einrichtung. Die von ihm durchgeführte Strukturreform von 1785 ist weiter unten Thema, an dieser Stelle soll zunächst auf seine fünf Jahre zuvor geäußerte Kritik an den Begutachtungsverfahren der Akademie eingegangen werden. Aus seiner Analyse wird ersichtlich, wie sehr die Expertentätigkeit der Akademie noch immer am Modell eines Gerichtsprozesses gemessen wurde. Im Zentrum seiner Kritik stand die angebliche Ununterscheidbarkeit zwischen den »Empfehlungen« der innerakademischen Kommissare an die Gesamtkörperschaft und den »Urteilsverkündungen« der Gesamtkörperschaft gegenüber den Gesuchstellern: »In allen existierenden Tribunalen«, schrieb er damals, »hat der Gutachter seine Meinung, die Anklage zieht ihre Schlüsse; wie aber auch immer das Urteil ausfällt, die einzelnen Meinungen werden weder geändert noch angepasst«. In der Akademie dagegen, monierte er, werde der Bericht der Expertenkommissionen gewöhnlich von der Gesamtkörperschaft übernommen und als eigenes Urteil ausgegeben. Das sei schädlich: »Jene Schlussfolgerungen, die einem Kommissionsgutachten gut stehen, können sich nachteilig auswirken, wenn man sie als ein Urteil der Akademie betrachtet und umgekehrt.« Was Lavoisier als Alternative vorschlug, lief auf eine Absage an den Gestus der höflichen Bescheidenheit aus, den die Akademie nach außen jahrzehntelang zelebriert hatte:

> Die Folgerungen der Kommissionsmitglieder können von einer gewissen Ausführlichkeit sein; sie müssen darlegen, was an einer Erfindung gut und nützlich ist; und sie können Ermutigungen und Lob anbringen. Das Urteil der Akademie aber muss strenger und konziser sein; es darf nicht höflich, sondern muss allein gerecht sein.[53]

Lavoisiers Aufruf, in der Akademie die Gutachter- und Richterrolle klarer auseinanderzuhalten, zeugt von den Bemühungen, die Verfahrensabläufe eines Gerichtsprozesses in der außergerichtlichen Expertentätigkeit durchzusetzen. Noch aufschlussreicher ist, dass er die Differenzen zwischen der formellen und der informellen Funktion der akademischen Gutachterverfahren deutlich macht. Dem formellen Ablauf gemäß handelte es sich beim kritisierten Verfahren entgegen Lavoisiers Darstellung um einen zweistufigen Begutachtungsprozess, auf dessen Basis die Krone eine Entscheidung traf. Es war ein königliches Privileg, Privilegien zu erteilen. Entsprechend mussten die Stellungnahmen der Akademie als Empfehlungen, nicht als Urteile verfasst sein. Informell jedoch hatten sie tatsächlich Urteilscharakter, und genau dieser Widerspruch musste Lavoisier aufgefallen sein. Da die königlichen Minister die epistemische Kompetenz der Akademiker respektierten, folgten sie ihren Empfehlungen in der Regel vorbehaltlos, und da die Gesuchsteller im Antragsverfahren der Regie der Akademie unterworfen waren, attestierten sie ihr eine autonome Entscheidungskraft. Hatten sie mit einem Antrag Erfolg, versahen sie ihr »privilegiertes« Produkt gerne mit dem Qualitätssiegel »approuvé par l'Académie«.[54] Damit besaß die Akademie eine öffentliche Ausstrahlung, die für ihre Funktionsfähigkeit als offizielles Expertengremium zu einem zweischneidigen Schwert wurde. Denn je größer ihre Ausstrahlung war, desto attraktiver wurde es für die Krone, die Akademie nicht nur für Beratungs-, sondern auch für Propagandazwecke zu nutzen. Anders als Lavoisier scheinen königliche Minister diesen Zusammenhang rasch erkannt zu haben.

Es wirkt auf den ersten Blick wie eine historische Ironie, dass die Akademie genau zu jener Zeit, als sie den Urteilscharakter ihrer Verlautbarungen selbstbewusst reflektierte, in eine neue Abhängigkeit von der Politik geriet. Der Vorgang hat aber eine gewisse Schlüssigkeit. Sobald offizielle Experten in die Position von öffentlichen Autoritäten aufrücken, wird es für Politiker interessant, ihre Urteile zu manipulieren und für eigene Zwecke zu instrumentalisieren, besonders dann, wenn es um ihre eigene öffentliche Autorität nicht zum Besten bestellt ist. Das geschah in spektakulärer Weise, als die französische Krone 1784 in aller Öffentlichkeit eine Reihe akademischer Experten einsetzte, um die Heilmethode des animalischen Magnetismus wissenschaftlich zu prüfen. Um zu verstehen, was für eine Arbeit auf die Experten wartete, müssen wir uns zuerst eingehend mit dem animalischen Magnetismus und seinem umtriebigen Begriffsschöpfer, Franz Anton Mesmer, befassen.

III

Der animalische Magnetismus vor dem Expertentribunal

> Es ist ein guter Gebrauch der Staatsmacht, die Aufklärung auszubreiten! Die Kommissionsmitglieder haben sich bemüht, die Sicht der Regierung zu übernehmen und ihrer Entscheidung ehrenvoll zu entsprechen.
>
> JEAN SYLVAIN BAILLY, *Exposé des expériences qui ont été faites pour l'examen du magnétisme animal* (1784)

Franz Anton Mesmer war ein erfolgreicher Therapeut, verkehrte in den besten Kreisen von Paris und hatte es zu großem Vermögen gebracht. Zum Verhängnis wurde ihm, dass er damit noch nicht zufrieden war. Er sehnte sich nach akademischer Anerkennung.[1] Seine Karriere begann in Wien. 1759 hatte Mesmer nach abgebrochenem Theologiestudium in Ingolstadt das Medizinstudium an der Universität Wien aufgenommen. Während seiner Ausbildung erhielt er eine Anstellung als Schüler des Hofarztes von Maria Theresia, und 1766 erwarb er den Doktortitel der medizinischen Fakultät mit einer Dissertation »Über den Einfluss der Gestirne auf den menschlichen Körper«.[2] Damit hatte er das Thema seines Lebens bereits gefunden. In seiner Doktorarbeit, die er noch im selben Jahr veröffentlichte, behauptete Mesmer, die wechselseitige Anziehungskraft zwischen dem Mond und den Planeten bewirke einen Gezeitenzyklus im menschlichen Nervensystem. Störungen im organischen Ablauf von Flut und Ebbe führten zu gesundheitlichen Problemen, die man aber mit therapeutischen Mitteln lösen könne. Diese Idee war nicht neu. Sie stand in einer astrologisch-medizinischen Denktradition, die von »Geheimlehren« aus dem Umfeld von Paracelsus im frühen 16. Jahrhundert bis zu Spekulationen im Umfeld von Newton im frühen 18. Jahrhundert reichte. Tatsächlich hatte Mesmer seine Arbeit über weite Strecken aus einem sechzig Jahre zuvor erschienenen Werk des englischen Arztes und Newtonisten Richard Mead abgeschrieben.[3]

Neu war allerdings, wie Mesmer die Idee terminologisch fixierte und therapeutisch standardisierte. Nachdem er in Wien 1768 eine reiche Witwe geheiratet hatte, bezog er ein Haus mit Laboratorium und Praxis, wo er begann, sich eine vornehme Patientinnen-Klientel aufzubauen. Bald experimentierte er an ihnen mit Magneten und anderen Materialien. Handauflegen kam ebenfalls zur Anwendung. 1776 veröffentlichte er einen Traktat »Über die Magnetkur«, in dem er seine Theorie um weitere Elemente, vor allem aber um den Begriff »thierischer Magnetismus« ergänzte. Schon auf der ersten Seite berief sich Mesmer auf die »Newtonischen Grundsätze« der planetarischen Bewegung. Im weiteren Verlauf der Schrift berichtete er von seinen Experimenten an Patientinnen, führte eine Reihe befreundeter Mediziner als Zeugen für seine Befunde an und pries seine methodische Exaktheit und Fundiertheit, die ihn vom grundsatzfreien Vorgehen der Quacksalber abhebe. Um die magnetische Kraft, die er entdeckt zu haben meinte, zu beschreiben, verglich er sie mit den Wirkungen der Elektrizität:

> Ich habe beobachtet, daß die magnetische Materie mit der elektrischen fast einerley sey; daß sie eben so, wie jene, durch andere Körper könne fortgeplanzt werden. Ich habe gefunden, daß nicht nur der Stahl allein geschickt sey die magnetische Kraft anzunehmen, sondern ich machte Papier, Brod, Wolle, Seide, Leder, Stein, Glas, Wasser, verschiedene Metalle, Holz, Hunde, Menschen, alles, was ich berührte, so magnetisch, daß gedachte Körper für sich nämliche Wirkung auf die

Kranke thaten, als die Magnete selbst. Ich ladete Flaschen mit der magnetischen Materie, wie man solches bey der Elektrick zu thun pflegt.[4]

Indem Mesmer andere Menschen und Gegenstände berührte, übertrug er auf sie angeblich eine magnetische Kraft, die er aus dem Universum empfangen hatte. Die Wirkung auf die belebten Körper verglich er ebenfalls mit einem elektrischen Schlag, der individuell unterschiedlich heftig ausfallen könne.[5] Die Darstellung des animalischen Magnetismus als eine Art elektrischer Strom war geschickt gewählt. Von der Elektrizität ging zu der Zeit eine enorme Faszination aus, ihre spür- und sichtbaren Effekte wurden von Experimentatoren an Königshöfen und auf Marktplätzen vorgeführt, und in Benjamin Franklin hatte sie einen der ersten internationalen Helden, den die Wissenschaft hervorgebracht hat. Zudem war der Magnetismus im Verlauf des 18. Jahrhunderts schon verschiedentlich mit der Anziehung und Abstoßung elektrischer Ladungen in Verbindung gebracht worden, ohne dass seine Ursachen jedoch befriedigend geklärt schienen.[6] Mesmer blieb dem Vergleich fortan treu und trieb ihn in seiner therapeutischen Arbeit bald weiter.

Die Mitglieder der medizinischen Fakultät in Wien reagierten auf Mesmers zweite Publikation reserviert. Alarmiert waren sie aber erst, als Mesmer ein Hospital eröffnete, das von vornehmen Patientinnen mit Hoffnung auf Heilung ganz unterschiedlicher Leiden frequentiert wurde. 1777 nahmen die institutionalisierten Mediziner eine missglückte Therapie an einer stadtbekannten blinden Pianistin zum Anlass, um ihn mit Maria Theresias Unterstützung als Betrüger zu brandmarken. Mesmer verließ Wien und tauchte ein Jahr später in Paris auf.

In der französischen Kapitale schien sich die Geschichte vorerst zu wiederholen. Dem rasch entflammten Magnetisierungsdrang vornehmer Damen stand die ostentative Reserviertheit akademischer Mediziner gegenüber. Mesmer selbst war weder durch sein Scheitern in Wien noch durch seinen neuen Publikumserfolg in Paris vom Plan abgekommen, für seine Theorie und Therapie eine offizielle Beglaubigung einzuholen. Er wurde sowohl bei der Académie des sciences als auch bei der Société de médecine vorstellig, und 1779 erhielt er auf mehrmaliges Drängen hin eine Anhörung in der älteren und ehrwürdigeren der beiden Institutionen. Die Befragung entpuppte sich als Debakel. Die amtsälteren Akademiemitglieder behandelten Mesmer wie Luft, während ihn die jüngeren im Anschluss an die Anhörung, die keine war, animierten, seine Technik vorzuführen.[7] Mesmer tappte in die Falle und sorgte für ein unfreiwilliges Unterhaltungsspektakel.

Allerdings schien sich bei ihm in diesem Moment eine andere Überzeugung durchzusetzen: Die wiederholte Ablehung durch die institutionalisierte Wissenschaft ließ sich auch zu einem Vorteil ummünzen. Voller Überzeugung nahm Mesmer fortan für sich in Anspruch, er stoße in den tonangebenden Gelehrtenkreisen deshalb auf Ablehnung, weil seine wissenschaftliche Synthese aus Astronomie und Medizin der Zeit weit voraus sei.[8] Der Prophet wird immer verlacht. Seine geänderte Haltung flankierte er mit neuen Demonstrationen innovativer Wissenschaft. Um 1780 führte Mesmer neben der individuellen Berührungstherapie eine kollektive Behandlungsmethode

⟶

Satirische Darstellung einer kollektiven Behandlung durch animalischen Magnetismus aus den 1780er-Jahren. Im Zentrum steht der »baquet«, an dessen Metallstäben mehrere Patientinnen und Patienten mit Seilen angebunden sind. Ihre Reaktionen auf die Behandlung reichen von Entzücken bis Erbrechen. Rechts, in der Nähe der offenen Tür, wirkt der Therapeut mit närrischer Eselsmaske unter Einsatz all seiner Extremitäten gleichzeitig auf vier verschiedene Personen ein. Den rechten Fuß hält er auf den Unterleib einer Dame, die vor lauter Ekstase besinnungslos geworden ist. Die Szenerie wird überwölbt von dunklen Wolken und einem hellen Strahl mit Tierkreiszeichen, die den kosmologischen Überbau des animalischen Magnetismus persiflieren.

ein. Mehrere Patientinnen und Patienten wurden um ein rundes Gefäß aus Holz gruppiert, das mit Sand, Glasflaschen, Eisenspänen und Wasser gefüllt war und aus dem mehrere Eisenstäbe herausragten.[9] Die Teilnehmer hielten die Stäbe in den Händen oder an eine bestimmte Körperstelle und wurden, sobald Mesmer oder einer seiner Schüler den Inhalt des Gefäßes mit animalischem Magnetismus aufgeladen hatte, im Kollektiv simultan mesmeriert, während ein Pianist auf dem Klavier die passende Melodie zur therapeutisch gewünschten Stimmung spielte. Das Gefäß erhielt den nichtssagenden Namen »baquet« – Zuber.

Der Idee nach aber hatte Mesmer seine oben zitierte Behauptung von 1776, dass er den »thierischen Magnetismus« wie elektrischen Strom speichern könne, umgesetzt. Der Baquet glich äußerlich einer Leidener Flasche, der vor Mitte des 18. Jahrhunderts erfundenen und bald danach weitverbreiteten Frühform eines Kondensators, also eines Geräts zum Speichern von elektrischer Ladung.

Mesmer hatte sein neues Behandlungsinstrument wiederum gut gewählt. Leidener Flaschen wurden nicht nur für Versuche in Labors, sondern auch zu Präsentationszwecken verwendet und waren daher weithin bekannt. Besonders beliebt beim Publikum waren Ketten von Händchen haltenden Menschen, die einen großen Kreis um eine Leidener Flasche bildeten, worauf eine einzelne Person unter ihnen den Metallstab berührte und alle mit einem schmerzhaften Ruck gemeinsam in die Luft katapultiert wurden.[10] Bereits 1747 waren in Genf erste Therapieversuche mit Leidener Flaschen an Schlaganfallpatienten

durchgeführt worden, die man mittels Stromstößen von ihren Teillähmungen heilen wollte. Um 1780 besaß die Leidener Flasche, ähnlich wie zu Beginn des Jahrhunderts die Vakuumpumpe, den Nimbus materialisierter Wissenschaftlichkeit. Man experimentierte mit ihr, und man inszenierte sich mit ihr. 1784 fertigte der Maler François-Louis Brossard de Beaulieu in Paris ein Portrait an, das einen sitzenden Wissenschaftler mit einem solchen Gerät in der Hand zeigt. Kunst- und Wissenschaftshistoriker glauben in dem Mann einen Gelehrten zu erkennen, der seine Berühmtheit gar nicht der Forschung mit elektrischen Strömen, sondern jener mit chemischen Substanzen verdankte, zu diesem Zeitpunkt aber zu den prominentesten Kontrahenten von Mesmer gehörte: Antoine Lavoisier.[11]

Noch wichtiger als der magnetisierende Zuber wurde für den weiteren Verlauf der Ereignisse ein Mitglied der medizinischen Fakultät von Paris. Charles Deslon, der eine halbe Generation jünger war als Mesmer, hatte ihn schon kurz nach der Ankunft in Paris regelmäßig aufgesucht, zuerst als Patient, dann als Schüler. Deslons Bemühungen, den Meister seinen Universitätskollegen bekannt zu machen und ihm den gebührenden Respekt zu verschaffen, scheiterten allerdings auf der ganzen Linie. Sie brachten ihm zuerst eine einjährige Suspendierung ein, weil er den Ruf der medizinischen Fakultät beschmutzt habe, und 1784, nach dreijährigem Streit über seine Lobbyarbeit, den endgültigen Ausschluss aus der Institution.[12] Zu diesem Zeitpunkt verfolgte Deslon aber bereits eine andere Anerkennungsstrategie.

←

Portrait von Antoine Lavoisier in der Uniform der königlichen Pulververwaltung und mit einer Leidener Flasche in der rechten Hand. Das Gemälde von François-Louis Brossard de Beaulieu wurde 1785 im *Salon de Paris* ausgestellt, wo Künstler aus der Académie royale de peinture et de sculpture ihre Werke der Öffentlichkeit präsentierten. Lavoisier war schon zu Lebzeiten berühmt für seine chemischen Experimente, weshalb es umso bemerkenswerter ist, dass er sich mit einem Gerät zur Speicherung von elektrischem Strom abbilden ließ.

Seine Hauptenergie hatte er früh auf eine publizistische Kampagne gerichtet. 1780 veröffentlichte er seine »Betrachtungen über den animalischen Magnetismus«, vor allem aber ermunterte er Mesmer zur Niederschrift einer aktualisierten französischen Version seiner Theorie.[13]

Diese erschien 1781 unter dem Titel »Historisches Kompendium über die Tatsachen des animalischen Magnetismus« und war an Dutzende Akademien in ganz Europa adressiert.[14] Mesmer diagnostizierte auf den ersten Seiten eine versteckte Fortschrittsfeindlichkeit in der Wissenschaftskultur seiner Zeit:

> Im gegenwärtigen Zustand der Wissenschaften müsste der Mann, der das Glück hat, eine nützliche Wahrheit entdeckt zu haben, ebenso viele Vermittler zwischen sich und dem Rest der Menschen finden wie Gelehrte mit Titel. Die Eitelkeit, Mutter aller Eifersüchteleien, bewirkt allzu oft, dass die Vermittler zu Rivalen und die Rivalen zu Feinden oder Verleumdern werden.[15]

Als weiteres Defizit der zeitgenössischen Forschung machte er mangelnden Mut bei der Wahl der Untersuchungsobjekte aus: »Die Wissenschaftler [...] behandeln mit Beflissenheit den Baum der Wissenschaften. Aber sie sind immer mit den Enden der Äste beschäftigt und vernachlässigen dabei die Pflege des Stammes.«[16] Ebenso kritisierte er die »meisten Gelehrten und Wissenschaftler« für ihre Unterstellung, er wolle sich mit seinen Methoden bereichern, wo sie doch selbst »nur vom Reichtum« träumten und er im Unterschied zu ihnen »keine Regierung« brauche, »um Geld bis zum Überdruss zu verdienen«.[17]

Im weiteren Verlauf seines Kompendiums zitierte Mesmer wiederum Briefe und Dokumente von sich und anderen Autoren. Unter den eingefügten Texten befand sich ein Schreiben vom September 1780 an die medizinische Fakultät von Paris, in dem Mesmer einen Vorschlag machte, wie der Erfolg seiner Therapie verbindlich zu prüfen sei. Er und die Fakultät sollten gemeinsam 24 Patienten mit unterschiedlichen Leiden auswählen, sie nach einem Zufallsprinzip in zwei Zwölfergruppen aufteilen, von denen die Fakultät die eine »mit ihren gewöhnlichen Methoden« (»par ses méthodes ordinaires«) und Mesmer die andere »mit seiner besonderen Methode« (»par sa méthode particulière«) behandeln würden. Anschließend werde der Gesundheitszustand jedes Patienten gemeinsam protokolliert, und zwar nicht nur von Mesmer und den Fakultätsvertretern, sondern auch von einer Gruppe unabhängiger Regierungsbeauftragter (»Préposés du Gouvernement«), die keiner medizinischen Institution (»Aucun Corps de Médecine«) angehören dürften.[18] Mesmers Vorschlag war damit so angelegt, dass nur die Wirkung, nicht aber die Methode seiner Therapie zur Debatte stehen konnte.

Besonderes Lob wurde im Kompendium Charles Deslon zuteil, den Mesmer als einen Mann von seltener Ehrlichkeit, höchster Wahrheitsliebe und großem wissenschaftlichem Verstand pries.[19] Schon bald nach der Publikation aber trübte sich das Verhältnis zwischen den beiden ein, und es schien, als würde sich an Deslon Mesmers oben zitierte Aussage über Wissenschaftsvermittler bewahrheiten. Mesmer geriet mit seinem Schüler in einen erbitterten, öffentlich ausgetragenen Streit, in dem es um alles Mögliche ging: Kompetenzen, Finanzen, Patienten usw.[20] Gleichzeitig verspielte Mesmer mit übertriebenen Forderungen und stolzem Ungestüm den Kredit, den er mit Deslons Unterstützung bei Königin Marie-Antoinette und ihrer höfischen Entourage aufgebaut hatte.

1783 brachte Mesmer eine alternative Institutionalisierung auf den Weg, indem er mithilfe von zwei reichen Patienten eine Société de l'harmonie universelle ins Leben rief. Er setzte ein Eintrittsgeld von hundert Louis an und stellte den künftigen Mitgliedern in Aussicht, gegen ein weiteres Entgelt von 2 400 Louis das Geheimnis des animalischen Magnetismus zu verraten, das sie dann zum Wohl der Menschheit in die Welt hinaustragen könnten. Wer Mesmer der Käuflichkeit und des Okkultismus verdächtigt hatte, konnte sich nun bestätigt fühlen. In den folgenden zwei Jahren sollte Mesmer über die Société de l'harmonie universelle die gewaltige Summe von 343 764 Livres einnehmen.[21] Um den Eindruck der wissenschaftlichen Seriosität aufrechtzuerhalten, erließ er 1784 ein Reglement, das in vieler Hinsicht den Satzungen von Akademien und gelehrten Gesellschaften entsprach. Es sah eine koordinierte Ausbreitung des Mesmerismus im gesamten Königreich vor und richtete Ämter für Sekretäre ein, die den Austausch unter den Mitgliedern protokollieren, Berichte über neue Publikationen erstellen und mit auswärtigen Gelehrten korrespondieren sollten. Des Weiteren forderte das Reglement die Gesellschaftsmitglieder zu eigenen Forschungen auf, die anschließend in gemeinsamen Sitzungen diskutiert und, wenn sie geeignet seien, die Vorurteile über den animalischen Magnetismus zu zerstören, publiziert würden.[22]

Mit der Gesellschaftsgründung und den Geldeinnahmen hatte sich Mesmer endgültig zum Politikum gemacht. Ludwig XVI., der, anders als seine österreichische Gemahlin, nie Sympathien für den animalischen Magnetismus gehegt hatte, musste vom Ministre de la Maison du roi, Louis Auguste Le Tonnelier de Breteuil, nicht lange überzeugt werden, dass der Mesmerismus eine politische und finanzielle Bedrohung für die Krone darstelle.[23] Er setzte 1784 zwei Kommissionen ein, um Mesmers Wissenschaftlichkeit zu prüfen. Die eine bestand aus fünf Gelehrten der Société de médecine, konnte sich aber, obwohl alle Mitglieder gegenüber dem animalischen Magnetismus Vorbehalte hatten, nicht auf ein gemeinsames Vorgehen einigen und sollte insgesamt keine große Wirkung erzielen. Die andere setzte sich aus vier Medizinern der Pariser Universität und fünf Mitgliedern der Académie des sciences zusammen. Sie erhielt bald den größten Teil der öffentlichen Aufmerksamkeit, und das lag weniger an der Prominenz als am Engagement der Kommissionsmitglieder. Ihre Motivation, Mesmer in die Schranken zu weisen, muss zu diesem Zeitpunkt ungleich höher gewesen sein als noch ein paar Jahre zuvor.

Königliche Aufklärung durch öffentliche Experten

Es waren die Akademiemitglieder, die der Untersuchung der Kommission den Stempel aufdrückten. Eines von ihnen war Antoine Lavoisier, der bei der Planung der Expertise den Ton angab, ein anderer der Astronom Jean Sylvain Bailly, der die Niederschrift des Berichts in die Hand nahm. Das eigentliche Aushängeschild der Kommission war jedoch ein 78-jähriges Akademiemitglied, das den Rang eines auswärtigen Beisitzers (»associé étranger«) bekleidete. Es handelte sich um Benjamin Franklin, den Helden der Elektrizität, amerikanischen Gründervater und ersten Botschafter der Vereinigten Staaten in Paris. Im Expertenverfahren, das die Kommission durchzuführen hatte, war Franklin die Richterrolle zugedacht, und obwohl er nicht nur gebrechlich, sondern auch gesundheitlich angeschlagen war, enttäuschte er die in ihn gesetzten Erwartungen nicht. Die Gesamtkörperschaft der Akademie übte, anders als bei ihren internen Expertengremien, so gut wie keine Kontrolle über die Kommission aus.[24] In den Sitzungsprotokollen der Gesellschaft taucht sie erst auf, als Bailly nach fünf Monaten intensiver Arbeit im Namen der beteiligten Akademieexperten die Ergebnisse vorstellte.

Ihren konkreten Arbeitsauftrag hatte die Kommission aber noch von der Akademie erhalten: In einem Schreiben an Lavoisier vom April 1784 beschränkte sie die Untersuchung auf die Frage, ob das Phänomen, das man als animalischen Magnetismus bezeichne, tatsächlich existiere.[25] Lavoisier erstellte sodann auf der Basis kompakter Zusammenfassungen der Theorien und Therapien von Mesmer und Deslon einen konkreten Plan:

> Wir werden den animalischen Magnetismus also nur akzeptieren, wenn er Wirkungen aufweist, die sich auf keine andere Ursache beziehen können. Wir werden untersuchen, ob die Imagination allein, ohne Magnetismus, nicht ähnliche Effekte

> erzeugen könnte, und wir werden uns folglich darum bemühen, eine Reihe von Experimenten durchzuführen, in denen der Magnetismus von der Imagination und die Imagination vom Magnetismus getrennt wird.[26]

Damit waren die methodische Strategie und das gewünschte Ergebnis der Experten definiert. Bei der Ausführung stellte sich jedoch ein Problem. Mesmer mochte in den Augen der Akademiemitglieder zwar ein ungenügendes Verständnis von Wissenschaft haben, aber er hatte Verstand genug, um vorauszusehen, dass der Ausgang des Expertenprozesses eine ausgemachte Sache war. Von Anfang an verweigerte er der Kommission seine Mitarbeit, und so waren die Experten auf die alleinige Kooperation von Charles Deslon angewiesen, der seit seinem Zerwürfnis mit Mesmer als Repräsentant des animalischen Magnetismus nur noch bedingt glaubwürdig war, umso mehr, als Mesmer mit juristischen und publizistischen Mitteln versuchte, sich von Deslon so weit wie möglich zu distanzieren.[27] Entsprechend hoch war der argumentative Aufwand für die Kommission, um Deslons Wahl als Kronzeuge nachträglich zu rechtfertigen.[28] Dessen Hoffnungen, sich mit seiner Kooperation als Mesmers legitimer Nachfolger zu inthronisieren, sollten jedoch enttäuscht werden.[29]

Im Kommissionsgutachten attestierten sich die Experten eine vom Ethos der Académie des sciences getragene Herangehensweise an den Untersuchungsgegenstand: Sie hielten das epistemische Bescheidenheitsgebot hoch, indem sie die Frage nach der Wirksamkeit von Mesmers Therapie ausklammerten, weil wissenschaftlichen Beobachtern viele Faktoren, die an der Gesundung von Patienten beteiligt seien, entgehen könnten.[30] Wie beiläufig betrieben sie damit genau das Gegenteil dessen, was Mesmer in seinem Schreiben von 1780 an die Fakultätsmediziner zur Prüfung des animalischen Magnetismus vorgeschlagen hatte: Anstatt nur um die Wirkung ging es bei ihnen nur um die Methode. Gleichzeitig bezeugten sie ihren intellektuellen Respekt gegenüber den Begutachteten, indem sie die Logik des animalischen Magnetismus ernst nahmen und sie zum Objekt ihrer Experimente erkoren. Mit so viel Sachlichkeit gepanzert, konnte der Expertenbericht erst recht polemische Wucht erzeugen.

Das Gutachten rekapitulierte den gesamten Untersuchungsprozess. Die Experten wohnten Deslons therapeutischen Séancen bei, in denen Patienten von Konvulsionen geschüttelt wurden. Sie ließen sich selbst mesmerieren, blieben aber ungeschüttelt, ja verspürten nicht die geringste Rührung. Sie versuchten die magnetische Strahlung, die vom Baquet ausgehen sollte, zu messen und fanden auf ihren Instrumenten keinen Ausschlag. Erst nach diesen Beobachtungen, so behauptete das Gutachten im Widerspruch zu Lavoisiers unveröffentlichtem Vorgehensplan, stellten die Experten die Arbeitshypothese auf, dass kein animalischer Magnetismus, sondern die menschliche Imagination die mesmerischen »Krisen« auslöse, und zwar die Imagination der Patienten selbst.

Die Hypothese wurde mit weiteren Experimenten getestet. Die Experten setzten eine Dame vor eine geschlossene Tür, redeten ihr ein, der – in Wirklichkeit abwesende – Deslon stehe auf der anderen Seite und mesmeriere sie. Prompt brach sie in Konvulsionen aus.[31] Sie reichten einer anderen Patientin der Reihe nach identische, mit Wasser gefüllte Tassen, von denen Deslon eine bestimmte, nur den Experten bekannte mesmeriert hatte. Die Dame geriet nach der zweiten Tasse in Erregung und nach der vierten in die Krise. Als sie sich erholt hatte, verspürte sie Durst, erhielt die mesmerierte Tasse und trank sie in aller Ruhe aus.[32] Schließlich ließ sich Deslon überreden, in Franklins Garten einen Baum mit animalischem Magnetismus zu laden, worauf ein junger Mann mit verbundenen Augen von Baum zu Baum geleitet wurde, jeweils zehn Minuten lang den Stamm umarmte und bei der vierten Umarmung in Ohnmacht fiel – »ungefähr 24 Fuß entfernt« vom magnetisierten Baum, dem eine Umarmung verwehrt blieb.[33]

Der Expertenbericht präsentierte die Abfolge der Experimente nicht als Parcours eines kumulativen Erkenntnisprozesses, in dem Schritt für Schritt alternative Hypothesen ausgeschlossen wurden, sondern als Spektakel der Lächerlichkeit in mehreren Akten, die stets den gleichen Befund erbrachten: Die Patienten reagierten nicht auf den Eingriff des Therapeuten, sondern auf den Impuls ihrer eigenen Einbildung. Eine solche Inszenierung war weniger dazu angetan, die Mitglieder der Académie des sciences argumentativ zu überzeugen, als das Pariser Publikum unterhaltsam zu belehren. Und tatsächlich: Auf Initiative der Krone und in Abkehr von der gängigen Praxis der akademischen Gutachtertätigkeit wurde der Bericht zum animalischen Magnetismus unverzüglich gedruckt. Wenig später erschien er in einer bildlichen Inszenierung wie eine magische Quelle des Lichts, mit dem Benjamin Franklin die dunklen Geister des Mesmerismus vertrieb.[34]

Fast noch aufschlussreicher für die offizielle Funktion der Expertenkommission ist ein zeitgleich publizierter Begleittext, dem bisher

wenig Beachtung geschenkt worden ist. Er erschien unter dem schlichten Titel »Erläuterung der zur Untersuchung des animalischen Magnetismus durchgeführten Experimente« und enthielt die Rede, die Bailly anlässlich der Präsentation der Ergebnisse vor der Akademie gehalten hatte. Sie verhielt sich zum Expertenbericht wie der Richterspruch zur Zeugenaussage. Der Gestus der epistemischen Bescheidenheit wich hier der Betonung von autoritärer Urteilskraft. Bailly begründete die Einrichtung der Kommission mit einem öffentlichen Interesse an Aufklärung. »Man darf der unrechtmäßigen Herrschaft von falschen Ansichten nicht gleichgültig gegenüberstehen«, setzte er an – und fuhr fort: »Die Wissenschaften, die durch Wahrheiten wachsen, gewinnen auch bei der Unterdrückung eines Irrtums: Ein Irrtum ist immer ein schlechtes Triebmittel, das gärt und auf Dauer die Massen verdirbt, wo er eingeführt wird.«[35] Bis hierher bewegte sich Bailly auf dem Boden der klassischen Aufklärungsrhetorik, wonach die Wissenschaften aus eigener Kraft den öffentlichen Kampf für die Wahrheit führten. Im nächsten Satz jedoch übertrug er der Politik die Führung:

> Aber wenn dieser Irrtum dem Reich der Wissenschaften entweicht, um sich in der Menge auszubreiten, um die Geister zu entzweien und zu erschüttern, wenn er Kranken als trügerisches

←

Der enthüllte Magnetismus dürfte vom selben Künstler stammen wie die Behandlungssatire auf Seite 91. Diesmal entspricht die Szenerie einer Vertreibung böser Geister durch die Kräfte des Lichts, nur sind die auf den Besen davonfliegenden Figuren keine Magier, sondern Magnetisierer, und die Künder des Lichts keine Mitglieder der kirchlichen Inquisition, sondern der akademischen Expertenkommission. Bei der strahlenden Papierrolle handelt es sich um den Kommissionsbericht, der den animalischen Magnetismus als Produkt der Imagination ausweist, und beim Mann, der sie in Händen hält, um das prominenteste Kommissionsmitglied, Benjamin Franklin.

> Heilmittel erscheint und sie davon abhält, andere Hilfe zu suchen, wenn er vor allem zugleich das Gemüt und den Körper beeinflusst, dann hat eine gute Regierung ein Interesse daran, ihn zu zerstören.[36]

Baillys Ausführungen liefen auf eine Rechtfertigung der Expertenkommission als politisches Ausführungsorgan hinaus: »Es ist ein guter Gebrauch der Staatsmacht, die Aufklärung auszubreiten! Die Kommissionsmitglieder haben sich bemüht, die Sicht der Regierung zu übernehmen und ihrer Entscheidung ehrenvoll zu entsprechen.«[37]

Bailly unternahm erst gar nicht den Versuch, die Expertenkommission als unvoreingenommen und unabhängig auszugeben. Stattdessen erklärte er die Krone zur Vorkämpferin der Aufklärung und die Akademie zu ihrer offiziellen Urteilsinstanz in wissenschaftlichen Dingen. Politik und Wissenschaft betätigten sich ihm zufolge in harmonischer Kooperation zum Wohle der Allgemeinheit.

Riskante Expertise: der wissenschaftliche Geheimbericht

Als Bailly den offiziellen Bericht präsentierte, hatte dieses Bild allerdings bereits Risse bekommen. Ganz so harmonisch verlief die Kooperation zwischen Krone und Akademie nicht. Minister Breteuil hatte die Experten vor der Publikation des Berichts angewiesen, ein von ihm für zu heikel empfundenes Kapitel aus dem Gutachten zu streichen und als separaten Geheimbericht dem König zu überreichen. Was hatte dazu Anlass gegeben?

In dem Geheimbericht, der erst dreißig Jahre später im Druck erschien, warnten die Experten vor den sittlichen Folgen des Mesmerierens, und sie legten dafür eine Analyse des Vorgangs vor, die aus den Versuchsbeschreibungen eine höhere Form von Pornografie machte. Zuerst beschrieben sie Frauen in Abgrenzung von Männern als hypersensible Herdentiere: »Berührt man sie an einer beliebigen

Körperstelle, so berührt man sie, könnte man sagen, zugleich überall. Diese große Beweglichkeit der Nerven bewirkt, dass sie mehr zur Imitation neigen. «[38] Sobald in Gruppentherapien eine Dame in Konvulsionen ausbreche, machten es ihr sogleich alle anderen nach. Was der männliche Therapeut und seine meist weiblichen Patientinnen beim Mesmerieren praktizierten, beschrieben die Experten, »présens et attentifs au traitement«, mit voyeuristischer Detailfreude:

> Der magnetisierende Mann hat gewöhnlich die Knie der Frau zwischen seinen eigenen Knien. Die Knie und alle unteren Körperpartien berühren sich folglich. Die Hand ist unterhalb der Rippen und manchmal weiter unten auf den Eierstöcken aufgelegt. Der Kontakt wird also zugleich an mehreren Stellen ausgeübt und in der Nähe der sensibelsten Partien des Körpers. Häufig hat der Mann, während er seine linke Hand so hält, die rechte hinter dem Körper der Frau; beide bewegen sich nach vorn, um die doppelte Berührung zu erleichtern; die Nähe wird so groß wie möglich, die Gesichter berühren sich fast, der Atem wird ausgetauscht, alle körperlichen Empfindungen werden unmittelbar geteilt, und die gegenseitige Anziehung der Geschlechter muss in ihrer ganzen Kraft wirken; es ist nicht außergewöhnlich, dass die Sinne entflammen. Die Imagination, die gleichzeitig wirkt, führt zu einer gewissen Unordnung in der ganzen Maschine. Sie hebt die Urteilsfähigkeit auf, lenkt die Aufmerksamkeit ab; die Frauen können sich ihrer Empfindungen nicht bewusst werden, sie nehmen den Zustand, in welchem sie sind, nicht wahr.[39]

Es spricht wenig dafür, dass diese Beschreibung des animalischen Magnetismus deshalb für heikel befunden wurde, weil sie einen Sexualakt der anderen Art schilderte. Die gehobenen Kreise der Pariser Gesellschaft standen am Ausgang des Ancien Régime nicht im Ruf der Prüderie. Heikel dürfte vielmehr gewesen sein, dass die Experten

nicht mehr zwischen Tätern und Opfern zu unterscheiden vermochten. Die Geschlechterrollen waren für sie zu klar verteilt: Es seien immer Männer, die Frauen magnetisierten. Die Mehrheit der Frauen aber, »die zum Magnetisieren gehen«, seien gar nicht krank: »Viele kommen zum Müßiggang und zum Vergnügen«. Und wenn sie dem Therapeuten gegenüberträten, hätten sie Charme genug, ihn für sich einzunehmen. Daher sei, was die sittliche Dimension der Séancen angehe, »die Gefahr beiderseitig«.[40] Therapeuten und Therapierte bildeten sich beide ein, an einem gesundheitlichen Heilungsprozess teilzunehmen, dabei lieferten sie sich in Wahrheit ihren sexuellen Trieben aus.

Hier wurde aus empirischen Beobachtungen keine epistemische, sondern eine moralische Folgerung gezogen. Diese musste nicht nur für die Betroffenen, sondern auch für deren Angehörige ein Affront sein. Hätte der König die Passagen publizieren lassen, wäre am Hof mancher Aristokrat, dessen Frau den animalischen Magnetismus schätzen gelernt hatte, als quasigehörnter Ehemann dagestanden. Damit sprengte die Analyse der Experten nicht nur den erwarteten Rahmen, sondern erbrachte auch noch unerwünschte Ergebnisse. Anstatt sich damit zu begnügen, den Mesmerismus als wissenschaftliche (Selbst-)Täuschung bloßzustellen, setzten sie zu einer gesellschafts- und geschlechtertheoretischen Erklärung des Phänomens an. Diese lautete, in zugespitzter Lesart: Wo es müßiggehende Damen

←

Dieser Stich aus der gleichen Serie trägt den Titel *Der magische Finger oder der animalische Magnetismus* und inszeniert die Interaktion zwischen dem therapierenden Scharlatan und der behandelten Patientin als eine sexuelle Begegnung ohne Sex. Der hochgestellte Finger und noch mehr der durch den Rock emporragende Eselsschwanz verdeutlichen die aggressive Geilheit des magnetisierenden Mannes, während der halb entrückte, halb laszive Blick, die gerötete Wange und die offene Hand im Schoß die passive Lust der magnetisierten Frau anzeigen.

mit zu viel Freilauf, zu großer Lust und zu geringer ehelicher Zuwendung gibt, gibt es einen Markt für Mesmeristen. Das lief auf eine wissenschaftlich eingekleidete Hof- und Adelskritik hinaus, die in der angespannten Situation Mitte der 1780er-Jahre nicht willkommen sein konnte. Unter diesen Umständen war es ein umsichtiges Vorgehen, den Text mit dem Etikett »Geheimbericht« zu versehen und ihn, ohne die Expertenautoren übermäßig vor den Kopf zu stoßen, zum Verschwinden zu bringen.

Was hatte die Experten veranlasst, so weit über ihren Auftrag hinauszugehen? Ließen sie sich aller Politisierung zum Trotz von einem autonomen Wissenschaftsethos leiten, wonach dem Gegenstand ganz auf den Grund zu gehen sei? Dagegen spricht, dass die Akademiemitglieder in ihrer sonstigen Gutachtertätigkeit kaum Interesse an den motivischen Hintergründen neuer Techniken zeigten. Könnte es etwa sein, dass die Erklärung einen Versuch darstellte, ihre eigene voyeuristische Faszination für das Magnetisieren nicht einfach zu unterdrücken, sondern intellektuell fruchtbar zu machen? Wie gleich zu sehen sein wird, wurde dies von zumindest einem – wenn auch voreingenommenen – Zeitgenossen in der Tat unterstellt.

Was es für die Académie des sciences bedeutete, als öffentliches Expertentribunal im Namen des Königs Urteile zu fällen, wurde ihren Mitgliedern erst gewahr, als der offizielle Kommissionsbericht frei zirkulierte. Obwohl die heikelsten Passagen ausgesondert waren, fielen die Reaktionen heftig aus. Denn wenn sich der Expertenbericht für eine Sache schlecht eignete, so war es die »Bekehrung« der »Opfer« des animalischen Magnetismus. Diese mussten sich, ob Therapeuten oder Therapierte, brüskiert fühlen. Aus ihrer Sicht hatten die Vertreter der institutionalisierten Wissenschaft nicht die Größe, ihre eigenen epistemischen Blößen einzugestehen, und versteckten sich daher hinter pauschalen Erklärungen wie jener vom »Delirium der Imagination«, über dessen Ursachen und Wirkungen sie nichts Gesichertes vorzubringen wussten.

So jedenfalls argumentierte Charles Deslon in einer noch 1784 in den Druck gebrachten Verteidigungsschrift, in der er, ohne sich lange über seine öffentliche Demontage durch die Experten zu beklagen, zum Gegenangriff schritt. Die Experten, argumentierte er, hätten in ihrem Bericht betont, man dürfe in der Medizin für eine Wirkung nie eine einzige Ursache voraussetzen; genau dies jedoch würden sie tun, wenn sie den animalischen Magnetismus als bloße Ausgeburt der Einbildungskraft wegerklärten. Könnte es etwa sein, dass den »Messieurs les Commissaires«, als sie den Séancen beiwohnten und nur »Weinen, Lachen, Husten und Schluckauf« vernahmen, die eigene Fantasie davongaloppiert sei? Könnte es sein, dass sich ihre Einbildungskraft, anstatt zu »erschlaffen oder gar zu erlöschen«, »unter einer eloquenten Feder« weiter »angeregt und erhitzt« habe? »Vielleicht haben wir hier«, mutmaßte Deslon, »ein wirklicheres Spiel der Imagination als jenes, das man der Behandlung des Magnetismus unterstellt«.[41] Es gebe keinen magnetisierten Patienten, der nicht der Meinung sei, die Akademiemitglieder müssten sich eine gewaltige Dosis Imagination verabreicht haben, um die von ihnen konstatierten Effekte zu sehen.[42]

Deslons Replik war angesichts der misslichen Lage, in die er sich mit seiner kooperativen Naivität manövriert hatte, ein Husarenstück in Vorwärtsverteidigung. Er ging nur oberflächlich auf die fundamentalen Probleme ein, die der Befund seiner Gegner erbracht hatte, legte ihnen dafür in einer Demonstration kritischer Virtuosität umso gründlicher dar, dass sie bei ihm die wissenschaftliche Messlatte auf einer Höhe ansetzten, an der sie in ihrer Untersuchung selber scheiterten. Damit gelang es ihm, seinen Kontrahenten im öffentlichen Diskurs auf Augenhöhe zu begegnen. Bei allen Fehleinschätzungen hatte Deslon eines richtig erkannt: Mochte er im wissenschaftlichen Kräftemessen mit den berühmten Wissenschaftlern noch so unter die Räder kommen, in der nachfolgenden Kontroverse vor breitem Publikum konnte er die Auseinandersetzung zu seinen Gunsten drehen.

Die Fallhöhe machtnaher Experten – gestern und heute

Die Entrüstung im Lager der Mesmeristen hatten die Experten der Académie des sciences kommen sehen, nicht aber die Angriffe vonseiten politischer Kritiker, die sich mit der Sache der Mesmeristen solidarisierten und die Akademie als institutionelles Symbol einer despotischen Wissenskultur denunzierten. Die Furcht des Königs und seiner Minister vor einer Politisierung des animalischen Magnetismus hatte sich damit infolge ihrer eigenen Anordnung als berechtigt erwiesen.

Einer der politischen Kritiker war Jacques Pierre Brissot, ein von Rousseau inspirierter Vorkämpfer wider die ständische Privilegiengesellschaft, den die Revolution für kurze Zeit an die Macht spülen sollte, bevor er wenige Monate nach dem König unter der Guillotine endete. Brissot hatte die Académie des sciences bereits 1782 angegriffen, weil sie sich angemaßt habe, als »souveränes Tribunal zur Beurteilung der Fortschritte in den menschlichen Kenntnissen« aufzutreten, wo es doch allein der Öffentlichkeit obliege, über Erfindungen und Erkenntnisse verbindliche Urteile zu fällen.[43] 1786 legte er mit einem anonymen »Wort für die Ohren der Akademiker« nach, mit dem er den Mitgliedern der Académie des sciences eine Aufklärungslektion über sie selbst zu halten gedachte. Er sei dazu berechtigt, schrieb er zu Beginn, weil »ich unabhängig bin und jeder von Euch ein Sklave ist«. Brissot unterstellte den Mitgliedern einen kollektiven Verfolgungswillen (»esprit de persécution«), und als Hauptopfer ihrer Nachstellungen präsentierte er die Mesmeristen: »Hier im Besonderen haben sie ihr Intrigantentum entfaltet, ihren herrischen Despotismus, ihre Ränkespiele gegenüber den Großen und Frauen.«[44]

In Brissots Akademikerschelte kündigte sich eine doppelte Wahrnehmungsverschiebung an: Der Mesmerismus erschien so als Wissenschaft des politischen Radikalismus und die Académie des sciences als Bollwerk der politischen Reaktion. Es war vor allem letztere

Wahrnehmung, die Bestand haben sollte. Die Akademiker, allen voran Antoine Lavoisier, konnten am Ausgang des Ancien Régime und Anfang der Revolution noch so reformbegeistert und innovationsfreudig sein, sie schafften es nicht mehr, ihre Experteninstitution vom Stigma der Komplizenschaft mit der Krone zu befreien. Die Institution hatte ihren unabhängigen Ruf, den sie im Verlauf des 18. Jahrhunderts langsam aufgebaut hatte, verspielt.

Das Misstrauen, das ihr entgegenschlug, verschärfte auch die innerakademischen Spannungen, und zu Beginn der Revolution musste jedes Mitglied damit rechnen, seine Aussagen in internen Beratungen bald darauf in der Presse wiederzufinden. Die Institution manövrierte sich in eine unaufhaltsame Abwärtsspirale. Als der Nationalkonvent am 8. August 1793 über die Abschaffung der Akademien und der literarischen Gesellschaften beriet, versetzte Jacques-Louis David, der sich vom Schüler und stolzen Mitglied der Académie royale de peinture et de sculpture zum quasioffiziellen Revolutionsmaler gemausert hatte, den Akademien mit dem pauschalen Verdikt den Todesstoß, sie seien »das letzte Refugium von allen Aristokratien«.[45] Brissot saß zu diesem Zeitpunkt mit seiner Girondistengefolgschaft bereits im Gefängnis und sollte bald für immer verstummen; seine antiakademische Rhetorik der 1780er-Jahre aber hallte noch lange nach.

Die Geschichte vom Aufstieg und Fall der Académie des sciences könnte leicht zum Schluss verleiten, hier sei eine an sich gut funktionierende, ja fortschrittliche Institution zum Spielball von zerstörerischen Kräften geworden, die ihre Wucht nur unter den historischen Ausnahmebedingungen einer Revolution hätten entwickeln können. Dieser Schluss mag für die Geschwindigkeit und Radikalität der Demontage zutreffen, nicht aber für den ihr zugrundeliegenden Prozess des öffentlichen Vertrauensentzugs. Was der Académie des sciences zwischen 1784 und 1793 widerfahren ist, droht jeder modernen Experteninstitution, die sich allzu offensichtlich von ihren politischen Auftraggebern instrumentalisieren lässt. Sie ruiniert ihren

Ruf als unabhängiges Beratungsgremium und macht sich bei Bevölkerungsgruppen, die sich von der Regierung nicht repräsentiert sehen, unglaubwürdig. In der spätmodernen Mediendemokratie, die im Namen der Transparenz möglichst alles an die Öffentlichkeit zerrt, was sich politisch ausschlachten lässt, ist dieses Problem chronisch geworden. Als Speerspitzen der »Wissensgesellschaft« gefeiert, eignen sich Experten hervorragend, um vor den Karren einer politischen oder kommerziellen Kampagne gespannt zu werden. Ihre Autoritätsquelle wird ihnen dann zur Glaubwürdigkeitsfalle.

Zusätzlich erschwerend kommt heute hinzu, dass sich wissenschaftliche Politikberater durch ihren Einsatz als Legitimationsstifter in stärkere Rollenwidersprüche manövrieren als zu früheren Zeiten. Wissenschaft wird im 21. Jahrhundert als ungleich pluralistischeres Geschäft erfahren als im 18. Jahrhundert. Der aufklärerische Glaube, man könne Entscheidungen auf die *eine* wissenschaftliche Wahrheit stützen, ist im Forschungs- wie im Politikbetrieb längst verflogen. Dennoch hat die Pluralitätserfahrung nicht zu einer entsprechenden Anpassung von expertengestützten Entscheidungsverfahren geführt. Die Repräsentanten verschiedener wissenschaftlicher Standpunkte werden in der Regel nicht gesondert angehört, um aus vielen Expertenmeinungen eine oder mehrere auszuwählen und zur Entscheidungsgrundlage zu nehmen, sondern im gleichen Gremium zur Ausformulierung eines kleinsten gemeinsamen Nenners versammelt, den die Entscheidungsträger dann wieder als den *einen* wissenschaftlichen Konsens verkaufen können. Die wenigsten Politiker dürften so naiv sein, derart herbeikonsensualisierte Expertenmeinungen für brauchbare Entscheidungshilfen zu halten, am allerwenigsten dann, wenn sie den Experten zuvor zu verstehen geben, was sie zu meinen haben. Suchen sie vor einem Beschluss tatsächlich den Rat von Experten, holen sie ihn eher informell bei den Spezialisten ihres Vertrauens ab. Das Doppelspiel funktioniert nur, weil ihm auch die Wissenschaftler nicht abgeneigt sind. Sie beteiligen sich als Kommissionsmitglieder an der Ausformulierung eines offiziellen Expertenkonsenses und flüstern zugleich Entscheidungsträgern im direkten Kontakt ihre eigene wissenschaftliche »Wahrheit« ein. Liegt ein wissenschaftlicher Dissens mit anderen Kommissionsmitgliedern vor, können sie ihn in einem Beratungsgerangel hinter den Kulissen austragen. Damit tragen Politiker wie Experten dazu bei, dass offizielle und tatsächliche Entscheidungsprozesse auseinanderfallen.

Die Wissenschaftsforschung hat sich in den vergangenen Jahrzehnten intensiv mit Experten befasst, dabei aber den Spannungen zwischen formeller und informeller Beratungstätigkeit, wissenschaftlicher Unabhängigkeit und politischer Instrumentalisierung nur wenig Beachtung geschenkt. Umso mehr wurde die privilegierte Position von Wissenschaftlern im Vergleich zu Nichtwissenschaftlern in Expertengremien problematisiert. Das Unbehagen am Einfluss natur- und technikwissenschaftlicher Experten war sicher nicht unbegründet, aber es schränkte die Diskussion innerhalb der Wissenschaftsforschung allzu stark auf die Einbindung anderer Berufe in Expertengremien ein. Die konzeptionelle Erweiterung des Expertenbegriffs führte dabei zu einer semantischen Verwässerung, bis alle Menschen, die etwas Besonderes wussten oder konnten, theoretisch Anspruch auf den Expertentitel anmelden durften. Man sprach von »referred expertise«, »interactional expertise«, »experience-based expertise«, »examining expertise«, »specialist expertise« und sogar von »lay expertise«, womit auch direkt Betroffene, etwa AIDS-Patienten, in den Expertenrang erhoben wurden. Die Folge war, dass man vor lauter Unterkategorien kaum mehr das politische Kräftefeld sah, in dem offizielle Experten privilegiert, instrumentalisiert und degradiert werden.[46] Die Dekonstruktion von Wissenschaftlern als Experten ging einher mit der Affirmation der Allgegenwärtigkeit von Expertise, wie sie in der alltagssprachlichen Inflation des Expertenbegriffs zum Ausdruck kommt. Die wahren Abgründe der Expertenrolle waren von dieser Warte aus kaum zu sehen, wobei noch problematischer ist, dass die verschobene Perspektive der Wissenschaftsforschung jenen Politikern entgegenkam, die aus Expertenkommissionen repräsentative »Wissensparlamente« machten, um die gewählten Volksvertreter von Verantwortung zu entlasten.

Je weniger öffentliches Vertrauen Politiker genießen, desto gefährlicher wird die Situation für ihre Experten. Entscheidungsträger haben nun noch mehr Grund, sich vor jeder kommunikativen Herausforderung mittlerer Komplexität hinter einem herbeiorchestrierten Expertenminimalkonsens zu verschanzen. Sie brauchen den Konsens deshalb, weil er die Fiktion der *einen* wissenschaftlichen Wahrheit als Realität ausgibt und ihrem politischen Handeln in der Öffentlichkeit den Schein einer höheren Notwendigkeit verleiht. Treten die Experten nicht als geschlossenes Kollektiv auf, bricht die Fiktion in sich zusammen. La Rochefoucauld hat einmal gesagt, die Heuchelei sei eine Verneigung des Lasters vor der Tugend.[47] Nun ist Heuchelei insofern ein harmloses Laster, als sie die Tugend, die sie fingiert, nicht kontaminiert. In der Interaktion zwischen Politikern minderer und Experten höherer Glaubwürdigkeit ist die Kontaminationsgefahr jedoch ungleich höher, denn die Experten lassen sich zur Projektionsfläche einer Vorstellung von Wissenschaft instrumentalisieren, an die sie selber nicht mehr glauben. Ist der Inhalt ihres vermeintlichen Konsenses allzu offensichtlich Wasser auf die Mühlen der Auftraggeber, hat das Publikum Anlass, sie für das zu halten, was sie sind: politische Erfüllungsgehilfen.

IV
Mord oder Selbstmord? Experten in der Affaire Calas

> Nach allem, was gesagt worden ist, scheint festzustehen, dass man mittels angemessener Forschungen über die Zeichen, die einen Selbstmord von einem Mord unterscheiden, entscheiden kann.
>
> ANTOINE LOUIS, *Mémoire sur une question anatomique relative à la jurisprudence* (1763)

Kein Skandal des 18. Jahrhunderts strahlt in der französischen Erinnerungskultur so hell wie die Affaire Calas. Sie symbolisiert den Sieg des aufklärerischen Säkularismus über den religiösen Fanatismus. Seit dem Terroranschlag auf die Redaktion des Satiremagazins *Charlie Hebdo* im Januar 2015 stellt sie in Frankreich wieder einen ideologischen Bezugspunkt ersten Ranges dar. Experten jedoch spielen dabei so gut wie keine Rolle. Der ganze Glanz der öffentlichen Rückbesinnung fällt auf Voltaire, den aufklärerischen Religionskritiker par excellence, der mit seinem Aufschrei den Triumph der Toleranz ermöglicht habe. Voltaire trug in der Tat entscheidend zur klärenden Eskalation der Affaire Calas bei, aber er konnte mit seinem Protest nur deshalb eine korrigierende Kraft entfalten, weil Experten zuvor die zentralen Geschehnisse vor Ort analysiert und kommentiert hatten. Als Voltaire intervenierte, lag dank ihrer Wissensarbeit bereits eine Fülle an Informationen vor, die schließlich zur Grundlage für die gerichtliche Revision des Falles wurde. Aus historischer Sicht ist es damit weniger die Tat einer literarischen Lichtgestalt, die das Faszinosum der Affaire Calas ausmacht, als die Interaktion von Wissensvermittlern mit konträren Rollen und komplementären Kompetenzen. Die Tatsache, dass die beteiligten Experten nie offizieller Teil der Skandalgeschichte wurden, kann gerade als Konsequenz ihrer konsistenten Rollenausübung gedeutet werden. Hier, mehr als in allen anderen Fallbeispielen dieses Buches, wird die Orientierungsfunktion von Expertenwissen sichtbar, wenn es unabhängig von politischen Nutzbarkeitserwägungen wirken kann. Die Wirkung war so groß, dass die Experten eine gerichtliche Lösung des Falles ermöglichten, ohne ihn faktisch geklärt zu haben. Darin liegt eine große Ironie, die in der öffentlichen Erinnerung der Affaire Calas völlig untergangen ist.

Wie aber wird die Affaire Calas öffentlich erinnert? Die von ihr überlieferte Geschichte ist so einprägsam, dass auch Historiker Mühe haben, sich ihrer Suggestionskraft zu entziehen. Exemplarisch dafür kann ein Beitrag in dem Kompendium *Europäische Erinnerungsorte* gelten, einer wissenschaftlichen Publikation, deren Autoren ansonsten zwischen öffentlicher Erinnerungskultur und wissenschaftlicher Ereignisrekonstruktion zu differenzieren wissen. In einem Überblicksartikel zur Aufklärung, der im ersten Band unter der Rubrik »Gemeinsames Erbe« steht, schreibt der Literaturhistoriker Jean Mondot über die Affaire Calas:

> Anfang der 1760er Jahre kam es in Frankreich zu einem öffentlichen Skandal, der in ganz Europa Widerhall fand: die sogenannte Affäre Calas. Ein protestantischer Tuchhändler aus Toulouse, Jean Calas, wurde zum Tod verurteilt, weil er seinen Sohn, der zum Katholizismus übertreten wollte, ermordet hätte. Die Umstände der Verurteilung und die Verurteilung selbst offenbarten die Rückständigkeit und Barbarei des französischen Justizapparats und des geltenden Strafrechts sowie den Fanatismus einiger religiöser Orden in Toulouse. Voltaire erfuhr vom jüngeren Sohn Calas' selbst, was geschehen war, und konnte

> sich davon überzeugen, dass es ein Justizskandal und Justizmord war, denn der Sohn hatte Selbstmord begangen. Daraufhin appellierte Voltaire an die Öffentlichkeit. Er publizierte, was man damals streng geheim hielt, die »Pièces originales concernant la mort des sieurs Calas«, die die himmelschreiende Parteilichkeit des Gerichts offenbarten. Damit gewann er den Kampf um die öffentliche Meinung. Der König verfügte die Rehabilitierung Calas'. Ein Schriftsteller hatte kraft seiner moralischen Kompetenz in eine öffentliche Angelegenheit eingegriffen und gewonnen. [...] Ein neuer Typus von *homme de lettres* war somit entstanden, ein Intellektueller, wie man ihn Ende des 19. Jahrhunderts nennen würde.[1]

Mondot fasst die Affaire Calas zusammen, als würde er den wissenschaftlichen Erkenntnisstand vermitteln. Dabei orientiert er sich an der populären Nacherzählung des Skandals in Schulbüchern, Theaterstücken, Dokumentar- und Spielfilmen, die wiederum auf Darstellungen des 19. Jahrhunderts beruhen, vor allem auf jener in der populären Kriminalfallsammlung *Causes célèbres de tous les peuples* von 1859.

Das erinnerte Ereignis wird damit nicht als Mythos beschrieben, sondern als Realität beschworen. Sobald man die Quellen der Affaire Calas genauer betrachtet, ergibt sich ein anderes Bild.

Die fatale Nacht

Am 13. Oktober 1761 gegen zehn Uhr abends hörten mehrere Anwohner der Rue des Filatiers in Toulouse Schreie, die aus dem Haus des Tuchhändlers Jean Calas kamen. Die Schreie setzten die Ereignisse in Gang, die einer der direkt Beteiligten, der junge Protestant Gaubert Lavaisse, schon 1765 als »l'affaire des Calas« bezeichnete.[2] Was in den Stunden vor den Schreien im Innern des Hauses passiert war, wurde sofort Gegenstand von Spekulationen, und so ist es bis heute geblieben, auch wenn in vielen Büchern und Filmen der Eindruck erweckt wird, es bestehe Gewissheit darüber.[3] Nur äußerst wenig kann als gesichert gelten: Am Abend hielten sich mindestens sechs Personen im Haus auf: Jean Calas und seine Frau Anne-Rose, Gaubert Lavaisse, die katholische Magd Jeanne Viguère sowie die zwei ältesten Söhne, Marc-Antoine und Pierre. Im Erdgeschoss des Hauses befand sich auf der Straßenseite der Laden, von dem man durch eine

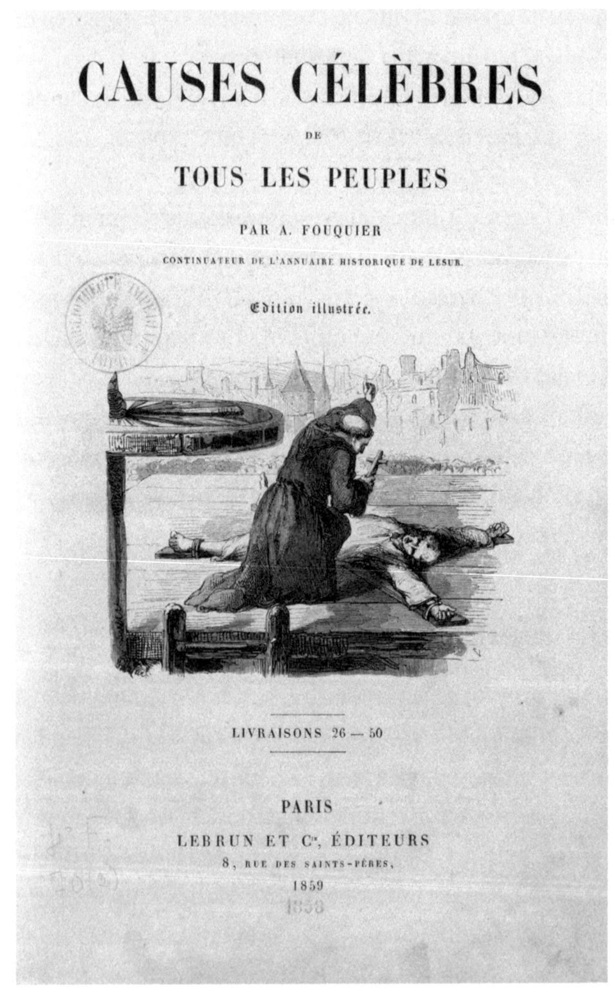

CAUSES CÉLÈBRES

DE

TOUS LES PEUPLES

PAR A. FOUQUIER

CONTINUATEUR DE L'ANNUAIRE HISTORIQUE DE LESUR.

Édition illustrée.

LIVRAISONS 26 — 50

PARIS

LEBRUN ET Cie, ÉDITEURS

8, RUE DES SAINTS-PÈRES,

1859

Flügeltür ins Magazin gelangte, wo die Stoffballen gelagert wurden. Der Eingang zum Laden lag nicht auf der Straßenseite, sondern in einem Durchgang, der zur Rue des Filatiers mit einer Tür geschlossen werden konnte. Der Durchgang verlief parallel zum Laden und Magazin und öffnete sich auf der Rückseite zu einem unbedachten, aber geschlossenen Hof, von dem das Treppenhaus zu den Wohnräumen der Familie im oberen Stock führte.[4] Nach übereinstimmender Aussage aller Hausbewohner war die straßenseitig gelegene Eingangstür zum Durchgang an jenem Abend wie üblich durch einen Schließmechanismus von innen verriegelt.

Die Schreie lockten Anwohner aus den Häusern; vor dem Geschäft der Calas' bildete sich eine Menschentraube, und rasch machte das Gerücht die Runde, Marc-Antoine sei umgebracht worden. Bevor die Ermittlungsbehörde eintraf, erhielt der Chirurgengehilfe Antoine Gorsse Einlass ins Haus. Wie er im Verhör am folgenden Tag aussagte, habe ihn Pierre geholt und ihm gesagt, »dass sein Bruder ermordet wurde«. Er sah Marc-Antoine neben der Eingangstür zum Magazin auf dem Boden liegen. Gorsse berichtete, die Mutter habe ihrem Sohn das Gesicht mit »eau de la reyne de Hongrie«, einem Parfum aus Rosmarinblüten, eingerieben und sei ebenso untröstlich gewesen wie der Vater. Er habe den Puls gefühlt, die Schläfe berührt und die Hand auf

←

Die *Causes célèbres de tous les peuples* sind eine illustrierte Sammlung von detailliert nacherzählten Sensationsprozessen, die zwischen 1858 und 1867 in mehreren Bänden mit hoher Auflage publiziert wurden. Auf dem Titelblatt des zweiten Bandes von 1859 ist eine Schlüsselszene der Affaire Calas abgebildet: Jean Calas, ein hugenottischer Bürger von Toulouse, wird 1762 wegen angeblichen Mordes an seinem Sohn auf dem Rad hingerichtet. Die Darstellung folgt der Interpretation, die Voltaire den Ereignissen in seiner berühmten Intervention gegeben hat. Hier wird ein unschuldiger Mann Opfer des religiösen Fanatismus, verkörpert vom katholischen Priester, der bis zuletzt ein falsches Geständnis aus ihm herauspressen will.

sein Herz gelegt und alles kalt und regungslos vorgefunden. Da er keine Verletzungen am Körper feststellte, habe er ihm ein schwarzes Band, das er um den Hals gewickelt hatte, abgenommen und »den Abdruck eines Seils um den Hals herum entdeckt«. Daraus habe er den Schluss zogen, Marc-Antoine sei »erhängt oder erdrosselt worden«. Als er dies den Eltern mitgeteilt habe, hätten sie gesagt: »Wer hätte das getan haben können?«[5]

Ungefähr zwei Stunden nach den ersten Schreien rückte der für die Strafverfolgung zuständige »Capitoul«, der Stadtrat David de Beaudrigue, mit einem Schöffen und vierzig Soldaten an. Die Rue des Filatiers war kurz vor Mitternacht immer noch voller Menschen, und mittlerweile hatte sich das Mordgerücht bei manchen zur Gewissheit gesteigert, Marc-Antoine sei vom eigenen Vater umgebracht worden, weil er kurz vor der Konversion zum Katholizismus gestanden habe. Beaudrigue fand die Tür zum Durchgang verschlossen vor. Als er klopfte, ließ ihn die Magd herein. Pierre empfing ihn im Durchgang, öffnete mit einem Schlüssel die Ladentür und geleitete ihn ins Magazin, wo die spärlich bekleidete Leiche auf dem Boden lag. Beaudrigue ließ drei forensische Experten rufen, den Medizinprofessor Jean-Pierre Latour sowie die »chirurgiens jurés« Jean-Antoine Peyronnet und Jean-Pierre Lamarque. Sie trafen um halb eins ein und untersuchten die Leiche vor Ort. Anschließend ließ sie Beaudrigue mit den Kleidern, die zusammengelegt auf der Theke lagen, ins Rathaus transportieren und dort in der Folterkammer des Gefängnisses deponieren. Dann kehrte er in die Rue des Filatiers zurück und führte alle fünf Personen, die am Abend zu Hause gewesen waren, zu Einzelbefragungen ins Rathaus ab. Erst danach verfasste er das Protokoll über den Leichenfund am Tatort.[6]

Mit seinem Vorgehen verstieß Beaudrigue gegen Bestimmungen der *Ordonnance pour les matieres criminelles* von 1670, die vorschrieb, das »Protokoll über den Zustand der verletzten Personen oder des getöteten Körpers sowie über den Ort, an dem das Verbrechen verübt worden ist, und über alles, was zur Entlastung oder Belastung dienen kann«, am Tatort zu erstellen, »ohne sich zu entfernen«.[7] Das Autopsiegebot sollte den Weg vom Beobachten zum Aufschreiben möglichst kurz halten und dadurch eine höhere Unmittelbarkeit und Unvoreingenommenheit beim Protokollieren gewährleisten. Wurde das Protokoll, wie in Beaudrigues Fall, aus der Erinnerung erstellt, stieg die Gefahr, dass wichtige Details am Tatort unberücksichtigt blieben oder ungenau wiedergegeben wurden. Vor allem aber war kaum zu vermeiden, dass nachträglich erhaltene Informationen den vor Ort gewonnenen Eindruck veränderten.

Die Anhörung des Vaters begann mit Fragen zur Familie, wobei sich Beaudrigue nur für die männlichen Mitglieder interessierte; über die Frau und die beiden abwesenden Töchter fiel kein Wort. Jean Calas nannte die Namen seiner vier Söhne und bestätigte, dass die beiden jüngeren, Louis und Donat, nicht mehr bei ihnen wohnten. Den Ablauf des Abends schilderte er wie folgt: Marc-Antoine habe mit ihm, seiner Frau, Lavaisse und Pierre das Abendessen eingenommen und sei danach ungefähr eine halbe Stunde bei ihnen geblieben, bevor er den Raum verlassen habe. Später habe sich Lavaisse verabschiedet und sei von Pierre mit einer Fackel nach unten begleitet worden. Die beiden seien sogleich wieder nach oben geeilt, da sie ihren Bruder leblos im Laden gefunden hätten, worauf er selbst nach unten gestiegen sei, den Sohn tot und die Tür zur Straße geschlossen vorgefunden habe.[8]

Beaudrigue hielt offenbar wenig von dieser Version der Ereignisse, denn in der gleichen Anhörung fragte er, ob Jean Calas »seit einiger Zeit seinen Sohn bedrängt und geplagt habe wegen dessen Glaubensvorstellungen, aus Furcht, er werde katholisch«. Als der Vater verneinte, hakte Beaudrigue nach, ob Calas sich »über die Todesursache von Marc-Antoine Gewissheit verschafft habe und ob er eines natürlichen oder gewaltsamen Todes gestorben« sei.[9] Calas antwortete, er habe es nicht überprüft. Von diesem Zeitpunkt an rückte Beaudrigue nicht mehr von der Annahme ab, Marc-Antoine sei einer innerfamiliären Verschwörung zum Opfer gefallen, um seine bevorstehende Konversion zu verhindern. Er befragte in der gleichen Nacht die anderen

Personen, ohne aber in ihren Aussagen auf wesentliche Widersprüche zur Darstellung von Jean Calas zu stoßen. Danach übergab er die Gesprächsprotokolle dem »procureur du roi«, um die drei Männer und zwei Frauen, die sich zum vermuteten Tatzeitpunkt im Haus befunden hatten, für unbestimmte Zeit in Gewahrsam zu nehmen.

Zur selben Zeit und am selben Ort erstellten die drei medizinischen Experten ihren Untersuchungsbericht. Da sich die Leiche inzwischen im Rathaus befand, hatten sie zumindest die Gelegenheit, ihre Beobachtungen direkt am Objekt zu überprüfen. Auch sie machten sich jedoch angreifbar, weil sie die Untersuchung nicht am Tatort durchführten; die Gesetzesgrundlage war in ihrem Fall aber weniger klar als beim Protokoll der Beweisaufnahme. Die Experten hielten fest, der Körper sei »noch ein wenig warm gewesen«, habe »keine Verletzung« aufgewiesen, aber einen »Striemen« (»marque livide«) am Hals, der sich hinten in den Haaren verloren habe, aufgeteilt in zwei Stränge oben auf jeder Seite des Halses. Aus dem Mund und der Nase sei Schleim und Geifer getreten, und das Gesicht blau angelaufen gewesen. Latour, Peyronnet und Lamarque schlossen aus dem Befund, »dass er noch lebend erhängt wurde, sei es durch ihn selbst oder durch jemand anders, mit einer doppelten Schlinge«.[10] Der offizielle Expertenbericht weicht in einigen Punkten von den Angaben ab, die der Chirurgengehilfe Gorsse gemacht hat. Wie konnte es sein, dass die Leiche um halb elf Uhr »kalt«, zwei Stunden später aber »noch ein wenig warm« war? Und was brachte Gorsse zur Vermutung, Marc-Antoine sei erhängt oder erdrosselt worden, während die drei Experten nur Erhängen in Erwägung zogen, dafür aber Mord oder Selbstmord für möglich hielten? Wir wissen es nicht, denn die offiziellen Experten wurden im Gerichtsprozess nicht als Zeugen gehört, und den Angeklagten wurde keine Akteneinsicht gewährt. Weil Beaudrigue die Expertise unter Verschluss hielt, kannten die Juristen und Forensiker, die in den Monaten und Jahren darauf zur Frage der Todesart Stellung nahmen, wichtige Details nicht und wurden fast zwangsläufig zu Fehlannahmen verleitet. Erst kurz vor Abschluss des Revisionsprozesses in Paris wurde der Bericht publiziert – und sogleich als Beleg für die Unschuld von Jean Calas interpretiert.[11]

Unabhängig von den forensischen Befunden nahm die Auseinandersetzung über die Frage, ob Marc-Antoine durch Mord oder Selbstmord umgekommen war, in den folgenden zwei Tagen eine folgenreiche Wende. Gemäß den Aussagen in der ersten Befragungsrunde lag die Leiche auf dem Boden des Magazins, als sie von Pierre Calas und Gaubert Lavaisse entdeckt wurde. Zu diesem Zeitpunkt soll die Tür zur Straße verschlossen, die Tür zum Laden aber nur angelehnt gewesen sein. Marc-Antoine habe die Wohnräume der Familie mit einem Schlüssel für die Eingangstür verlassen. Ob er auch das Haus verlassen hat, wurde nie geklärt. Die Zurückgebliebenen gaben an, ihn erst wieder als Toten im Schein der Fackel gesehen zu haben, mit der Pierre den jungen Gast zum Ausgang begleitet habe.

Am Morgen nach dem ersten Verhör mussten die Inhaftierten gemerkt haben, dass sie mit ihren Aussagen den Verdacht auf sich zogen, Marc-Antoine ermordet zu haben. Ließ sich die Eingangstür von außen nicht öffnen und waren im Innern keine Spuren für das Eindringen einer fremden Person oder für einen Kampf zwischen dem Opfer und dem Täter zu finden, war es fast zwingend, den oder die Schuldigen unter den Bewohnern des Hauses zu suchen. Die Möglichkeit eines Selbstmords wurde bei einem Toten, der erdrosselt auf dem Boden gelegen hatte, ausgeschlossen. Beaudrigue brauchte nur noch ein plausibles Tatmotiv, und nachdem er dieses schon in den frühen Morgenstunden gefunden zu haben glaubte, stand es schlecht um die Chancen der Inhaftierten, aus dem Prozess heil herauszukommen.

Am 15. Oktober, zwei Tage nach dem Tod von Marc-Antoine, fanden die nächsten Verhöre statt. Die drei Männer wurden getrennt befragt, änderten aber alle ihre Aussagen in einem entscheidenden Punkt. Jean Calas machte den Anfang. Er sagte aus, Marc-Antoine sei nach dem Essen ausgegangen, wie er es jeden Abend getan habe, während er, seine Frau, Pierre und Gaubert sich in ein anderes Zimmer begeben hätten. Als sich Lavaisse verabschiedet habe, habe ihn

Pierre mit einer Fackel begleitet, und sobald sie den Durchgang zur Straße erreicht hätten, habe er seinen Sohn schreien hören. Nachdem er hinuntergeeilt sei, habe der Sohn ausgerufen: »Mein ältester Bruder ist erhängt!«. Er habe darauf den Laden betreten und tatsächlich seinen Sohn »aufgehängt an einem Seil an der Tür zum Magazin« gesehen. Das Seil sei »an einer Holzstange (»bille«) festgemacht gewesen, die auf die Türe gestützt war«. Er habe ihn in der Mitte des Körpers gefasst, erinnere sich aber nicht mehr, ob das Seil durch Pierre, Lavaisse oder ihn selbst durchtrennt worden sei. Danach habe er ihn auf den Boden gelegt und dort die Schlinge um den Hals gelöst.[12] Auf die Nachfrage von Beaudrigue, ob er glaube, sein Sohn habe sich selber erhängt oder sei von jemand anderem erdrosselt worden, antwortete der Vater, er glaube an Suizid. Er kenne niemanden, der seinem Sohn feindlich gesinnt gewesen sei, könne sich aber auch keinen Grund für einen Selbstmord vorstellen. Als Erklärung, warum er »den tragischen Tod seines Sohnes« verheimlicht habe, gab Calas an, er habe »die Ehre der Familie zu bewahren versucht«.[13]

Die neue, auch von Pierre Calas und Gaubert Lavaisse bekräftigte Erzählung des Leichenfunds bezog ihre Plausibilität aus der im christlichen Glauben verankerten Ächtung des Selbstmords als Beleidigung des Schöpfers, der »lèse-majesté divine«. Wer sich das Leben nahm, verletzte die göttliche Ordnung und beschmutzte den Ruf der eigenen Familie. Gemäß den strafrechtlichen Bestimmungen von 1670 drohte Selbstmördern ein posthumes Gerichtsverfahren, ein »procès au cadavre«. In der Praxis war die Gefahr juristischer Sanktionen aber gering. Schon 1712 stellte die *Déclaration royale de Fontainebleau* fest, dass nur wenig verdächtige Fälle vor dem Richter landeten, und in der zweiten Hälfte des 18. Jahrhunderts tendierte die Gerichtspraxis noch stärker zur Prozessvermeidung, bis der *Code pénal* von 1791 den Selbstmord ganz entkriminalisierte.[14] Kam es im Ancien Régime doch zu einem Verfahren, wurde die Leiche bei einem Schuldspruch, anders als in vielen Studien über die Affaire Calas zu lesen ist, nur in seltenen Ausnahmen auf einem Rost mit dem Kopf nach unten durch die Straßen geschleift.[15] Die *Ordonnance* von 1670 machte denn auch keine Vorschriften zur Art der Urteilsvollstreckung.[16] Die Seltenheit öffentlicher Schändungen hing mit einer besonderen Regelung bei Kadaverprozessen zusammen: Tote konnten sich nicht selbst verteidigen, das Gesetz sah deshalb die Einsetzung eines Vormunds vor und zwar wenn möglich eines Elternteils der verstorbenen Person.[17] So erhielten Personen, die den Toten nahestanden, die Gelegenheit, vor Gericht als Fürsprecher der angeklagten Leiche aufzutreten und sogar beim Eingeständnis eines Selbstmords Motive wie Wahnsinn geltend zu machen, die den Richtern einen Freispruch erlaubten.[18]

Die Gerichtspraxis der Zeit gab den Angeklagten in der Affaire Calas also keinen zwingenden Grund, den Selbstmord eines Familienmitglieds zu vertuschen und dadurch den Mordverdacht auf sich zu ziehen. Vor allem aber gab sie den Gerichtsbehörden keinen zwingenden Grund, einer solchen Vertuschungserzählung Glauben zu schenken. Nachvollziehbarer wäre die Erzählung gewesen, wenn die Verdächtigen die Furcht vor symbolischen Sanktionen durch die Bevölkerung von Toulouse als ihren Beweggrund ausgegeben hätten. Jean Calas könnte dieses Motiv erwogen haben, als er im Verhör andeutete, er habe mit der abweichenden Aussage in der ersten Anhörung »die Ehre der Familie« zu bewahren versucht.

Die Selbstmordversion hatte zugleich mehrere Haken, an denen Beaudrigue seine Zweifel an der Aufrichtigkeit der Angeklagten festmachte. Ein Problem war, dass niemand unter den Befragten bei Marc-Antoine Anzeichen von Lebensmüdigkeit festgestellt hatte, geschweige denn ein mögliches Motiv für einen Selbstmord nennen konnte. Noch schwerer wog, dass Beaudrigue aus den Schilderungen vom Tatort, wie sie Jean Calas, sein Sohn und Gaubert Lavaisse im zweiten Anlauf machten, den Ablauf einer Selbsterhängung rekonstruierte, die technisch unmöglich erschien. Die »bille« oder der »billot«, woran Marc-Antoine das Seil fixiert haben soll, war ein rundes Stück Holz, um welches Tuchhändler ihre Stoffe wickelten. Die Tür zwischen dem Laden und dem Magazin bestand aus zwei beweglichen

Flügeln. Marc-Antoine müsste demnach im Dunkeln das Rundholz mit dem Seil quer auf die geöffneten Türflügel gelegt und mithilfe eines Stuhls oder Schemels den Kopf in die Schlinge gesteckt haben. Dann müsste er so ruhig und senkrecht gefallen sein, dass er mit den Händen oder Füßen nicht an die Türflügel stoßen oder im Todeskampf das Rundholz ins Rollen bringen konnte, weil sonst die ganze Vorrichtung mit ihm heruntergefallen wäre.

Am Tag nach der zweiten Verhörrunde begab sich Beaudrigue in Begleitung mehrerer Stadträte und Ermittler an die Rue des Filatiers. Der Tatort war in der Todesnacht weder gesichert noch untersucht worden, und in der Zwischenzeit hatten sich mehrere Personen im Laden und Magazin aufgehalten, um Beweisgegenstände zu suchen und Tatszenarien zu prüfen.[19] Die Ermittler fanden ein Seil und eine Holzstange, aber keinen Schemel oder Stuhl. Dann wurde gemessen. Das Seil maß zwei Handlängen (1 »pan« entsprach

←

Die zwei Illustrationen aus den *Causes célèbres de tous les peuples* präsentieren die Version des Tathergangs, die Jean Calas, sein Sohn Pierre und Gaubert Lavaisse ab dem zweiten Verhör vertraten, nachdem sie sich im ersten noch widersprüchlich geäußert, zwischenzeitlich aber genaue Instruktionen ihres Anwalts erhalten hatten. In der ersten Darstellung findet Pierre den toten Bruder, der sich an der Flügeltür zwischen dem Laden und Magazin der Tuchhändlerfamilie mithilfe eines Rundholzes für Stoffballen erhängt hat. Auf dem Boden liegt der umgestoßene Schemel, auf den sich Marc-Antoine gestellt hat, um sich die Schlinge um den Hals zu legen. Die zweite Darstellung zeigt die verzweifelten Eltern bei der Ankunft des Chirurgengehilfen Gorsse, der mit Pierre zusammen durch die Tür tritt, während das Volk bereits misstrauisch von außen hereinschaut. Schlinge, Schemel und Holz liegen intakt neben der Leiche. Die Version ist in der öffentlichen Erinnerung der Affaire Calas längst zur offiziellen Wahrheit geronnen, lässt sich aus den Quellen aber nur schwer plausibilisieren.

ca. 24 Zentimentern) und die Stange vier, während die Flügeltür neun Handlängen hoch und viereinhalb breit war.[20] Die anschließende Kombinatorik der Ermittler führte zum erwünschten Ergebnis. Wurden die beiden Türflügel ganz geöffnet, war das Holz zu kurz, um als Querbalken zu dienen; wurden sie nur so weit geöffnet, dass die Länge des Holzes ausreichte, blieb kein Platz für den Körper zwischen den Türflügeln, und das Holz geriet leicht ins Rollen. Gleichzeitig war die Tür zu hoch und das Seil zu kurz, um ohne die Steighilfe eines Schemels den Kopf in die Schlinge zu bringen.[21] Als hätten Beaudrigue und seine Begleiter eines weiteren Beweises bedurft, um sich von der Unmöglichkeit eines Selbstmords durch Erhängen zu überzeugen, fanden sie auf den oberen Enden beider Türflügel eine Staubschicht, die sich nicht im Verlauf zweier Tage hatte bilden können.

In den Augen der Ermittler kam das Rundholz zwar nicht als Selbstmordutensil, dafür aber als Mordwaffe in Betracht. Als sie im Anschluss an die Besichtigung des Tatorts einen Fragenkatalog für die weiteren Verhöre erstellten, brachten sie die »bille« wieder als Drehmechanismus ins Spiel, mit dem Jean Calas und seine Mittäter das Seil hinter Marc-Antoines Kopf festgezurrt haben könnten. Marc-Antoine wäre demnach durch Erdrosseln und nicht durch Erhängen gestorben, wie die forensischen Experten behauptet hatten.[22]

Beaudrigues Plan, die Inhaftierten in Einzelverhören mit Schwachstellen ihrer Selbstmordversion zu konfrontieren und damit zu Widersprüchen oder sogar zu einem Schuldbekenntnis zu provozieren, ging fehl. Alles Fragen und Foltern in den folgenden Tagen und Wochen half nichts, die Angeklagten blieben bei ihrer Geschichte, und ihre Erzählungen wichen nur in wenigen Punkten voneinander ab.

Wie aber war es den Inhaftierten überhaupt gelungen, am gleichen Tag in isolierten Befragungen eine neue Version über den Leichenfund zu erzählen und dabei in den meisten Details übereinzustimmen? Beaudrigue hatte es in der Tatnacht unterlassen, sie voneinander zu trennen. Nach der ersten Befragung konnten sie ungestört miteinander sprechen, und am folgenden Tag erhielten sie Besuch von dem Anwalt Carrière, der mit beiden Familien bekannt war, zur protestantischen Minderheit gehörte und wahrscheinlich im Auftrag von Gaubert Lavaisses Vater, einem renommierten Juristen, agierte. Carrière sprach zuerst mit Gaubert, ging anschließend zur Rue des Filatiers, wo er das Magazin und die Flügeltür in Augenschein nahm, kehrte dann zum Stadthaus zurück und tauschte sich mit den drei inhaftierten Männern aus.[23] Am 15. Oktober, dem Tag der zweiten Befragung, erhielt Carrière einen Brief von Jean Calas, der ihn so beunruhigte, dass er für jeden der drei Männer ein Schreiben mit Anweisungen für das bevorstehende Verhör aufsetzte. Der Gefängniswärter händigte jedoch nur die Instruktionen an den Vater aus; die beiden Briefe an Pierre und Gaubert behielt er zurück und übergab sie später der Anklage. Auf diesem Weg landeten sie in den Gerichtsakten.[24]

Beaudrigue hatte mit Carrières Instruktionen den Beweis in den Händen, dass die neue Erzählung der Angeklagten das Ergebnis einer von außen orchestrierten Verteidigungsstrategie war. Das hieß natürlich nicht, dass die Erzählung falsch sein musste, aber die Instruktionen kamen für Beaudrigue wie gerufen, um vor Gericht Zweifel an der Aufrichtigkeit der Angeklagten zu schüren. Carrière gab Pierre und Gaubert nicht nur detaillierte Hinweise, wie sie sich im nächsten Verhör zu verhalten hatten, er diktierte ihnen sogar den Wortlaut der wichtigsten Argumente, die sie benutzen sollten. Offenbar hatte er auch in Erfahrung gebracht, welche Angaben die Magd der Familie und Anwohner an der Rue des Filatiers gegenüber den Ermittlern gemacht hatten, denn er gab den Gefangenen Ratschläge, wie sie ihre Erzählung mit den Angaben der Magd in Einklang bringen konnten. Da es Carrières Anliegen war, Widersprüchen zwischen den Aussagen der Angeklagten vorzubeugen, dürfen wir annehmen, dass der verlorene Brief an Jean Calas in den entscheidenden Punkten mit den erhaltenen Schreiben an Pierre und Gaubert übereinstimmte.

Der Brief an Pierre Calas ist der suggestivere der beiden. Er beginnt mit der Erinnerung: »Vergessen Sie nicht, Monsieur, was ich Ihnen gestern Abend gesagt habe.« Carrière führt gleich aus, was er meint, nämlich »genau zu berichten, in welchem Zustand Sie Ihren Bruder fanden, als Sie Gaubert Lavaisse begleiteten und in den Laden traten.« Wichtig sei vor allem zu erklären, »warum Sie es nicht in der ersten Befragung zu Protokoll gegeben haben«. Auch hier folgt die Erläuterung auf dem Fuße: »Ihr Vater hatte Ihnen empfohlen zu sagen, Sie hätten den Körper auf dem Boden liegend gefunden, aus Angst, man werde ihn auf dem Rost schleifen.« Es war also der Anwalt, der seinen Klienten das Motiv des drohenden Kadaverprozesses nahelegte, und er tat es mit Nachdruck: »Sie müssen dieses Motiv äußern, wenn man sie verhört, und anfügen, dass sie Gaubert Lavaisse empfohlen hatten, das Gleiche zu sagen.« Noch detaillierter wird Carrière bei den Angaben, die Pierre über das Geschehen nach dem Leichenfund zu machen habe: »Vergessen Sie nicht zu sagen, dass Sie das Magazin sogleich wieder verließen, um Ihren Vater zu rufen, indem sie schrien: ›Oh mein Vater, mein Vater, oh mein Gott, mein Gott!‹«. Danach solle er ausführen, dass der Vater den toten Bruder »herunternahm, das Seil durchschnitt und es wegwarf, wohin, daran können Sie sich nicht mehr erinnern«.[25] Die Geschichte vom Durchschneiden des Seils muss auch in Carrières Brief an Jean Calas gestanden haben, denn es war der Vater, der diese Version im Verhör vertrat. Pierre dagegen berichtete, er habe das Seil vom Holz und Hals entfernt, ohne es zu zerschneiden, was der Beweislage am Tatort besser entsprach, denn das Seil, das Beaudrigue gefunden hatte, war intakt. Carrières Bemühungen um eine konsistente Kommunikation der Angeklagten bewirkten hier das Gegenteil, und die Anklage sollte sich nach Kräften bemühen, den Widerspruch auszuschlachten.

Vorsichtiger wird Carrière im Brief an Pierre Calas, wenn es um die richtige Reaktion auf Zeugenaussagen geht. »Man sagt«, schreibt Carrière, »dass Ihr Vater seinem Sohn gedroht hatte, ihn zu erwürgen, wenn er die Religion wechsle.« Zwar ergänzt er, es handle sich dem Anschein nach um eine »Unwahrheit«, die von Jean und Pierre in Abrede gestellt werden könne, aber er nennt dafür eine entscheidende Bedingung: Pierre solle die Drohung nur verneinen, »wenn Sie glauben, dass der Sachverhalt nicht bewiesen werden kann, denn es wäre gefährlich für Sie, einen Sachverhalt geleugnet zu haben, den die Zeugen beglaubigten«. Und als habe er damit nicht genug zur Vorsicht gemahnt, fügt Carrière an: »Die Verneinung eines bewiesenen Sachverhalts, so unbedeutend er sein mag, ist immer ein Indiz gegen den Angeklagten.«[26]

Die Geschichtsschreibung zur Affaire Calas hat sich mit den beiden Briefen von Carrière schwergetan. Die wenigen Autoren, die von der Schuld der Angeklagten überzeugt waren, glaubten, es mit Zeugnissen einer kollektiven Vertuschungsaktion zu tun zu haben, konnten in den Briefen aber keine Hinweise auf einen Mord finden. Die Historiker auf der Gegenseite dagegen sahen in den Briefen eine bloße Bestätigung des Ereignisablaufs, den die Angeklagten erlebt hatten, als hätten sie dafür zwei Tage später eine mehrseitige Erinnerung vonseiten eines abwesenden Anwalts benötigt.[27] Beide Seiten verkannten den Erkenntniswert der Briefe gleichermaßen. Er liegt im Nachweis, dass wir es bei der Selbstmordversion der Angeklagten, ähnlich wie bei der Mordversion der Ankläger, mit einem Narrativ zu tun haben, das gezielt für den Gebrauch vor Gericht gestaltet wurde. Es diente dem Zweck, den Mordverdacht an den Inhaftierten zu entkräften, und dafür musste es die Aussagen in der ersten Befragung als legitime Notlüge und die Aussagen in der zweiten Befragung als reine Wahrheit plausibilisieren. Inwieweit die drei inhaftierten Männer dafür ihre eigene Erinnerung an die Todesnacht von Marc-Antoine überformen mussten, lässt sich aus Carrières Briefen nicht erschließen, und auch der übrige Quellenbestand erlaubt dazu nur punktuell Aufschluss. Klar ist jedoch, dass es der Anwalt für geboten hielt, seinen Klienten vor dem Verhör individuell zugeschnittene Varianten des Selbstmordnarrativs einzutrichtern, vermutlich im Wissen um das Risiko, dass seine Instruktionen in falsche Hände geraten könnten. Carrière schrieb die Briefe im Stil von Erinnerungshilfen, verbunden mit der Ermahnung an seine Adressaten, »die Wahrheit zu sagen«.[28] Zugleich legte er diese Wahrheit aber so detailliert dar, dass sie den Angeklagten als Vorlage zum Auswendiglernen fürs Verhör dienen konnte.

Am gleichen Tag, an dem Carrière mit den inhaftierten Männern korrespondierte, erhielt die Anklage den Obduktionsbericht des chirurgischen Experten Lamarque, der schon an der ersten, äußeren Untersuchung der Leiche beteiligt war. Beaudrigue beging mit der Beauftragung Lamarques einen doppelten Fehler: Er verstieß gegen die Verfahrensvorschrift der *Ordonnance* von 1670, nach der ein forensisches Gutachten von mindestens zwei Experten zu erstellen sei, und er wählte einen Chirurgen für eine forensische Untersuchung, die üblicherweise studierten Universitätsmedizinern übertragen wurde.[29] Lamarque führte die Obduktion in der Folterkammer des Gefängnisses durch, wo die Leiche aufgebahrt war. Im Hirn fand er »extrem vollgelaufene Gefäße«, wie sie für einen Strangulierten erwartbar waren. Sein Hauptinteresse galt aber dem Mageninhalt, weil er sich Aufschluss darüber versprach, ob die Angeklagten mit ihrer Erzählung vom gemeinsamen Abendessen die Wahrheit gesagt hatten. Lamarque fand »einige Häute« von Tauben und Geflügel, was den Schilderungen der Inhaftierten entsprach, denn ihnen zufolge hatte das Abendessen aus vier Tauben mit Selleriesalat zum Hauptgang und Roquefort-Käse mit Trauben zum Dessert bestanden. Weiter entnahm er dem Magen »sehr harte und zähe« Fleischstücke, die er mit Wasser wusch und dann als Rind bestimmte. Das passte weniger gut. Die entscheidende Aussage des Berichts betraf jedoch den Grad der Verdauung der Speisen. Lamarque hielt sie für abgeschlossen und zog daraus den schief formulierten Schluss: »Der Tote hatte drei oder vier Stunden vor seinem Tod gegessen.«[30] Mit anderen Worten: Gemäß dem Befund des chirurgischen Experten hatte Marc-Antoine kein Abendessen eingenommen, sondern am Mittag oder Nachmittag gespeist. Offenbar hielt Lamarque seine Ergebnisse für erklärungsbedürftig, denn er fügte ihnen eine Erörterung des »allgemeinen

Gesetzes der Verdauung« an, die im Mund beginne und im Magen nach den besagten drei bis vier Stunden zu jenem Zustand der Zersetzung führe, die er vorgefunden habe.

Für Beaudrigue war die Erklärung hinreichend, und noch mehr gefiel ihm das Ergebnis, das er vor Gericht ausbreitete, um die Aussagen der Angeklagten über das gemeinsame Abendessen als Erfindung auszugeben. Die Verteidigung dagegen konnte nur auf Beaudrigues formalen Fehler aufmerksam machen und die Qualifikation des Chirurgen anzweifeln; mangels Einsicht in das Gutachten war ihr eine inhaltliche Kritik des Expertenberichts verwehrt.

Die asymmetrische Information zwischen Anklage und Angeklagten war im Strafrecht des Ancien Régime angelegt; ihre traditionelle Rechtfertigung bestand im Anspruch, möglichst wenige Verbrechen ungesühnt zu lassen, und seit Jean-Baptiste Colberts Justizreform von 1670 fand sie eine weitere Begründung im Effizienzgebot schneller und schlanker Verfahren.[31] Eine solche Verbindung von Informationsasymmetrie und Verfahrenseffizienz war allerdings nur gegeben, solange die Gerichte die Kommunikation über das Prozessgeschehen unter Kontrolle hatten. Wie die Affaire Calas und eine Reihe weiterer Justizskandale nach 1760 zeigen, waren sie dazu unter den Bedingungen der gelockerten Zensur und der aufklärerischen Kultur immer weniger in der Lage. Es waren dabei nicht nur Sensationsjournalisten und öffentliche Kritiker, die umstrittene Gerichtsverfahren publizistisch begleiteten, sondern auch Juristen, die direkt ins Verfahren involviert waren. Verweigerte das Gericht den Angeklagten wichtige Informationen, konnten die Verteidiger ihre Plädoyers vom Gerichtssaal in die Presse verlagern, um mithilfe der Öffentlichkeit von außen Druck auf das Verfahren auszuüben. Ein solches Vorgehen entsprach dem Ideal der aufgeklärten Öffentlichkeit als Tribunal über alle anderen Tribunale, und es bot darüber hinaus die Gelegenheit, anhand der Diskussion strittiger Punkte in einem Prozess die Ineffizienz und Ungerechtigkeit einer unausgeglichenen Informationslage vor Gericht aufzuzeigen. Genau das sollte in der

Affaire Calas geschehen, und zwar schon Monate bevor Voltaire in den Skandal eingriff.

Die erste Eskalationsstufe: religiöses Ritual und mediale Verteidigung

Drei Tage nach Marc-Antoines gewaltsamem Tod war die Untersuchung zur Todesursache abgeschlossen und die ersten Hypothesen der Ermittler über den Tathergang hatten sich zu einer geschlossenen Erzählung gefestigt. Fortan suchten sie nur noch nach Bausteinen, die sich gut in ihr Narrativ eines religiös motivierten Mordes einfügen ließen. Sie griffen dafür zu einer außergewöhnlichen Maßnahme, nachdem die Verhöre der ersten Tage keinen Beweis für eine kurz bevorstehende Konversion Marc-Antoines, geschweige denn für Verhinderungsversuche eines solchen Vorhabens durch die Tatverdächtigen erbracht hatten.

Am 17. Oktober schaltete die Anklage die katholische Kirche ein, um Zeugen unter Androhung der Exkommunikation zur Aussage zu zwingen. Sie druckte zu diesem Zweck einen »Mahnbrief« (»monitoire«). Sein Inhalt wurde während der Gottesdienste von der Kanzel verlesen und auf öffentlichen Plätzen ausgehängt.[32] Zu den Hauptadressaten gehörten die katholischen Priester selbst, unter denen die Ermittler einen Beichtvater Marc-Antoines zu finden hofften, der sich mit dem Mahnbrief von der Schweigepflicht entbinden ließe und den Konversionswunsch des Toten bestätigen würde. Im Aufruf erschien die Mordannahme wie eine gesicherte Tatsache, die nur noch der gerichtlich erforderlichen Bestätigung durch Zeugen bedurfte. Nun standen aber nicht mehr nur die Angeklagten, sondern potenziell alle Protestanten der Region im Verdacht. Der Mahnbrief berichtete von einer Beratung am Morgen des 13. Oktobers im Haus einer Toulouser Pfarrei, in der »Marc-Antoines Tod beschlossen oder empfohlen« worden sei, und richtete sich an alle Personen, die »durch Hörensagen oder anderswie« davon erfahren hätten. Damit weitete die Anklage das Narrativ eines innerfamiliären Religionsstreits zu einer konfessionellen Verschwörungstheorie aus. Und während ihr zur Erhärtung der Theorie bereits Gerüchte genügten, zeigte sie für Zeugnisse, die ihren Annahmen zuwiderliefen, kein Interesse.

Die kirchlichen Autoritäten der Stadt ließen sich nur zu gern in die Ermittlungen einbinden. Ganz selbstverständlich war das nicht, denn nur ein Jahr zuvor hatte sich die *Assemblée du Clergé*, die Versammlung des französischen Klerus, in einem offiziellen Protest dagegen verwahrt, mit dem Zwangsmittel der »monitoires« in die weltliche Gerichtsbarkeit hineingezogen zu werden.[33] Der Klerus von Toulouse hatte diesbezüglich weniger Berührungsängste. Priester verlasen den Mahnbrief an drei Sonntagen in allen Kirchen der Stadt, Vikare führten unter den Gläubigen Anhörungen durch, um für das Gericht eine Vorselektion der Zeugen vorzunehmen, und als die Ermittler dem Urteil der Richter vorgriffen, indem sie für den Verstorbenen ein katholisches Begräbnis anordneten, organisierte die Pfarrei Saint-Etienne einen Leichenzug vom Stadthaus zur Kirche Saint-Jacques, wo Marc-Antoine Calas mit großem Pomp in der Kapelle der Heiligen Elisabeth beigesetzt wurde. Damit machte die Kirche im zeremoniellen Handumdrehen und frei von konkreten Anhaltspunkten aus einem potenziellen Selbstmörder einen katholischen Märtyrer. Die Vermischung von Recht und Religion, wie sie in Toulouse von Justiz und Kirche betrieben wurde, sollte es in den folgenden Monaten und Jahren jedem aufklärerischen Kritiker in Frankreich leicht machen, in der Affaire Calas Position zu beziehen.

Als Marc-Antoine feierlich begraben wurde, hatte die Anklage aller Anstrengungen und Drohungen zum Trotz keinen Zeugen gefunden, der einen Beweis für Marc-Antoines beabsichtigten Übertritt zum Katholizismus erbringen konnte. Niemand in der Stadt hatte von ihm eine entsprechende Willensäußerung gehört, und kein Priester konnte sich erinnern, mit ihm über das Thema gesprochen zu haben. An der fehlenden Bereitschaft der Bevölkerung konnte die magere Ausbeute nicht liegen. Es meldeten sich Zeugen zuhauf, insgesamt 87, aber sie konnten die gewünschten Aussagen höchstens vom Hörensagen machen. Was sie sonst zu berichten hatten, ließ sich für oder gegen die Angeklagten auslegen, und auch deren weitere Aussagen gaben keine neuen Aufschlüsse. Immerhin entstand auf diesem Weg ein facettenreiches Bild der Familienverhältnisse im Hause Calas, das Generationen von Historikern Stoff zum Streiten gab, weil die wichtigsten Informationen fast genauso gut in die eine wie in die andere Richtung interpretiert werden konnten.

Die Geschichte der Familie war reich an Konflikten, aber bis zur fatalen Nacht arm an Gewalt. Marc-Antoine hatte vor seinem Tod tatsächlich den Zorn seines Vaters auf sich gezogen. Der Grund lag jedoch nicht in seinem Glauben, sondern seinem Geldspiel. Bei den allabendlichen Abstechern in einen nahen Spielsalon hatte er Schulden angehäuft, die er mit den Ersparnissen aus der Ladenkasse abtragen wollte. Als der Vater den Sohn beim Stehlen erwischte, kam es zu einer verbalen Auseinandersetzung, die Kunden im Laden mitbekamen.[34] Der Vorfall war für die Familie wenig schmeichelhaft, am allerwenigsten für den Verstorbenen selbst, gab aber keine klaren Aufschlüsse. Man konnte ihn sowohl als Indiz für einen Mord als auch für einen Selbstmord anführen. Im ersten Fall hätte der Vater den Sohn als Dieb erdrosselt, im anderen der Sohn sich selbst aus Verzweiflung und Scham über seine Spielschulden erhängt. Beides blieb reine Spekulation, denn die Anklage klammerte den Spielsalon aus ihren Ermittlungen aus, und die Verteidigung mochte aus Marc-Antoines Spielsucht kein Selbstmordmotiv zimmern.

Noch unklarer war die Bedeutung von Marc-Antoines Bildungs- und Berufsweg. Im Mai 1759 hatte er seine Rechtsstudien im Alter von 26 Jahren abgeschlossen und sich danach um ein Anwaltspatent bemüht, für das er ein »certificat de catholicité« benötigte. Als er es beantragte, wurde es ihm vom Pfarrer der Kirche Sainte-Étienne, in der er achtzehn Monate später als katholischer Märtyrer begraben werden sollte, verweigert. Der abschlägige Bescheid kam unerwartet, denn alle Mitglieder der Familie Calas waren, wie es das Gesetz seit der Widerrufung des Edikts von Nantes 1685 verlangte, katholisch getauft worden, und zudem gab es in Toulouse mehrere Anwälte, die als »nouveaux convertis« offen den reformierten Glauben lebten, darunter Carrière und David Lavaisse, der Vater von Gaubert, der es als calvinistischer Anwalt bis ins Parlement de Toulouse, den obersten Gerichtshof des Languedoc, geschafft hatte. Marc-Antoine hätte, um das Zertifikat doch noch zu erhalten, in einer Beichte Zeugnis seiner katholischen Gesinnung abgeben und sich danach vom Priester eine offizielle Bestätigung ausstellen lassen müssen.[35] Er tat es nicht, und anstatt einer Anwaltskarriere verfolgte er zuerst ein paar kommerzielle Projekte, denen der Vater aus Kostengründen den Riegel vorschob, bis er sich ganz dem Glücksspiel hingab. Die Verteidigung legte Marc-Antoines Verzicht auf die Beichte als Zeichen religiöser Standhaftigkeit aus, blieb aber eine Erklärung schuldig, warum er sich bei so viel Glaubensstärke wenig später das Leben nahm und damit gemäß der calvinistischen Doktrin eine teuflische Tat beging.[36] Wenn man wollte, konnte man in seiner Abwärtsspirale nach dem verwehrten Anwaltspatent auch einen Grund zum Glaubenswechsel sehen, zumal dann, wenn man den zahlreichen Zeugen folgte, die Marc-Antoine in katholischen Kirchen bei der Andacht gesehen haben wollten.[37] Die Konversion wäre dann einem Ausbruchsversuch aus der Aussichtslosigkeit und Enge der familiären Zwangsgemeinschaft gleichgekommen. Aus den divergierenden Deutungen ist allerdings nur ein sicherer Schluss zu ziehen: Auch Marc-Antoines Berufsbiografie gab keine Antwort auf die Frage, wie er zu Tode gekommen war.

Allerdings gab es in Bezug auf die konfessionelle Prägung der Familie eine kontroverse Vorgeschichte: Tatsächlich war zuvor schon ein Sohn der Calas zum Katholizismus konvertiert, und sein Übertritt hatte einen Streit zur Folge, an dessen Ende bereits ein hartes Gerichtsurteil gegen den Vater stand. Louis war nach Marc-Antoine und Pierre der dritte Sohn, und sein Glaubenswechsel lag zum Zeitpunkt von Marc-Antoines Tod vier Jahre zurück. Er hatte wie die älteren Brüder im väterlichen Geschäft gearbeitet, sich nach der

Konversion aber so stark von der Familie entfremdet, dass er 1757 ein folgenreiches Gesuch an den Intendanten des Languedoc entwarf. Darin verlangte er, den Eltern sollten per königlichem Befehl vier der sechs Kinder weggenommen werden, neben ihm selbst der jüngere Bruder Donat sowie die beiden Schwestern Anne-Rose und Nanette. Seine Absicht war wohl, mit dem Bruder als Lehrling in einem katholischen Geschäft unterzukommen, während die Schwestern in ein Kloster geschickt würden.[38] Als der Entwurf zufällig in Marc-Antoines Hände geriet, kam es zum Eklat, und Louis zog aus der Rue des Filatiers aus. Er blieb in Toulouse, wo er bei den »Weißen Büßern«, den »Pénitents blancs«, einer streng katholischen Bruderschaft, die bei Marc-Antoines Begräbnis eine führende Rolle spielen sollte, eine neue Heimat fand. Nach dem Bruch mit der Familie versuchte Louis eine gesetzliche Anreizregelung zu nutzen, mit der die französische Krone seit 1681 reformierten Kindern und Jugendlichen den Glaubensübertritt schmackhaft machte.[39] Das Gesetz verlangte, dass reformierte Eltern einem Kind, das nach der Konversion zum Katholizismus das Haus verließ, ab dem siebten Altersjahr ein jährliches Pensionsgeld entrichteten. Louis verfasste im Herbst 1760 ein nächstes Gesuch, das diesmal den Weg zum Intendanten in Montpellier fand. Der königliche Beamte übertrug den Fall seinem Untergebenen in Toulouse, der in einem Bericht vom Januar 1761 die Einschätzung abgab: »Der Vater Calas ist ein sehr reicher Mann, und ich kann nicht verheimlichen, dass ich ihn gegenüber seinem Sohn sehr hart fand. Dieser ist ein kluger und frommer junger Mann.«[40] Louis hatte dem Beamten vorgerechnet, sein Vater sei ihm sechshundert Livre an entgangenen Unterstützungsgeldern und eine jährliche Pension von hundert Livre schuldig, bis er einen eigenen Lohn beziehen werde. Das war ein hoher Betrag, den aufzubringen sich selbst für einen erfolgreichen Tuchhändler schwierig gestaltete. Der Beamte hielt ihn jedoch für angemessen, und der Intendant in Montpellier sorgte dafür, dass der Conseil du roi dem Vater bald darauf per Gerichtsentscheid die Zahlung auferlegte.[41] Jean Calas bedingte sich aus, die rückwirkend errechnete Summe mangels flüssiger Mittel in zwei Tranchen auszuzahlen, aber im August 1761 intervenierte Louis erneut beim Intendanten, weil er die letzten fünfzig Livre der Pension für das laufende Jahr noch nicht erhalten hatte. Als die Zahlung weiterhin ausblieb, behelligte Louis am 12. Oktober Marc-Antoine, der ihm jedoch beschied, er wolle mit der Sache nichts zu tun haben.[42] Einen Tag später war sein ältester Bruder tot.

Was für Rückschlüsse erlaubt das Konversionsdrama um Louis über die Todesumstände von Marc-Antoine? Auffallend ist zunächst, dass es in den meisten Studien zur Affaire Calas wie ein Vorzeichen erscheint. Autoren, die Jean Calas für unschuldig hielten, stellten ihn als Opfer eines geldgierigen und verleumderischen Sohnes dar.[43] Sie sahen ein Zeichen unerschütterlicher Vaterliebe in seinem Bemühen, zu einem Zeitpunkt, als der Konflikt mit Louis längst eskaliert war, Stellen für ihn und Donat bei katholischen Lehrmeistern in Nîmes zu finden, und sie interpretierten Louis' darauf folgende Weigerung, Toulouse zusammen mit Donat zu verlassen, als Ausdruck der Undankbarkeit eines verkommenen Sohnes. Die Konversion von Louis war in ihren Augen die erste Welle eines hereinbrechenden Unglücks, dem beide Eltern schutz- und schuldlos ausgeliefert waren. Für jene Autoren, die den Vater als Rädelsführer eines familiären Mordkomplotts betrachteten, kam in der Reaktion auf Louis' Konversion bereits ein Grad an Hass und Geiz zum Vorschein, der ihn bei der Konfrontation mit dem nächsten renitenten Sohn zum Äußersten treiben würde.[44] Dass Louis die ihm gerichtlich zugesprochenen Beträge nicht termingerecht erhielt, war aus ihrer Sicht keine Folge finanzieller Probleme, sondern väterlicher Realitätsverweigerung. Umgekehrt erschien ihnen das kompromisslose Vorgehen des Sohnes als natürliche Konsequenz erlittener Demütigungen. Gestützt auf eine Reihe von Zeugenaussagen behaupteten sie, Louis sei vom Vater kurz nach der Konversion zwei Wochen bei Wasser und Brot im Keller eingesperrt worden und nur dank der heimlichen Hilfe der katholischen Magd wieder entwichen. Von da an habe er in Furcht vor seinem Vater gelebt. Marc-Antoine war in dieser Lesart Opfer einer väterlichen Konfliktverlagerung von einem Sohn zum anderen.

Will man im Krach um Louis' Konversion ein Vorzeichen für Marc-Antoines Todesumstände erkennen, schlägt man kausale Brücken ohne empirische Pfeiler und übersieht zugleich die entscheidende Bedeutung des Streits für die Affaire Calas. Sie liegt darin, dass der Name Calas zum Tatzeitpunkt bei den Nachbarn wie bei den Behörden mit einer Geschichte verbunden war, die sich als Blaupause für die Deutung von Marc-Antoines Tod anbot. Erst aufgrund dieser Geschichte wird nachvollziehbar, warum sich unter Anwohnern der Rue des Filatiers noch in der Todesnacht das Gerücht verbreiten konnte, Marc-Antoine sei kurz vor der Konversion gestanden und deshalb vom Vater umgebracht worden, und warum bei den eintreffenden Ermittlern das Gerücht sofort verfing und sie es zu einem Anfangsverdacht aufwerteten. Insofern war das Konversionsdrama um Louis tatsächlich ein Vorzeichen, allerdings nicht für die Tat selbst, sondern für ihre Einordnung durch Beobachter der ersten Stunde.

Angesichts der Geschwindigkeit und Voreingenommenheit, mit der Anwohner und Ermittler das Drama um Louis' Glaubensübertritt als Interpretationsvorlage für Marc-Antoines Todesursache benutzten, erscheint ein religiös motivierter Mord unwahrscheinlich. Dies umso mehr, als sich Louis Calas, nachdem er seinen Eltern über Jahre hinweg keinerlei Schonung gegönnt hatte, schon am Tag nach dem Tod seines Bruders für die inhaftierten Familienmitglieder und die katholische Magd einsetzte. Er stand dem Anwalt Carrière als Informant und Kurier bei der Entwicklung der Verteidigungsstrategie zur Seite und eröffnete Anfang Dezember 1761 den langen Reigen an Publikationen zur Affaire Calas mit einer Erklärung, in der er die Unschuld seiner Eltern beteuerte und die Gerüchte über seine Misshandlung durch den Vater zurückwies. Bemerkenswert an seiner *Déclaration* war auch, dass sie bereits im aufklärerischen Ton der Gerechtigkeit und Menschlichkeit gehalten war, mit dem die Affaire Calas später universalisiert wurde. Louis schrieb über seine Eltern: »Um sie für schuldig zu halten, müsste man alle Prinzipien der Gerechtigkeit vergessen und alle Fundamente der Menschlichkeit zerstören.«[45] Dass sich Louis auf Werte wie die »principes de la Justice«, »humanité« und »nature« berief, war bei einem jungen Mann, der den eigenen Vater vor Gericht gezerrt hatte und als »Pénitent blanc« mit Büßerhemd und einem weißen Tuch über dem Kopf durch die Straßen zog, nicht unbedingt zu erwarten. Es ist durchaus möglich, dass er beim Verfassen der Erklärung auf die Formulierungshilfe eines Juristenfreundes der Familie zählen konnte. Aber auch wenn dem so gewesen sein sollte, bleibt der Befund, dass der potenziell wichtigste Zeuge der Anklage dem Szenario eines religiös motivierten Mordes jeden Realitätsgehalt absprach und sich gegen eine Übertragung seines Schicksals auf seinen Bruder zur Wehr setzte.

Für den Prozess vor den Capitouls, dem Lokalgericht von Toulouse, fiel der Mangel an brauchbaren Zeugenaussagen noch nicht ins Gewicht. Das Verfahren sprach der Anklage so viel Definitionsmacht zu, dass eine Verurteilung auch bei dünner Beweislage leicht zu erreichen war. Die Ankläger hatten das Vorrecht, die Auswahl an Fragen und Zeugen für die Gerichtsverhandlung vorzunehmen, und sie durften die Angeklagten über die Anklagepunkte bis zur Eröffnung der Verhandlung im Dunkeln lassen. Dadurch wurde den Angeklagten eine Vorbereitung auf den Prozess verunmöglicht, und weil sie weder eigene Zeugen aufrufen noch eigene Fragen einbringen durften, konnten sie sich vor den Richtern kaum gegen die Anschuldigungen der Anklage zur Wehr setzen. Im Prozess vor den Capitouls kam für die fünf Angeklagten noch erschwerend hinzu, dass ihnen kein Verteidiger zur Verfügung stand, die Verhandlung geheim geführt wurde und Beaudrigue als ermittlungsleitender Stadtrat auch Mitglied des Richtergremiums war, wo er, da mit dem Fall am besten vertraut, auf die sechs anderen Richter einen beträchtlichen Einfluss ausüben konnte.

Ankläger im Prozess vor den Capitouls war der »Procureur du roi« Charles de Lagane. Er forderte wegen der Planung und Ausführung eines Mordkomplotts Tod durch Erhängen für Anne-Rose, Jean und

Pierre Calas, lebenslangen Galeerendienst für Gaubert Lavaisse und eine fünfjährige Verwahrung in einem Irrenhaus für die Magd Jeanne Viguère.[46] Das Tatmotiv des Glaubenshasses spielte in den Beratungen vor Gericht, anders als im Zeugenaufruf durch den »monitoire«, nur eine untergeordnete Rolle, und von einer calvinistischen Verschwörung wollten die Richter gar nichts wissen. Beträchtlichen Stellenwert erhielten dagegen die forensischen Befunde zur Unmöglichkeit eines Selbstmords in der Art, wie ihn die Angeklagten in der zweiten Befragung geschildert hatten, wobei Beaudrigue vor seinen Richterkollegen die am Tatort vorgenommenen Berechnungen von Tür, Holzstange und Seil ausspielte.

Dennoch blieb den übrigen Richtern die dünne Beweislage nicht verborgen, und einer unter ihnen, Carbonnel, zeigte sich vom Mordszenario der Anklage gar nicht überzeugt. Die mündlichen Konfrontationen von Zeugen und Angeklagten erbrachten keine neuen Aufschlüsse, es stand jeweils Aussage gegen Aussage, und die Angeklagten ließen sich von den Vorhaltungen der Zeugen kaum in Widersprüche verwickeln. Eine Ausnahme war die Magd, die beiläufig einen groben Schnitzer beging, als sie nach der Aussage, sie habe Marc-Antoine nicht erhängt gesehen, anfügte: »und auch niemand sonst im Haus«.[47] Nachdem auch im letzten Verhör vor Gericht am 18. November ein Schuldgeständnis der Angeklagten ausblieb, beschloss das Richtergremium, den drei Mitgliedern der Familie Calas »ordentliche und außerordentliche Fragen« zu stellen, mit anderen Worten: sie zu foltern. Der Entscheid war verfahrensrechtlich heikel, denn er setzte, wie die *Ordonnance criminelle* von 1670 verlangte, voraus, dass »eine erhebliche Beweislast eines Verbrechens, das die Todesstrafe verdient, gegen den Angeklagten besteht«.[48] Die Capitouls setzten die Folter aber gerade ein, weil die Beweislast nicht erheblich genug war, und sie taten es, bevor sie entschieden hatten, ob überhaupt ein Verbrechen vorlag. Die Maßnahme verfehlte die gewünschte Wirkung; aus Anne-Rose, Pierre und Jean Calas war auch mit Gewalt kein Geständnis herauszupressen. Die Capitouls ließen sich davon nicht beirren und sprachen die Angeklagten mit sechs zu eins Stimmen schuldig.

Der Prozess vor den Capitouls war erst der Auftakt. Die Angeklagten gingen in Berufung, und mit der Eröffnung des Verfahrens am Parlement de Toulouse erhielt die Affaire Calas eine neue Dimension: Der Skandal wurde medial. Ausgangspunkt war, wie bereits angesprochen, der Gerichtsprozess selbst mit seiner Kombination von Schriftlichkeit des Verfahrens und Ungleichheit der Parteien.[49] Zwar hatten die Angeklagten im Parlement das Recht auf einen Verteidiger, aber dieser hatte nur eingeschränkt Akteneinsicht, und er musste sein Plädoyer in gedruckter Form abgeben. Die Angeklagten fanden in Théodore Sudre einen renommierten und couragierten Anwalt, der aus der prozeduralen Not eine publizistische Tugend machte und in den drei Monaten, die das Verfahren vor dem Parlement dauerte, drei Memoranden in den Druck brachte.[50] Sudre kombinierte dabei die Rolle des Strafverteidigers mit jener des öffentlichen Rechtsexperten. Die Kombination verlieh seinen Stellungnahmen einen Aufmerksamkeitsgewinn, wobei Sudre den Eindruck der Parteilichkeit durch seine Zugehörigkeit zur katholischen Kirche zumindest teilweise kompensieren konnte.

Seine mediale Verteidigungsstrategie musste, um erfolgreich zu sein, sowohl die prozedurale Benachteiligung im Gericht als auch die populäre Vorverurteilung in der Stadt ausgleichen. Er wählte dafür eine geschickte Strategie: Die Schriften waren nicht an die breite Öffentlichkeit gerichtet, sondern an das kleine, aber einflussreiche Publikum juristisch versierter und aufklärerisch gebildeter Leser, bei denen das Parlement von Toulouse – immerhin der zweitälteste Gerichtshof des Landes nach dem Parlement von Paris – einen Ruf zu verlieren hatte. Sudre betonte denn auch die zivilisatorischen Errungenschaften, die das Parlement als »aufgeklärte« Institution zu verteidigen habe. Es dürfe sich nicht von der Idee des ungebildeten Volkes leiten lassen, es gebe eine protestantische Schattenjustiz, die Konvertiten im Auftrag ihres Religionsstifters Calvin heimlich hinrichten lasse.[51] Sein Katholizismus nahm antiprotestantischen Verschwörungstheorien den Wind aus den Segeln. Die Konsequenzen, die eine Aufgabe aufgeklärter Rechtsprinzipien zur Folge hätte, beschrieb er in einer Sprache, die Voltaire alle Ehre gemacht hätte: »Hört Europa davon, es wird glauben, wir sind wieder Barbaren geworden.«[52]

Die Achillesverse von Sudres Kommunikationsstrategie war, dass sie Zeit benötigte. Seiner Expertenmeinung mussten sich weitere Spezialisten anschließen, die sich unter Juristen einen Namen gemacht hatten und damit das Parlement unter Druck setzen konnten. Das Gericht sorgte mit einem schnellen Verfahren dafür, dass Sudres Strategie erst aufgehen konnte, als das Urteil schon gesprochen und Jean Calas bereits tot war. Eine Reihe von Einwänden, die Sudre in seinen Memoranden formulierte, wurden drei Jahre später im Pariser Revisionsprozess aufgegriffen, um die beiden Urteile von Toulouse zu kassieren. Damit kann Sudres Beitrag zur Affaire Calas kaum hoch genug eingeschätzt werden, obwohl er in der öffentlichen Erinnerung weitgehend in Voltaires Schatten verschwunden ist.

Sudres wichtigste Einwände waren nicht inhaltlicher, sondern formaler Natur. Er monierte unter Berufung auf das Strafgesetz von 1670, dass Beaudrigue das Protokoll des Leichenfunds nicht am Tatort verfasst habe, dass der »monitoire« von der weltlichen anstatt der geistlichen Gerichtsbarkeit erlassen und die Obduktion von einem Chirurgen anstatt von zwei Medizinern durchgeführt worden sei.[53] Besonders eingehend befasste er sich mit den forensischen Experten, und hier ging seine Kritik über verfahrenstechnische Aspekte hinaus. Er stellte ihre Befunde, soweit er sie in Erfahrung gebracht hatte, infrage, entwarf alternative Erklärungsszenarien zu Marc-Antoines Tod und meldete grundsätzliche Zweifel an der Glaubwürdigkeit von Gerichtsexperten an. Ausgangspunkt seiner Argumentation war eine Herleitung der Expertenrolle im Gericht, bei der sich Sudre nicht auf geschriebenes Recht, sondern auf das Naturrecht berief. Gemäß naturrechtlichen Prinzipien, behauptete er, hätten die Experten in der mündlichen Gerichtsverhandlung mit den Beschuldigten konfrontiert werden müssen. Von welchen Prinzipien sprach er? Sudre leitete die Rolle des Experten von jener des Zeugen ab; historisch lag er damit richtig, nur war seine Ableitung eine systematische, womit er die geschichtliche Entwicklung des Experten zum schriftlich berichtenden Sachverständigen gerade negierte:

> Die Prinzipien sind sehr einfach. Zeugen müssen überprüft und den Beschuldigten gegenübergestellt werden: warum nicht auch Experten? Die einen wie die anderen sind richtige Zeugen: Die einen sagen aus, was sie gesehen oder gehört haben; die anderen sagen aus, was sie gemäß den Regeln ihrer Kunst erkennen.[54]

Sudre hielt die Sinneseindrücke normaler Zeugen für »ungleich einfacher und sicherer« als die »Kombinationen« von Experten, weshalb er umso weniger verstehen konnte, dass Experten in strafrechtlichen Verfahren keinem Verhör unterzogen wurden.[55] Sein Argument gegen die Sicherheit des Expertenwissens war zugleich ein Argument für mehr Kritik im Gerichtssaal. Wie vor dem Zivilgericht müsse es in einem Strafprozess möglich sein, »Einwände gegen die Experten vorzubringen und ihre Berichte zu kritisieren«.[56] Als gesetzliche Grundlage für eine mündliche Expertenkritik nannte er einen Artikel der *Ordonnance criminelle*, demzufolge Experten »wie andere Zeugen« zu verhören und mit den Angeklagten zu konfrontieren seien. Das Problem war nur, dass sich der Artikel ausschließlich auf Handschriftenexperten bezog, deren Methoden als notorisch unzuverlässig galten.[57] Die Vorschriften für die Mediziner und Chirurgen waren unter einem anderen Artikel versammelt, und dort fehlten Angaben zur mündlichen Einvernahme.[58]

Was Sudre als Verteidiger mündlich verwehrt blieb, versuchte er schriftlich zu erbringen. Den Obduktionsbericht des Chirurgen erklärte er für nichtig, weil Lamarque den Mageninhalt allein anstatt im Beisein eines zweiten Experten untersucht habe und weil er seine beruflichen Kompetenzen überschritten habe: »Die physischen

Effekte der Verdauung zu beurteilen, gehört zur Wissenschaft der Medizin und liegt nicht im Verantwortungsbereich eines Chirurgen. Der Beruf des Chirurgen beschränkt sich auf die Kenntnis der Anatomie und die Bewegungsabläufe der Hand.«[59] Die ausführlichste Kritik sparte sich Sudre für den ersten Expertenbericht auf, in dem Lamarque mit dem Chirurgen Peyronnel und dem Mediziner Latour das Ergebnis der äußeren Untersuchung der Leiche festgehalten hatte. Seine Kritik war doppelt gewagt, denn erstens hatte Sudre offenbar nur indirekt Kenntnis vom Inhalt des Berichts, weshalb ihm einzelne Details entgingen, und zweitens äußerte er sich als Jurist über Sachfragen, die in den Kompetenzbereich von Forensikern gehörten. Die Leitfrage, unter der er sich mit dem Expertenbericht befasste, lautete: »Ist es möglich, dass sich Marc-Antoine Calas erhängt hat?«[60] Sudre verwies zuerst auf einen Widerspruch zwischen dem Expertenbericht und dem Zeugenaufruf. Während die Forensiker aus den Verletzungen am Hals schlossen, der Tote sei durch Erhängen gestorben, richtete sich der »monitoire« an Personen, die wüssten, dass Marc-Antoine Calas »erdrosselt oder erhängt« worden sei. Sudre hatte gemerkt, dass die Ermittler nach ihren Nachforschungen am Tatort den eigenen Experten nicht mehr glaubten und zur Überzeugung gelangten, Marc-Antoine sei kniend oder liegend stranguliert worden. Um die Selbstmordversion der Angeklagten zu stärken, musste Sudre die Experten gegen die Ermittler ausspielen. Es half ihm dabei zusätzlich, dass der forensische Befund offenließ, ob Marc-Antoine erhängt worden war oder sich erhängt hatte.

Selbst in die Rolle des Forensikers schlüpfend, listete er Merkmale auf, anhand derer man feststellen könne, ob Marc-Antoines Tod durch Erhängen oder Erdrosseln eingetreten sei. Die Liste war nicht frei von Widersprüchen. Wäre Marc-Antoine erdrosselt worden, argumentierte er etwa, hätte das Seil »horizontal über den gesamten Kreisumfang des Halses« einen Abdruck hinterlassen müssen; der Abdruck befinde sich jedoch nur am vorderen Teil des Halses. Gleich darauf führte er aus, der Abdruck des Seils gehe den Ohren entlang hoch und von da weiter bis zum höchsten Punkt des Kopfes, was ebenfalls für Tod durch Erhängen spreche. Wäre Marc-Antoine erdrosselt worden, hätte Sudre an der Hinterseite des Kopfes eine Wunde oder einen Bluterguss vom Knoten des Strangs erwartet; die Mediziner und Chirurgen hätten jedoch an keiner Stelle des Körpers eine Wunde gefunden. Gleichzeitig behauptete er, das Seil sei so dick gewesen, dass eine Strangulation nur dann gelungen wäre, wenn man es um die Holzstange gedreht und mit dieser das Seil angezogen hätte. Sudre hielt das Seil jedoch für zu wenig elastisch, um es so zu verdrehen, dass man davon nachher, wie es der Fall sei, nichts mehr sehe.[61]

Sudre wagte es sogar, als Jurist anatomische Regeln zur Unterscheidung erdrosselter und erhängter Leichen aufzustellen:

> Jemand, der erdrosselt worden ist, geifert noch nach seinem Tod, seine Zunge ragt über die Zähne und die Lippen hinaus. Es gab nichts dergleichen, da die Experten nichts davon erwähnt haben. Marc-Antoine Calas wurde also nicht erdrosselt: Er ist durch Ersticken gestorben, und daher ist er erhängt gestorben.[62]

So sicher Sudre hier als Verkünder forensischer Tatsachen auftrat, so unsicher war die Wissensgrundlage seiner Behauptungen. Offenbar hatte er nicht in Erfahrung gebracht, dass im ersten Expertenbericht stand, aus der Nase der Leiche sei Rotz und aus dem Mund Geifer geflossen. Auch mit der Annahme, man sterbe beim Erhängen durch Ersticken, stand Sudre auf wackligem Boden und sollte wenige Jahre später von einem berühmten Forensiker in Paris widerlegt werden.

Sudre konstatierte nicht nur eine mangelhafte Expertise, sondern auch einen Mangel an Expertise. Ihm zufolge hätten bei der nachträglichen Untersuchung des Tatorts Experten anstelle der Ermittler abklären müssen, ob Marc-Antoine erhängt gestorben sein könnte:

> Durch welche Experten hat man überprüfen lassen, dass die Sache nicht möglich war? Man muss nach der Tür mit den zwei

Flügeln nicht weit suchen, an der die Protagonisten ihn erhängt gefunden zu haben behaupten. Auch nicht nach dem Seil und der Holzstange, die ihnen zufolge als Tötungswerkzeuge gedient haben sollen. Man hätte durch Experten überprüfen lassen müssen, ob es möglich war oder nicht, sich an dieser Tür mit diesem Seil und dieser Stange zu erhängen.[63]

Sudre warf dem Gericht eine Kompetenzüberschreitung vor, mit der es gegen die Aufgabenteilung zwischen Richtern und Experten verstoße: »Auf Sachfragen antworten Sachverständige, auf Rechtsfragen antworten Richter«.[64] Der lateinische Satz, der seinen Ursprung im englischen Common Law hatte, bildete, wie oben ausgeführt wurde, ein Leitprinzip für den Einsatz von Experten in französischen Gerichten. In Sudres Vorwurf schwang die Unterstellung mit, das Gericht sei gar nicht daran interessiert gewesen, alle möglichen Todesarten zu überprüfen, und habe unter dem Vorwand technischer Abklärungen vor Ort ein Tatszenario aufgestellt, mit dem es die Angeklagten in das schlechtestmögliche Licht rücken könne. Um die Unterstellung zu plausibilisieren, skizzierte er das forensische Vorgehen, das einer unvoreingenommenen Prüfung des Tathergangs angemessen gewesen wäre. Man hätte zuerst die Leiche, die man so lange aufbewahrt habe, vom Stadthaus zurück an die Rue des Filatiers transportieren müssen. Vor Ort hätte man an ihr genau die Operation durchführen sollen, wie sie die Beschuldigten geschildert hatten: »Die zwei Schlingen um den Hals legen, die Schnur zweimal um die Stange ziehen; die zwei Türflügel einander annähern, die Stange platzieren, den Kadaver aufhängen.«[65] Sudre beließ es nicht bei der Skizzierung eines makabren Schauspiels, das wegen der Beisetzung und Zersetzung des Hauptprotagonisten nicht mehr aufgeführt werden konnte. Er behauptete, das Experiment, das die Ermittler unterlassen hätten, sei tatsächlich durchgeführt worden. Am Tag nach Marc-Antoines Tod, als der Tatort noch ungesichert gewesen sei, hätten sich junge Leute aus Neugier mit dem Seil und der Stange an der Flügeltür abwechselnd aufgeknüpft und seien auch bei starkem Zappeln nicht heruntergefallen. Sudre zufolge war sogar eine weitere Bedingung eines wissenschaftlichen Experiments erfüllt: Die Soldaten, die den Tatort hätten bewachen sollen, beobachteten und bestätigten das Versuchsergebnis als Zeugen.[66] Sudre selbst war allerdings der einzige Überlieferungszeuge dieser Laienexpertise, weshalb sie weder für das Gericht noch für die Geschichtsschreibung viel hergab.

Aus den Argumenten, mit denen Sudre die Schwächen der Anklage bloßlegen wollte, entstand keine kohärente Verteidigungsstrategie. Er führte alles Mögliche auf, was bei den Richtern und Lesern verfangen könnte, und so standen die Gerichtsexperten einmal als besonders unzuverlässig und ein anderes Mal als besonders zuverlässig da. Bei aller Ambivalenz des Expertenbilds wird aus Sudres publiziertem Plädoyer aber deutlich, welch hohe Relevanz er der Rolle der forensischen Gutachter für den Ausgang des Prozesses zugemessen hat.

Noch in einer anderen Sicht war Sudres Verteidigung für den weiteren Verlauf der Affaire Calas wegweisend. Er brachte ein drittes Szenario zum Tathergang ins Spiel, das andere Prozessbeobachter, die von der Unschuld der Angeklagten überzeugt waren, ebenfalls umtrieb: »Fremde könnten ihn getötet haben.«[67] Sudre konnte das Szenario nicht weiter verfolgten, weil er sonst die Selbstmorderzählung und damit die Glaubwürdigkeit der Angeklagten untergraben hätte. Andere aber taten es für ihn. Fast zeitgleich mit seiner ersten Verteidigungsschrift erschien ein Memorandum von David Lavaisse, Gauberts Vater. Formell hatte die Schrift keine Relevanz für den Prozess, informell aber schon, weil Lavaisse Anwalt am Parlement war. Er brachte denn auch ein Argument vor, das besonders Juristen einleuchten musste. Jean Calas, behauptete er, könne gar nicht der Katholikenhasser sein, als den ihn das Gericht darstelle, denn er habe für seinen Sohn ja die Anwaltskarriere vorgesehen, im Wissen darum, dass sie »gewisse Akte der Katholizität« voraussetze.[68] Sollte sich Marc-Antoine nicht selbst getötet haben, sei es »unendlich viel wahrscheinlicher«, dass ihn »Diebe oder versteckte Feinde« umgebracht hätten.

Lavaisse zufolge hätten sie dem Opfer im Laden oder Innenhof auflauern und nach dem Mord die Tür zur Straße beim Hinausgehen mit dem Schnappschloss verriegeln können. Hätte der »monitoire«, spekulierte der Autor, nicht nur zu belastenden, sondern auch zu entlastenden Zeugenaussagen aufgerufen, »Gott weiß, was wir herausgefunden hätten«.[69]

Lavaisse verfolgte mit seiner publizistischen Intervention in erster Linie das Ziel, den eigenen Sohn vor einer schweren Strafe zu bewahren. Auf die anderen Angeklagten musste er weniger Rücksicht nehmen als Sudre. Seine Rechnung ging auf, aber bevor die Richter ihr Urteil verkündeten, sorgte seine Schrift indirekt für eine heftige Kontroverse am Parlement. Ein anderer Anwalt am Parlement veröffentlichte ein weiteres Memorandum, in dem er das Szenario von Lavaisse aufgriff und ausweitete. Der Anwalt hieß Duroux, und er entwickelte einen Erklärungsansatz, der sogar mit dem Selbstmordnarrativ der Angeklagten harmonierte. Demnach hätten die Mörder Marc-Antoine im Haus oder vor dem Haus abgepasst, ihn im Laden erdrosselt und dann aufgeknüpft, um einen Selbstmord vorzutäuschen, was ihnen zumindest bei den Bewohnern des Hauses gelungen sei.[70] Da Marc-Antoine seine Freizeit in einer Gesellschaft verbracht habe, die Gauner anziehe, und am Tag vor seinem Tod im Spielsalon viel Geld bei sich getragen habe, hielt Duroux dieses Szenario für wahrscheinlicher als jenes der Anklage. Er sollte nicht der Letzte sein, der so dachte. Historiker haben immer wieder auf diese dritte Möglichkeit hingewiesen und dabei als zusätzliches Indiz die Tatsache angeführt, dass Marc-Antoine keinen Schlüssel der Eingangstür bei sich trug, als die Ermittler die Kleider der Leiche durchsuchten.[71] Da die Spur aber weder von den Untersuchungsbehörden noch von Prozessbeobachtern weiterverfolgt worden war, sind keine Aussagen von den Besitzern und Besuchern des Spielsalons überliefert, und damit bleibt auch dieses Szenario Spekulation.

Ein weiterer Einwand von Duroux dürfte ebenfalls im Sinne von Lavaisse gewesen sein: Die Ermittler hätten die Magd und den Gast der Familie Calas nicht als Verdächtige verhaften dürfen, sondern als

Zeugen befragen müssen. Er unterstellte Beaudrigue in diesem Punkt sogar Absicht; es sei ihm darum gegangen, die Angeklagten um ihre wichtigsten Entlastungszeugen zu bringen.[72] Duroux ging mit seinen Kritikpunkten über die Einwände von Sudre und Lavaisse hinaus, denn er warf Beaudrigue nicht mehr nur grobe Verfahrensfehler, sondern kriminelles Verhalten vor. Entsprechend schärfer fiel die Antwort des Gerichts aus. Duroux musste seine Aussagen auf Beaudrigues Betreiben in einem erniedrigenden Ritual zurückziehen und wurde für zwei Monate vom Parlement suspendiert.[73]

Trotz formaler Unterschiede und publizistischer Begleitkritik verlief der Prozess vor dem Parlement in ähnlichen Bahnen wie das erstinstanzliche Verfahren vor den Capitouls. Das Szenario eines Mordes durch Eindringlinge wurde nicht geprüft. Mit Bewilligung des Erzbischofs von Toulouse wurde ein weiterer kirchlicher Zeugenaufruf gleichen Inhalts erlassen. Das Gericht ließ nur belastende Zeugenaussagen zu, deren Beweiskraft jedoch nicht ausreichte, um alle Richter zu überzeugen.

Zumindest in einem Punkt jedoch gelang es dem Parlement, sich als aufgeklärte Institution in Szene zu setzen, wenn auch nicht so, wie Sudre es sich vorgestellt hatte. Das Verfahren erhielt eine rhetorische Rahmung, als werde in ihm der religiöse »Fanatismus« verhandelt.[74] Damit bediente sich das Parlement der gleichen Sprache, die Voltaire wenig später zur Universalisierung der Affaire Calas einsetzen sollte, bloß mit umgekehrter Stoßrichtung. Es hielt ein Tribunal ab über den »Fanatismus« der Protestanten, der Väter zu Mördern und Bürger zu Rebellen mache. Der Begriff bot sich umso mehr an, als sich das Parlement bereits im Kampf gegen die Jesuiten als Bollwerk gegen den Fanatismus dargestellt hatte und damit scheinbar die gleiche Sache verfolgte wie die aufklärerischen Autoren, die über die Jesuiten hinaus all jene des »fanatisme« bezichtigten, bei denen sie Irrationalität und Radikalität zu größter Destruktivität vereint sahen. Im Prozess vor dem Parlement führte die Rede wider den religiösen Fanatismus dazu, dass die katholische Verschwörungstheorie einer protestantischen Lynchjustiz in ein aufklärerisches Gewand gekleidet und zu einem gerichtlich relevanten Gegenstand aufgewertet wurde. Alles Dagegenreden von Sudre, der Beweise für den angeblichen »fanatisme dicté par la Religion« verlangte, und vom reformierten Pfarrer Paul Rabaud, der das Fehlen religiöser Prinzipien für einen solchen Fanatismus hervorhob, blieb zwecklos.[75] Das Gericht hatte einen Weg gefunden, um ein heikles Dossier für die Dauer des Verfahrens diskursiv unter Kontrolle zu bringen.

Für einen Schuldspruch brauchte es die Mehrheit plus eine der 13 Richterstimmen. In der Urteilsberatung am 9. März 1762 hielten jedoch nur sieben Richter die Beweislage für ausreichend, um die Angeklagten schuldig zu sprechen. Zwei forderten, den Einwänden in Sudres Verteidigungsschrift folgend, weitere Nachforschungen zur angeblichen Unmöglichkeit eines Selbstmords mittels Seil und Stange, und drei waren für die Anwendung der Folter, um den Angeklagten ein Geständnis zu entringen. Ein einziger war von ihrer Unschuld

überzeugt und verlangte einen Freispruch.[76] Angesichts der Pattsituation musste die Beratung weitergeführt werden, bis ein Entscheid mit ausreichendem Mehr vorlag. Das war der Fall, als sich der älteste Richter im Gremium zu einem Schuldspruch durchrang. Alle fünf Angeklagten wurden zum Tod verurteilt, aber weil man nach damaliger Rechtsauffassung nur »halbe Beweise« (»preuves à demi pleines«) hatte, entschloss man sich erneut, das Urteil nachträglich durch ein gewaltsam erzwungenes Geständnis zu bestätigen. Offenbar hielten es die Richter für hinreichend, zu diesem Zweck erst Jean Calas öffentlich zu foltern und hinzurichten. Das Parlement übertrug die Vollstreckung des Urteils den Capitouls, und so war es Beaudrigue, der nach dem ersten auch das letzte Verhör von Jean Calas durchführen durfte. Als er und seine Helfer aus dem Familienvater kein Schuldeingeständnis herauspressen konnten, nahm das Verhängnis seinen Lauf. Der Verurteilte wurde zur Place Saint-Georges gekarrt, wo man ihm vor großem Publikum die Knochen brach, ihn aufs Rad flocht und ihm zum letzten Mal ein Geständnis zu entringen versuchte. Jean Calas beteuerte vor versammeltem Volk noch einmal seine Unschuld, bevor er unter stundenlangen Qualen starb.

Nach der Hinrichtung herrschte allseits Unruhe. Das Parlement sah sein Urteil öffentlich infrage gestellt, die Obrigkeiten befürchteten einen protestantischen Aufstand, die Bevölkerung war von der Standhaftigkeit des alten Calas in ihrem Vorurteil erschüttert, und die vier zum Tode Verurteilten wussten nicht, ob das Verdikt vollstreckt oder aufgehoben würde. Dann gewannen im Richtergremium die Skeptiker Oberhand. Gegen den Widerstand von drei Mitgliedern, die ihre Unterschrift verweigerten, versuchten sie, zugleich den Schaden zu begrenzen und das Gesicht zu wahren. Die Todesurteile für die vier

←

Eine weitere Illustration aus den *Causes célèbres de tous les peuples*: Jean Calas wird als Märtyrer der Toleranz mit einem Strick um den Hals zur Hinrichtungsstätte gefahren. Er bittet darum, auf der Karre knien und sein Haus auf der Vorbeifahrt segnen zu können.

angeblichen Mitverschwörer wurden aufgehoben, aber nur die Magd erhielt einen offiziellen Freispruch; Gaubert Lavaisse und Anne-Rose Calas wurden ohne Begründung entlassen, Pierre Calas lebenslang aus dem Königreich verbannt, seine übrigen Geschwister zwangskonvertiert und fremdplatziert. De facto mussten alle Mitglieder der Familie Calas außer Louis Toulouse verlassen. Mit dem Entscheid, die Katholikin zu verschonen und die Protestanten zu vertreiben, machten die Richter eine Konzession an die Bevölkerungsmehrheit der Stadt und verhinderten zugleich den Eindruck eines indirekten Eingeständnisses, an Jean Calas einen Justizmord verübt zu haben.

Sachlich und formal jedoch entbehrte das revidierte Urteil jeglicher Logik. Es machte Jean Calas zum Einzeltäter und die anderen Personen im Haus mit Ausnahme der Magd zu passiven Mitwissern. Ein solches Szenario war in den Gerichtsverhandlungen nicht einmal hypothetisch erwogen worden, denn erstens widersprach es der Annahme eines Mordkomplotts aus religiösem Fanatismus und zweitens war es, zumindest nach damaligem Wissensstand, schwer vorstellbar, wie der über sechzig Jahre alte Vater seinen kräftigen Sohn hätte umbringen sollen, ohne dass sich dieser wehrte oder die anderen Personen im Haus etwas von seinem Todeskampf mitbekamen. Mit dem revidierten Urteil konnte niemand zufrieden sein. Vielen ging es zu wenig weit, wenigen viel zu weit, und allen war die sachliche Grundlage ein Rätsel. Das Parlement war mit seiner Übung in Schadensbegrenzung und Gesichtswahrung gescheitert. Damit waren die Grundlagen gelegt, um einen regionalen Skandal zu einem universalen Fanal auszuweiten.

Wider den provinziellen Fanatismus! Voltaires Umdeutung der Affaire Calas

Was gab der gerichtlichen Untersuchung des Todes von Marc-Antoine Calas das Potenzial für eine der größten Justizaffären des Ancien Régime? Es war, anders als man aus der modernen Nacherzählung der Affaire Calas schließen müsste, weder die religiöse Intoleranz gegen die Protestanten noch die dünne Beweislage für einen Mordkomplott, noch die grausame Hinrichtung von Jean Calas. Parallel zum Prozess fand am Parlement von Toulouse ein weiteres Verfahren gegen einen reformierten Pastor sowie mehrere Landadlige und Bauern statt, denen ein bewaffneter Angriff auf das Örtchen Caussade 80 Kilometer nördlich von Toulouse zur Last gelegt wurde. Der Angriff hatte größtenteils in der Fantasie der katholischen Bewohner von Caussade stattgefunden, angeregt vom verunglückten Versuch weniger Bauern, den Pastor aus dem lokalen Gefängnis zu befreien, wo er unter dem Verdacht, ein Wegelagerer zu sein, eingesperrt worden war. Das Parlement verhängte die Todesstrafe gegen den Pfarrer wegen Verbreitung des protestantischen Glaubens und gegen drei Adlige wegen bewaffneten Aufruhrs. Am 19. Februar 1762, keine drei Wochen vor der Hinrichtung von Jean Calas, wurde der Pfarrer öffentlich gehängt, und den übrigen Verurteilten schlug man standesgemäß die Köpfe ab.[77] Obwohl das Verfahren blutiger endete und im Languedoc für größeres Aufsehen sorgte als die Affaire Calas, blieb das Interesse im übrigen Frankreich gering. Voltaire war schon im Oktober 1761 von einem Briefkorrespondenten, Jean Ribote-Charron, über den Fall informiert und gebeten worden, sich beim Gouverneur des Languedoc für eine Begnadigung durch den König einzusetzen. Er tat es, aber nur halbherzig und ohne ein Zeichen von Sympathie für »diese Lümmel von Hugenotten«.[78] Als das Urteil vollstreckt wurde, rührte niemand in Frankreich einen Finger, um die Opfer der gerichtlich sanktionierten Glaubensverfolgung zu rehabilitieren.

Vier Monate nach Jean Calas ließ das Parlement in einem anderen Fall den Sohn eines gewaltsam Gestorbenen hinrichten. Ein alter Mann war erschlagen in seinem Haus gefunden worden. Auch in diesem Fall leitete die Anklage aus Indizien und Hörensagen ein familiäres Mordkomplott ab. Die Nachbarn des Alten wussten über den Sohn ein paar unschöne Anekdoten zu erzählen. Es ging nicht um Glauben, sondern um Geld, und die Familie war katholisch und lebte auf dem Land. Der Sohn beteuerte seine Unschuld, das Gericht ließ ihn foltern, das Geständnis blieb aus, das Urteil wurde gesprochen, der Sohn aufs Rad geflochten und der Rest der Familie verbannt.[79]

Wenn es zwischen dem Calas-Prozess und anderen Strafverfahren am Parlement von Toulouse, die in unmittelbarer zeitlicher Nähe stattfanden, derart auffällige Parallelen gab, dann spricht wenig dafür, den Auslöser der Affäre im gerichtlichen Vorgehen gegen Jean Calas und seine Mitangeklagten zu suchen. So voreingenommen und grausam die Vertreter des Gerichts auf moderne Betrachter wirken mögen, ihr Verhalten entsprach über weite Strecken der damaligen Normalität. Es war üblich, das Gesetz im Zweifel gegen den Angeklagten auszulegen, und die Richter durften dafür in der Regel auf breite öffentliche Zustimmung zählen. Wie David Bien nachgerechnet hat, verurteilte das Parlement von Toulouse zwischen 1750 und 1778 in den Verfahren, die es von den unteren Instanzen im Languedoc übernahm, 236 Personen zum Tode, 78 davon bloß wegen Diebstahls. In manchen Strafprozessen kam es auch zur Fortsetzung der religiösen Verfolgung mit anderen Mitteln, wobei es konjunkturelle Spitzen gab, so zum Beispiel in den Jahren nach 1760.[80]

Wo ist denn das auslösende Moment der Affaire Calas zu suchen, wenn nicht im gerichtlichen Vorgehen selbst? Entscheidende Bedeutung kam der Publizistik, die den Prozess am Parlement begleitet hat, zu. In den drei Monaten, die das Verfahren dauerte, erschien mehr als ein halbes Dutzend Memoranden, die Mehrheit davon aus der Feder von juristischen Spezialisten. Das war außergewöhnlich und nur deshalb möglich, weil die Calas in ihrem Bekanntenkreis mehrere Juristen hatten und weil mit Gaubert Lavaisse der Sohn eines der angesehensten Anwälte der Stadt zu den Angeklagten gehörte. Die Autoren der Schriften hatten sich intensiv mit den Todesumständen von Marc-Antoine Calas und deren Aufarbeitung durch die Capitouls befasst. Es gelang ihnen, mit detaillierten Einwänden unter den gebildeten Bürgern der Region eine öffentliche Diskussion über die Inkohärenzen der Gerichtsverfahren auszulösen. Reisende und

Korrespondierende trugen die Diskussion ins Land hinaus, und so dauerte es nur wenige Wochen, bis Personen mit dem nötigen Netzwerk in anderen Teilen des Königreichs über den Calas-Prozess informiert waren. Einer unter ihnen war Voltaire.

Schon 67 Jahre alt, aber literarisch unverändert produktiv, lebte Voltaire in Ferney bei Genf, wo er sich 1758 ein Schlösschen mit allen Annehmlichkeiten des gehobenen Landlebens gekauft hatte. Im März 1762 machte ein Kaufmann aus Marseille, der auf dem Weg von Toulouse nach Genf war, bei ihm Zwischenhalt und berichtete ihm vom Prozess und von der Hinrichtung von Jean Calas. Voltaires erste Reaktion war nicht von Mitleid für den Toten, sondern von Verachtung für die Calvinisten geleitet. In den Jahren zuvor hatte er sich mehrere Auseinandersetzungen mit Genfer Theologen geliefert, die sich gegen Aufführungen seiner Theaterstücke in der Stadt gewehrt hatten. Als er am 22. März einem Richter des Parlement von Dijon schrieb, vermischte er die Neuigkeiten aus dem fernen Toulouse mit den Enttäuschungen aus dem nahen Genf. Voll sarkastischer Ironie nannte er Jean Calas einen »reformierten Heiligen«, der geglaubt habe, eine gute Tat zu vollbringen, indem er seinen Sohn durch Strangulation vom Glaubensabfall abhalte. Sein vorläufiges Fazit lautete: »Wir sind nicht viel Wert, aber die Hugenotten sind schlimmer als wir, und darüber hinaus wettern sie gegen die Komödie.«[81]

Die Nähe zu Genf führte dann aber auch Voltaires raschen Meinungsumschwung herbei. »Man behauptet hier«, schrieb er nur drei Tage später dem Kardinal de Bernis über Jean Calas, »dass er unschuldig ist und dass er Gott zum Zeugen genommen hat, als er sein Leben aushauchte«.[82] Zudem habe man ihm gesagt, drei Richter hätten gegen das Urteil protestiert. Voltaire war zu diesem Zeitpunkt noch unschlüssig, »was ich vom schrecklichen Schicksal dieses Calas halten soll«.[83] Emotional aber zeigte er sich schon tief betroffen: »Dieses Schicksal geht mir ans Herz, es trübt meine Freuden, es verdirbt sie.«[84] Und auch die Lesart, die er den Ereignissen geben würde, kündigte sich bereits an: »Ich will wissen«, schrieb er am selben Tag einem burgundischen Adligen, »von welcher Seite der Schrecken des Fanatismus kommt«.[85]

Wie und wo holte sich Voltaire das Wissen, das ihm in kurzer Zeit die Sicherheit gab, die Familie Calas für unschuldig zu erklären und die Katholiken von Toulouse für den »fanatisme horrible« verantwortlich zu machen? Er verließ sich auf Genfer Calvinisten, die ihn dank ihrer Kommunikationskanäle zu den Glaubensbrüdern im Languedoc ebenso ausgiebig wie einseitig informierten.[86] So erfuhr er bald, dass nicht nur drei, sondern fünf Richter gegen das Todesurteil waren, was ihn im Eindruck bestärkte, es sei im Prozess nicht mit rechten Dingen zugegangen.[87] Obwohl er in seinen Briefen noch eine Weile betonte, Calas könne schuldig oder unschuldig sein, interessierte er sich bald nur noch für Informationen, die zur Erzählung eines Justizmords aus religiösem Fanatismus passten.

Aufschlussreich diesbezüglich ist ein Brief an d'Alembert vom 29. März 1762. Zuerst führte Voltaire genüsslich aus, wie er den Genfer Theologen ein Schnippchen geschlagen hatte, als er sein Theaterstück *Cassandre* anstatt in der Stadt in seinem Schloss aufführen ließ: »Die Pfarrer wagten nicht zu kommen, aber sie haben ihre Töchter geschickt. Ich habe Genfer und Genferinnen fünf Akte lang weinen sehen.« Nach der Aufführung lud er die zweihundert Zuschauer zum Abendessen mit anschließendem Ball ein. Die großzügige Geste war eine kleine Boshaftigkeit gegen die abwesenden Prediger: »So habe ich mich gerächt«.[88] Nach den Ausführungen zum gelungenen Theaterabend kam Voltaire auf den Calas-Prozess zu sprechen, wobei er als Überleitung die Hinrichtung des reformierten Pastors benutzte und beide Ereignisse in ihrer Bedeutung für die Genfer Calvinisten schilderte: »Kurz zuvor hatte man einen ihrer Prediger in Toulouse gehängt, das hat sie milder gestimmt. Soeben hat man aber einen ihrer Brüder gerädert, der angeklagt war, seinen Sohn aus Hass gegen unsere heilige Religion erhängt zu haben.« Voltaire ergänzte, die Stadt Toulouse sei »viel dümmer und fanatischer als Genf«; man habe aus dem Sohn einen Märtyrer gemacht, ohne zu überprüfen, ob er sich selbst aufgehängt habe. Ein Teil des Parlement habe barfuß der pompösen Beerdigung beigewohnt, bevor die Strafkammer den Vater mit der Mehrheit von acht zu fünf Stimmen aufs Rad habe flechten lassen. Voltaires sarkastische Ironie ergoss sich nun über die Richter: »Dieses Urteil war umso christlicher, als es keinen Beweis gegen den Geräderten gab.«[89]

Im Brief an d'Alembert erhielten die beiden Gerichtsprozesse trotz vieler Parallelen konträre Bewertungen. Ob der reformierte Prediger und seine mitangeklagten Aristokraten schuldig oder unschuldig gestorben waren, interessierte Voltaire nicht. Stattdessen schrieb er der Vollstreckung des Todesurteils die heilsame Wirkung zu, den religiösen Eifer der Calvinisten geschwächt zu haben. In seinen Augen saß hier der Fanatismus auf der Anklagebank, verkörpert von einem reformierten Geistlichen, während er im Calas-Prozess auf dem Richterstuhl Platz nahm, angetrieben von katholischen Klerikern.

Wie gelangte Voltaire zu diesen Wertungen? Ein Teil der Antwort ist: Er ließ sich von seinem antiklerikalen Affekt leiten. So wie er die Bevölkerung von Genf in kunstliebende Bürger und verstockte Theologen einteilte, unterschied er bei den Hingerichteten von Toulouse zwischen dem »bon bourgeois« Calas und dem schädlichen »prédicant«. Der andere Teil der Antwort lautet, dass Voltaire Jean Calas nicht als eines unter vielen Justizopfern darstellen konnte, wenn er aus seiner Hinrichtung einen Skandal machen wollte. Hätte er ihm dazu noch einen Pastor, der klandestin im Languedoc gepredigt hatte, als Schicksalsgenossen zur Seite gestellt, wäre es ihm kaum möglich gewesen, aus Calas einen Märtyrer der aufklärerischen Toleranz zu machen. Genau diese Rolle hatte ihm Voltaire aber zugedacht, sie begründete sein Interesse am Fall. Voltaire glaubte eine Geschichte gefunden zu haben, an der er den religiösen Fanatismus in seiner ganzen Destruktivität und Debilität bloßstellen und für die aufklärerische Toleranz eine Bresche schlagen konnte. Für Ersteres genügte sein Auftritt als öffentlicher Kritiker, für Letzteres musste er seinen Korrespondentenkreis mobilisieren.

Wie früh Voltaire das Mobilisierungspotenzial der Geschichte auslotete, wird aus dem Brief an d'Alembert ebenfalls ersichtlich. Er verlieh dem Tod von Jean Calas eine neue Dimension, die einer nationalen Schande. Damit ging der Fall alle Franzosen an. Ausgangspunkt der Wertung war wieder die Sicht aus Genf:

> Alle unsere häretischen Kantone schreien Zeter und Mordio; alle sagen, dass wir eine ebenso barbarische wie leichtfertige Nation sind, die rädern, aber nicht kämpfen kann, und die von der Bartholomäusnacht zur komischen Oper übergeht. Wir werden zum Schrecken und Abscheu Europas; es ärgert mich, denn wir waren dazu gemacht, liebenswert zu sein.[90]

Voltaire bemühte sich zwar, sein eigenes Urteil hinter angeblichen Aussagen reformierter Glaubensgenossen zu verbergen, aber er gab der Geschichte bereits eine so feste Form und eindeutige Wertung, dass seine Rückversicherung zum Schluss, der Fanatismus habe entweder Calas seinen Sohn oder acht Richter Calas töten lassen, kaum mehr ernsthaft erwogen sein konnte. Bereits fünf Tage nach dem Brief an d'Alembert, am 4. April, gab Voltaire in einem Schreiben an Étienne Noël Damilaville, einem anderen *Encyclopédiste*, seiner Gewissheit Ausdruck:

> Es ist erwiesen, dass die Toulouser Richter den unschuldigsten aller Menschen gerädert haben. Fast das ganze Languedoc jammert vor Schrecken. Die ausländischen Nationen, die uns hassen und schlagen, sind von Empörung erfasst. Niemals seit dem Bartholomäustag hat etwas die menschliche Natur so entehrt. Schreit, auf dass man schreie![91]

Voltaire hatte sich seine Version der Ereignisse zurechtgelegt, lange bevor er mit den überlebenden Mitgliedern der Familie Calas Bekanntschaft machte oder die Druckschriften der Kritiker von

Toulouse zur Kenntnis nahm. Seine Wissensbasis war dünn und einseitig, und ihrer Auswertung lag ein großer Vertrauensvorschuss zugrunde, den er seinen mündlichen Informanten aus Genf gewährte.

Der Vorteil der frühen Festlegung lag jedoch darin, dass Voltaire seinen Stoff freier gestalten konnte. Anstatt die formalen und forensischen Einwände der Toulouser Juristen zu vertiefen, schuf er ein neues Narrativ mit maximalem Skandalisierungseffekt, den er für seine Reformanliegen nutzen wollte. Die Unterschiede zu den bereits publizierten Memoranden waren frappant. Voltaire argumentierte nicht rechtlich und anatomisch, sondern politisch und zivilisatorisch; er verteidigte Jean Calas nicht gegen den Fanatismusvorwurf von katholischer Seite, sondern attackierte die Toulouser Katholiken als Fanatiker; er hielt sich nicht mit den praktischen Problemen des Selbstmordszenarios auf, sondern betonte die physische Unmöglichkeit eines Mordes durch den Vater;[92] er sah im Prozess keinen lokalen Justizirrtum, sondern eine nationale Schande; und er zog die Frontlinie nicht am Ort des Geschehens zwischen dem Gericht und seinen Kritikern, sondern quer durch Europa zwischen den Kräften der Provinzialität und Urbanität, Barbarei und Zivilisation, Finsternis und Aufklärung.

Mit seiner Neuauslegung enthob Voltaire die Affaire Calas dem Kompetenzanspruch der Juristen und Forensiker und erklärte sie zu seiner persönlichen Wissensangelegenheit. Kein anderer Autor der französischen Aufklärung hatte sich in vergleichbarer Weise einen Namen als öffentlicher Religionskritiker gemacht. Für die erste Kontroverse auf diesem Gebiet hatte er 1734 mit den *Lettres philosophiques* gesorgt, als er die protestantischen Kirchen Großbritanniens vergleichend beschrieb und dabei nicht nur ein positives Kontrastbild zur katholischen Kirche zeichnete, sondern auch einen Zusammenhang zwischen konfessioneller Toleranz, politischer Stabilität und wirtschaftlichem Wohlstand in einem Land herstellte. Noch im *Candide ou l'optimisme*, dessen Erstausgabe 1759 erschien, ließ er geistliche Würdenträger mit Vorliebe als Justizmörder und Volksverdummer auftreten, wie in der berühmten Szene nach dem Erdbeben von Lissabon 1755, in der »die Weisen des Landes« empfehlen, »dem Pöbel ein schönes Autodafé« zu bieten, und die Kleriker an der »Universität Coimbra« zum Schluss gelangen, das wirkungsvollste Mittel, ein weiteres Erdbeben zu verhindern, bestehe darin, »ein paar Personen auf kleinem Feuer zu verbrennen«.[93] Mit seinem Engagement in der Affaire Calas führte Voltaire seine Rolle als aufklärerischer Religionskritiker in neuer Radikalität fort.

Der berühmte Name und die eingespielte Rolle allein reichten aber nicht, um der neuen Erzählung über Jean Calas' Tod die notwendige Wahrhaftigkeit zu verleihen. Voltaire war räumlich und zeitlich zu weit weg von den Ereignissen, um bei ihrer Deutung als eigenständige Autorität aufzutreten. Dieses Defizit ließ sich beheben, wenn er mit den Stimmen der direkt Betroffenen sprach oder sich als unmittelbarer Beobachter ausgab. Bevor er seine Skandalisierungsstrategie von der Briefkorrespondenz auf den Buchdruck ausweitete, ließ er sich die Memoranden der Toulouser Juristen besorgen. Mit deren Detailwissen ausgestattet, veröffentlichte er Ende Juni Briefe von Anne-Rose und Donat Calas, die er unter dem Titel *Pièces originales concernant la mort des sieurs Calas* gebündelt herausgab. Der Titel war in doppelter Hinsicht irreführend: Mindestens eines der beiden »Originaldokumente«, der Brief von Donat, stammte nicht vom offiziellen Absender, sondern von Voltaire selbst, und es ging in ihnen nicht nur um den Tod der zwei Männer, sondern auch und vor allem um das weitere Vorgehen zur Rehabilitierung der Familie und zur Reformierung des Gerichtswesens.[94] Das Schreiben der Mutter enthielt eine detaillierte Schilderung der Todesnacht von Marc-Antoine, mit dem Voltaire die Absicht verfolgte, das Pariser Publikum von der Unschuld der Angeklagten zu überzeugen. Der Brief des Sohnes war als Antwort darauf konzipiert, wobei Voltaire aus Donat einen aufgeklärten jungen Mann machte, der die »glückliche Toleranz« zu seiner »heiligen Maxime« erklärte.[95] Der Zweck des Schreibens bestand in der Solidarisierung der Pariser Eliten mit Voltaires Anliegen, das er Donat in den Mund legte und Anne-Rose zur Ausführung übertrug:

> Bewirken Sie einfach, dass die Richter den Strafprozess durchführen, das ist alles, was ich will, das ist, was die ganze Welt wünscht und was man nicht ablehnen kann. Alle Nationen, alle Religionen sind daran interessiert. Der Justiz ist ein Band über die Augen gemalt; muss sie aber taub sein?[96]

Manche Leser, allen voran jene, die mit Voltaire korrespondierten, dürften am beißenden Witz den Autor hinter Donats Maske erkannt haben. Voltaire ließ den jungen Mann aus der Provinz auch ein Lob auf die königlichen Institutionen in Paris anstimmen. Donat stellte sie als Bastionen der »lumières« und damit als Gegenbeispiel zu den Behörden in Toulouse dar. Anne-Rose werde in Paris, stand im Brief, Amtsträger mit Mitgefühl und Gerechtigkeitssinn finden. Die Adressatin wurde ermuntert, sich in der Hauptstadt persönlich an den Kanzler zu wenden, um die Wiederaufnahme des Verfahrens und den posthumen Freispruch für Jean Calas zu erwirken.

Voltaires Plan, die Witwe Calas als wandelndes Druckmittel an den Versailler Hof und in die Pariser Salons zu schicken und ihr aus dem fernen Ferney mit Briefen an Protagonisten des Hauptstadtlebens zu sekundieren, war gewagt. Er kannte die Frau kaum und war ihr persönlich nie begegnet. Anne-Rose Calas hatte nach ihrer Freilassung zuerst in Montauban, einem Städtchen nördlich von Toulouse, bei Hugenotten Unterschlupf gefunden, bevor sie auf Voltaires Insistieren hin nach Paris weiterzog, wo sie von reformierten Bankiers finanziell unterstützt und bald mit ihren beiden Töchtern vereint wurde. Dass Voltaire sich von der Witwe kein klares Bild machen, geschweige denn ihre Eignung für den Einsatz als Betroffenheitsmagnet einschätzen konnte, spiegelte sich in konträren Einschätzungen ihrer Person, die von der exemplarischen Ehefrau und fürsorglichen Mutter in den *Pièces originales* bis zur »kleinen, blöden Hugenottin« in einzelnen Briefen reichte.

Zum Publikationszeitpunkt der *Pièces originales* war Voltaire nur mit Donat persönlich in Kontakt gekommen. Ende April hatte er ihn in Ferney empfangen und befragt. Da Donat in der Todesnacht von Marc-Antoine nicht zu Hause gewesen war und sich während des Prozesses nach Genf abgesetzt hatte, eignete er sich allerdings kaum als Gewährsmann. Erst im Juli traf Pierre Calas in Ferney ein, nachdem er aus einem Dominikanerkloster in Toulouse, wo man ihn eingesperrt hatte, entkommen war. Zu diesem Zeitpunkt hatte sich Voltaire die Erzählung des vergangenen Geschehens und die Planung des weiteren Vorgehens längst zurechtgelegt. Ein Treffen mit der gesamten Familie in Ferney, wie es im Nachhinein als Wendepunkt von der Verzweiflung zur Hoffnung beschworen wurde, hat es nie gegeben.

Voltaire und die Witwe Calas begegneten sich erstmals 1770, als alles längst überstanden war. In den *Pièces originales* ließ Voltaire schon durchblicken, dass er den Weg von der Kritik zur Korrektur mit einem Freispruch von Jean Calas nicht als abgeschlossen betrachtete. Auch bei der Bestimmung seiner Ziele wich er von den Autoren, die sich vor ihm für die Familie Calas eingesetzt hatten, deutlich ab.

Deren Kritik blieb systemimmanent – auch dort, wo sie sich, wie bei Sudre, gegen die bestehende Gerichtspraxis richtete. Den Korrekturforderungen lag das geltende Gesetz zugrunde, und das Standardargument lautete, die gesetzlichen Bestimmungen seien im Prozess nicht sachgemäß angewendet worden. Voltaires Kritik dagegen richtete sich gegen das bestehende System selbst, und die von ihm verlangte Korrektur ließ sich nur mit einer Reform der Strafgerichtsbarkeit durch die Krone vornehmen. In den *Pièces originales* formulierte er bereits das Leitprinzip, an dem sich die Reform zu orientieren habe:

> Es geschieht für die Öffentlichkeit, dass Schurken eine Strafe auferlegt wird. Die Anklagen, aufgrund derer man sie bestraft, müssen also öffentlich sein. Man kann nicht mehr länger im Dunkeln zurückhalten, was am hellen Tag erscheinen muss.[97]

Eine umfassendere Begründung seiner Reformforderung gab Voltaire wenige Monate später in der »Histoire d'Elisabeth Canning et de Jean Calas«. Er stellte in der kurzen Schrift einen Vergleich des Calas-Prozesses mit einem Justizskandal in England an, um den Nachweis zu erbringen, dass die französische Strafprozessordnung eher zu Fehlurteilen führe, weil die Öffentlichkeit über die Anschuldigungen und Beweise schlechter informiert sei. Der Druck erschien anonym, und obwohl sich Voltaire auch hier nicht bemühte, seinen Stil zu verstellen, bezeichnete er sich zum Schluss als »Augenzeugen«, der »keinerlei Austausch mit den Calas hat, aber ein Feind des Fanatismus und Freund der Gerechtigkeit ist«. Die Vorspiegelung

←

Eine Szene in Ferney bei Genf, die es nie gegeben hat: Der alte Voltaire empfängt die überlebenden Mitglieder der Familie Calas und verspricht ihnen, seine Schreibfeder hochhaltend, publizistische Unterstützung im Kampf um Gerechtigkeit. Der Stich stammt von Charles Philibert de Lasteyrie nach einer um 1800 entstandenen Vorlage von Pierre-Nolasque Bergeret.

unmittelbarer Beobachtung und größtmöglicher Unparteilichkeit beim Calas-Prozess hatte ihr Pendant für das Canning-Verfahren im ersten Satz des Textes: »Ich war in London 1753, als das Erlebnis der jungen Elizabeth Canning einen solchen Lärm machte.«[98] Sich selbst konnte Voltaire mit dem Icherzähler nicht gemeint haben, denn das Jahr 1753 musste ihm aus anderen Gründen noch in lebendiger Erinnerung geblieben sein. Er hatte sich damals in Berlin die Gunst Friedrichs des Großen verscherzt, Preußen verlassen und eine Reise durch Deutschland angetreten, die nach mehreren Stationen in Frankfurt abrupt zum Stillstand kam. Sein ehemaliger Dienstherr ließ ihn verhaften, um ihm einen Poesieband mit eigenen Gedichten zu entwenden, aus Furcht, Voltaire werde ihn wegen der königlichen Verse der Lächerlichkeit preisgeben. Voltaire konnte erst nach mehreren Wochen weiterziehen und verbrachte den Rest des Jahres in Colmar, wo er auf die Erlaubnis zur Einreise nach Frankreich wartete. Auf englischem Boden hatte er 1753 keine Minute verbracht.

Voltaires Entscheidung, sich als Autor zu anonymisieren und einen Beobachter vor Ort zu fingieren, ist erstaunlich, und noch erstaunlicher ist, dass sie in der Forschungsliteratur zur Affaire Calas kaum thematisiert wird.[99] Er war in Ferney weder der Gefahr obrigkeitlicher Verfolgung ausgesetzt, noch benötigte er für seine Argumentation den Status eines Augenzeugen. Es gibt wohl nur eine Erklärung für die Entscheidung: Offenbar beurteilte er die Glaubwürdigkeit seiner Position als berühmter, aber räumlich distanzierter und persönlich involvierter Kritiker ungleich skeptischer als die meisten nachgeborenen Kommentatoren der Affaire Calas.

Die Argumentation in der »Histoire d'Elisabeth Canning et de Jean Calas« ist ebenso einfach wie eingängig. Ihre Tücken zeigen sich erst bei genauerem Hinsehen. An ihrem Ausgangspunkt steht die Behauptung:

> Glücklicherweise ist in England kein Prozess geheim, weil die Bestrafung von Verbrechen auf die öffentliche Unterweisung der

Menschen, nicht auf die private Rache zielt. Alle Verhöre finden bei offenen Türen statt, und alle interessanten Verfahren werden in den Zeitungen abgedruckt.[100]

Maximale Öffentlichkeit hieß für Voltaire minimales Fehlerrisiko. Ein öffentliches Verfahren ermöglichte demnach eine kompetente Kritik, und diese wiederum ermöglichte eine Korrektur von Falschbeschuldigungen, bevor ein Justizverbrechen angerichtet war. Das englische Common Law bot dafür eine ideale Projektionsfläche, unterwarf es doch die Richter einer systematischen Kontrolle durch die Öffentlichkeit, nicht nur über die Zulassung von Publikum zum Verfahren, sondern auch über die Einbindung von Laien in die Urteilsfindung. Voltaire durfte sich jedoch glücklich schätzen, dass die Hauptadressaten seiner Schrift über den Fall Canning kaum Bescheid wussten, denn er hatte sich für sein Argument ein schlechtes Beispiel ausgesucht. Die Geschichte um eine Magd, die einen Monat verschwunden war und sich nach ihrer Rückkehr als Opfer eines Verbrechens ausgab, wurde entgegen seiner Behauptung faktisch nie geklärt, und die detaillierten Informationen über das Prozessgeschehen lösten eine öffentliche Kontroverse aus, in deren Verlauf es zu mehreren Folgeprozessen und einer unauflöslichen Vermischung von privaten und gerichtlichen Untersuchungen kam. Wenn schon, dann war der Fall Canning exemplarisch für das eskalierende und perpetuierende Potenzial einer uneingeschränkten Medienberichterstattung über Gerichtsprozesse. Sie begünstigte die Inszenierung eines öffentlichen Tribunals, das Gericht über das Gericht hielt, aber im Unterschied zu diesem über kein Verfahren verfügte, um den Prozess zu einem geregelten Abschluss zu bringen. Die Parteien konnten sich mit Pamphleten endlos bekämpfen, und das taten sie auch bis ins 19. Jahrhundert. Voltaires Version des Verschwindens, wonach sich Elisabeth Canning, um eine Schwangerschaft zu verheimlichen, in kriminelle Verleumdungen verstrickt habe, war eine umstrittene Deutung unter vielen und avancierte nie zur öffentlich anerkannten Wahrheit, als die er sie darstellte.

Auch für die Affaire Calas behauptete Voltaire einen Zusammenhang zwischen der Öffentlichkeit und Korrektheit von Verfahren – einfach unter umgekehrten Vorzeichen. Er spitzte die Argumentation noch zu, indem er die Geheimhaltung der Gerichtsunterlagen als indirektes Schuldeingeständnis der Richter auslegte:

> Wäre es möglich, dass es zurzeit in Toulouse Richter gibt, die nicht die Unschuld einer derart behandelten Familie beweinen? Sie weinen ohne Zweifel, und sie erröten; und ein Beweis, dass sie dieses grausame Urteil bereuen, ist, dass sie während vier Monaten die Prozessunterlagen jedem verweigert haben, der nach ihnen verlangt hat.[101]

Um den »Beweis« zu erhärten, setzte Voltaire an den Schluss der Schrift ein Selbstgespräch, mit dem sein anonymer Augenzeuge Einblick in das Innenleben der Richter zu geben versprach. Sie gestanden darin ihre Schuld ein, führten als Grund für die fehlende Transparenz ihre Trauer über das Fehlurteil an und erklärten als Zeichen ihrer Reue: »Verpasst uns wenigstens eine öffentliche Zurechtweisung, die beklagenswerte Frucht einer öffentlichen Ungerechtigkeit.«[102] Die Aussage war so zu verstehen, als wünschten sich die Richter in Toulouse nichts sehnlicher als einen Revisionsprozess im Lichte der Öffentlichkeit unter königlicher Regie. Voltaire hätte wohl nicht erwartet, dass seine polemische Projektion zumindest teilweise Realität werden würde. Zwar zeigten die Richter nie ein Zeichen von Reue, aber sie kamen, wie wir noch sehen werden, zu einem Punkt, an dem sie mit einer Offenlegung der Prozessunterlagen in der Erwartung liebäugelten, damit vor aller Augen die Schuld von Jean Calas unter Beweis zu stellen.

Anders als beim Fall Canning lief Voltaires Plädoyer für eine stärkere Kontrolle durch die Öffentlichkeit im Fall Calas auf einen schwächeren Einfluss der Bevölkerung hinaus. Die Richter hatten in seinen Augen versagt, weil sie sich dem »peuple« anstatt dem

»public« verpflichtet fühlten. Der einzige »weise« Richter, den Voltaire am Parlement von Toulouse ausmachte, de la Salle, erschien als erklärter Gegner des Volkes. Er erhob »seine Stimme gegen die Schreie des zügellosen Pöbels«, und als ihm ein Richterkollege vorwarf: »Ach! Monsieur, Sie sind ganz Calas«, antwortete er: »Ach! Monsieur, Sie sind ganz Volk«.[103] Wer die Sache des Volkes vertrat, machte sich zum Freund des Fanatismus und zum Feind der Kritik. »Öffentlichkeit« – das war für Voltaire ein exklusiver Kommunikationsraum für kompetente Kritiker und ihr aufgeklärtes Publikum unter Ausschluss der ungebildeten Massen. Entsprechend hatten öffentliche Kritiker in zwei entgegengesetzte Richtungen zu wirken: Sie mussten die Anmaßungen der Mächtigen bloßlegen und den Aberglauben der Massen bekämpfen.

Obwohl Voltaires elitäres Verständnis von Öffentlichkeit und sein radikales Transparenzideal den Überzeugungen mancher Aufklärungsfreunde in Paris und Versailles entsprach, blieb seine Systemkritik ohne Chance auf eine Korrektur in Form einer Gerichtsreform.[104] Dafür war sein Vergleich mit England zu allgemein und seine Forderung nach Transparenz zu pauschal. Mit seiner nächsten Reformschrift, dem *Traité sur la tolérance*, die er im Winter 1762/63 verfasste, schrieb sich Voltaire ein noch abstrakteres Ideal auf die Fahne, aber diesmal lieferte er die Anleitung zur konkreten Umsetzung mit. Mehr noch, er entwickelte eine Strategie, um mit der Druckschrift hohe Amtsträger persönlich zu adressieren und zum Handeln zu animieren. Zwar ging die Strategie nicht auf, aber sie trug dazu bei, dass der *Traité sur la tolérance* auf lange Sicht zu einem Grundlagentext der modernen Religionspolitik wurde – und als solchen den Mythos der Affaire Calas mitbegründete.

Voltaire sah sich bei der Arbeit am Traktat in einem Zielkonflikt zwischen System- und Einzelfallkorrektur. Er befürchtete, mit seiner Religionskritik die Rehabilitation der Verurteilten zu gefährden. Die Absicht war, in einem großen historischen Bogen das Christentum als die militanteste aller Weltreligionen und den Katholizismus als seine intoleranteste Spielform zu überführen und daraus die Rechtfertigung für eine Reform der französischen Religionspolitik abzuleiten. Voltaire konnte sich ausrechnen, mit dem Frontalangriff auf die französische Staatsreligion bei einem Gutteil der Hofleute, Minister und Richter den Kredit, den er sich mit seiner Kampagne für die Familie Calas gerade erst erworben hatte, gleich wieder zu verspielen. Wie ließ sich das eine Ziel mit dem anderen vereinbaren? Voltaire ließ die Schrift in Genf anonym drucken, aber vorerst nicht veröffentlichen. Er verschickte nur wenige Exemplare an hochgestellte Persönlichkeiten, denen er Einfluss am Hof sowie Empfänglichkeit für eine starke Dosis Religionskritik zuschrieb. Madame de Pompadour, die sich damals auf dem Höhepunkt ihrer informellen Macht befand, wurde zur Hauptadressatin erkoren. Erst gegen Ende 1763, als das Revisionsverfahren nicht mehr aufzuhalten war, entschied sich Voltaire, die gedruckte Schrift auch zu veröffentlichen, gab sich aber weiterhin nicht als Autor zu erkennen.

Die Schrift selbst gelangte auf scheinbar natürlichem Weg vom spezifischen zum allgemeinen Ziel. Sie setzte ein mit einer ausführlichen Rekapitulation der Ereignisse in Toulouse, wobei Voltaire die Exaktheit der Eindeutigkeit opferte. Aus Marc-Antoine Calas wurde ein Melancholiker, »unruhig, düster und hitzig«, der sich vor seinem Tod »alles, was jemals über den Selbstmord geschrieben wurde«, zu Gemüte geführt hatte.[105] Jean Calas seinerseits verwandelte sich in einen 68-jährigen Greis mit schwachen, geschwollenen Beinen, physisch außerstande, seinen kräftigen Sohn zu strangulieren und an der Flügeltür aufzuknüpfen, dafür geleitet von den Prinzipien der

⟶

Erste Seite der Originalausgabe von Voltaires anonym erschienenem *Traité sur la tolérance* von 1763. Der Traktat beginnt mit dem Satz: »Der Mord an Jean Calas, begangen in Toulouse mit dem Schwert der Justiz am 9. März 1762, ist eines der einzigartigsten Ereignisse, welche die Aufmerksamkeit unseres Zeitalters und der Nachwelt verdienen.« Die Nachwelt hat ihn bestätigt.

TRAITÉ
SUR LA
TOLÉRANCE,
A l'occasion de la mort de Jean Calas.

CHAPITRE PREMIER.

Histoire abregée de la mort de Jean Calas.

LE meurtre de *Calas*, commis dans Toulouse avec le glaive de la Justice, le 9me Mars 1762. est un des plus singuliers événemens qui méritent l'attention de nôtre âge, & de la postérité. On oublie bientôt cette foule de morts qui a péri dans des batailles sans nombre, non-seulement parce que c'est la fatalité inévitable de la guerre, mais parce que ceux qui meurent par le sort des armes, pouvaient aussi donner la mort à leurs ennemis, & n'ont point péri sans se défendre. Là où le danger & l'avantage

Toleranz, die ihn dazu bewogen, den Glaubensübertritt von Louis gutzuheißen und ihm eine kleine Pension auszurichten.[106] So viel retrospektives Wunschdenken hatte System. Wir erinnern uns: Bei Marc-Antoine wollte niemand unter den Angeklagten Zeichen von Lebensmüdigkeit erkannt haben, und dies, obwohl sich die Familie vor Gericht mit der Angabe eines plausiblen Selbstmordmotivs besser gegen den Mordverdacht hätte wehren können. Jean Calas war beim Tod seines Sohnes fünf Jahre jünger gewesen, und niemand hatte ihn als gebrechlich wahrgenommen. In den Monaten zuvor hatte er sich vehement gegen Louis' Konversion gewehrt und die Pension, zu der er gesetzlich verpflichtet war, erst nach mehrfachem Insistieren seines Sohnes und der Behörden teilweise entrichtet.

Voltaire brauchte die Eindeutigkeit der Ereignisse, um eine Empörungswelle zu erzeugen, die seine Adressaten an der Macht von der gerichtlichen Revision bis zur politischen Reform tragen würde. Unmöglich wäre eine Umsetzung der Forderungen nicht gewesen, denn je konkreter sie wurden, desto bescheidener gerieten sie. Voltaire präsentierte sie nicht als sein eigenes Anliegen, sondern als untertänigstes Ersuchen rückkehrwilliger Protestanten aus dem Exil. Ihm zufolge wünschten sie bloß die Anerkennung ihrer Ehen, ihrer Kinder und ihres Erbes; sie beanspruchten keine Kirchen, keine Posten in der Gemeinde, kein Recht auf Ämter.[107] Das war weniger, als Heinrich IV. den Protestanten 1598 im Edikt von Nantes zugestanden hatte, und doch zuviel, um die Unterstützung von Ludwig XV. und seinen Ministern zu erhalten.

Voltaires Triumph in der Affaire Calas blieb auf die Revision des Gerichtsurteils und die Rehabilitierung der Verurteilten beschränkt. Sein Ruf nach Transparenz und Toleranz konnte dafür umso länger nachhallen. Knapp zehn Jahre nach Voltaires Tod und zwei Jahre vor Ausbruch der Revolution erließ Ludwig XVI. das Toleranzedikt von Versailles, mit dem Voltaires bescheidene Reformforderungen Realität wurden. Kaum in Kraft, wirkten die neuen Bestimmungen schon nicht mehr zeitgemäß; an ihre Stelle trat in den Revolutionsjahren die viel umfassendere moderne Religionsfreiheit. Von diesem Zeitpunkt an waren Voltaires Vorstellungen einer gesetzlich verankerten Minimaltoleranz historisch überholt, aber der Rezeption seiner Schrift tat das keinen Abbruch. Mit ihrer Beschwörung universeller Werte bot sie sich stets als Referenz an, wenn es galt, ein Zeichen gegen religiös motivierte Gewalt zu setzen. Letztmals tat sie es nach den Pariser Terroranschlägen im Januar und November 2015. Der Traktat avancierte im Nu vom Longseller zum Bestseller, seine Verkaufszahlen in Frankreich stiegen von 11 500 im Jahr 2014 auf 185 000 Exemplare ein Jahr später.[108] Gleichzeitig brachten ausländische Verlage Neuauflagen von Übersetzungen auf den Markt. Der Rang der Affaire Calas als Gründungsmythos des modernen Säkularismus war einmal mehr gefestigt.

Die Rolle der Pariser Anwälte

Voltaire hat mit seinem publizistischen Furor der Jahre 1762–63 die Affaire Calas im Gedächtnis der Nachwelt festgehalten, aber für die juristische Korrektur des Gerichtsurteils war sein Engagement hinter den Kulissen der Öffentlichkeit viel wichtiger. Es bestand aus der Verbindung von breiter Mobilisierung mit gezielter Intervention. Erstere kostete ihn Zeit, letztere Geld. Um die moralische Unterstützung einflussreicher Persönlichkeiten im In- und Ausland zu gewinnen, schrieb er Hunderte von Briefen an Fürsten und Hofleute, Minister und Bischöfe, Gelehrte und Journalisten. Deren Einfluss auf den König und seine wichtigsten Berater brachte aber noch kein Revisionsverfahren in Gang. Dafür brauchte es zusätzlich ein rechtliches Argumentarium, das den Mitgliedern des Conseil du Roi einen offiziellen Grund gab, das Urteil eines »souveränen Gerichtshofs« wie des Parlement von Toulouse zu überprüfen. Voltaire setzte zwei renommierte Anwälte auf den Fall an: Pierre Mariette aus dem Conseil du Roi und Jean-Baptiste-Jacques Élie de Beaumont, einen Advokaten reformierter Herkunft, der sich wegen stimmlicher Probleme schon früh auf publizistische Plädoyers verlegt und mit öffentlichen Verteidigungsschriften Aufsehen erregt hatte.[109]

Voltaire war so vermögend, dass er für die Honorare der beiden Anwälte aufkommen konnte. Es war gut investiertes Geld, denn im Conseil du Roi bestanden fundamentale Vorbehalte, Urteile der Parlements auf ihre Richtigkeit hin zu überprüfen, und entsprechend selten kam es zu Revisionsverfahren. Angesichts der chronischen Spannungen, die zwischen dem Conseil du Roi und den Cours souveraines bestanden, wollte man jeden weiteren Machtkonflikt zwischen den Institutionen vermeiden.[110] Wenn es also Voltaires singulärer Strahlkraft zu verdanken war, dass der Familie Calas Gerechtigkeit widerfuhr, dann bestand diese Strahlkraft nicht nur aus einem großen Geist, sondern ebenso aus einem gewaltigen Beziehungsnetz und einem beachtlichen Einsatz von Privatkapital.

Die Aufgabe der Anwälte wurde durch einen Faktor erschwert, den Voltaire schon geahnt hatte, als er im Sommer 1762 die Forderung nach Revision mit dem Ruf nach Transparenz verknüpfte. Um den Conseil du Roi von der Notwendigkeit eines Revisionsverfahrens zu überzeugen, mussten die Anwälte Belege für grobe Fehler der Toulouser Gerichtshöfe vorlegen, aber da die Prozessakten vom Parlement unter Verschluss gehalten wurden, kamen sie gar nicht an originales Belegmaterial heran. Voltaires eigene Veröffentlichungen boten kaum Abhilfe, denn was sie über die gerichtliche Aufarbeitung des Falles enthielten, beruhte bestenfalls auf Hörensagen. Umso wichtiger waren die Memoranden von Théodore Sudre. Dank ihnen verfügten die Anwälte über Informationen und Einschätzungen aus der Feder eines am Prozess direkt beteiligten Fachkollegen. Die Hauptargumente, die sie für eine formelle Überprüfung des Urteils anführten, waren denn auch aus Sudres Schriften gezogen. Die Pariser Anwälte machten dieselben Verfahrensfehler geltend, vom Protokoll der Beweisaufnahme, das nicht am Tatort verfasst und unterschrieben worden war, über den kirchlichen Zeugenaufruf, den die weltlichen Capitouls erlassen hatten, bis zur Obduktion der Leiche, die von einem einzelnen Chirurgen statt zwei Medizinern vorgenommen worden war.[111]

Noch in einem anderen Punkt folgten Mariette und Élie de Beaumont Sudres Vorgehen: Sie brachten ihre Plädoyers so rasch wie möglich in den Druck. Die Pariser Verleger rissen sich um ihre Manuskripte, in der Erwartung, dank des europaweit rezipierten Skandals einen hohen Absatz zu erzielen. Das Rennen machte schließlich der Verleger der *Encyclopédie*, André Le Breton. Beide Anwälte überließen ihm ihre Manuskripte, und er brachte sie schon im Herbst 1762 heraus.[112]

Inhaltlich wichen Mariette und Élie de Beaumont nur unwesentlich voneinander ab, strategisch aber umso mehr. Mariette übernahm die formell wichtigere Aufgabe: Er beantragte die Eröffnung des Revisionsverfahrens vor dem Conseil du Roi im Namen der Witwe Calas und vertrat sie anschließend vor Gericht. Sein trocken und detailliert vorgetragenes Memorandum überzeugte die Mitglieder des königlichen Rates, enttäuschte aber manche Kritikerkollegen Voltaires, die den stilistischen Schmiss vermissten, den sie an Voltaires Schriften schätzten.[113] Voltaire seinerseits hatte gar nicht erwartet, dass Mariette beide Adressatenkreise würde zufriedenstellen können, und prognostizierte Anfang September 1762, das Memorandum werde für die Richter instruktiv sein und damit seinen konkreten Zweck erfüllen.[114] Ein halbes Jahr später gab ihm der Conseil du Roi mit seiner Annahme von Mariettes Antrag Recht.

Élie de Beaumont kam der informellere, aber schillerndere Part zu. Er vertrat die Familie Calas vor der Pariser Juristenöffentlichkeit. Seine Hauptaufgabe dürfte darin bestanden haben, die für den Revisionsprozess verantwortlichen Institutionen indirekt zu beeinflussen. Mit seinen Memoranden betrieb er Meinungsbildung der Meinungsführer. Unter den Richtern und Anwälten der Hauptstadt bestand, ob sie nun im Conseil du Roi, am Tribunal des requêtes de l'Hôtel, im Parlement de Paris oder am Tribunal du Châtelet tätig waren, ein reger Austausch über aktuelle Prozesse, und da Élie de Beaumont in ihren

Kreisen bestens bekannt und zugleich institutionell unabhängig war, eignete er sich hervorragend als informeller Meinungsmacher. Man wird seiner Rolle daher nicht ganz gerecht, wenn man ihn, wie es die meisten Historiker der Affaire Calas tun, nur als »Anwalt« versteht. Er war zugleich weniger und mehr als ein klassischer Anwalt, denn er plädierte nicht vor Gericht, sondern vor der Öffentlichkeit. Um das öffentliche Gewicht seines Wortes zu erhöhen, griff er auch zu Mitteln, die im Gerichtssaal unmöglich gewesen wären. Sein erstes Memorandum wurde auf der letzten Seite von nicht weniger als 15 Anwälten mitunterzeichnet, darunter so renommierten wie Antoine-Gaspard Boucher d'Argis, den wir als Autor des Artikels »Expert« in der *Encyclopédie* kennengelernt haben.[115] Damit erschien das Plädoyer von Élie de Beaumont wie eine repräsentative Meinung der Pariser Anwaltschaft. Er agierte, ähnlich wie Sudre in Toulouse, als öffentlicher Rechtsexperte, der im Namen eines spezialisierten Kollektivs vor einem abstrakten Tribunal korrigierend eingriff. Allerdings war das Honorar, das er von Voltaire bezog, mit dem Unabhängigkeitsideal der Kritikerrolle schwer vereinbar, und entsprechend bemühte sich Élie de Beaumont, in der Öffentlichkeit nicht als verlängerter Arm Voltaires, sondern als eigenständige Stimme zu erscheinen.

Wie Mariette verfasste Élie de Beaumont nach seinem ersten *Mémoire*, der im Sommer 1762 erschien, in rascher Folge weitere Stellungnahmen. Die publizistische Serienproduktion der beiden Anwälte hing mit der Aufteilung der Revision und Rehabilitation in mehrere Verfahren zusammen, die sich über Jahre hinziehen konnten. Damit die Funktionen der Memoranden nachvollziehbar werden, muss die Abfolge der Prozesse kurz erläutert werden. Die Revision von Prozessen vor den Parlements war der königlichen Gerichtsbarkeit vorbehalten. Mit dem Conseil du Roi entschied das einflussreichste Gremium im monarchischen Machtapparat über die Annahme oder Ablehnung des Antrags. Den Vorsitz hatte der Kanzler, und da der Conseil du Roi neben der Rechtsprechung eine Reihe weiterer Aufgaben von der Gesetzgebung bis zur Finanzverwaltung wahrnahm, wurden Revisionsprozesse im Fall einer Annahme einem spezialisierten »Rat im Rat« übertragen, dem sogenannten Conseil privé.[116] Kam dieser aufgrund der Prüfung der Gerichtsakten zum Schluss, es sei zu einem Fehlurteil gekommen, wurde der Entscheid des betroffenen Gerichts kassiert. Damit war der Fall aber noch nicht abgeschlossen. Er wurde nun für eine Neubeurteilung den maîtres des requêtes de l'Hôtel du roi übertragen, die ebenfalls unter dem Vorsitz des Kanzlers tagten und formell das höchste Gericht im Königreich bildeten. Sie eröffneten ein neues Verfahren über den ursprünglichen Tatbestand, und auch wenn nahezu ausgeschlossen war, dass ihr Urteil jenem des Conseil privé widersprechen würde, betrieben sie einen beträchtlichen Aufwand, um formell höchsten Ansprüchen zu genügen. Das ging so weit, dass die Angeklagten noch einmal in Haft genommen wurden, wenn auch nur für die wenigen Tage der Schlussberatung.[117] Erst mit dem Freispruch durch die maîtres des requêtes wurden gerichtlich Verurteilte von jeder Schuld entlastet.

Mariette und Élie de Beaumont passten die Publikation neuer Memoranden der Abfolge der Verfahrensschritte an. Dabei ging es neben der Erfüllung formaler Sachzwänge auch darum, das öffentliche Interesse am Schicksal der Familie Calas aufrechtzuerhalten und dem veränderten Wissensstand über den Fall Rechnung zu tragen. Es dauerte mehr als zwei Jahre, bis die königliche Gerichtsbarkeit die Affaire Calas abschließend beurteilte, und in dieser Zeit vermehrte sich das Wissen in Paris über die Vorgänge in Toulouse markant. Die beiden Anwälte konnten den Wissenszuwachs nicht kontrollieren, aber sie konnten ihn kanalisieren, sodass jene Informationen die Aufmerksamkeit des Gerichts und der Öffentlichkeit fanden, die ihrer Sache nützlich waren. Gleichzeitig mussten sie ihre Argumente geschmeidig an den jeweiligen Erkenntnisstand anpassen.

Wie kam das neue Wissen über den Fall zustande? Die reichste Quelle war natürlich das Parlement von Toulouse, nur sprudelte sie nicht freiwillig. Der Conseil du Roi ordnete mit der einstimmigen Annahme des Revisionsantrags am 7. März 1763 die Erstellung und

Überweisung von Kopien aller Gerichtsunterlagen aus Toulouse an.[118] Das Parlement reagierte empört. Erst versuchte es den Auftrag zu verschleppen, indem es die Kosten für die Kopien auf die Familie Calas und ihre Gönner abwälzte, dann, als die Unterlagen in den Händen der Pariser Richter waren, vollzog es eine Kehrtwende und drohte seinerseits mit der Publikation der Akten, in der Annahme, dadurch die Schuld von Jean Calas öffentlich unter Beweis zu stellen.[119] Zu diesem Zeitpunkt hatte das Parlement die Interpretationshoheit über deren Inhalt aber längst verloren; es blieb denn auch bei der Drohung. Allerdings sorgte es mit seiner Verzögerungstaktik dafür, dass der Conseil privé 15 Monate benötigte, bis es die Urteile der beiden Toulouser Gerichte am 4. Juni 1764 kassierte. Von da an vergingen weitere neun Monate, bis die maîtres des requêtes das abschließende Verdikt fällten.

Wie geschickt die Anwälte der Familie Calas neues Wissen zu ihren Gunsten auslegten, zeigt sich besonders schön am letzten *Mémoire* von Élie de Beaumont, mit dem er die Schlussberatung der maîtres des requêtes zu beeinflussen suchte. Offenbar hatte er die kopierten Gerichtsunterlagen einsehen können, denn er setzte an den Schluss seiner Stellungnahme eine vollständige Abschrift des Expertenberichts des Mediziners Latour und der beiden Chirurgen Peyronnel und Lamarque, in dem der Zustand der Leiche von Marc-Antoine Calas am Tatort beschrieben wurde. Damit stand die Todesart von Marc-Antoine wieder im Mittelpunkt des Interesses. Wie schon Sudre interpretierte Élie de Beaumont den Bericht als Beleg für einen Selbstmord, aber anders als jener konnte er seine Behauptung nun in aller Öffentlichkeit mit Originalaussagen der ermittelnden Experten untermauern.[120] Es war nicht der einzige Unterschied zwischen den Möglichkeiten der beiden Anwälte. Élie de Beaumont stand zudem neues Expertenwissen zur Verfügung, das in der Zwischenzeit produziert und publiziert worden war.

Es handelt sich um ein Kapitel der Affaire Calas, das in den meisten Gesamtdarstellungen kaum beleuchtet wird, für den glücklichen Ausgang der Geschichte aber wichtig war. Das Expertenwissen wurde nicht von einem gerichtlich beauftragten Gutachter erbracht, sondern von einem angesehenen Wissenschaftler, der den Fall wie andere Beobachter aus eigenem Antrieb untersuchte und nach einer Reihe von Experimenten seine Erkenntnisse der Öffentlichkeit zur Verfügung stellte. Seine Publikation sorgte dafür, dass Élie de Beaumont die Selbstmordthese neu begründen und dabei wissenschaftliche Beweise ins Feld führen konnte, die den Schein der Unumstößlichkeit besaßen.

Die Eigeninitiative des forensischen Experten

Der Autor der unabhängigen Expertise war der forensische Chirurg Antoine Louis, Mitglied der Académie royale de chirurgie, Mitautor der *Encyclopédie* von Diderot und d'Alembert und Vorkämpfer für eine Besserstellung der Chirurgen gegenüber den Medizinern. Schon seine Position im gelehrten Feld prädestinierte ihn dazu, die Kritikpunkte der Anwälte an den Gerichtsexperten von Toulouse über den Haufen zu werfen, angefangen mit deren Dünkel gegenüber den Chirurgen.

Antoine Louis könnte zu den wenigen Gelehrten in Paris gehört haben, die schon vor Voltaires publizistischem Aufschrei über die Affaire Calas Bescheid wussten. 1761 nahm er als Armeechirurg an den Feldzügen des Siebenjährigen Krieges in Deutschland teil, erkrankte aber bei einem Aufenthalt in Kassel so schwer, dass er den Dienst quittierte und zur Erholung nach Montpellier reiste, wo er mehrere Monate verbrachte und zum assoziierten Mitglied der lokalen Société des sciences ernannt wurde.[121] Während dieser Zeit erreichte im nahe gelegenen Toulouse der Aufruhr wegen des Calas-Prozesses seinen Höhepunkt, sodass Louis von den Ereignissen gehört haben könnte. Jedenfalls lag sein inhaltliches Interesse am Fall näher an der ursprünglichen Diskussion in Toulouse als an der von Voltaire initiierten Solidarisierungskampagne in Paris. Die entscheidende Frage der Affaire Calas war für ihn keine religionspolitische, geschweige denn eine zivilisatorische, sondern eine forensische: Wie ließ sich an der Leiche einer strangulierten Person zweifelsfrei feststellen, ob sie durch Mord oder Selbstmord umgekommen war?

Die Stellungnahmen der Anwälte aus Toulouse und Paris dürften Louis darin bestärkt haben, diese Frage gründlich zu beantworten. Élie de Beaumont und Mariette hatten beim Verfassen ihrer ersten Memoranden mangels eigener forensischer Expertise noch keine andere Möglichkeit gehabt, als sich für ihre Aussagen über die Todesumstände von Marc-Antoine auf die Schriften der Toulouser Kollegen Sudre, Lavaisse und Duroux zu stützen. Sie taten es beide in eklektischer Weise, und besonders Élie de Beaumont zeigte dabei keine Scheu vor Widersprüchen. So war für ihn ein Mord durch Einbrecher möglich, ein Mord durch Familienmitglieder aber ausgeschlossen, weil Marc-Antoines unzerzauste Haare und unzerkratzte Haut eine Einwirkung äußerer Gewalt ausschließen würden.[122]

Antoine Louis präsentierte seine Erkenntnisse Mitte April 1763, einen Monat nach der Annahme des Revisionsantrags, anlässlich einer öffentlichen Sitzung der Académie de chirurgie. Kurz danach erschienen sie im Druck.

Mit der zweistufigen Veröffentlichung durch die offiziellen Organe der Akademie sorgte er dafür, dass seine Befunde in forensischen Fachkreisen und an den Pariser Gerichten rasch bekannt wurden. Gleich zu Beginn der Abhandlung stellte er den Bezug zur Affaire Calas her, und dies in einem universalisierenden Ton, mit dem er Voltaire

⟶

Titelblatt der anatomischen Studie von Antoine Louis zur Frage, wie an einem erhängt aufgefundenen Menschen zu erkennen sei, ob es sich um Selbstmord oder Mord handle. Ähnlich wie Voltaire im *Traité sur la tolérance* nahm Louis den konkreten Fall der Affaire Calas zum Anlass, ein allgemeines Problem zu erörtern. Dabei gab er nicht nur neue Hinweise zur möglichen Todesart von Marc-Antoine Calas, sondern klärte auch einen weit verbreiteten Irrtum zur Todesursache bei Strangulation. Die Schrift erschien 1763, rechtzeitig vor der Aufnahme des Revisionsverfahrens in Paris.

MÉMOIRE
SUR UNE QUESTION ANATOMIQUE
RELATIVE A LA JURISPRUDENCE;

Dans lequel on établit les principes pour diſtinguer, à l'inſpection d'un Corps trouvé pendu, les ſignes du SUICIDE d'avec ceux de l'ASSASSINAT.

Par M. LOUIS, Profeſſeur Royal de Chirurgie, Cenſeur Royal, Chirurgien Conſultant des Armées du Roi, &c.

A PARIS,
Chez P. G. CAVELIER, Libraire, rue Saint Jacques, au Lys d'or.

M. DCC. LXIII.
Avec Approbation & Permiſſion.

zugleich imitierte und kritisierte. Die Öffentlichkeit sei über den Vorfall, der sich in Toulouse zugetragen und ganz Europa das betrüblichste Spektakel geboten habe, überinformiert (»trop informé«). Die Ungewissheit aber, ob ein Verbrechen vorliege oder nicht, bleibe bestehen. Louis behauptete nicht, er werde sie mit seinem Expertenwissen beheben; dafür hätte er die Leiche Marc-Antoines oder zumindest die Untersuchungsberichte der lokalen Experten sehen müssen. Er beanspruchte vielmehr, Gewissheit für zukünftige Fälle zu schaffen. Wie auch immer das Urteil des obersten Gerichts ausfallen werde, es könne nicht verhindern, dass genau das Gleiche wieder passiere, wenn ein Mensch erhängt aufgefunden werde und sich zufällig Leute an dem Ort befänden, an dem die Tat verübt worden sei. Daher verkündete Louis in Voltaire'scher Unbescheidenheit:

> Ich setze mich also für die Sache aller Menschen ein, indem ich Forschungen und Experimente veröffentliche, mit denen ich beabsichtige, Prinzipien aus einem Fall abzuleiten, der leider nicht so selten ist, wie man denken könnte.[123]

Wie Voltaire trat Louis als Agent des zivilisatorischen Fortschritts auf, verankerte diesen aber nicht im Engagement gegen den Fanatismus, sondern in der Förderung der Wissenschaft. Das wirksamste Mittel zur Eindämmung von Kontroversen war die Ausweitung des Wissens. Louis befand sich dafür aber in einer heiklen Ausgangslage. Als Forensiker, der zu keinem Zeitpunkt in das Prozessgeschehen involviert war, fehlte es ihm an Augenzeugen- und Aktenwissen, und entsprechend musste er bei Ferndiagnosen zum Fall Calas Zurückhaltung üben. Hob er den Todesfall von Marc-Antoine auf eine allgemeine Ebene, indem er neue Gesetze über die Strangulation und ihre Varianten formulierte, war ihm die Aufmerksamkeit relevanter Kreise sicher, und die Schrift konnte ihren Nutzen schon in der Gegenwart entfalten.

Die einzige konkrete Aussage zu Marc-Antoines Tod machte Louis am Anfang der Abhandlung: Er zog in Zweifel, ob der junge Mann überhaupt tot gewesen war, als ihn der Chirurgengehilfe Gorsse am Boden liegend gefunden hatte. Louis griff dabei auf seine früheren Forschungen über die Gewissheit der Todeszeichen zurück, die er 1752 veröffentlicht hatte.[124] Dass der Körper kalt war, wie Gorsse in der Zeugenbefragung ausgesagt hatte, hielt er für ein so sicheres Zeichen des Todes, »wie die Wärme einer Leiche ein sicheres Zeichen des Lebens ist«. Besonders stutzig machte ihn aber etwas anderes. Gemäß Gorsse habe Anne-Rose Calas ihrem Sohn ein paar Tropfen Alkohol in den Mund zu flößen versucht, wobei sein Kiefer wie eine Feder wieder zugeschnappt sei. Louis zufolge waren Muskelkontraktionen dieser Art schon kurz nach dem Tod nicht mehr möglich. Noch mehr irritierte ihn, dass der Mund überhaupt geschlossen war. Bei strangulierten Menschen sei »der natürliche Zustand des Mundes« halboffen, und häufig rage die Zunge, die vom Blut der gestauten Halsschlagadern geschwollen sei, aus dem Mund heraus.[125] Welch andere Wendung, mutmaßte Louis, hätte dieses düstere Kapitel genommen, wäre der Totgeglaubte gerettet worden!

Die Spekulation zum Eintritt des Todes war ein Stück effektvoller, aber irrelevanter Spezialistenvirtuosität. Die gerichtlich wesentliche Expertise begann mit der Frage, wie man an der Leiche einer strangulierten Person erkennen könne, ob der Tod durch eigene oder fremde Gewalt erfolgt sei. Genau ab diesem Punkt unterließ Louis jeden direkten Bezug zur Affaire Calas. Um die Frage zu beantworten, habe er die Fachliteratur durchforstet, sich mit Korrespondenten ausgetauscht, Scharfrichter befragt sowie Experimente an toten Menschen und lebenden Tieren durchgeführt. Tatsächlich war Louis durch briefliche Hinweise auf interessante Fälle gestoßen, so etwa dank eines Schreibens von Denis Diderot auf das traurige Schicksal eines jungen Geistlichen, der ein Mädchen begehrt und sich dann vor lauter Unglück über ihre Zurückweisung und seinen Fehltritt das Leben genommen hatte. Der interessante Punkt für Louis bestand darin, dass der Mann, als man ihn fand, die Beine bis fast zu den Knien auf dem Boden hatte; er interpretierte die Körperlage als Beweis, dass man nicht hängen musste, um sich zu erhängen.[126] Ebenso hatte Louis Tiere lebendig aufgeknüpft, ihren Todeskampf beobachtet und sie nach dem Ableben aufgeschnitten, um daraus für seine Studie neue Erkenntnisse zu erzielen.[127]

Aus seinen umfangreichen Forschungen zog er als Erstes die allgemeine Erkenntnis, dass sich die Mehrheit der Autoren irrte, wenn sie die Strangulation der Klasse der Erstickungstode zuordnete. Für die Affaire Calas war das bereits ein einschneidender Befund, hatte doch Sudre vor dem Toulouser Parlement das Selbstmordnarrativ mit der Behauptung zu erhärten versucht, Erhängte würden im Unterschied zu Erdrosselten durch Ersticken sterben. Louis dürfte Sudres Memorandum mitgemeint haben, als er schrieb:

> Die Erhängten sterben nicht an Atemnot; das heißt die Ursache ihres Todes rührt nicht, wie man gemeinhin glaubt, von der Unterbindung der Atemwege durch den Strang her, der ihnen den Hals zuschnürt. Diese Funktion besteht bis zum Ende, und sie sterben tatsächlich apoplektisch, durch die Kompression der Halsvenen.[128]

Mit der Diagnose eines tödlichen Schlaganfalls, die erst im 19. Jahrhundert und nach heftigen Kontroversen forensisches Standardwissen wurde, verband Louis nicht die Absicht, die Option einer Fremdtötung wieder ins Spiel zu bringen. Es ging ihm darum, die Diskussion auf ein forensisch solideres Fundament zu stellen. In einem wichtigen Punkt stimmte er dabei mit Sudres Verteidigungsschrift überein: Er engte die Fragestellung Mord-oder-Selbstmord auf Erdrosseln-oder-Erhängen ein. Einerseits sei es unmöglich, sich selbst zu erdrosseln, andererseits brauche es »eine zu große Apparatur«, um jemanden lebend zu erhängen.[129]

Das Problem war nur, dass es sich hierbei nicht nur um Expertenwissen handelte, sondern auch um Täterwissen. Louis führte zwei ältere Fälle an, in denen ein Mörder sein Opfer erst stranguliert und anschließend, um einen Selbstmord vorzutäuschen, tot aufgehängt hatte. Auch hier nahm er keine Notiz vom analogen Szenario, das die Toulouser Anwälte Lavaisse und Duroux für Marc-Antoine Calas entworfen hatten.

Stattdessen formulierte er forensische Standards, die für alle Fälle dieser Art Gültigkeit haben sollten. Ihm zufolge mussten Experten imstande sein, an einer Leiche sowohl Merkmale für Erdrosseln und Erhängen als auch für prämortale und postmortale Verletzungen zu unterscheiden. Einen horizontal verlaufenden Abdruck des Strangs auf dem Hals interpretierte er als Zeichen für einen Mord durch Erdrosseln; mehrere Strangmarken waren ihm zumindest verdächtig, vor allem wenn einer Blutergüsse aufwies und der andere nicht.[130] Es empfehle sich auch, die Spuren am Strang mit den Spuren am Körper zu vergleichen, indem der chirurgische Experte die Schlinge, an der die Leiche gehangen habe, auf die Furchen am Hals lege und überprüfe, ob ihr Durchmesser der Länge und Tiefe der Strangmarke entspreche.[131] Bei zwei Fällen, von denen er berichtete, fiel der Nachweis noch leichter, da die Leichen zusätzlich zu den Strangmarken Stichwunden am Körper respektive Schlagspuren am Kopf aufwiesen. Für schwierigere Fälle empfahl Louis eine Methode, die er in seinen anatomischen Experimenten erprobt hatte. Gäben die äußeren Zeichen auf der Leiche keinen eindeutigen Aufschluss, schaffe eine Sektion des Halses Klarheit, denn bei einer Selbsttötung seien die inneren Verletzungen generell weniger gravierend als bei einem Mord.[132] Es komme, anders auch als bei Hinrichtungen am Galgen, weder zu einer Luxation der Halswirbel noch zu einer Zerstörung des Knorpelgewebes, und das Sterben dauere deutlich länger.[133] Louis beschrieb den Todeskampf von Erhängten unter Verweis auf ältere Traktate und seine eigenen Tierexperimente; der Körper scheide Urin und Kot aus, und alle Muskeln würden von Kontraktionen erfasst. Aus seinen Ausführungen leitete er den allgemeinen Schluss ab:

> Es scheint nach allem, was gesagt worden ist, festzustehen, dass man mittels angemessener Forschungen über die Zeichen, die

einen Selbstmord von einem Mord unterscheiden lassen, entscheiden kann.[134]

Ging es um strangulierte Leichen, gab es für Louis keine unlösbaren Fälle, nur unqualifizierte Experten. Erst deren Unterlassungen oder Ungenauigkeiten konnten einen Fall unlösbar machen, sobald sich die Leiche zersetzt oder der Tatort verändert hatte. Vor diesem Hintergrund wird nachvollziehbar, warum Louis sein Vorhaben, allgemeine Standards für forensische Untersuchungen zu setzen, als Dienst an der gesamten Menschheit auffassen konnte.

Zum Schluss der Schrift führte Louis die Unterscheidung von Mord und Selbstmord über die Medizin hinaus und in die Rechtsprechung hinein. Der Selbstmord sei, anders als »ein paar Philosophen« behaupteten, keine moralische Handlung, die man als mutig oder feige beurteilen könne, sondern »die Folge einer Krankheit«. Die Unglücklichen, die ihr zum Opfer fielen, »verdienten mehr Mitleid als die Strenge der Justiz«.[135] Damit sprach Louis dem Kadaverprozess aus medizinischen Gründen jede Berechtigung ab, und auch wenn er sich dabei gegen »quelques philosophes« richtete, durfte er sich des Beifalls des aufgeklärten Paris gewiss sein.

Kaum veröffentlicht, wurde Antoine Louis' Studie in Paris intensiv rezipiert und diskutiert. Die schärfste Kritik kam von einem Mediziner an der Sorbonne namens Philip, der sich vehement gegen die Vorstöße eines Chirurgen auf anatomisches Gebiet zur Wehr setzte. Seine Einwände erschienen im *Journal de médecine* wenige Wochen nach der Publikation der Studie, und schon die ersten Sätze ließen die Absicht des Autors in aller Deutlichkeit erkennen. Er warf Antoine Louis vor, aus Publizitätssucht vom Leid der »trostlosesten Familie« zu profitieren, aber nichts zur Aufklärung der Affäre beizutragen. Stattdessen habe sich Louis mit »unnützen Details« aufgehalten, »gewagte Meinungen« unterstützt und dabei »die gefährlichsten Prinzipien« in die Welt gesetzt.[136] Zu diesen Prinzipien zählte Philip die Behauptung, Strangulierte stürben nicht an Atemnot, sondern an Blutstau, und den Befund, bei Leichen von Selbstmördern seien die Halswirbel nie ausgerenkt. Letzterer Einwand wurde später von anderen Forensikern geteilt, aber sonst bestätigte Philip mit seiner schrillen Reaktion nur die Relevanz, die Louis' Studie schon kurz nach ihrer Publikation von Medizinern wie Juristen beigemessen wurde.[137] Dank der Kritik erhielt Louis die Möglichkeit, sein Vorgehen vor versammeltem Fachpublikum nochmals eingehend zu begründen. Das *Journal de médecine* veröffentlichte in der folgenden Ausgabe seine Replik, in der er ausführte, er habe sich am Tag, als Marc-Antoine Calas gestorben sei, in Göttingen aufgehalten und sei vollumfänglich mit dem Verarzten von verletzten Offizieren und Soldaten beschäftigt gewesen. Entsprechend habe die Affaire Calas gar nicht der Gegenstand seiner Untersuchung sein können. Seine Schrift beweise etwas anderes: »Man sieht darin, von der ersten bis zur letzten Seite, was niemand in Zweifel ziehen kann: die absolute Notwendigkeit einer anatomischen Untersuchung der Leiche.«[138] Mit diesen Erläuterungen übte sich Antoine Louis einmal mehr in impliziter Kommunikation. Seine explizite Botschaft war, er habe nicht den geringsten Anspruch, als Außenstehender einen Beitrag zur Lösung der Affaire Calas zu leisten, implizit hingegen versandte er eine weitere Einladung an alle direkt Involvierten, aus seinen allgemeinen Erkenntnissen ihre konkreten Schlüsse zu ziehen.

Ein Jahr nach der Veröffentlichung seines *Mémoire* wurde Antoine Louis zum Sekretär der Académie de chirurgie ernannt, und nochmals ein Jahr später fand seine Studie ihren Niederschlag in Élie de Beaumonts letztem Plädoyer für Anne-Rose Calas und ihre Kinder. Die Publikation erfolgte rechtzeitig für das Verfahren am Tribunal des requêtes de l'Hôtel und wurde von den Richtern für die Schlussberatung berücksichtigt.[139] Im Vergleich zum ersten Plädoyer von 1762 war die Argumentation zu den Todesumständen von Marc-Antoine Calas kaum wiederzuerkennen.[140] Anstelle einer Bastelei aus entlastenden Szenarien für die Angeklagten erstellte Élie de Beaumont eine geschlossene Beweiskette für einen Selbstmord. Er griff die Fragen von Antoine Louis auf, ohne ihn namentlich zu erwähnen, und beantwortete sie für die Affaire Calas mithilfe der von Toulouse nach Paris geschickten Expertengutachten. Wo die Texte auf seine Argumente nicht zugeschnitten waren, stutzte er sie zurecht, bis sie passten.

Marc-Antoine, behauptete er, sei »nicht erst erdrosselt und dann aufgehängt« worden, denn der Bericht des Mediziners und der zwei Chirurgen halte fest, er sei »lebendig erhängt worden, durch sich selbst oder durch andere«. Die Erklärung werde durch den Tatbestand selbst bewiesen, denn man hätte bei einem Erdrosselten und nachträglich Erhängten zwei Strangmarken finden müssen, die eine »perfekt horizontal« als Folge der Strangulation, die andere »nach hinten bis in die Haare aufsteigend« als Folge der Suspension. Die Experten hätten aber, wie ihr Bericht bestätige, nur einen Abdruck gefunden. Es sei daher ein Akt lügnerischer Niedertracht, dass die Autoren des »monitoire« die Expertenmeinung ignoriert und in ihrer Zeugenbefragung geschrieben hätten, Marc-Antoine sei »erdrosselt oder erhängt« worden.[141]

Der »Tatbestand« des Anwalts war das Ergebnis zweier subtiler Uminterpretationen. Antoine Louis hatte die horizontale Strangmarke zu einer hinreichenden Bedingung für die Feststellung eines Mords durch Erdrosseln erklärt; Élie de Beaumont präsentierte nun *das Fehlen* einer horizontalen Strangmarke als hinreichende Bedingung für Erhängen und unterschlug damit alle uneindeutigeren Fälle, für die Louis eine Sektion des Halses gefordert hatte. Ebenso unterschlug er eine Erwähnung im Bericht der drei Toulouser Experten, den er in seiner Stellungnahme erstmals abdruckte: dass sich der Striemen am Hals der Leiche auf jeder Seite in *zwei Stränge* aufgeteilt habe.

Ähnlich verfuhr der Anwalt, um eine gewaltsame Erhängung Marc-Antoines durch mehrere Mörder auszuschließen. Das Fehlen von Spuren der Gewalt auf dem Körper und den Kleidern des Toten sei ein sicheres Zeichen für einen Selbstmord, weil ein Mord ohne Gegenwehr unmöglich sei: »Der Widerstand ist materiell, maschinell, er ist der unbewusste Akt eines Lebewesens, das sich gegen seine Zerstörung auflehnt«.[142] Solche Kausalgesetze fanden sich bei Antoine Louis nicht, denn Spuren äußerer Gewalt waren für ihn kein notwendiges, sondern ein hinreichendes Kriterium für Mord. Er sprach über Fälle, in denen Täter wegen solcher Spuren überführt werden konnten, aber er hütete sich davor, sie bei einem Mord generell vorauszusetzen.

Der eigentliche Clou von Élie de Beaumonts Selbstmordbeweis bestand jedoch in der argumentativen Reinstallation der Flügeltür mit umgekehrter Stoßrichtung. Das ging wie folgt: Wäre Marc-Antoine tatsächlich erhängt worden, hätten allein wegen des Kraftakts mehrere Personen beteiligt sein müssen. Dafür hätten sie die Flügel der Magazintür, wie es im Protokoll vom 16. Oktober vermerkt sei, halb schließen müssen, um auf beiden oberen Enden die Querstange zu platzieren. Der so entstandene Zwischenraum wäre jedoch in der Breite fast gänzlich vom Körper des Erhängten ausgefüllt worden, weshalb es unmöglich sei zu unterstellen, »diese Operation hätte von mehreren Personen durchgeführt werden können«.[143] Dass die Ermittler eine andere Unmöglichkeit unterstellt hatten, die eines Selbstmords an einer solchen Vorrichtung, fiel hier diskret unter den Tisch.

Damit erreichte die Behauptung eines Selbstmords von Marc-Antoine Calas den Schein einer wissenschaftlich bewiesenen Tatsache, zumal es in der Pariser Öffentlichkeit keinen Juristen oder Experten von Rang und Namen gab, der Einspruch gegen die Ausführungen von Élie de Beaumont erhob oder auf die Abweichungen seiner Argumente von jenen des berühmten Forensikers hinwies. Wir wissen nicht, welchen Eindruck die Stellungnahme des Anwalts auf die vierzig maîtres des requêtes machte, die das abschließende Gerichtsurteil über den Fall Calas fällten. Aber wir dürfen annehmen, dass manche von ihnen neben der Stellungnahme von Élie de Beaumont auch die Studie von Antoine Louis kannten. Wie dem auch sei: Beide Schriften hätten die Richter auf verschiedenen Wegen zum gleichen Ziel geführt. Bei der einen wäre ein Freispruch zwingend gewesen, weil für einen Selbstmord genug Beweise vorlägen, bei der anderen, weil die Experten für einen Mord zu wenig Beweise erbracht hätten.

Am 9. März 1765, genau drei Jahre nach der Hinrichtung von Jean Calas, kam das Verfahren vor dem Tribunal des requêtes de l'Hôtel zum offiziellen Abschluss. Das »souveräne« Urteil erfolgte einstimmig. Es wurde verkündet, aber nicht begründet.[144] Die schriftliche Fassung begann mit einer langen Auflistung aller Akten, die dem Urteil zugrunde lagen (darunter auch das letzte Memorandum Élie de Beaumonts), und endete mit einer kurzen Darlegung des Inhalts und der Konsequenzen des Urteils. Erwartungsgemäß wurden alle Angeklagten vollständig rehabilitiert. Zudem sprach ihnen das Gericht hohe Entschädigungszahlungen für das erlittene Unrecht zu. Die Richter betonten, Jean Calas sei in voller Integrität und ohne Schuld für das Verbrechen, das man ihm fälschlicherweise angelastet habe, gestorben. Wie aber sein Sohn umgekommen war, darüber schwiegen sie sich aus. Das Schweigen der Richter ging im öffentlichen Begeisterungssturm über den Freispruch unter.

Die Affaire Calas: ein Triumph der Rollenteilung

Wenn wir den Ablauf der Affaire Calas aus wissenshistorischer Perspektive rekonstruieren, bleibt von ihrem Mythos, den Voltaire erschaffen und den Generationen von Historikern, Philosophen und Journalisten ausgestaltet haben, nicht viel übrig. Die Ereignisse entgleiten der Erzählung vom großen Denker, der kraft seiner Moral, seines Wissens und seines Wortes die Gerechtigkeit über das Unrecht, die Toleranz über den Fanatismus und die Wahrheit über die Lüge triumphieren ließ. Die Affaire Calas war ungleich ambivalenter, vielgestaltiger und letztlich auch faszinierender als ihr Mythos.

Beginnen wir mit der Ambivalenz: Man muss nur konsequent fragen, wer was wann mit welchem Wissen behauptet hat, und die ganze Sicherheit, mit der erst das Gericht über die Familie Calas urteilte und dann die aufgeklärte Welt über das Gericht, löst sich in Luft auf. Ist die Sicherheit einmal verflogen, kommt sie nicht wieder zurück.

Noch heute lässt sich mit gutem Gewissen nur feststellen: dass wir nie wissen werden, was am Ursprung des Skandals, in jener Oktobernacht 1761, an der Rue des Filatiers dazu führte, dass ein junger Mann sein Leben verlor. Auch die Fortschritte der forensischen Medizin, so immens sie gewesen sein mögen, helfen uns nicht weiter, das Geheimnis von Marc-Antoines Todesumständen zu knacken. Die Informationen, die wir aus den Expertenberichten ziehen können, geben dafür zu wenig her, und durch den zwischenzeitlichen Wissenszuwachs hat sich das Spektrum der möglichen Todesarten noch erweitert. Marc-Antoine hätte sich problemlos in der liegenden Position erhängen können, in der ihn die Ermittler fanden, und genauso gut hätte er von seinem alten Vater im Alleingang erdrosselt werden können, denn »selbst eine kleine, schmächtige Person kann ohne weiteres eine große und muskelstarke Person durch Strangulation (z. B. Drosseln) leicht und leise ›ausser Betrieb setzen‹«.[145]

Die Affaire Calas gehört nicht zu jener Sorte von Skandalen, in denen der ursprüngliche Anlass, die konträren Versionen über die Todesumstände von Marc-Antoine Calas, irgendwann keine Rolle mehr spielte und von anderen, grundlegenderen Konflikten verdrängt wurde. Die Legitimität von Voltaires Ruf nach einer toleranten Religionspolitik und transparenten Strafgerichtsbarkeit hing entscheidend von der Plausibilität ab, die sein Selbstmordnarrativ in den Augen des Pariser Publikums besaß. Hätte dieses am Freitod Marc-Antoines gezweifelt, hätte es als Nächstes die Behauptung eines Justizmords durch das Parlement infrage stellen müssen, und Voltaires Argumentationskette vom Partikularen zum Universellen wäre auseinandergefallen. Dass es nicht dazu kam, hatte mehrere Gründe. Einer war der Ton der absoluten Gewissheit, mit dem Voltaire über das Geschehen in Toulouse berichtete. Noch entscheidender dürften aber die Werturteile gewesen sein, die er mit seiner Geschichte vermittelte. Sie waren dazu gemacht, das gehobene Publikum in Paris anzusprechen, und wer sich angesprochen fühlte, war in der Regel gerne bereit, der Geschichte Glauben zu schenken.

Von der Warte eines wissend Unwissenden aus wird die Affaire Calas zu einem modernen Glaubenskrieg, in dem praktisch alle Wortführer der Kontroverse das Blatt über ihre epistemischen Sicherheiten hinaus ausgereizt haben: Sie gaben an zu wissen, was sie nicht wissen konnten. Es handelte sich um einen Konflikt, bei dem die Fronten gezogen waren, bevor sie bezogen wurden. Wer auf welcher Seite zu stehen hatte, war weitgehend vorherbestimmt, in erster Linie durch die Weltanschauung, in zweiter durch den Bekanntenkreis, in dritter durch den Wohnort. Beide Seiten benutzten die Hauptprotagonisten des Skandals, die Familie Calas, als Projektionsflächen der eigenen Wertvorstellungen und Wahrheitsansprüche - eine ketzerische Verschwörerbande hie, eine tolerante Opfergemeinschaft da. Die überlebenden Mitglieder der Familie waren in gewisser Weise auch dann noch Gefangene ihres Schicksals, als sie ihre Kerkerhaft in Toulouse überstanden hatten und ihrer Rehabilitierung entgegenblickten. In dem, wer sie zu sein und was sie zu tun hatten, blieben sie von wohlwollenden Personen und Institutionen fundamental fremdbestimmt.

Noch in einer anderen Hinsicht waren sich die beiden Seiten des Glaubenskriegs näher, als es die meisten Zeitgenossen und Nachgeborenen wahrhaben wollten: Sie mobilisierten die Öffentlichkeit zur Beeinflussung der Gerichte, und sie stilisierten ihren Einsatz zum Kampf gegen den Fanatismus. Die Wortführer der öffentlichen Agitation in Toulouse stempelten Marc-Antoine zum Opfer protestantischer Fanatiker, die Wortführer der öffentlichen Kampagne in Paris Jean Calas zum Opfer katholischer Fundamentalisten. Durch die öffentliche Polarisierung reduzierte sich der Entscheidungsspielraum der Gerichte an beiden Orten, wobei er in Toulouse während der ersten Monate des Skandals noch deutlich höher war als später in Paris. Vom Zeitpunkt an, als der Conseil du Roi den Revisionsantrag einstimmig annahm, war der Ausgang des dreistufigen Verfahrens vorgezeichnet, und was sich vor der einseitig mobilisierten Pariser Öffentlichkeit entfaltete, war ein aufwändiges Rehabilitierungsritual, das seine Krönung in einem ebenso unisono gefällten Schlussurteil der maîtres des requêtes fand. Der öffentliche Druck, den die von Voltaire initiierte und koordinierte Kampagne entfaltete, führte letztlich zu einer Abfolge von Schauprozessen in Paris als Gegengift gegen eine Abfolge von Schauprozessen in Toulouse. Die Kampagne brachte ein modernes Dilemma hervor, das fortan viele Justizskandale prägen sollte: Die öffentliche Entrüstung über ein Gerichtsurteil kann zugleich einen bestehenden Missstand aufdecken und einen neuen hervorbringen - dann nämlich, wenn die Verantwortlichen so stark vorverurteilt werden, dass eine unvoreingenommene Gerichtsuntersuchung durch eine höhere Instanz nicht mehr möglich ist.

Schärft man den Blick für die Dynamiken und Rhetoriken der Vorverurteilung in Toulouse und Paris, erscheint die Affaire Calas wie ein Drama in zwei Akten mit analogem Handlungsaufbau und Machtgefälle, aber vertauschten Rollen und Schauplätzen. Löst sich damit das moralische Schwarz-Weiß-Bild, das den mythischen Gehalt der Affaire Calas ausmacht, im Einheitsgrau auf? Nein, im Gegenteil, das Bild wird endlich farbig. Nun sind wir in der Lage, eine historisch zuverlässige Einschätzung vorzunehmen, wie der Skandal entstehen konnte und wo es nach damaligen Kriterien tatsächlich zu Fehlverhalten kam.

Aus der detaillierten Rekonstruktion der Todesnacht von Marc-Antoine können wir schließen, dass der Mordverdacht gegen die Bewohner des Hauses naheliegender war als jedes andere Tatszenario, zumal eine Selbststrangulation im Sitzen oder Liegen jenseits der Vorstellungskraft aller Beteiligten lag. Dem Verdacht nachzugehen, hatte nichts Skandalöses, im Gegenteil, es wäre skandalös gewesen, es nicht zu tun. Skandalträchtig wurde der Fall erst durch die rasche Fixierung der Ermittler auf ein religiöses Tatmotiv und durch die lasche Beweisaufnahme der Experten am Tatort. Erstere führte dazu, dass sich die Toulouser Gerichte einen öffentlichen Druck aufluden, der sie, als brauchbare Beweise für das Tatmotiv ausblieben, von einem Verfahrensfehler in den nächsten trieb. Letzteres hatte zur Folge, dass es der Anklage an forensischem Wissen fehlte, um auf die Selbstmordversion der Beschuldigten adäquat zu reagieren.

Dass aus den anfänglichen Fehlleistungen ein Justizskandal erwuchs, lag nun aber daran, dass die Angeklagten renommierte Juristen zu ihrem Bekanntenkreis zählten und in Théodore Sudre einen Anwalt fanden, der den Mut, das Wissen und den Scharfsinn hatte, die Voreingenommenheit der Capitouls an einer Reihe von Unterlassungen und Abkürzungen öffentlich festzunageln. Mit seinen Publikationen verband er die Rolle des Prozessanwalts mit jener des öffentlichen Rechtsexperten und schuf einen Grad an Transparenz über das Vorgehen der Toulouser Gerichte, der für damalige Verhältnisse unüblich war. Die Affaire Calas konnte nur werden, was sie war, weil Sudre ein Wissensfundament gelegt hatte, auf dem alle weiteren Autoren, die sich für die Familie Calas einsetzten, aufbauen konnten. Das galt für Voltaire, und es galt noch mehr für die Pariser Anwälte Pierre Mariette und Élie de Beaumont.

Voltaires Verdienst um die Affaire Calas wird nicht weniger groß, wenn wir einräumen, dass seine Voreingenommenheit ebenso grenzenlos war wie seine Selbstgewissheit. Ging es um die Vorgänge in Toulouse, war bei ihm der Weg von der Information zur Konklusion in der Regel kurz, riskant und vorgezeichnet. Es war jedoch gerade sein Hang zum vorschnellen und radikalen Urteilen, der es ihm ermöglichte, dem Skandal eine neue Richtung zu geben und ihn auf das religionspolitische Terrain zu lenken, auf dem er sich als öffentlicher Kritiker einen herausragenden Ruf erworben hatte. Für das Publikum in Paris und in ganz Europa, das Voltaires historische und politische Schriften kannte, besaß die Affaire Calas, so wie er sie sich auf den Leib umgeschrieben hatte, einen hohen Wiedererkennungswert. Das machte sie eingängig und, verbunden mit der Beschwörung aufklärerischer Werte wie Transparenz und Toleranz, auch glaubwürdig. Schließlich trug auch der schiere Einsatz, der sich in mehreren hundert Briefen und einem halben Dutzend Schriften niederschlug, zur Mobilisierung des Publikums bei. Sein unermüdliches Engagement für die überlebenden Mitglieder der Familie Calas verlieh ihm den Schein der Selbstlosigkeit, für den ihn viele Aristokraten bewunderten und viele Autoren beneideten.

Die für den weiteren Verlauf des Skandals wichtigste Tat Voltaires bestand jedoch nicht in der Kritik selbst, sondern in ihrer Koordination zu einer kollektiven Kampagne mit einem konkreten Korrekturvorhaben. Bei aller Selbstgewissheit war er sich der Grenzen seiner individuellen Einflussmöglichkeiten bewusst. Er verstand es, über sein umfangreiches Korrespondentennetz Personen mit den jeweils nutzvollen Kompetenzen für seine Sache zu gewinnen. Das konnten Adlige mit Einfluss am Hof oder eben Advokaten mit Renommee an den Gerichten sein, und wenn ihnen Voltaire sein Vertrauen einmal geschenkt hatte, dann ließ er sie selbständig agieren.

Die Ausweitung der Kritik zu einer kollektiven Kampagne mit verteilten Kompetenzen unter angesehenen Köpfen hatte den zusätzlichen Vorteil, dass sie ansteckend wirkte. Autoren, die sich eine weitere, bisher nicht abgedeckte Kenntnis und Zuständigkeit zuschrieben, schalteten sich aus eigenem Antrieb ein, um Teil der Affaire Calas zu werden, indem sie für ihre Ausführungen deren Prominenz nutzten. Auf diesem Weg produzierte und publizierte Antoine Louis sein neues Expertenwissen über die Leichen von Erdrosselten und Erhängten, das von Élie de Beaumont in sein Schlussplädoyer eingebaut wurde und auf diesem Weg möglicherweise einen Beitrag zum endgültigen Freispruch für die Angeklagten leistete.

Erst wenn wir ein klares Verständnis für die prekäre Wissensgrundlage haben, auf der die Rehabilitierungskampagne für die Familie Calas aufbaute, können wir den Triumph der Rollenteilung zwischen den beteiligten Kritikern, Anwälten und Experten angemessen würdigen. Durch sie wurde es möglich, einen faktisch unlösbaren Todesfall vor den Augen des Pariser Publikums in einen lupenreinen Tatbestand zu verwandeln, um ihn anschließend vom königlichen Gericht letztinstanzlich beglaubigen zu lassen. Will man sich überzeugen, welch machtvolles Zusammenspiel zwischen verschiedenen Gelehrtenrollen möglich ist, findet man in der Affaire Calas faszinierenden Anschauungsunterricht.

Epilog:
Von der Affaire Calas zur Guillotine

Es gibt in der Wirkungsgeschichte der Affaire Calas ein im doppelten Sinne einschneidendes Kapitel, das nicht mit dem Namen Voltaires, sondern mit jenem des forensischen Chirurgen verbunden ist, dessen Beitrag ich in meiner Darstellung gewürdigt habe. Antoine Louis genoss seit seiner Studie über das Erhängen und Erdrosseln von 1763 den Ruf eines führenden Experten für tödliche Verletzungen im Halsbereich. Seine anatomischen Erkenntnisse und chirurgischen Innovationen machten Schule, und als die Revolution ausbrach, wirkte er noch immer als permanenter Sekretär der Académie de chirurgie.

In dieser Funktion erhielt er 1792 von der Nationalversammlung den Auftrag, einen Expertenbericht zur Umsetzung eines neuen Gesetzesartikels zu verfassen, den ein anderer, weniger renommierter Mediziner namens Joseph-Ignace Guillotin in die Wege geleitet hatte. Der Gesetzesartikel verlangte, alle zum Tode Verurteilten auf gleiche Art und möglichst schmerzlos hinzurichten – durch Enthaupten. Das war eine radikale Abkehr vom Ancien Régime, das je nach Straftat und Stand verschiedene Tötungsarten vorgeschrieben hatte:

⟶

Echte Abbildung der Guillotine von Paris. Der holländische Stich entstand kurz nach der Einführung der Guillotine und erklärt ihre Funktionsweise von rechts nach links. Der routinierte Ablauf des teilautomatisierten Tötens beginnt mit der Immobilisierung des Verurteilten. Der Körper wird mit Seilen und der Kopf unter einem Joch, der »lunette«, fixiert, damit die Präzision der Exekution garantiert ist. Die an einem schweren Rammbock befestigte Klinge fällt, sobald sie vom Henker mit einem Zug am Schnürchen entsichert wird, aus bis zu vier Metern Höhe herab und trennt dank der Geschwindigkeit, dem Gewicht und der schrägen Schneide den Kopf in Sekundenbruchteilen vom Rumpf.

für Diebe Hängen, für Falschmünzer Verbrühen, für Häretiker Verbrennen, für Mörder Rädern, für Adlige Köpfen.

Das neue Gesetz erfüllte das revolutionäre Gleichheitsprinzip, indem es alle Schwerverbrecher im Moment des Todes wie Adlige behandelte. Damit aber entstand ein Folgeproblem. Tod durch Enthaupten galt deshalb als besonders würdevoll, weil es dem Verurteilten wie dem Scharfrichter höchste Contenance abverlangte. Zitterte einer von beiden, geriet das Ritual zur Qual. Antoine Louis beschrieb in seinem Bericht, wie 1766 dem General Thomas Arthur de Lally-Tollendal der Kopf erst nach »drei bis vier Säbelhieben« von den Schultern fiel, wobei sein Körper beim ersten Hieb umkippte und wiederaufgerichtet werden musste. Konnte es schon bei einem vollendeten Stoiker wie Lally zu einer »Hackerei« kommen, war nicht auszumalen, welche Leiden gewöhnlichen Bürgern der Tod mittels Schwert bescheren würde.

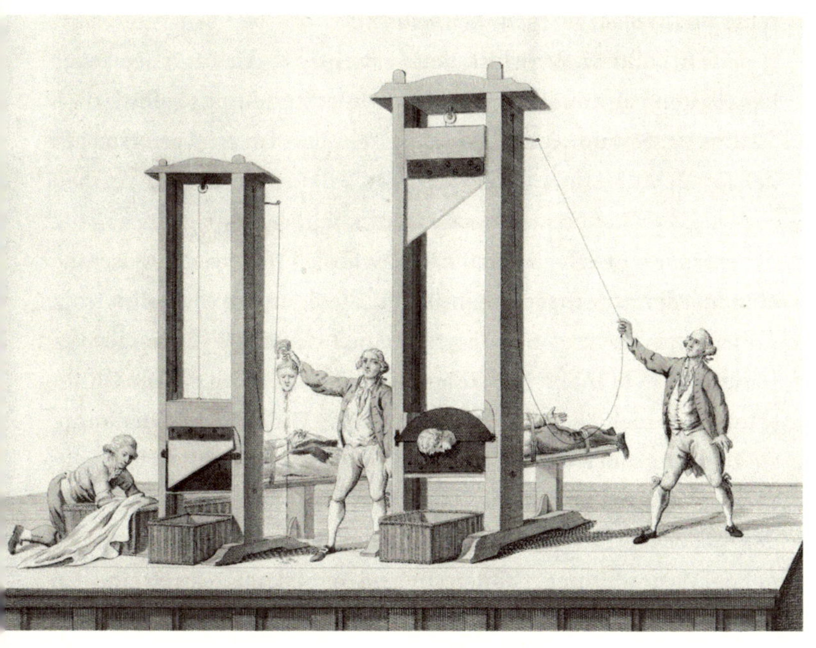

Für Louis lag die Lösung im Ausschalten des menschlichen Faktors. Man musste den Verurteilten immobilisieren und die Exekution automatisieren. Eine humane Hinrichtung war nur maschinell zu haben. Louis studierte die Mechanik bestehender Fallbeile in England und die Gewichtsverteilung an Rammen, »mit denen man Pfähle in den Boden treibt«. Er untersuchte unter dem Mikroskop die Wirkung von unterschiedlichen Klingen. Und er ordnete Enthauptungsexperimente mit lebenden Schafen und toten Menschen an. Die Arbeit mit mehreren Methoden verlief geordnet und geübt, und das war auch zu erwarten, denn er hatte dieses Vorgehen schon dreißig Jahre zuvor in seinen Experimenten zum Erdrosseln und Erhängen erprobt.

Aus seinen Forschungen leitete Antoine Louis drei Erkenntnisse ab: Der Kopf war durch eine spezielle Vorrichtung zu fixieren, der Henker hatte nur noch einen Sperrmechanismus zu entsichern, und die Anatomie der Halswirbel »verlangte« nach einem Beil, das schnitt und nicht schlug. Louis dachte zuerst an eine runde Klinge, »wie auf den alten Streitäxten«, empfahl nach den Experimenten aber eine schräg nach oben gezogene Schneide.

Damit sollte die Maschine den »Patienten«, wie Louis den Todeskandidaten nannte, sicher und schmerzlos ins Jenseits befördern.

Das tat sie dann auch. Die erste Exekution am 25. April 1792 verlief so rasch und reibungslos, dass das Volk enttäuscht von dannen zog. Antoine Louis starb kurz darauf knapp 70-jährig eines natürlichen Todes. Er erlebte nicht mehr, wie die Effizienz der Maschine eine mörderische Eigendynamik entfaltete, und so blieb ihm trotz seiner Expertise in den Todesarten eine Erkenntnis für immer verschlossen: Je humaner das Töten, desto leichter fällt es. Die Guillotine jedoch hieß noch eine Weile lang nicht Guillotine. Man nannte sie Louisette und würdigte damit den Mann, der sie entworfen hatte. Von der Affaire Calas aus lässt sich damit nicht nur eine Geschichte der modernen Toleranz, sondern auch eine Geschichte der maschinellen Massentötung erzählen. In beiden spielen Experten eine entscheidende Rolle.

V

Die Affaire Dreyfus als Expertenskandal

> Ich klage die drei Schriftexperten, die Herren Belhomme, Varinard und Coüard, an, lügnerische und betrügerische Berichte erstellt zu haben, es sei denn eine medizinische Untersuchung erklärte, sie litten an einer Krankheit des Seh- und Urteilsvermögens.
>
> ÉMILE ZOLA, »J'Accuse ... !« (1898)

Manchmal könnte man meinen, die Geschichte wiederhole sich. 130 Jahre nach der Affaire Calas wird Frankreich von einem Skandal erschüttert, der dem gleichen Skript zu folgen scheint: Einem Mitglied einer religiösen Minderheit wird ein Kapitalverbrechen zur Last gelegt, ohne dass stichhaltige Beweise vorliegen. Die wiederholten Unschuldsbeteuerungen des Angeklagten bleiben wirkungslos. Auf die Vorverurteilung durch die medial manipulierten Massen folgt die Verhängung einer drakonischen Strafe in einem obrigkeitlich orchestrierten Scheinprozess. Nach der Vollstreckung des Fehlurteils erhebt ein berühmter Denker aus moralischer Entrüstung die Stimme und startet eine publizistische Kampagne, um dem Verurteilten nachträglich Gerechtigkeit widerfahren zu lassen und die Verschwörer im Justiz- und Herrschaftsapparat zur Verantwortung zu ziehen. Unter Gefährdung der eigenen Sicherheit mobilisiert er die Rechtschaffenen unter den politischen und geistigen Eliten des Landes und weist den Pöbel in die Schranken. Aus der persönlichen

Intervention entsteht eine kollektive Protestbewegung, und nach intensivem Kampf für die gerechte Sache wird das Justizopfer offiziell von jeder Schuld freigesprochen. Fortan leuchtet das Verantwortungsethos des großen Denkers der gesamten Nation, ja der ganzen Welt als Musterbeispiel moralischen Handelns den Weg.[1]

Beim skizzierten Skandal könnte es sich genauso gut um die Affaire Calas wie um die Affaire Dreyfus handeln. Die Ähnlichkeiten im Ablauf und in der öffentlichen Erinnerung der beiden Ereignisse kommen nicht von ungefähr. Als Émile Zola und andere Geistesgrößen Ende des 19. Jahrhunderts ihren Kampf für die Rehabilitierung von Alfred Dreyfus aufnahmen, war die Affaire Calas in der öffentlichen Erinnerung längst zum kollektiven Mythos geworden. Es lag für die Dreyfusards nahe, sich an Voltaires Einsatz für die Familie Calas zu orientieren und damit ihr eigenes Engagement zu legitimieren. Schon bevor sich Zola mit »J'Accuse ... !« zu ihrem Anführer machte, gab der Historiker Gabriel Monod in einem öffentlichen Brief seiner Hoffnung Ausdruck, »ein neuer Voltaire werde auftauchen, um diesen neuen Calas zu verteidigen«.[2] Als die Affaire Dreyfus 1906, vier Jahre nach Zolas Tod, ihren offiziellen Abschluss fand, schrieb der Senator Francis Boissy d'Anglas im Namen einer parlamentarischen Kommission: »Zola gebührt ein Platz im Panthéon, an der Seite Voltaires, der Calas verteidigt hat.«[3] Er musste sich nur zwei Jahre gedulden, bis Zolas sterbliche Überreste tatsächlich vom Cimetière de Montmartre in die französische Ruhmeshalle überführt wurden.

Unterschiede zur Affaire Calas

Die Affaire Dreyfus als eine Neuauflage der Affaire Calas zu betrachten, bedeutet, die Perspektive bestimmter Beteiligter zu übernehmen, ja letztlich für sie Partei zu ergreifen. Ein vertieftes Verständnis der Vorgänge wird damit jedoch erschwert. Der Skandal um Alfred Dreyfus fand unter völlig veränderten Rahmenbedingungen statt, spielte sich in einer konträren politischen Landschaft ab, erfuhr eine nahezu vollständige Klärung und verstrickte Experten in einen fundamentalen Wissenskonflikt.

Beginnen wir mit den Rahmenbedingungen: Nach der Niederlage im Krieg gegen Deutschland und der Niederschlagung der Pariser Kommune im Jahr 1871 setzte die neue bürgerliche Regierung der Dritten Republik auf eine konsequente Demokratisierung. 1881 erließ sie ein Gesetz zur Presse- und Meinungsfreiheit, das nur im Umgang mit Staatsoberhäuptern Einschränkungen vorsah, und im gleichen Jahr beschloss sie die allgemeine Schulpflicht und verpflichtete die staatlichen Bildungseinrichtungen zu einem laizistischen Unterricht. Begünstigt durch technologische Neuerungen im Zeitungsdruck und in der Bildreproduktion entstand in wenigen Jahren eine Presselandschaft mit einer nie dagewesenen Reichweite und politischen Bandbreite, die in den 1890er-Jahren dank der steigenden Alphabetisierungsrate weiter zunahm.[4] Illustrationen und Dokumente, die hundert Jahre früher nur einer kleinen Schar von Eingeweihten zugänglich waren, konnten nun von einem Millionenpublikum konsumiert werden.

In rasendem Tempo wurden die politischen, rechtlichen und kulturellen Rahmenbedingungen für eine moderne Mediendemokratie geschaffen, und auch jene Kräfte, die den Wandel bekämpften, mussten für ihre Gegenwehr die medialen Mittel wählen, die er hervorgebracht hatte. Eine Kampagne jagte die nächste, und in den entfesselten Massenspektakeln konnten sich die Geschicke der gesamten Nation in der Geschichte einer einzelnen Person verdichten. Dreyfus, der vermeintliche Landesverräter, war ebenso Produkt eines solchen Spektakels wie Zola, der engagierte Intellektuelle. An beiden kündigte sich der Personenkult des massenmedialen Zeitalters an, aber während ihn der eine passiv erlitt, gestaltete der andere ihn aktiv mit.

Kommen wir zur politischen Landschaft: Die Affaire Calas war ein Provinzskandal, der von Voltaire und anderen Gelehrten auf die nationale Bühne gehoben und im Landeszentrum gerichtlich gelöst wurde. Am Hof von Versailles und in den Salons von Paris gab es niemanden, der sich für das Justizverbrechen in Toulouse verantwortlich fühlen musste. Umso leichter fiel es den von Voltaire mobilisierten Hofleuten und Gelehrten, den Regionaleliten im fernen Languedoc eine Lektion in rechtlichen Prinzipien und aufklärerischen Werten zu erteilen. Kategorien wie »Rückständigkeit«, »Barbarei« und »Fanatismus«, mit denen schon Voltaire und seine Adressaten den Skandal einordneten, passten nahtlos ins Bild, das sich das aufgeklärte Paris von der französischen Provinz machte. Voltaire rahmte das Bild in den Satz ein: »In Paris siegt die Vernunft über den Fanatismus, wie groß er auch sein mag, während in der Provinz der Fanatismus fast immer über die Vernunft triumphiert.«[5]

In der Affaire Dreyfus war die politische Landschaft von konträren Kräften geprägt. Der Skandal nahm seinen Ausgang im Zentrum der Staatsmacht. Unter den Anstiftern des Justizverbrechens waren hohe Militärs und Minister, während die Protestierenden der ersten Stunde zu einem wesentlichen Teil aus Männern elsässischer Herkunft bestanden, die sich für ihren Landsmann Dreyfus einsetzten. Der Skandal griff von Paris auf die gesamte Nation über und konnte juristisch und politisch erst beigelegt werden, als die Politiker- und Offiziersgeneration, die für ihn verantwortlich war, ihre Posten altersbedingt geräumt hatte.

Eine weitere Divergenz besteht im Grad der Gewissheit über die Ereignisse am Ursprung der beiden Skandale. In der Affaire Dreyfus dauerte es drei Jahre, von 1894 bis 1897, bis sich der Nebel über dem Tathergang, der Spionagetätigkeit für Deutschland, zu lichten begann und eindeutige Beweise für die Unschuld von Dreyfus zutage traten. Umstritten ist bis heute noch, ab welchem Zeitpunkt die Akteure, die Dreyfus' Verurteilung zu verantworten hatten, wissentlich den Falschen beschuldigten und bestraften, das heißt wo die Voreingenommenheit aufhörte und die Verschwörung begann. Die Affaire Dreyfus war damit faktisch geklärt, lange bevor sie juristisch gelöst war. In der Affaire Calas verhielt es sich genau umgekehrt. Drei Jahre nach der Vollstreckung des Todesurteils war Jean Calas juristisch rehabilitiert, aber die Todesumstände seines Sohnes sollten nie geklärt werden.

Ein letzter Unterschied betrifft den Beitrag forensischer und juristischer Experten zur Beilegung des Skandals. Bevor Voltaire in der Affaire Calas publizistisch tätig wurde, hatte der Anwalt der Familie Calas, Théodore Sudre, bereits mehrere *Mémoires* veröffentlicht, in denen er auf Verfahrensfehler, Kurzschlüsse und Falschbeschuldigungen der Gerichtsbehörden aufmerksam machte. Sie bildeten die Grundlage für alle weiteren Interventionen, und auch als Voltaire und die Philosophes aus dem Fall einen religionspolitischen Skandal gemacht hatten, brauchte es den Einsatz juristischer und forensischer Experten, um die Revision des Prozesses zu erzwingen und erfolgreich zu Ende zu bringen. Die Experten erfüllten eine zu Voltaires Kritikerrolle komplementäre Funktion und trugen so ihren Teil dazu bei, dass Jean Calas und seine Familie trotz ungelöster Fragen zum Tathergang rasch rehabilitiert wurden.

Von einem komplementären Rollenspiel der Kritiker und Experten kann in der Affaire Dreyfus keine Rede sein. Zwar leisteten Experten auch hier einen bedeutenden Beitrag, allerdings vor allem zur Vergrößerung der Konfusion und Verschärfung des Konflikts. Zolas öffentliche Anklage war nicht zuletzt dadurch legitimiert, dass die kompetentesten Fachexperten zu diesem Zeitpunkt ihre Glaubwürdigkeit aufgrund von Widersprüchen, Vorurteilen und Fehldeutungen verspielt hatten. So konnte er mit moralischer Autorität kompensieren, was ihm an epistemischer Legitimität fehlte. Der Weg vom Expertenversagen zum Intellektuellentriumph, den die Affaire Dreyfus nahm, war umso bemerkenswerter, als Zola in einem Zeitalter lebte, in dem sich das wissenschaftliche Spezialistentum schon viel stärker institutionalisiert hatte als zu Voltaires Zeiten. Die Erfindung der *Intellektuellenrolle* war denn auch eine Ultima Ratio, um das Justizverbrechen an Alfred Dreyfus mit publizistischen Mitteln zu korrigieren.

Ein Fall für Schriftexperten

Während mehr als drei Jahren schien die Frage nach der Schuld oder Unschuld von Alfred Dreyfus im Aufgabenbereich von wissenschaftlichen Experten zu liegen. Der Spionageskandal drehte sich um ein einziges Beweisstück: eine handschriftliche Mitteilung ohne Unterschrift, die eine als Putzfrau getarnte Agentin des französischen Geheimdienstes in sechs Fetzchen aus dem Abfalleimer des deutschen Militärattachés in Paris gefischt hatte.

Die Mitteilung verwies in aller Kürze auf sensible Informationen über bestimmte französische Waffenprogramme und Militärkampagnen, die dem Schreiben offenbar beigelegt worden waren. Entsprechend erhielt es die Bezeichnung *Bordereau* – »Begleitschreiben«.[6]

Aufgrund seines Inhalts wurden im französischen Generalstab zwei Schlüsse gezogen: Erstens müsse es sich wegen der genannten Waffengattungen um einen Artillerieoffizier und zweitens wegen der Breite der behandelten Themen um einen Absolventen der École supérieure de guerre handeln. Dreyfus war beides, und es kamen bei ihm, sofern man einer nationalistischen Vulgärpsychologie folgen wollte, noch zwei weitere Verdachtsmomente hinzu: Er war Elsässer und Jude. Mangels Beweisen oder Indizien für eine verräterische Gesinnung wurde jedoch seine Handschrift zum eigentlichen kriminalistischen Untersuchungsobjekt. In den Augen einiger Offiziere sah sie der Schrift des *Bordereau* verdächtig ähnlich. So traten bald nach den ersten Verdachtsmomenten im Generalstab die Schriftexperten auf den Plan. Zur Konsternation der Militärs sorgten sie von Beginn an für mehr Konfusion als Klarheit.

Um die Gutachten der Sachverständigen einordnen zu können, bedarf es zuerst einer historischen Verortung ihrer Wissenschaft,

⟶

Das Stück Papier, das die Affaire Dreyfus ausgelöst hat und zum Hauptbeweisstück in der jahrelangen Kontroverse um die Identität des französischen Spions für Deutschland wurde. Der *Bordereau* ist hier als versehrtes Dokument erkennbar: erst zerrissen und zerknüllt und anschließend wieder zusammengeklebt aus mehreren Papierfetzen. Das Schriftbild als angeblicher Hinweis auf den Schreibenden ist davon direkt tangiert, wie etwa an den Rissstellen auf den untersten zwei Zeilen der ersten Seite zu sehen ist.

1

74

D.G.

1ère feuille

Sans nouvelles m'indiquant que vous
désirez me voir, je vous adresse cependant
Monsieur quelques renseignements intéressants:

1° une note sur le frein hydraulique
du 120 et la manière dont s'est conduite
cette pièce.

2° une note sur les troupes de couverture.
(quelques modifications seront apportées par
le nouveau plan.),

3° une note sur une modification aux
formations de l'artillerie:

4° une note relative à Madagascar.

5° le projet de manuel de tir de
l'artillerie de campagne (14 mars 1894.)

Ce dernier document est extrêmement
difficile à se procurer et je ne puis
l'avoir à ma disposition que très peu
de jours. Le ministère de la guerre

1

74
A.G.
2ème feuille

on a envoyé un nombre fixe dans les corps et ces corps en sont responsables, chaque officier détenteur doit remettre le sien après la manœuvre. Si donc vous voulez y prendre ce qui vous intéresse et le tenir à ma disposition après, je le prendrai. À moins que vous ne vouliez que je le fasse copier in extenso et ne vous en adresse la copie.

Je vais partir en manœuvres.

denn diese hatte entscheidenden Anteil an der Konfusion. Die Handschriftenkunde war ein altes, aber kein ehrwürdiges Mitglied unter den forensischen Techniken. Die »experts en écriture«, wie man sie schon im 18. Jahrhundert nannte, traten im Gericht auf, um mittels Schriftvergleichen klärende Aussagen zur Autorschaft von Beweisdokumenten zu machen. Zu den traditionellen Grundprinzipien der Schriftexpertise gehörte, dass mindestens zwei Gutachter zum Einsatz kamen, die Unterlagen getrennt untersuchten und ohne wechselseitige Absprache schriftliche Stellungnahmen abgaben. Widersprachen sich ihre Einschätzungen, konnte der Richter weitere Experten einberufen.[7]

Die Funktion der Schriftexperten in Strafgerichtsprozessen wurde 1757 vom Rechtsgelehrten Pierre-François Muyart de Vouglans präzise beschrieben. In seinen *Institutes au droit criminel* unterschied er zuerst zwischen zwei verschiedenen Sorten von Beweisen: dem mündlichen Beweis durch Zeugen (»Preuve testimoniale«) und dem schriftlichen Beweis durch Dokumente (»Preuve littérale«).[8] Es gebe Verbrechen, die nur schriftlich bewiesen werden könnten, weil »sie hauptsächlich im Gedanken bestehen«, wie etwa religiöse Irrlehren oder politische Verschwörungen. Bei den »Preuves littérales« unterschied Muyart de Vouglans wiederum zwischen »öffentlichen« und »privaten« Schriftstücken, wobei er die beiden Kategorien nicht in einem sozialen oder politischen, sondern einem epistemischen Sinn verwendete: »Écrits publics« umfassten die von den Parteien und vom Gericht als »sicher und echt« anerkannten Beweisunterlagen, »Écrits privés« dagegen alle Dokumente mit unsicherer Autorschaft, Aussagekraft oder Authentizität, deren Beweiskraft im Verlauf des Verfahrens zu klären sei. Muyart de Vouglans betonte, die »Écrits privés« hätten erst im Zuge der steigenden Schriftlichkeit nach dem Mittelalter den Status von tatsächlichen Beweisen (»véritables Preuves«) erhalten. Um aber als »vollständige Beweise« (»Preuves complettes«) gelten zu können, müssten die Dokumente präzise Aussagen über die kriminelle Tat enthalten, als echt ausgewiesen und dem Angeklagten zweifelsfrei zugeordnet werden. Was aber waren die Kriterien für eine zweifelsfreie Zuordnung?

Gewissheit bestand für Muyart de Vouglans nur bei einem Bekenntnis des Angeklagten selbst. Handschriftexperten dagegen seien kaum in der Lage, einen vollständigen Beweis zu erbringen:

> Abgesehen davon, dass sich diese Experten immer auf eine unklare und unsichere Art erklären, mit den Worten *wir glauben ... wir schätzen ...*, sollte jeder wissen, dass ihre Kunst per se unzähligen Irrtümern unterworfen ist, umso mehr, als die ungünstige Situation eines Mannes beim Schreiben oder Unterschreiben – eine Krankheit, Trunkenheit, eine schlecht gespitzte Feder, schlechtes Papier und andere ähnliche Umstände – die Form der Buchstaben zum Teil verändern können. Dem kann man noch hinzufügen, dass es Fälscher gibt, die so geschickt sind im Nachahmen von Unterschriften anderer, dass sich sogar die von ihnen Gefälschten täuschen lassen. Es wären also nur jene Fälle, in denen die Experten *mit Bestimmtheit* sprächen, in denen die Ähnlichkeit der Schriften so augenfällig wäre, dass sich nicht einmal die weniger Scharfsichtigen irren könnten, und in denen ihre Aussage darüber hinaus durch jene von Zeugen gestützt würde, die den Angeklagten beim Schreiben und Unterschreiben der Schriftstücke gesehen hätten, die für einen vollständigen Beweis ausreichen könnten.[9]

Die Tatsache, dass Muyart de Vouglans den Irrealis wählte, um die Voraussetzungen einer verlässlichen Schriftexpertise zu beschreiben, lässt sich wohl nur so verstehen, dass er sie in der Praxis für unerfüllbar hielt. Seine Skepsis war auf frühere Rechtstraktate abgestützt und sollte in späteren Bestätigung finden.[10]

Wer aber waren diese Schriftexperten, und warum standen sie in derart schlechtem Ruf? Im Paris des Ancien Régime rekrutierten sich die »experts en écriture« aus der Gilde der Kalligrafen, die 1569 vom König mit zwei Privilegien ausgestattet worden war: eines für den Schreibunterricht und eines für die Schriftexpertise. Die beiden

Privilegien erfüllten solange eine komplementäre Funktion, als die Verfasser rechtlich relevanter Dokumente mit hoher Wahrscheinlichkeit Absolventen kalligrafischer Schreibwerkstätten waren. Damit konnten die Kalligrafen für sich in Anspruch nehmen, als Schriftexperten die Methoden und Materialien zu untersuchen, die sie zugleich als Schreiblehrer vermittelten.[11] Ihr Lehrmonopol wurde jedoch bereits in der zweiten Hälfte des 17. Jahrhunderts im Zuge der Alphabetisierung breiter Schichten aufgeweicht. Dadurch brach ihrem exklusiven Expertenrang die epistemische Grundlage weg. Zwar schaffte es die Gilde dank geschickter Taktik und schwacher Konkurrenz, ihr Expertenmonopol in die Revolution zu retten, aber sie scheiterte trotz hohen Aufwands (der unter anderem 1762 zur Gründung einer Académie royale d'écriture führte) am öffentlichkeitswirksamen Nachweis ihrer Wissenschaftlichkeit.[12]

1781 sprach der uns schon bekannte radikale Reformer und spätere Girondist Jacques Pierre Brissot den Handschriftenexperten in einem strafrechtlichen Reformtraktat jegliche Zuverlässigkeit ab:

> Aber es gibt so viele Widersprüche zwischen den Experten, ihre Prinzipien sind so variabel, ihr Vorgehen ist so spekulativ und trügerisch! Es ist schon vorgekommen, dass acht Experten angegeben haben, eine Schrift sei nicht von der Hand des Angeklagten, worauf dieser sie als seine eigene wiederkannte.[13]

Brissot liebte drastische Beispiele. Gestützt auf seine Diagnose, stellte er die Forderung auf, den Aussagen der »experts en écriture« vor Gericht weniger Glaubwürdigkeit zu schenken: »Das Gutachten von Handschriftenexperten kann nicht als Fundamentalbeweis betrachtet werden, solange für ihre Kunst keine Prinzipien gefunden worden sind.«[14]

Die von Brissot geforderten Prinzipien ließen noch lange auf sich warten. Zwar war die gerichtliche Schriftexpertise ab 1791 kein korporatives Privileg mehr, aber bis weit ins 19. Jahrhundert hinein blieb die Handschriftenkunde eine Erfahrungswissenschaft ohne theoretisches Fundament, und dieser Umstand war umso unbefriedigender, als der Bedarf an beweistauglicher Schriftexpertise konstant stieg, nicht nur im Gerichtsbetrieb, sondern auch im Bankgeschäft. Erschwerend kam hinzu, dass Schriftexperten auch im 19. Jahrhundert weder über methodische Standards noch über institutionelle Ausbildungsstrukturen verfügten, mit denen sie eine disziplinäre Geschlossenheit hätten begründen können. So konstatierte der Rechtshistoriker Adhémar Esmein noch im Jahr 1882: »Die Kunst der Experten war unsicher, und man kann sagen, sie ist es noch heute.«[15]

Auf anderem Gebiet hingegen hatte die Handschrift schon im ausgehenden 18. Jahrhundert eine theoretische Veredelung erfahren, allerdings hier ohne erfahrungswissenschaftlichen Praxisbezug. 1775 erhob der Schweizer Theologe Johann Caspar Lavater Handschriften zu »physiognomischen Ausdrücken, Ausflüssen von dem Charakter des Schreibers«, womit er sie auf eine Stufe mit den Gesichtszügen eines Individuums stellte.[16] Aus dem Abbild einer Aussage wurde ein Abbild der Persönlichkeit. Schreibende unter Genialitätsverdacht sahen sich einem neuen Manuskriptkult ausgesetzt, und jene, die sich selber für genial hielten, begannen ihn vorauseilend zu bedienen, sei es indem sie ihre handschriftliche Hinterlassenschaft zu einem Vermächtnis von allerhöchster Authentizität aufbauten oder indem sie einen ausgefallen-ambitionierten Schreibstil einübten. Goethe, der mit Lavater in direktem Austausch stand, gehörte zu den Ersten, die zugleich zu einem Objekt und Subjekt des Handschriftenkultes wurden.

Es dauerte jedoch bis 1870, ehe die Handschriftenforensik ohne Theoriewürde und die Handschriftenphysiognomik ohne Praxisausweis eine folgenreiche Fusion eingingen. Ihr Urheber war der französische Priester und Archäologe Jean-Hippolyte Michon, ein handschriftenkundlicher Autodidakt, der in sich die ganze Widersprüchlichkeit eines spekulativen Positivisten vereinte. Im Gründungsjahr der Dritten Republik war Michon bereits 65-jährig und als Spezialist für Handschriften nahezu unbekannt. In den folgenden

Jahren unternahm er in einem produktiven Schub mehrere Schritte, um eine neue Wissenschaftsdisziplin zu institutionalisieren und sich selbst als ihr Oberhaupt zu inthronisieren. Ab 1871 gab er eine Zeitschrift heraus, die zuerst den Titel *Le journal des Autographes: l'art de juger les hommes par leur écriture* trug, aber bereits ein Jahr später auf jenen Namen umgetauft wurde, den auch die neue Wissenschaft erhalten sollte: *La Graphologie*. Der Name war Programm: Er untermauerte Michons Anspruch, die Handschriftenkunde von einer »Kunst« in eine »Wissenschaft« zu verwandeln. Bald nach der Zeitschrift gründete Michon eine Société de Graphologie, in der er seine Anhänger der ersten Stunde zu einem wirkungsvollen Propagandatrupp versammelte. 1872 erschien mit *Les mystères de l'écriture* das erste Buch zur Grafologie, und 1875 veröffentlichte Michon mit dem *Système de la Graphologie* das wissenschaftliche Grundlagenwerk zur neuen Lehre.[17]

Passend zu seinem organisatorisch-publizistisch-theoretischen Dreifachanspruch auf Wissenschaftlichkeit beteuerte Michon in seiner Methodenlehre, die Handschriftenkunde habe mit der Grafologie endlich das Niveau einer exakten Wissenschaft erreicht. Wie alle anderen Wissenschaften verfüge die Grafologie über sichere Grundlagen, die es ihr erlaubten, von ihnen ausgehend stets neue Entdeckungen zu machen. Daher könne man von der Grafologie das Gleiche verlangen wie von jeder anderen anerkannten Disziplin – »wissenschaftliche Gewissheit«.[18]

Die in Aussicht gestellte Gewissheit galt dabei für beide der bisher getrennten Wissensbereiche: Die Grafologie garantierte die zweifelsfreie Bestimmung von Verfassern und die exakte Erfassung ihres Gemütszustandes im Moment des Schreibens. Gemeinsame Grundlage der beiden Bereiche war Michons Theorie von der »Unveränderlichkeit des Zeichens«, der *fixité du signe*, wonach jeder handschriftlichen Form eine feste Bedeutung zukomme, die mit experimentellen Methoden zu ermitteln sei. Die »science graphologique« garantiere demnach »auf experimentellem Wege ihre rigorose Exaktheit«.[19]

Um dieser Behauptung gleich den Beweis ihrer Richtigkeit nachzuliefern, bediente sich Michon in seinem Buch einer neuen Technik, die in der Affaire Dreyfus eine Schlüsselrolle spielen sollte: der typografischen Reproduktion fotografisch vergrößerter Handschriften.

Er fügte Unterschriften von Ludwig XI., Ludwig XIV. und Bismarck ein, arbeitete aus ihnen, unbelastet von Erwägungen über die historische Bedingtheit handschriftlicher Ausdrucksformen, die Charakterbilder der großen Männer heraus, verglich die Bilder miteinander und kam zum Ergebnis, Bismarck sei nicht nur der Willensstärkste, sondern auch »der Königlichste« der drei.[20] Michon beteuerte, er habe für das Charakterportrait von Bismarck keine andere Informationsquelle benutzt als die abgedruckte Unterschrift, mit der er »unter rigoroser Anwendung der grafologischen Regeln [...] ein intellektuelles und moralisches Portrait vom Wert einer Fotografie« angefertigt habe.[21]

Tatsächlich benutzte Michon die Fotografie nicht nur als methodisches Hilfs- und publizistisches Beweismittel, sondern auch als metaphorisches Exaktheitsversprechen. Die Schrift wurde unter grafologischer Bearbeitung zu »einer wahrhaftigen Fotografie der Seele« oder, leicht profaner formuliert, zu einer »wahrhaftigen Fotografie des inneren Seins«.[22] Konnte man die Seele fotografisch bannen, brachen auch neue Zeiten für die Rechtsprechung an. 1878 veröffentlichte

⟶

Jean-Hippolyte Michon, der Erfinder der Grafologie, nutzte in seinen Publikationen nach 1870 eine neue Technologie zum Druck von Handschriften, um Lesern den Eindruck einer unmittelbaren Augenzeugenschaft bei seinen Schriftanalysen zu geben. Die Bild-Text-Bezüge waren Teil einer raffinierten Inszenierung der Grafologie als experimentelle Wissenschaft, die zu exakten Erkenntnissen über das menschliche Seelenleben führt. Auf der Doppelseite vergleicht Michon den Charakter dreier Staatsmänner aus drei verschiedenen Jahrhunderten: Ludwig XI., Ludwig XIV. und Bismarck. Die Ableitung des Charakterbilds vom Schriftbild erfolgt per Analogieschluss. Ludwig XIV. hat »den sanftesten Charakter«, weil »es Kurven in seiner Schrift gibt«, und Bismarck ist ein »Schlächter«, weil das »k« in seiner Unterschrift die Form einer Löwenpranke hat.

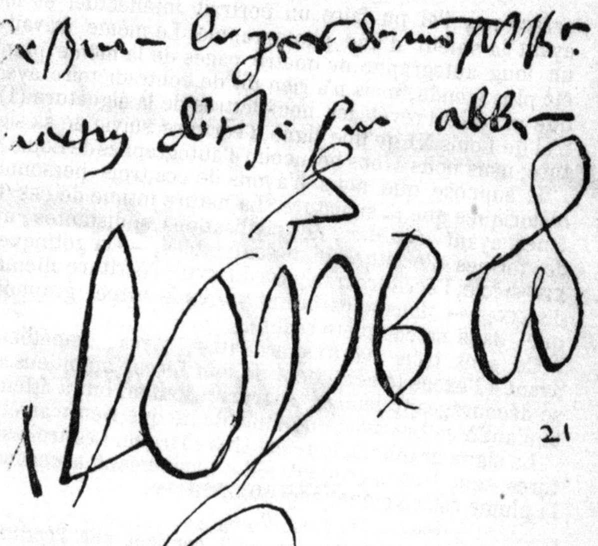

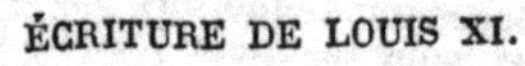

ÉCRITURE DE LOUIS XI.

ÉCRITURE DE LOUIS XIV.

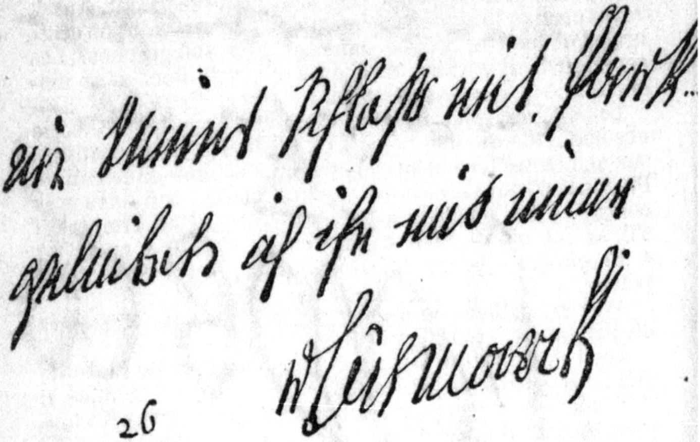

ÉCIRTURE DE BISMARCK.

Il y a là deux anguleux : Louis XI et Bismarck, mauvais coucheurs, mauvais voisins, ennemis implacables. Louis XI est le plus anguleux. Louis XIV est le plus doux de caractère : il a des courbes dans son écriture. C'est à l'angle aigu chez Louis XI; de là, raideur, dureté, entêtement. Chez Bismarck, la raideur est mélangée de douceur, et prend le caractère de fermeté.

La volonté la plus implacable, la plus forte est celle de Bismarck. Il a des lettres massuées d'une remarquable accentuation, surtout le *k* qui termine son nom. C'est la griffe du lion. Louis XI est un fagot d'épines; Bismarck est un assommeur ; Louis XIV est un agneau à côté des deux autres compères.

Louis XIV et Bismarck sont deux déductifs de première force. Logiciens, raisonneurs, positifs et pratiques, ils procèdent par voie de réalisation. Chez eux les faits sont tout. « L'Etat, c'est moi, » dit Louis XIV. « La force prime le

Michon eine kurze Abhandlung *Über den Eingriff der neuen Wissenschaft Grafologie in Rechtsangelegenheiten*, die in den 1880er-Jahren auch als Postskriptum Eingang in die Neuauflagen des *Système de la Graphologie* fand. Darin verkündete er:

> Die Entdeckung der Grafologie stellt die Schwäche der Expertisen bloß, die nach der alten Methode, Schriftstücke allein aufgrund der Ähnlichkeit oder Unähnlichkeit der Buchstaben zu vergleichen, erstellt worden sind. Diese kindische Prozedur musste angewendet werden bis zur Entdeckung der grafischen Anatomie, die beweist, dass diese oder jene Buchstabenform zu diesem oder jenem schreibenden Hirn gehört. Der Grafologe beschäftigt sich nicht, wie es die Experten bis zum heutigen Tag getan haben, mit der anscheinenden Ähnlichkeit der Buchstaben: Für ihn muss die Schrift, zum Beispiel in einem Testament, mit dem intellektuellen und moralischen Zustand übereinstimmen, den die Untersuchung der gewöhnlichen Schrift der Person, der das Testament zugeordnet wird, enthüllt hat. *Wenn es eine Unstimmigkeit zwischen dem Testament und der Schrift desjenigen gibt, dem man es zuordnet, ist das Testament falsch.*[23]

Als Beleg für die Wirksamkeit seiner »positiven Wissenschaft« führte Michon mehrere Gerichtsfälle mit ihm selbst als teilnehmendem Experten an, in denen er die Meinung der übrigen Handschriftengutachter widerlegt habe und vom Richter in seiner Einschätzung bestätigt worden sei. Michon sparte dabei nicht an Polemik gegen alteingesessene Fachvertreter. Über drei Pariser Professoren für Kalligrafie, die es gewagt hatten, im zweitinstanzlichen Verfahren über ein mutmaßlich gefälschtes Testament zu einem anderen Schluss zu kommen als er, urteilte er: »Diese Herren, die es nicht für nötig befinden, die Grafologie zu kennen, haben eine erbärmliche, blamable Arbeit geleistet, mit der sie Schande über die Expertenwissenschaft des 19. Jahrhunderts bringen.«[24]

Die Handschrift des Mörders und Brandstifters Friedrich Erxleben.*)

„Ein graphologisches Stimmungsbild."

Unterschrift vor der Verhaftung: Selbstbewusst und frech.

Unterschrift aus der Untersuchungshaft: Mutlos, verzagt, ängstlich.

Unterschrift nach einer resultatlos verlaufenen Confrontation mit einem Hauptbelastungszeugen: Keck, bergauf, hoffnungsfreudig.

Unterschrift nach der Begnadigung zu lebenslänglicher Zuchthausstrafe: Gleichmütig.

*) Aus den „Graphologischen Studien" von W. Langenbruch.

Oscar Brandstetter, Leipzig. 8624

Michons Publikationen stießen auf hohe Resonanz und fanden bald begeisterte Anhänger im In- und Ausland, die ihm bei der Entfaltung publizistischer Betriebsamkeit in nichts nachstanden. Einer der wichtigsten Pioniere in Deutschland, Hans Busse, nahm Ende des 19. Jahrhunderts Michons wissenschaftliches Doppelversprechen auf und definierte die Grafologie als eine »Psychologie und Physiologie des Schreibens, besonders in Hinsicht auf die individuellen Abweichungen und Verschiedenheiten der Handschriften und in Hinsicht auf die dadurch ermöglichten Rückschlüsse auf den jeweiligen seelischen Zustand des Schreibers.«[25]

Bei aller publizistischen Agitation und polemischen Aggressivität gelang es Michon und seinen Anhängern jedoch nicht, die Vertreter der alten Handschriftenkunde aus dem Feld zu schlagen und die Unsicherheit über den epistemischen Status der Schriftexpertise zu beseitigen. Vielmehr sorgten sie dafür, dass die Gesamtheit der »experts en écriture« noch stärker unter Druck geriet. Ob Grafologen, Kalligrafen oder Paläografen – alle Schriftexperten hatten nun gegenüber ihren Konkurrenten und Auftraggebern die wissenschaftliche Solidität ihrer jeweiligen Methode unter Beweis zu stellen. Der Anreiz stieg, sich in Gerichtsgutachten bei der Zuordnung von Handschriften auf dünneres Eis zu begeben, als einen das forensische Können trug. Und er wurde noch größer, wenn, wie im Fall Dreyfus, die Untersuchungsbehörde aus einem Verdächtigen möglichst rasch einen Schuldigen machen

←

Zu Michons frühen Anhängern in Deutschland gehörte Hans Busse, der in der Affaire Dreyfus einen Triumph der grafologischen Wissenschaft zu erkennen glaubte. Sein Kommentar zum »Fall Dreyfus-Esterhazy« enthielt als Beilage ein gefaltetes Papier mit mehreren Unterschriften eines Schwerverbrechers, die zu verschiedenen Zeitpunkten vor, während und nach dem Strafgerichtsprozess entstanden waren. Darunter stehen Angaben zu seinem jeweiligen Gemütszustand, ganz gemäß Michons Diktum, die Schrift sei eine Fotografie des inneren Selbst.

wollte, dem prozeduralen Ablauf der Untersuchung vorgriff und die hinzugezogenen Experten auf ihre Ziele einzuschwören versuchte.

Wer fälscht wen?

Damit kehren wir zum Beginn der Ermittlungen im Spionagefall zurück. Nachdem der *Bordereau* dem französischen Generalstab präsentiert worden war, betraute man Major Armand du Paty de Clam mit der Untersuchung der skandalösen Vorgänge. Paty de Clam hatte sich als vielseitig gebildeter Amateur-Grafologe für den Fall empfohlen. Er bestellte Dreyfus, der aufgrund seines Rangs, seiner Waffengattung, Religion und Handschrift früh ins Fadenkreuz der Ermittlung geraten war, ins Kriegsministerium, ohne ihn über den Anlass der Vorladung aufzuklären. Dort diktierte er ihm Ausschnitte aus dem *Bordereau* in die Feder und sah sich beim Anblick der Schrift sogleich in seinem Verdacht bestätigt. Er konfrontierte den verblüfften Dreyfus mit seinem Befund in der sicheren Erwartung, dieser werde ein spontanes Geständnis ablegen. Den *Bordereau* legte er ihm dabei nicht einmal vor. Um der Armee ein gerichtliches Verfahren und Dreyfus eine öffentliche Schande zu ersparen, hatte Paty de Clam sogar einen geladenen Revolver auf dem Tisch bereitgelegt, mit dem der Verdächtige sein letztes bisschen militärischer Ehre in den Selbstmord hätte retten können.

Als das Geständnis und der Pistolenschuss ausblieben, rückten die externen Schriftgutachten in den Mittelpunkt der Aufmerksamkeit. Unmittelbar vor der Vorladung waren zwei Experten mit älteren, armeeinternen Schriften von Dreyfus versorgt und um Vergleichsgutachten mit dem *Bordereau* gebeten worden. Der eine war Alfred Gobert, ein diskreter Handschriftenspezialist der Banque de France mit reichlich Praxiserfahrung als Gerichtsgutachter und geringen Verdiensten um die Wissenschaft. Beim anderen handelte es sich um Alphonse Bertillon, einen berühmten Kriminologen der Polizeipräfektur, wissenschaftlichen Positivisten und Erfinder einer Identifikationsmethode durch Körpermaße, die bis zur Durchsetzung des Fingerabdrucks nach 1900 unter dem Namen »Bertillonage« praktiziert wurde. Ein weiterer Gegensatz zu Gobert bestand darin, dass Bertillon zwar einen beträchtlichen Publikationsausstoß, aber nur spärliche Handschriftenkenntnisse vorzuweisen hatte. Während Gobert über die Identität des Verdächtigen im Dunkeln gelassen wurde, war Bertillon von Anfang an im Bild, und während Gobert nach kurzem Studium der Dokumente zur vorsichtig formulierten Schlussfolgerung kam, der anonyme Brief könnte von einer anderen Person als dem Verdächtigten stammen, behauptete Bertillon nach einer längeren Untersuchung mit Bestimmtheit, die Schriften seien zwar verschieden, aber »offensichtlich« von derselben Hand. Er legte einen umfangreichen, mit allen Insignien der Wissenschaftlichkeit versehenen Bericht vor, in dem er erklärte, wie Dreyfus im *Bordereau* mithilfe seiner Frau und seines Bruders eine »Selbstfälschung«, eine *autoforgerie*, seiner Handschrift fabriziert habe.[26] Bertillon schoss dabei übers Ziel hinaus. Die Richter nahmen den Hauptbefund zwar gerne zur Kenntnis, schreckten aber von einer Bezichtigung anderer Familienmitglieder zurück und fanden das umständliche Beweisverfahren abschreckend.[27]

Abgesehen von der umständlichen Argumentation und der unverfrorenen Ausweitung der Verdächtigen, war Bertillons Annahme einer Selbstfälschung weniger weit hergeholt, als es uns heute erscheinen mag. Es gehörte zu den Standardaufgaben von Handschriftenexperten, die Verfasser gefälschter Urkunden und anderer getürkter Schriftstücke zu identifizieren, und gerade bei einem Spionagedokument war die Annahme einer verstellten Handschrift plausibel. Daher erstaunt es wenig, dass Bertillons Auffassung, der *Bordereau* sei eine Fälschung, vom Großteil der nachträglich involvierten Sachverständigen geteilt wurde, darunter auch von vielen, die damit Dreyfus' Unschuld beweisen wollten.[28] In den ersten Jahren des Skandals bestand der Expertendissens weniger in der Frage, ob das Dokument eine Fälschung sei oder nicht, sondern wer hier wen gefälscht habe. In diesem Punkt war Bertillons Befund einer Selbstfälschung sogleich umstritten: Wie konnte Dreyfus mit derartigem Aufwand seine eigene Handschrift verfälscht haben, wenn sich die Schrift auf dem *Bordereau* und auf seinen eigenen Briefen äußerlich angeblich so sehr glichen?

Der Generalstab machte keinen Hehl aus seinem Ärger über Goberts vorsichtiges und damit unkooperatives Urteil, ja verstieg sich, von Dreyfus' Schuld überzeugt, sogar zum Verdacht, Gobert sei, obwohl er den Namen des Angeklagten zuerst gar nicht kannte und nur durch ein Versehen der Anklage herausfand, voreingenommen gewesen.[29] Um Goberts Gutachten und die Zweifel, die es säen könnte, aus der Welt zu schaffen, beauftragte das Gericht drei weitere Experten mit Zusatzgutachten: Étienne Charavay, einen Paläografen aus der renommierten École des chartes; Pierre Teyssonnières, einen Anhänger der grafologischen Methode und nach eigener Aussage »ami intime de l'abbé Michon«, sowie Eugène Pelletier, einen Handschriftenforensiker mit dem pragmatischen Ansatz, herkömmliche Analyseverfahren mit neuen optischen, fotografischen und chemischen Techniken zu kombinieren, um die »wissenschaftliche Gültigkeit« der Expertisen zu erhöhen.[30] Alle drei Gutachter wirkten bereits als »experts en écriture« an Pariser Gerichten. Als sie für ihre Vereidigung in der Polizeipräfektur eintrafen, erhielten sie den Rat, sich vor der Untersuchung mit Bertillon zu treffen, um weitere Dokumente von Dreyfus sowie die Glasplatten mit den fotografischen Vergrößerungen zu studieren, die für Bertillons Untersuchung des *Bordereau* angefertigt worden waren. Charavay und Teyssonnières folgten dem Rat, Pelletier nicht. Fünf Jahre später begründete Pelletier seinen Schritt vor Gericht mit dem alten Prinzip der gutachterlichen Unbefangenheit: »Als gewissenhafter Experte durfte ich nicht zu Herrn Bertillon gehen, der sich seine Meinung schon gebildet hatte.«[31] Nach der Untersuchung der

⟶

Am 11. November 1896 nahm die Affaire Dreyfus eine dramatische Wende, als die Tageszeitung *Le Matin* erstmals ein fotografisches Faksimile des *Bordereau* auf der Frontseite veröffentlichte. Die Redakteure glaubten, damit die Schuld von Alfred Dreyfus vor aller Augen bewiesen zu haben. Sie taten unfreiwillig das Gegenteil.

Treizième année. — N° 4,639 PARIS ET DÉPARTEMENTS : 10 CENTIMES Mardi 10 Novembre 1896

Le Matin

RÉDACTION : De 5 h. du soir à 6 h. du matin. 25, RUE D'ARGENTEUIL DERNIERS TÉLÉGRAMMES DE LA NUIT ADMINISTRATION : De 10 h. matin à 6 h. soir. 25, RUE D'ARGENTEUIL

SEUL JOURNAL FRANÇAIS RECEVANT PAR FILS ET SERVICES SPÉCIAUX LES DERNIÈRES NOUVELLES DU MONDE ENTIER

L'EUROPE OUVRIÈRE

[illegible]

Jean Jaurès.

L'ALBUM DU « MATIN »

LES SOUVERAINS RUSSES EN FRANCE (Cherbourg-Paris-Châlons)

[illegible]

L'INTERPELLATION DREYFUS

[illegible]

LA PREUVE

FAC-SIMILE DU BORDEREAU ÉCRIT PAR DREYFUS

Il faut en finir — Le bordereau et la lettre dictée — Comparaison des signes — Comment la lumière a été faite — Pas de doute possible.

Comme un boulet, le boulet de la trahison, la patrie traîne l'affaire Dreyfus. Alors que, dans l'opinion, il n'y a qu'un cri pour proclamer la félonie d'un officier, on essaie, dans sa famille, de jeter le doute sur la culpabilité de l'accusé du conseil de guerre, à l'unanimité condamné.

A l'aide de manœuvres savantes et ténébreuses, en donnant des allures de réquisitoires à d'habiles plaidoyers, en faisant appel aux sentiments de justice et de générosité qui hantent tous les cœurs dans notre pays, on s'attèle à cette œuvre surhumaine : la revision du procès du traître Dreyfus. Sous le prétexte fallacieux que contre lui on aurait restauré nous ne savons quelles pratiques inquisitoriales, on voudrait le faire revenir en France pour y comparaître devant de nouveaux juges.

Comédie, tout cela. Dreyfus est bien coupable du plus grand de tous les crimes. Et afin de ne pas laisser à la pitié le temps ni la possibilité de naître, il faut produire la preuve matérielle et irrécusable du forfait.

Sur quoi est basée l'accusation ? Comment est justifié le châtiment infligé à l'ex-capitaine Dreyfus ? C'est ce que le *Matin* est à même de dire. Pour mener à bien cette œuvre de salubrité patriotique, nous publions le *fac-similé* du fameux « bordereau » écrit de la main même de Dreyfus.

dans l'impossibilité d'écrire. Au mot *Madagascar*, la lettre a été dramatiquement interrompue. Dreyfus venait de comprendre qu'on avait découvert sa félonie, qu'il était perdu et, brutalement, il jeta la plume...

Identité parfaite.

Dans la physionomie générale comme dans l'allure particulière de ces deux lettres et des autres documents dits de comparaison, il y a identité parfaite d'écriture.

Certes, il y a dissimulation dans le bordereau ; mais le naturel reprend, malgré toutes les précautions, le dessus. Habitué à manier fréquemment la plume, la main n'obéit qu'imparfaitement au cerveau. Et cependant Dreyfus s'était entraîné de longtemps à varier, non pas le caractère de son écriture, mais les lettres. Il a des formes nombreuses pour beaucoup de lettres : les D, les V, les P majuscules, par exemple. Mais on retrouve, dans le document même, ces diverses variétés, comme dans les D de la deuxième ligne.

Veut-on une précaution prise ? Habituellement, dans les mots où deux s se suivent, Dreyfus fait un grand s d'abord, un petit ensuite. Regardez les mots : *adresse, intéressants, intéresse, fasse*, vous verrez que le grand s est mis le dernier.

Cette double identité de physionomie et d'allure, reproduite très fréquemment, ne suffisait pas encore pour établir d'une façon suffisamment solide et palpable la culpabilité de Dreyfus. C'est alors qu'on a commis quatre experts en écritures : MM. Charavay, Gobert, Pelletier et Teyssonnières ; M. Bertillon, directeur du service anthropométrique, est venu par surcroît.

C'est alors que les experts ont recherché les « tics » particuliers aux écrivains, qui se trouvent en quelque sorte dans la main, et que celle-ci exécute régulièrement et machinalement, sans intervention du cerveau ; c'est mécanique et aussi mathématique.

Sans nouvelles m'indiquant que vous désirez me voir, je vous adresse cependant Monsieur quelques renseignements intéressants

1° une note sur le frein hydraulique du 120 et la manière dont s'est conduite cette pièce.

2° une note sur les troupes de couverture. (quelques modifications seront apportées par le nouveau plan.)

3° une note sur une modification aux formations de l'artillerie.

4° une note relative à Madagascar.

5° le projet de manuel de tir de l'artillerie de campagne (14 mars 1894.)

Ce dernier document est extrêmement difficile à se procurer et je ne puis l'avoir à ma disposition que très peu de jours. Le ministère de la guerre en a envoyé un nombre fixe dans les corps et ces corps en sont responsables, chaque officier détenteur doit remettre le sien après les manœuvres. Si donc vous voulez y prendre ce qui vous intéresse et le tenir à ma disposition après, je le prendrai. A moins que vous ne vouliez que je le fasse copier in extenso et ne vous en adresse la copie.

Je vais partir en manœuvres.

Pour quiconque a pu comparer l'écriture avouée de Dreyfus et le document que nous reproduisons, c'est bien la même main qui a tracé ces lignes.

L'expérience.

En même temps que le « bordereau », puisqu'on a donné ce nom à cette pièce, nous avons eu sous les yeux la lettre d'expérience dictée au capitaine Dreyfus, au ministère de la guerre, quelques minutes avant son arrestation. Voici le texte de ce document :

MINISTÈRE DE LA GUERRE — RÉPUBLIQUE FRANÇAISE

Paris, 18 octobre 1894.

« Ayant le plus grave intérêt, monsieur, à rentrer momentanément en possession des documents que je vous ai fait passer avant mon départ aux manœuvres, je vous prie de me les faire adresser d'urgence par le porteur de la présente qui est une personne sûre.

» Je vous rappelle qu'il s'agit de : 1° une note sur le frein hydraulique du canon de 120 et sur la manière dont il s'est comporté aux manœuvres ; 2° une note sur les troupes de couverture ; 3° une note sur Madagascar. »

On voit que cette lettre ne reproduit pas exactement le document incriminé. Au ministère de la guerre, avant d'arrêter Dreyfus, déjà soupçonné, on tenait à comparer son écriture et celle de la lettre établissant la trahison. On prépara un texte reproduisant, dans un ordre différent, les mots caractéristiques du document et l'énumération intervertie des pièces et documents livrés à l'ennemi.

Tout d'abord, Dreyfus ne comprit pas. Mais quand on vint à l'énumération qui lui rappelait clairement son envoi à une ambassade étrangère, il se mit à trembler et fut

C'est ce qui permet à chacun de nous de reconnaître au premier coup d'œil l'écriture familière d'un parent ou d'un ami ; c'est ce qui lui donne sa personnalité.

Eh bien ! ces tics spéciaux à Dreyfus existent dans le document que nous reproduisons. Nous allons en citer quelques-uns :

La main qui trahit.

Voici, à la vingt et unième ligne de la lettre, le mot *officier*. Considérez les quatre dernières lettres : *cier*. Dreyfus met le point sur le premier *i* et, sans lever la plume, trace le *c* qui suit l'*i*. Ce *c* est donc transformé, comme on peut le voir, en *r*.

Dans un document retrouvé aux archives du ministère de la guerre et que Dreyfus reconnaît avoir écrit de sa main, on a relevé le mot officier. Calquée sur gélatine, la dernière syllabe s'applique *rigoureusement*, y compris le tic, sur la dernière syllabe du même mot dans le document dont nous reproduisons le *fac-similé*.

On a fait le même travail pour les lettres finales : *uvres* des mots *manœuvres* ; pour les chiffres 2, de 120 et de 2°. On a trouvé, toujours au ministère de la guerre, des mots ainsi *stéréotypés* sur ceux de la lettre preuve du crime.

A la vingt-huitième ligne, considérez l'expression *in-extenso*. Un calque a été versé au procès s'appliquant rigoureusement sur ces lettres : *in-exte*. Le même intervalle est observé entre *in* et *ex*. D'ailleurs, cela a été constaté : dans l'écriture avouée de Dreyfus et dans le document, quand il y a de légères divergences dans la concordance du calque des lettres séparées, les mêmes mots occupent le même espace et sont lancés du même coup de plume.

Quiconque a pu comparer le document avec les vingt-neuf autres pièces du dossier affirme en son âme et conscience que c'est la même main qui a tracé et la lettre preuve de la trahison et les pièces que Dreyfus reconnaît avoir écrites.

Ainsi, la culpabilité de Dreyfus éclate indiscutablement. A moins d'être aveugle, on ne peut nier que Dreyfus soit l'auteur du document que nous reproduisons.

C'est ce document, et ce document seul, que connaissait la défense, et dont la famille a livré le texte exact, faisant ainsi connaître l'importance et l'étendue du crime ; c'est ce document, disons-nous, qui a motivé la condamnation de Dreyfus à l'unanimité par le conseil de guerre.

Et maintenant le doute est-il encore possible ? Va-t-on essayer de vaines tentatives pour arrêter l'œuvre juste de l'expiation ?

Oublions-le !

Un mot encore. M. Bertillon a établi un calque du mot *adresse* contenu dans le document. Il s'applique d'une façon saisissante sur la signature de A. Dreyfus, prise sur une lettre privée. L'identité des deux boucles inférieures du *d* minuscule d'*adresse* et du *D* majuscule de *Dreyfus*.

Au Cherche-Midi, on a fait écrire le prévenu. Il a rempli des pages entières avec ces mots : *Je vais*, puis : *Je vais partir*, et enfin : *Je vais partir aux manœuvres*. Il a tracé des dictées, copié des pages de stratégie ou de description de forteresse. Dans tout cela, on sent la retenue et la dissimulation. L'écriture manque de franchise. Elle est incontestablement déguisée. Ne dirions-nous pas qu'on y voit un nouveau témoignage et comme un aveu de la culpabilité de Dreyfus, si nous ne craignions d'affaiblir les preuves irréfutables et saisissantes apportées par la dissection de l'écriture ?

En résumé, Dreyfus est coupable. Le bordereau existe, la preuve : le voici reproduit. Il est établi sur papier pelure, quadrillé dans le filigrane ; il avait été déchiré en quatre ; un morceau manque dans un coin, sur lequel rien n'était vraisemblablement écrit.

Ce document, il est bien de la main de Dreyfus, tout le prouve : l'allure et la physionomie de l'écriture ; la reproduction des tics de l'écrivain ; la stéréotypie non seulement des lettres, mais aussi d'un grand nombre de mots.

Et maintenant, que Dreyfus, le traître, écoule sa misérable existence dans son cabanon de l'île du Diable !

Chez M. Bertillon.

Nous avons rencontré hier M. Bertillon. Le chef du service anthropométrique, observateur scrupuleux du secret professionnel, s'est refusé à toute interview. Néanmoins, comme nous insistons pour obtenir quelques explications au sujet des accusations portées contre lui par M. Bernard Lazare, M. Bertillon nous dit avec vivacité :

— Je ne veux et ne puis répondre, et cependant il me serait facile de relever les contradictions qui fourmillent dans les pages qui me concernent. Par exemple, l'auteur de la brochure dit, tout d'abord, que le commandant Brisset, qui remplissait les fonctions de commissaire du gouvernement, s'est servi de mon rapport pour l'accusation, et plus loin il déclare que ma déposition fut incompréhensible pour tous, de l'avis même du commandant Brisset. Or, ma déposition fut la reproduction de mon rapport.

» Quant à l'affirmation que me prête M. Bernard Lazare d'avoir trouvé dans le bordereau, à l'aide de procédés qui me sont spéciaux, la somme touchée par le capitaine Dreyfus pour sa trahison, cinq cent mille francs, c'est une simple fumisterie.

» Cela n'est plus argumenter, c'est vouloir ridiculiser. »

Ajoutons que M. Bertillon n'a pas reçu la brochure où il est incriminé, alors qu'elle a été envoyée, sous pli recommandé, à tous les chefs de service de la préfecture de police.

L'ÉLECTION DES CAPITOULS

Déjà une interpellation — La délégation municipale sur la sellette — Des faits, pas de preuves.

[illegible]

A TOULOUSE

Proclamation des résultats — Vingt-six élus, dix ballottages — Majorités douteuses.

[illegible]

C'ÉTAIT INÉVITABLE

LES COMPÉTENCES DU CONSEIL GÉNÉRAL DES PONTS

Le pont Alexandre — A quand la seconde pierre ? — Projets évanouis — De l'acier coulé, quésaco ? — A vous, monsieur le ministre.

[illegible]

A la rescousse !

[illegible]

Les uns contre les autres.

[illegible]

LE SÉNAT RENOUVELÉ

La date des élections — Notre information confirmée — La lutte dans les départements.

[illegible]

...blions le *fac-similé* du fameux « bordereau » écrit de la main même de Dreyfus.

...chinalement, sans intervention du cerveau ; c'est mécanique et aussi mathématique.

Sans nouvelles m'indiquant que vous désirez me voir, je vous adresse cependant Monsieur quelques renseignements intéressants

1° une note sur le frein hydraulique du 120 et la manière dont s'est conduite cette pièce.

2° une note sur les troupes de couverture. (quelques modifications seront apportées par le nouveau plan.).

3° une note sur une modification aux formations de l'artillerie :

4° une note relative à Madagascar ;

5° le projet de manuel de tir de l'artillerie de campagne (14 mars 1894.)

Ce dernier document est extrêmement difficile à se procurer et je ne puis l'avoir à ma disposition que très peu de jours. Le ministère de la guerre en a envoyé un nombre fixe dans les corps et ces corps en sont responsables. chaque officier détenteur doit remettre le sien après les manœuvres. Si donc vous voulez y prendre ce qui vous intéresse et le tenir à ma disposition après, je le prendrai. À moins que vous ne vouliez que je le fasse copier in extenso et ne vous en adresse la copie.

Je vais partir en manœuvres.

Pour quiconque a pu comparer l'écriture avouée de Dreyfus et le document que nous...

C'est ce qui permet à chacun de nous de reconnaître au premier coup d'œil l'écriture...

Dokumente verneinte Pelletier ebenso entschieden die Autorschaft von Dreyfus wie sie von Charavay und Teyssonnières bejaht wurde.

Einzelne in die Untersuchung involvierte Mitglieder des Generalstabs reagierten auf das Resultat der zweiten Expertenbefragung verunsichert. Aber auch sie merkten bald, dass sie ihren Manövrierraum weitgehend verloren hatten. Durch Indiskretionen in den eigenen Reihen hatten journalistische Judenhasser Wind vom Spionagefall und der Identität des Verdächtigen bekommen. Mehrere Zeitungen starteten eine Hetzkampagne, die für die zuständigen Militärs karrierebedrohlich wurde. Um im Amt zu bleiben, sahen sie sich gezwungen, mit Dreyfus kurzen Prozess zu machen. Dazu wurde ein Dossier mit Scheinbeweisen angelegt und der Verfahrensablauf abgekürzt. Gut zwei Monate nach der Verhaftung wurde Dreyfus schuldig gesprochen, wenige Wochen später in einem öffentlichen Spektakel militärisch degradiert und bald darauf auf die Teufelsinsel in Südamerika deportiert.

Öffentliches Beweismaterial

Dass die Affäre damit nicht erledigt war, hatte mehrere Gründe: Erstens merkte man im Generalstab, dass die Spionage für Deutschland weiterging; zweitens betrieb die Familie Dreyfus mit großem Aufwand eine Wiederaufnahme des Verfahrens; drittens schließlich – und das ist für uns der interessanteste Faktor – weitete sich der Kreis der Experten auf einen Schlag, als die Tageszeitung *Le Matin* am 10. November 1896 eine Fotografie des *Bordereau* abdruckte.

Die Herausgeber hielten Dreyfus für den Schuldigen und verbanden mit der Publikation des Hauptbeweisstücks die Hoffnung,

⟵

Detailansicht des Faksimiles in *Le Matin*: Im Vergleich zum Original sind hier die Risse und Falten des Papiers nicht mehr zu erkennen, wodurch der *Bordereau* wie ein unversehrtes Schriftstück erscheint, seine Schrift aber umso uneinheitlicher wirkt.

über dem Skandal ein für alle Mal die Akten zu schließen. Der Titel auf der Titelseite lautete: »Der Beweis: Das Faksimile des *Bordereau*, geschrieben von Dreyfus [...]? Kein Zweifel möglich.«[32]

Was hatte die Journalisten des *Matin* zu dieser kapitalen Fehleinschätzung verleitet? Das abgedruckte Faksimile entstammte einer fotografischen Reproduktion und konnte, wie in den Prozess involvierte Personen rasch herausfanden, nur vom Schriftexperten Teyssonnières stammen, der sie vor dem Studium der Originaldokumente von Bertillon erhalten und danach behalten hatte. Teyssonnières dürfte den Journalisten auch beim Verfassen des Artikels behilflich gewesen sein. Der Text enthielt grafologische Vergleiche zwischen Wörtern, Silben und Buchstaben aus dem *Bordereau* und aus Abschriften von Dreyfus, wobei Letztere nicht mit abgedruckt waren. Die Vergleiche liefen erneut auf den Befund hinaus, Dreyfus habe seine eigene Schrift verstellt. Für die angebliche Eindeutigkeit des Ergebnisses wurde die Exaktheit der wissenschaftlichen Expertise angeführt: »Die Experten haben die besonderen ›Ticks‹ der Verfasser untersucht, die sich gewissermaßen in der Hand befinden, und die von der Hand regelhaft und mechanisch ausgeführt werden, ohne Intervention des Gehirns. Das ist mechanisch und auch mathematisch.«[33] Damit wurden die Experten von gerichtlichen Gutachtern in mediale Legitimatoren verwandelt. Für Teyssonnières, der knapp bei Kasse war, dürfte sich die Indiskretion finanziell gelohnt haben. Dass er sie beging, deutet aber auch darauf hin, dass er an der Richtigkeit seines Schriftvergleichs nach wie vor keine Zweifel hegte. Man täte ihm daher unrecht, wenn man seine Expertise für das Kriegsgericht und sein Engagement für die Zeitungsredaktion als zynische Gefälligkeit abtun würde.

Die Veröffentlichung des *Bordereau*-Faksimiles war für die Familie Dreyfus und ihre wenigen Mitstreiter ein unverhoffter Glücksfall. Dank der Möglichkeit, Handschriften fotografisch zu reproduzieren und in Zeitungen zu publizieren, waren sie nun im Besitz des wichtigsten Beweisdokuments gegen Alfred Dreyfus. Und es kam ihnen noch ein weiterer Umstand entgegen, von dem sie gar nichts wussten.

Die in der Zeitung abgedruckte Kopie sah in auffälliger Weise anders aus als das Original, weil auf ihr die zusammengeklebten Papierfetzchen nicht mehr als solche erkennbar waren.

Dadurch wirkte der *Bordereau* wie ein unversehrtes Schriftstück, was seinen Wert als Beweismaterial für Spezialisten wie Laien gesteigert haben dürfte. Damit sah sich die Familie Dreyfus auf einen Schlag in die Lage versetzt, Gegenexpertisen zum Handschriftenvergleich einzuholen. Dank dem Geld von Mathieu Dreyfus, Alfreds Bruder, und dem Geschick seines publizistischen Adlaten, des jüdischen Anarchisten Bernard Lazare, gelang es, ein Dutzend Gutachter zu gewinnen, darunter viele offizielle Schriftexperten. Auffällig war die Dominanz von Vertretern der Grafologie, und noch auffälliger war die internationale Zusammensetzung des Gremiums. Nur zwei Gutachter kamen aus Frankreich, die restlichen zehn waren in der Schweiz, Deutschland, England und den USA tätig. Damit versuchte Lazare jeden Verdacht einer Voreingenommenheit der Experten auszuräumen. Die Auftragnehmer gingen rasch an die Arbeit, und dank Lazares publizistischer Umtriebigkeit lagen die Gutachten bereits im November 1897 der Öffentlichkeit vor.[34]

Die Gutachter äußerten unisono die Meinung, der *Bordereau* könne nicht von Dreyfus geschrieben worden sein. Soviel Eintracht war bemerkenswert, und sie wurde im In- und Ausland als Beweis für die Wissenschaftlichkeit der grafologischen Methode gefeiert. In Deutschland erschien bereits 1898 eine kleine Schrift mit dem Titel *Graphologie und gerichtliche Handschriften-Untersuchungen*. Ihr Verfasser war Hans Busse, dessen Definition der Grafologie wir bereits kennengelernt haben. Busse gehörte zusammen mit Ludwig Klages zu den Vorreitern der neuen Wissenschaft außerhalb Frankreichs, trat als Inhaber des »Instituts für wissenschaftliche Graphologie« und »Vorsitzender der Deutschen graphologischen Gesellschaft« auf und publizierte um die Jahrhundertwende eine ganze Reihe populärer Schriften zur Grafologie, darunter auch eine Studie zu Bismarcks Charakter, die direkt von Abbé Michons Arbeiten inspiriert war.[35] Im Kommentar zu Lazares

Gutachtergruppe wagte Busse die Prognose: »Der Fall Dreyfus wird nicht nur die Gerichte Frankreichs, sondern auch diejenigen Deutschlands und der übrigen Länder nötigen zur Abschaffung der bisherigen gerichtlichen Schriftexpertise oder zu deren Reform und Ersetzung durch die wissenschaftliche Graphologie.«[36] Die Zeit der Lithografen, Kalligrafen und »Beamten des subalternen Büreaudienstes«, die sich nebenberuflich als gerichtliche Schriftexperten betätigten, sei abgelaufen, und mit ihnen werde der Berufsstand endlich auch seinen schlechten Ruf los. Busse kündigte ein neues Zeitalter der wissenschaftlich fundierten Gerichtsbarkeit unter grafologischer Anleitung an. Er berief sich unter anderem auf seinen grafologischen Kollegen Wilhelm Preyer, dem zufolge Frauen »im Zweifelsfalle des Ehebruchs« zukünftig freigesprochen werden könnten, wenn »ihre Handschrift, nur aus dünnen Haarstrichen bestehend, nicht den geringsten Anhaltspunkt für das Vorhandensein sinnlicher Begierden liefert«.[37]

Busse ließ sich in seinem Optimismus von einer anderen, noch frappanteren Auffälligkeit in den Gutachten für Dreyfus nicht beirren: Von den zwölf Experten waren sich vier gewiss, der Spion habe die Schrift von Dreyfus nachgeahmt, und ein fünfter hielt es für wahrscheinlich. Jules Crépieux-Jamin, einer der zwei französischen Gutachter, stellte fest, der *Bordereau* weise zwar »keine profunden Ähnlichkeiten mit der Schrift von Dreyfus« auf, gleiche ihr aber »oberflächlich doch zu stark, um hier keine Imitationsabsicht seiner Schrift zu erkennen«.[38] Crépieux-Jamin galt seit der Veröffentlichung seiner Abhandlung *L'écriture et le caractère* im Jahr 1888 als prominentester Nachfolger von Abbé Michon; er wurde von Lazare mit den Worten eines Kollegen vorgestellt, er »verkörpere die Grafologie«.[39] Diese Einschätzung spiegelte sich auch im Honorar, das Crépieux-Jamin von Lazare erhielt: Es betrug 3000 Franc und war damit zwei- bis zehnmal höher als die Entschädigungen für die anderen Gutachter.[40] Noch unmissverständlicher als Crépieux-Jamin drückte sich Paul Moriaud, Rechtsprofessor an der Universität Genf, aus: »Der *Bordereau* ist das Werk eines Fälschers, eines plumpen Nachahmers der Schrift von Dreyfus.«[41] Auch unter jenen Experten, die diese Sicht nicht teilten, dominierten eindeutige Befunde. Ein anderer Schweizer, Louis de Rougemont, dessen Einschätzung Lazare als besonders glaubwürdig taxierte, weil er in der Öffentlichkeit mit »eher antisemitischen Gefühlen« aufgefallen sei, betonte: »Die Schrift von Hauptmann Dreyfus erhebt ihn, grafologisch beurteilt, über jeden Verdacht, ein Feigling und Verräter sein zu können.«[42]

Die zwölf Handschriftengutachten waren in der Absicht angefordert und angefertigt worden, die drei Experten des Militärgerichts, Bertillon, Charavay und Teyssonnières, zu diskreditieren: »Dem Zeugnis dreier Männer«, schrieb Lazare, »von denen einer als einfacher Polizist und Gerichtsdiener zu Recht verdächtig ist, stelle ich die freie Aussage von Männern mit unbestreitbarer Kompetenz und Unabhängigkeit gegenüber.«[43] Diese Behauptung sollte bereits drei Tage nach der Publikation der Expertisen hinfällig werden. Am 15. November verkündeten Mathieu Dreyfus und der Senator Auguste Scheurer-Kestner, der sich hinter den Kulissen schon länger für eine Wiederaufnahme des Prozesses eingesetzt und Lazares Veröffentlichung der Expertengutachten für dieses Vorhaben als schädlich eingestuft hatte,[44] den wahren Schuldigen in der Person des Infanterieoffiziers Ferdinand Walsin-Esterházy gefunden zu haben. Ein Wertpapierhändler namens Jacques de Castro hatte ein paar Tage zuvor ein Faksimile des *Bordereau* erstanden, darin die unverfälschte Handschrift seines Kunden Esterházy erkannt und Mathieu Dreyfus von seiner Entdeckung in Kenntnis gesetzt.

Wie ist es zu erklären, dass nicht weniger als fünf Experten die gleiche falsche Fälschungshypothese aufgestellt und mit teils aufwändigen Verfahren bewiesen zu haben glaubten? Unabhängig voneinander dürften die internationalen Gutachter kaum auf die gleiche Idee gekommen sein. Konnte Bertillons umständlich begründeter Befund, in der Handschrift des *Bordereau* sei eine Fälschungsabsicht zu erkennen, die Experten stärker in den Bann schlagen, als sie es sich angesichts ihrer Geringschätzung für den grafologischen Dilettanten eingestanden hätten? Oder ist es zu einer vorgängigen Absprache unter ihnen gekommen, um das Risiko von Widersprüchen zwischen den Gutachten möglichst gering zu halten? Der wahrscheinlichste Hergang liegt zwischen diesen beiden Szenarien. Von Lazare ist bekannt, dass er bereits vor dem Einholen der Expertengutachten überzeugt war, Dreyfus sei Opfer eines Handschriftenfälschers geworden, und dass er einzelnen Experten gegenüber seine Überzeugungen nicht verhehlte.[45] Bekannt ist ebenfalls, dass Lazare Bertillons Bericht als unbeabsichtigte Bestätigung für seinen Verdacht interpretierte.[46] Bertillon dürfte daher die grafologischen Gutachter der Gegenseite am ehesten indirekt beeinflusst haben – über Informationen oder Instruktionen, die ihnen Lazare gab. Trifft dieser Hergang zu, war es um die Unvoreingenommenheit der »unabhängigen« Experten im Solde Lazares noch schlechter bestellt als um jene der Militärgerichtsgutachter. Gewissheit besteht zumindest darüber, dass die Handschriftenexperten hüben wie drüben mit der hohen Erwartungshaltung ihrer Auftraggeber und der hohen Unsicherheit ihrer Methoden ähnlich kreativ umgegangen sind: Jene, denen am Exaktheitsversprechen ihrer Wissenschaft viel gelegen war, verletzten die prozeduralen Abläufe, um pointiert Position beziehen zu können. Ein solches Kalkül konnte höchstens für kurze Zeit aufgehen.

⟶

Nach der Veröffentlichung der *Bordereau*-Handschrift ließen Anhänger von Alfred Dreyfus Briefe von ihm und Ferdinand Walsin-Esterházy drucken, damit die Öffentlichkeit durch eigenen Augenschein zum richtigen Urteil gelangen konnte. Die Beweisstücke in Postkartenformat waren für einen Schriftenvergleich ohne grafologische Vorkenntnisse gedacht, bei dem die auffällige Ähnlichkeit zwischen der Handschrift Esterházys und jener des *Bordereau* von selbst zu Tage treten sollte. Die Gegner von Dreyfus entgegneten darauf mit Unterstützung grafologischer Experten, der *Bordereau* sehe Esterházys Handschrift deshalb ähnlich, weil er eine von Dreyfus fabrizierte Fälschung sei.

Affaire Dreyfus.

Document No. I.

Le Bordereau. (Fragment.)

Sans nouvelles m'indiquant que vous
désirez me voir, je vous adresse cependant
Monsieur quelques renseignements intéressants

1° une note sur le frein hydraulique
du 120 et la manière dont s'est conduite
cette pièce.

2° une note sur les troupes de couverture.
(quelques modifications seront apportées par
le nouveau plan).

3° une note sur une modification aux
formations de l'artillerie:

4° une note relative à Madagascar

5° le projet de manuel de tir de
l'artillerie de campagne (14 mars 1894)

Ce dernier document est extrêmement
difficile à se procurer et je ne puis
l'avoir à ma disposition que très peu
de jours. . . . .

Si donc vous voulez y prendre ce
qui vous intéresse et le tenir
à ma disposition après, je le
prendrai. À moins que vous ne
vouliez que je le fasse copier
in extenso et ne vous en adresse
la copie.

Je vais partir en manœuvres

Affaire Dreyfus.

Document No. 2.

L'Ecriture de Dreyfus.

AVIS

Les detenus ne peuvent écrire qu'à leurs proches parents et tuteurs et seulement une fois par mois, à moins de circonstances exceptionnelles. Ils peuvent être temporairement privés de correspondance.

Ils ne doivent parler que de leurs affaires de famille et de leurs intérêts privés.

Il leur est interdit de demander ou de recevoir des aliments ou des **timbres-poste**. Ils ne peuvent envoyer ou recevoir des secours que sur l'autorisation expresse du Directeur; ces secours doivent leur être adressés, soit en billets de banque par lettres chargées, soit en mandats-poste au nom du greffier comptable.

La correspondance est lue, tant au départ qu'à l'arrivée, par l'administration, qui a le droit de retenir les lettres.

Les familles peuvent adresser leurs lettres au Direct^eur, sous enveloppe affranchie, mais elles ne doivent recourir à aucun autre intermédiaire.

Les visites ont lieu au parloir   fois par semaine le   et le   à

Les visiteurs doivent être munis d'une pièce constatant leur parenté.

DÉPOT DE SAINT-MARTIN-DE-RE

Le 24 Janvier 1895

Noms et prénoms Alfred Dreyfus

No d'écrou   Atelier Jeudi

Ma chère Lucie,

D'après ta lettre datée de Mardi, tu n'as encore reçu aucune lettre de moi. Comme tu dois souffrir ma pauvre chérie! Quel horrible martyre pour tous deux! Sommes nous assez infortunés! Qu'avons nous donc fait pour subir une pareille infortune. C'est précisément ce qu'il y a de plus épouvantable, c'est qu'on se demande de quel crime on est coupable, quelle faute on expie.

[illegible]

Alfred

Affaire Dreyfus.

Document No. 3.

L'Ecriture d'Esterhazy.

Je reçois, Monsieur, avec surprise la lettre que vous avez bien voulu m'adresser. Je crois devoir vous donner quelques explications. A l'époque de mon mariage et dans les temps qui suivirent, je fus l'objet de tentatives fort nettes de chantage de la part d'une certaine dame Deltrier et de accointances de ma nouvelle famille, de mon côté, j'ai eu la très grande faiblesse à ce moment de me laisser troubler par ces indignes manœuvres. Cette femme m'extorqua ainsi diverses sommes et même falsifia une signature. Elle eut à cette occasion comme agent conscient ou inconscient (je l'ai dit [illegible]) une Mme Belly que je ne connaissais pas et n'avais jamais vu. J'affirme de dire que jamais je n'ai contracté l'ombre d'une dette vis-à-vis de ces 2 personnages, que je ne leur ai jamais rien acheté, jamais rien dû, ainsi qu'il est aisé de le prouver. Il y a environ cinq ans après avoir subi ainsi plusieurs exploitations, je me révoltai à la fin et refusai de payer un billet faux qui me fut présenté par la suivante.

Veuillez croire, Monsieur, à mes ~~[illegible]~~

Esterhazy

Texte du Bordereau.

[Recto] *Sans nouvelles m'indiquant que vous désirez me voir, je vous adresse cependant Monsieur, quelques renseignements intéressants :*
1° une note sur le frein hydraulique du 120 et la manière dont s'est conduite cette pièce.
2°. une note sur les troupes de couverture. (quelques modifications seront apportées par le nouveau plan.)
3° une note sur une modification aux formations de l'artillerie :
4° une note relative à Madagascar.
5° le projet de manuel de tir de l'artillerie de campagne (14 mars 1894.)
Ce dernier document est extrêmement difficile à se procurer et je ne puis l'avoir à ma disposition que très-peu de jours. Le ministère de la guerre.

[Verso] *en a envoyé un nombre fixe dans les corps et ces corps en sont responsables, chaque officier dédenteur doit remettre le sien après les manœuvres. Si donc vous voulez y prendre ce qui vous intéresse et le tenir à ma disposition après, je le prendrai. A moins que vous ne vouliez que je le fasse copier in extenso et ne vous en adresse la copie.*
Je vais partir en manœuvres.

Dank dem Handschriftenvergleich des Wertpapierhändlers de Castro hatte die Affäre ohne das Zutun eines Experten eine völlig neue Dimension erhalten. Und da auch eine andere Spur, die ein Oberst namens Marie-Georges Picquart unabhängig von Mathieu Dreyfus und gegen den Widerstand des Generalstabs verfolgt hatte, zu Esterházy führte, schien sich die Faktenlage für manche Beobachter, die den Fall mit Interesse verfolgten, geklärt zu haben. Die Anhänger von Dreyfus nutzten das öffentliche Beweismaterial geschickt, um allen Bürgern die Gelegenheit zu geben, sich mittels eines selbst durchgeführten Schriftvergleichs von Dreyfus' Unschuld zu überzeugen. Sie druckten eine Postkartenserie mit fotografisch hergestellten Faksimiles des *Bordereau* sowie je eines Briefes von Dreyfus und Esterházy.

Noch raffinierter war ein Plakat mit dem Titel *Affaire Esterhazy*, auf dem das Faksimile des *Bordereau* in der linken Spalte und eine Abfolge von je zwei Zeilen aus dem *Bordereau* sowie aus einem Brief von Esterházy in der rechten Spalte abgedruckt waren. Passend zum visuellen Effekt der Collage stand darüber: »Vollständige Identität der Handschriften«.

Zu den Beobachtern der Affäre hatte bis dahin auch Émile Zola gehört. Lazare hatte ihn mehrmals gedrängt, seinen literarischen Ruhm für die gerechte Sache einzusetzen, dabei aber einen Literaten angetroffen, der den Skandal lieber aus der Distanz verfolgte, wo er einen ästhetischen, um nicht zu sagen voyeuristischen Genuss an ihr haben konnte. »So eine Tragödie«, schrieb er seiner Frau noch am 8. November, »fasziniert mich, weil ich nichts Schöneres kenne«.[47] Nachdem er aber am 13. November mit Scheurer-Kestner getafelt und am 15. November die Zeitungen gelesen hatte, sah er den Moment gekommen, öffentlich Stellung zu beziehen. Noch aber tat er es als einer von mehreren Denkern, die im Gefühl der neuen Gewissheit bereit waren, Farbe zu bekennen, wenn auch nur so viel, dass sie nicht selber in den Strudel hineingezogen wurden. Am 25. November veröffentlichte er einen Artikel auf der

Frontseite des *Figaro* mit dem Titel »M. Scheurer-Kestner«, in dem er den elsässischen Senator als »dritte große Persönlichkeit des Dramas« – neben Dreyfus und Esterházy – vorstellte und ihm jene Rolle zuwies, die er später für sich reklamiert: die des »accusateur«. Sich selbst gab Zola noch immer den Part eines »Passanten, der mit offenen Augen auf das Leben blickt«. Die inszenierte Passivität mochte politischer Vorsicht geschuldet sein, passte aber nicht zur Insistenz, mit der Zola eine Wiederaufnahme des Verfahrens und eine Korrektur des »Justizirrtums« forderte. Der Artikel endete mit dem berühmten Satz: »Die Wahrheit ist auf dem Weg, nichts kann sie mehr aufhalten.«[48]

In den folgenden Wochen vollzog Zola Schritt für Schritt den Rollenwechsel vom voyeuristischen Passanten zum entrüsteten Ankläger. Am 1. Dezember erschien der nächste Leitartikel im *Figaro*, dieses Mal über die antisemitischen Verschwörungsfantasien der Presse und die bewusste Realitätsverweigerung der Generalität, deren Ehrgefühl nicht zuließ, eigene Fehler einzugestehen. Zolas Ton hatte bereits an Schärfe, seine Taktik an Wagemut gewonnen. Mit den Attacken gegen die Volksverhetzer in den Redaktionsstuben ging er noch ein minderes Risiko ein, nicht aber mit dem Vorwurf an die Strippenzieher im Kriegsministerium, sie ließen sich vom »stursten aller bösen Willen« leiten.[49] Nur vier Tage später überschlug sich Zolas Sprache schon vor Empörung. Im Stil eines Voltaire klagte er, wiederum an gleicher Stelle, die Boulevardzeitungen an, sie betrieben eine »Kampagne von Sektierern«, die in »unserem lieben französischen Volk jeden Großmut, jedes Verlangen nach Wahrheit und Gerechtigkeit« abtöte, womit sie nicht weniger als »das schwärzeste aller Verbrechen« begingen. Im

⟶

Eine visuell raffinierte Fusion der Handschrift des *Bordereau* mit jener Esterházys findet sich auf diesem Plakat mit dem bezeichnenden Titel »Affaire Esterhazy«. In der linken Spalte ist das Faksimile des *Bordereau*, wie es in *Le Matin* erschien, abgedruckt, in der rechten abwechslungsweise zwei Zeilen aus dem *Bordereau* und zwei aus einem Brief von Esterházy. Darüber steht: »Absolute Identität der Handschriften«.

AFFAIRE ESTERHAZY

Identité absolue des Ecritures

Le BORDEREAU est l'œuvre du Commandant Esterhazy

Bordereau.
Esterhazy.
Bordereau.
Esterhazy.
Bordereau.
Esterhazy.
Bordereau.
Esterhazy.
Bordereau.
Esterhazy.
Bordereau.
Esterhazy.
Bordereau.
Esterhazy.
Bordereau.
Esterhazy.

Les Fac-simile ci-dessus qui forment un tout complet, sont composés l'un d'un fragment du Bordereau, suivi d'un fragment de lettre du commandant Esterhazy; l'autre par moitié de l'écriture du Bordereau et par moitié de l'écriture du commandant Esterhazy, alternant deux lignes par deux lignes. Les deux écritures se confondent absolument à tous les points de vue.

gleichen Atemzug bezichtigte er die Redakteure der Qualitätszeitungen, die gebildeten Zuschauer (zu denen er sich noch immer zählte) und die gewählten Politiker der Untätigkeit und Feigheit. »Keine einzige laute und noble Stimme« habe sich in der »ehrlichen Presse« erhoben, »kein Aufschrei eines Ehrenmanns« sei aus den Parlamenten ertönt.[50] Für etliche Leser des *Figaro* war das zu viel. Die Zeitung verlor zahlreiche Abonnenten, worauf sie, Ökonomie über Ideologie stellend, ihrem externen Leitartikler die Zusammenarbeit aufkündigte.

Zolas rhetorischer Steigerungslauf stand in Kontrast zum Gang der Ereignisse, der endlich auf eine Lösung der Affäre hinzusteuern schien. Esterházy hatte sich unter der Kaskade öffentlicher Anschuldigungen am 2. Dezember 1897 der Militärjustiz gestellt. Das Kriegsgericht handelte rasch und konsequent. In kürzester Zeit zog es einen Scheinprozess auf und steuerte ihn auf einen Freispruch zu. Die einzige Hürde, die die Militärs zu meistern hatten, bestand in einer weiteren Runde an Expertengutachten. Um diesen die nötige Autorität und

Bordereau....

Esterhazy....

Bordereau....

Esterhazy....

Bordereau....

Esterhazy....

Repräsentativität zu verleihen, versuchte das Kriegsgericht, Paläografen und Grafologen mit einem gewissen Renommee zu rekrutieren. Charavay, der sich im Prozess gegen Dreyfus für die Aufgabe empfohlen hatte, zog sich nach anfänglicher Zusage zurück, nachdem ihn Gelehrtenfreunde, die von Dreyfus' Unschuld überzeugt waren, ins Gebet genommen hatten. Später führte er als Grund an, das Gericht sei seiner Forderung nicht nachgekommen, neben dem *Bordereau* und den Handschriftenproben Esterházys auch die Manuskripte von Dreyfus in die Untersuchung einzubeziehen.[51] Die Militärs fanden Ersatz in Émile Coüard, der wie Charavay paläografischer Archivar aus der École des chartes und offizieller Experte am Tribunal de la Seine war.[52] Neben Coüard konnten zwei weitere vereidigte Handschriftenexperten gewonnen werden, Edmond Belhomme, ein pensionierter Akademieinspektor, und Pierre Varinard, ein Grafologe der zweiten Generation, und zwar im wörtlichen Sinn: Varinards Vater, Adrien, hatte zu den engsten Weggefährten von Abbé Michon gehört, mit diesem die Zeitschrift *La Graphologie* aufgebaut, nach ihm den Vorsitz in der Société de Graphologie übernommen und die erste Biografie des Meisters geschrieben.[53] Varinard fils trat früh in die Fußstapfen seines Vaters und wurde in den 1890er-Jahren neben Crépieux-Jamin zur »offiziellen Spitze der grafologischen Bewegung in Frankreich« gerechnet.[54]

Um nichts anbrennen zu lassen, hielten die Richter die Verhandlung über die Schriftgutachten hinter verschlossenen Türen ab. Die Handschriftenexperten verfügten politisch wie wissenschaftlich nur über einen engen Spielraum. Wollten sie ihrem Berufsstand nicht noch mehr Schaden zufügen, mussten sie eine Lesart finden, die nicht in völligem Widerspruch zu den bereits erstellten Gutachten für und gegen Dreyfus stand. Ihre Lösung war ein Geniestreich, wenn auch einer der absurden Sorte. Sie stellten fest, dass der *Bordereau* tatsächlich in Esterházys Schrift verfasst sei, aber von der Hand eines vorzüglichen Fälschers. Um wen es sich dabei handeln könnte, brauchten sie nicht weiter auszuführen. Damit war ihr Befund zumindest in einer Hinsicht identisch mit vielen früheren Stellungnahmen, und Coüard

Deuxième Année. — Numéro 87 | Cinq Centimes | JEUDI 13 JANVIER 18

Directeur
ERNEST VAUGHAN
ABONNEMENTS

	Un an	Six mois	Trois mois
Paris	20 »	10 »	5 »
Départements et Algérie	24 »	12 »	6 »
Etranger (Union Postale)	35 »	18 »	10 »

POUR LA RÉDACTION :
S'adresser à M. A. BERTHIER
Secrétaire de la Rédaction

Adresse télégraphique : AURORE-PARIS

L'AURORE

Littéraire, Artistique, Sociale

Directeur
ERNEST VAUGHA
LES ANNONCES SONT REÇUES
142 — Rue Montmartre —
AUX BUREAUX DU JOURNAL

Les manuscrits non insérés ne sont pas re

ADRESSER LETTRES ET MANDATS
à M. A. BOUIT, Administrate

Téléphone : 102-88

J'Accuse...!

LETTRE AU PRÉSIDENT DE LA RÉPUBLIQU

Par ÉMILE ZOLA

LETTRE A M. FÉLIX FAURE

Président de la République

Monsieur le Président,

Me permettez-vous, dans ma gratitude pour le bienveillant accueil que vous m'avez fait un jour, d'avoir le souci de votre juste gloire et de vous dire que votre étoile, si heureuse jusqu'ici, est menacée de la plus honteuse, de la plus ineffaçable des taches?

Vous êtes sorti sain et sauf des basses calomnies, vous avez conquis les cœurs. Vous apparaissez rayonnant dans l'apothéose de cette fête patriotique que l'alliance russe a été pour la France, et vous vous préparez à présider au solennel triomphe de notre Exposition universelle, qui couronnera notre grand siècle de travail, de vérité et de liberté. Mais quelle tache de boue sur votre nom — j'allais dire sur votre règne — que cette abominable affaire Dreyfus! Un conseil de guerre vient, par ordre, d'oser acquitter un Esterhazy, soufflet suprême à toute vérité, à toute justice. Et c'est fini, la France a sur la joue cette souillure, l'histoire écrira que c'est sous votre présidence qu'un tel crime social a pu être commis.

Puisqu'ils ont osé, j'oserai aussi, moi. La vérité, je la dirai, car j'ai promis de la dire, si la justice, régulièrement saisie, ne la faisait pas, pleine et entière. Mon devoir est de parler, je ne veux pas être complice. Mes nuits seraient hantées par le spectre de l'innocent qui expie là-bas, dans la plus affreuse des tortures, un crime qu'il n'a pas commis.

Et c'est à vous, monsieur le Président, que je la crierai, cette vérité, de toute la force de ma révolte d'honnête homme. Pour votre honneur, je suis convaincu que vous l'ignorez. Et à qui donc dénoncerai-je la tourbe malfaisante des vrais coupables, si ce n'est à vous, le premier magistrat du pays?

***

La vérité d'abord sur le procès et sur la condamnation de Dreyfus.

Un homme néfaste a tout mené, a tout fait, c'est le colonel du Paty de Clam, alors simple commandant. Il est l'affaire Dreyfus tout entière, on ne la connaîtra que lorsqu'une enquête loyale aura établi nettement ses actes et ses responsabilités. Il apparaît comme l'esprit le plus fumeux, le plus compliqué, hanté d'intrigues romanesques, se complaisant aux moyens des romans-feuilletons, les papiers volés, les lettres anonymes, les rendez-vous dans les endroits déserts, les femmes mystérieuses qui colportent, de nuit, des preuves accablantes. C'est lui qui imagina de dicter le bordereau à Dreyfus; c'est lui qui rêva de l'étudier dans une pièce entièrement revêtue de glaces; c'est lui que le commandant Forzinetti nous représente armé d'une lanterne sourde, voulant se faire introduire près de l'accusé endormi, pour projeter sur son visage un brusque flot de lumière et surprendre ainsi son crime, dans l'émoi du réveil. Et je n'ai pas à tout dire, qu'on cherche, on trouvera. Je déclare simplement que le commandant du Paty de Clam, chargé d'instruire l'affaire Dreyfus, comme officier judiciaire, est, dans l'ordre des dates et des responsabilités, le premier coupable de l'effroyable erreur judiciaire qui a été commise.

Le bordereau était depuis quelque temps déjà entre les mains du colonel Sandherr, directeur du bureau des renseignements, mort depuis de paralysie générale. Des « fuites » avaient lieu, des papiers disparaissaient, comme il en disparaît aujourd'hui encore; et l'auteur du bordereau était recherché, lorsqu'un *a priori* se fit peu à peu que cet auteur ne pouvait être qu'un officier de l'état-major, et un officier d'artillerie : double erreur manifeste, qui montre avec quel esprit superficiel on avait étudié ce bordereau, car un examen raisonné démontre qu'il ne pouvait s'agir que d'un officier de troupe. On cherchait donc dans la maison, on examinait les écritures, c'était comme une affaire de famille, un traître à surprendre dans les bureaux mêmes, pour l'en expulser. Et, sans que je veuille refaire ici une histoire connue en partie, le commandant du Paty de Clam entre en scène, dès qu'un premier soupçon tombe sur Dreyfus. A partir de ce moment, c'est lui qui a inventé Dreyfus, l'affaire devient son affaire, il se fait fort de confondre le traître, de l'amener à des aveux complets. Il y a bien le ministre de la guerre, le général Mercier, dont l'intelligence semble médiocre; il y a bien le chef de l'état-major, le général de Boisdeffre, qui paraît avoir cédé à sa passion cléricale, et le sous-chef de l'état-major, le général Gonse, dont la conscience a pu s'accommoder de beaucoup de choses. Mais, au fond, il n'y a d'abord que le commandant du Paty de Clam, qui les mène tous, qui les hypnotise, car il s'occupe aussi de spiritisme, d'occultisme, il converse avec les esprits. On ne croira jamais les expériences auxquelles il a soumis le malheureux Dreyfus, les pièges dans lesquels il a voulu le faire tomber, les enquêtes folles, les imaginations monstrueuses, toute une démence torturante.

Ah! cette première affaire, elle est un cauchemar, pour qui la connaît dans ses détails vrais! Le commandant du Paty de Clam arrête Dreyfus, le met au secret. Il court chez madame Dreyfus, la terrorise, lui dit que, si elle parle, son mari est perdu. Pendant ce temps, le malheureux s'arrachait la chair, hurlait son innocence. Et l'instruction a été faite ainsi, comme dans une chronique du quinzième siècle, au milieu du mystère, avec une complication d'expédients farouches, tout cela basé sur une seule charge enfantine, ce bordereau imbécile, qui n'était pas seulement une trahison vulgaire, qui était aussi la plus impudente des escroqueries, car les fameux secrets livrés se trouvaient presque tous sans valeur. Si j'insiste, c'est que l'œuf est ici, d'où va sortir plus tard le vrai crime, l'épouvantable déni de justice dont la France est malade. Je voudrais faire toucher du doigt comment l'erreur judiciaire a pu être possible, comment elle est née des machinations du commandant du Paty de Clam, comment le général Mercier, les généraux de Boisdeffre et Gonse ont pu s'y laisser prendre, engager peu à peu leur responsabilité dans cette erreur, qu'ils ont cru devoir, plus tard, imposer comme la vérité sainte, une vérité qui ne se discute même pas. Au début, il n'y a donc de leur part que de l'incurie et de l'inintelligence. Tout au plus, les sent-on céder aux passions religieuses du milieu et aux préjugés de l'esprit de corps. Ils ont laissé faire la sottise.

Mais voici Dreyfus devant le conseil de guerre. Le huis clos le plus absolu est exigé. Un traître aurait ouvert la frontière à l'ennemi, pour conduire l'empereur allemand jusqu'à Notre-Dame, qu'on ne prendrait pas des mesures de silence et de mystère plus étroites. La nation est frappée de stupeur, on chuchote des faits terribles, de ces trahisons monstrueuses qui indignent l'Histoire, et naturellement la nation s'incline. Il n'y a pas de châtiment assez sévère, elle applaudira à la dégradation publique, elle voudra que le coupable reste sur son rocher d'infamie, dévoré par le remords. Est-ce donc vrai, les choses indicibles, les choses dangereuses, capables de mettre l'Europe en flammes, qu'on a dû enterrer soigneusement derrière ce huis clos? Non! il n'y a eu, derrière, que les imaginations romanesques et démentes du commandant du Paty de Clam. Tout cela n'a été fait que pour cacher le plus saugrenu des romans-feuilletons. Et il suffit, pour s'en assurer, d'étudier attentivement l'acte d'accusation lu devant le conseil de guerre.

Ah! le néant de cet acte d'accusation! Qu'un homme ait pu être condamné sur cet acte, c'est un prodige d'iniquité. Je défie les honnêtes gens de le lire, sans que leur cœur bondisse d'indignation et crie leur révolte, en pensant à l'expiation démesurée, là-bas, à l'île du Diable. Dreyfus sait plusieurs langues, crime; on n'a trouvé chez lui aucun papier compromettant, crime; il va parfois dans son pays d'origine, crime; il est laborieux, il a le souci de tout savoir, crime; il ne se trouble pas, crime; il se trouble, crime. Et les naïvetés de rédaction, les formelles assertions dans le vide! On nous avait parlé de quatorze chefs d'accusation : nous n'en trouvons qu'une seule en fin de compte, celle du bordereau; et nous apprenons même que les experts n'étaient pas d'accord, qu'un d'eux, M. Gobert, a été bousculé militairement, parce qu'il se permettait de ne pas conclure dans le sens désiré. On parlait aussi de vingt-trois officiers qui étaient venus accabler Dreyfus de leurs témoignages. Nous ignorons encore leurs interrogatoires, mais il est certain que tous ne l'avaient pas chargé; et il est à remarquer, en outre, que tous appartenaient aux bureaux de la guerre. C'est un procès de famille, on est là entre soi, et il faut s'en souvenir : l'état-major a voulu le procès, l'a jugé, et il vient de le juger une seconde fois.

Donc, il ne restait que le bordereau, sur lequel les experts ne s'étaient pas entendus. On raconte que, dans la chambre du conseil, les juges allaient naturellement acquitter. Et, dès lors, comme l'on comprend l'obstination désespérée avec laquelle, pour justifier la condamnation, on affirme aujourd'hui l'existence d'une pièce secrète, accablante, la pièce qu'on ne peut montrer, qui légitime tout, devant laquelle nous devons nous incliner, le bon dieu invisible et inconnaissable. Je la nie, cette pièce, je la nie de toute ma puissance! Une pièce ridicule, oui, peut-être la pièce où il est question de petites femmes, et où il est parlé d'un certain D... qui devient trop exigeant, quelque mari sans doute trouvant qu'on ne lui payait pas sa femme assez cher. Mais une pièce intéressant la défense nationale, qu'on ne saurait produire sans que la guerre fût déclarée demain, non, non! C'est un mensonge; et cela est d'autant plus odieux et cynique qu'ils mentent impunément sans qu'on puisse les en convaincre. Ils ameutent la France, ils se cachent derrière sa légitime émotion, ils ferment les bouches en troublant les cœurs, en pervertissant les esprits. Je ne connais pas de plus grand crime civique.

Voilà donc, monsieur le Président, les faits qui expliquent comment une erreur judiciaire a pu être commise; et les preuves morales, la situation de fortune de Dreyfus, l'absence de motifs, son continuel cri d'innocence, achèvent de le montrer comme une victime des extraordinaires imaginations du commandant du Paty de Clam, du milieu clérical où il se trouvait, de la chasse aux « sales juifs », qui déshonore notre époque.

***

Et nous arrivons à l'affaire Esterhazy. Trois ans se sont passés, beaucoup de consciences restent troublées profondément, s'inquiètent, cherchent, finissent par se convaincre de l'innocence de Dreyfus.

Je ne ferai pas l'historique des doutes, puis de la conviction de M. Scheurer-Kestner. Mais, pendant qu'il fouillait de son côté, il se passait des faits graves à l'état-major même. Le colonel Sandherr était mort, et le lieutenant-colonel Picquart lui avait succédé comme chef du bureau des renseignements. Et c'est à ce titre, dans l'exercice de ses fonctions, que ce dernier eut un jour entre les mains une lettre-télégramme, adressée au commandant Esterhazy, par un agent d'une puissance étrangère. Son devoir strict était d'ouvrir une enquête. La certitude est qu'il n'a jamais agi en dehors de la volonté de ses supérieurs. Il soumit donc ses soupçons à ses supérieurs hiérarchiques, le général Gonse, puis le général de Boisdeffre, puis le général Billot, qui avait succédé au général Mercier comme ministre de la guerre. Le fameux dossier Picquart, dont il a été tant parlé, n'a jamais été que le dossier Billot, j'entends le dossier fait par un subordonné pour son ministre, le dossier qui doit exister encore au ministère de la guerre. Les recherches durèrent de mai à septembre 1896, et ce qu'il faut affirmer bien haut, c'est que le général Gonse était convaincu de la culpabilité d'Esterhazy, c'est que le général de Boisdeffre et le général Billot ne mettaient pas en doute que le fameux bordereau fût de l'écriture d'Esterhazy. L'enquête du lieutenant-colonel Picquart avait abouti à cette constatation certaine. Mais l'émoi était grand, car la condamnation d'Esterhazy entraînait inévitablement la revision du procès Dreyfus; et c'était ce que l'état-major ne voulait à aucun prix.

Il dut y avoir là une minute psychologique pleine d'angoisse. Remarquez que le général Billot n'était compromis dans rien, il arrivait tout frais, il pouvait faire la vérité. Il n'osa pas, dans la terreur sans doute de l'opinion publique, certainement aussi dans la crainte de livrer tout l'état-major, le général de Boisdeffre, le général Gonse, sans compter les sous-ordres. Puis, ce ne fut là qu'une minute de combat entre sa conscience et ce qu'il croyait être l'intérêt militaire. Quand cette minute fut passée, il était déjà trop tard. Il s'était engagé, il était compromis. Et, depuis lors, sa responsabilité n'a fait que grandir, il a pris à sa charge le crime des autres, il est aussi coupable que les autres, il est plus coupable qu'eux, car il a été le maître de faire justice, et il n'a rien fait. Comprenez-vous cela! voici un an que le général Billot, que les généraux de Boisdeffre et Gonse savent que Dreyfus est innocent, et ils ont gardé pour eux cette effroyable chose. Et ces gens-là dorment, et ils ont des femmes et des enfants qu'ils aiment!

Le colonel Picquart avait rempli son devoir d'honnête homme. Il insistait auprès de ses supérieurs, au nom de la justice. Il les suppliait même, il leur disait combien leurs délais étaient impolitiques devant le terrible orage qui s'amoncelait, qui devait éclater, lorsque la vérité serait connue. Ce fut, plus tard, le langage que M. Scheurer-Kestner tint également au général Billot, l'adjurant par patriotisme de prendre en main l'affaire, de ne pas la laisser s'aggraver, au point de devenir un désastre public. Non! le crime était commis, l'état-major ne pouvait plus avouer son crime. Et le lieutenant-colonel Picquart fut envoyé en mission, on l'éloigna de plus loin en plus loin, jusqu'en Tunisie, où l'on voulut même un jour honorer sa bravoure, en le chargeant d'une mission qui l'aurait fait sûrement massacrer, dans les parages où le marquis de Morès a trouvé la mort. Il n'était pas en disgrâce, le général Gonse entretenait avec lui une correspondance amicale. Seulement, il est des secrets qu'il ne fait pas bon d'avoir surpris.

A Paris, la vérité marchait, irrésistible, et l'on sait de quelle façon l'orage attendu éclata. M. Mathieu Dreyfus dénonça le commandant Esterhazy comme le véritable auteur du bordereau, au moment où M. Scheurer-Kestner allait déposer, entre les mains du garde des sceaux, une demande en revision du procès. Et c'est ici que le commandant Esterhazy paraît. Des témoignages le montrent d'abord affolé, prêt au suicide ou à la fuite. Puis, tout d'un coup, il paye d'audace, il étonne Paris par la violence de son attitude. C'est que du secours lui était venu, il avait reçu une lettre anonyme l'avertissant des menées de ses ennemis, une dame mystérieuse s'était même dérangée de nuit pour lui remettre une pièce volée à l'état-major, qui devait le sauver. Et je ne puis m'empêcher de retrouver là le lieutenant-colonel du Paty de Clam, en reconnaissant les expédients de son imagination fertile. Son œuvre, la culpabilité de Dreyfus, était en péril, et il a voulu sûrement défendre son œuvre. La revision du procès, mais c'était l'écroulement du roman-feuilleton si extravagant, si tragique, dont le dénouement abominable a lieu à l'île du Diable! C'est ce qu'il ne pouvait permettre. Dès lors, le duel va avoir lieu entre le lieutenant-colonel Picquart et le lieutenant-colonel du Paty de Clam, l'un le visage découvert, l'autre masqué. On les retrouvera prochainement tous deux devant la justice civile. Au fond, c'est toujours l'état-major qui se défend, qui ne veut pas avouer son crime, dont l'abomination grandit d'heure en heure.

On s'est demandé avec stupeur quels étaient les protecteurs du commandant Esterhazy. C'est d'abord, dans l'ombre, le lieutenant-colonel du Paty de Clam qui a tout machiné, qui a tout conduit. Sa main se trahit aux moyens saugrenus. Puis, c'est le général de Boisdeffre, c'est le général Gonse, c'est le général Billot lui-même, qui sont bien obligés de faire acquitter le commandant, puisqu'ils ne peuvent laisser reconnaître l'innocence de Dreyfus, sans que les bureaux de la guerre croulent sous le mépris public. Et le beau résultat de cette situation prodigieuse, c'est que l'honnête homme là-dedans, le lieutenant-colonel Picquart, qui seul a fait son devoir, va être la victime, celui qu'on bafouera et qu'on punira. O justice, quelle affreuse désespérance serre le cœur! On va jusqu'à dire que c'est lui le faussaire, qu'il a fabriqué la carte-télégramme pour perdre Esterhazy. Mais, grand Dieu! pourquoi? dans quel but? Donnez un motif. Est-ce que celui-là aussi est payé par les juifs? Le joli de l'histoire est qu'il était justement antisémite. Oui! nous assistons à ce spectacle infâme, des hommes perdus de dettes et de crimes dont on proclame l'innocence, tandis qu'on frappe l'honneur même, un homme à la vie sans tache! Quand une société en est là, elle tombe en décomposition.

Voilà donc, monsieur le Président, l'affaire Esterhazy : un coupable qu'il s'agissait d'innocenter. Depuis bientôt deux mois, nous pouvons suivre heure par heure la belle besogne. J'abrège, car ce n'est ici, en gros, que le résumé de l'histoire dont les brûlantes pages seront un jour écrites tout au long. Et nous avons donc vu le général de Pellieux, puis le commandant Ravary, conduire une enquête scélérate d'où les coquins sortent transfigurés et les honnêtes gens salis. Puis, on a convoqué le conseil de guerre.

***

Comment a-t-on pu espérer qu'un conseil de guerre déferait ce qu'un
seil de guerre avait fait?

Je ne parle même pas du choix
jours possible des juges. L'idée
rieure de discipline, qui est da
sang de ces soldats, ne suffit-elle
firmer leur pouvoir même d'éq
Qui dit discipline dit obéiss
Lorsque le ministère de la gu
le grand chef, a établi publiquem
aux acclamations de la représent
nationale, l'autorité absolue de la c
jugée, vous voulez qu'un consei
guerre lui donne un formel dém
Hiérarchiquement, cela est imposs
Le général Billot a suggestionné
juges par sa déclaration, et ils ont
comme ils doivent aller au feu,
raisonner. L'opinion préconçue q
ont apportée sur leur siège est évid
ment celle-ci : « Dreyfus a été
damné pour crime de trahison pa
conseil de guerre; il est donc coup
et nous, conseil de guerre, nous
pouvons le déclarer innocent; or
savons que reconnaître la culpab
d'Esterhazy, ce serait proclamer
nocence de Dreyfus. » Rien ne pou
les faire sortir de là.

Ils ont rendu une sentence iniqu
à jamais pèsera sur nos conseil
guerre, qui entachera désormais
suspicion tous leurs arrêts. Le pre
conseil de guerre a pu être inin
gent, le second est forcément crim
Son excuse, je le répète, est que le
suprême avait parlé, déclarant la c
jugée inattaquable, sainte et s
rieure aux hommes, de sorte que
inférieurs ne pouvaient dire le
traire. On nous parle de l'honneu
l'armée, on veut que nous l'aimi
que nous la respections. Ah! ce
oui, l'armée qui se lèverait à la
mière menace, qui défendrait la
française, elle est tout le peupl
nous n'avons pour elle que tend
et respect. Mais il ne s'agit pas d'
dont nous voulons justement la
gnité, dans notre besoin de justic
s'agit du sabre, le maître qu'on
donnera demain peut-être. Et b
dévotement la poignée du sabr
dieu, non!

Je l'ai démontré d'autre part :
faire Dreyfus était l'affaire des bu
de la guerre, un officier de l'état-m
dénoncé par ses camarades de l'
major, condamné sous la pression
chefs de l'état-major. Encore une
il ne peut revenir innocent, sans
tout l'état-major soit coupable. A
les bureaux, par tous les moyens i
ginables, par des campagnes de pre
par des communications, par des
fluences, n'ont-ils couvert Esterh
que pour perdre une seconde
Dreyfus. Ah! quel coup de bala
gouvernement républicain devrait
ner dans cette jésuitière, ainsi que
appelle le général Billot lui-même!
est-il, le ministère vraiment for
d'un patriotisme sage, qui osera
y refondre et tout y renouveler?
de gens je connais qui, devant
guerre possible, tremblent d'angoi
en sachant dans quelles mains es
défense nationale! et quel nid
basses intrigues, de commérages e
dilapidations, est devenu cet a
sacré, où se décide le sort de la pat
On s'épouvante devant le jour terr
que vient d'y jeter l'affaire Drey
ce sacrifice humain d'un malheure
d'un « sale juif »! Ah! tout ce qui
agité là de démence et de sottise,
imaginations folles, des pratiques
basse police, des mœurs d'inquisit
et de tyrannie, le bon plaisir de q
ques galonnés mettant leurs bottes
la nation, lui rentrant dans la go
son cri de vérité et de justice, sous
prétexte menteur et sacrilège de
raison d'État!

Et c'est un crime encore que de
tre appuyé sur la presse immonde,
de s'être laissé défendre par toute
fripouille de Paris, de sorte que vo
la fripouille qui triomphe insolemme

und Belhomme betonten denn auch später, die Übereinstimmung sei als Beweis für »die Exaktheit unserer Methode« anzusehen.[55] Es ist nicht ausgeschlossen, dass sie das tatsächlich glaubten. Wenn dem so war, dann sind ihre Gutachten nicht als Täuschungen raffinierter Lügner, sondern als Irrtümer positivistischer Fantasten einzustufen.

Am 11. Januar 1898 wurde Esterházy einstimmig freigesprochen. Zwei Tage später erschien die Tageszeitung *L'Aurore* in einer Auflage von 300 000 Exemplaren und mit Zolas »J'Accuse ... !« auf der Titelseite.

Zu diesem Zeitpunkt hatten zwanzig wissenschaftliche Experten zum Spionagefall Stellung bezogen, und eine Reihe von Philologen und Historikern hatte ihre Handschriftenkennerschaft als öffentliche Kritiker in die Waagschale geworfen. Als die Affaire Dreyfus ihren zweiten Justizskandal erlebte, hatten die zuständigen Spezialisten ihr Pulver bereits verschossen, und anstatt für Klärung hatten sie für noch mehr Verwirrung gesorgt. Für Interventionen von »unabhängiger« Warte aus bedurfte es nun einer anderen Rolle, um etwas bewirken zu können. Nicht mehr epistemische, sondern moralische Autorität war gefragt. Zola war sich dessen bewusst, als er seinen Beobachterposten endgültig aufgab.

In »J'Accuse ... !« trat Zola noch nicht als »intellectuel«, sondern als »honnête homme« auf. Der Begriff, der im Artikel nicht weniger als sechsmal vorkommt, hatte Ende des 19. Jahrhunderts einen aristokratisch-altertümlichen Beiklang. Er entstammte der Sprache des Ancien Régime, in der er für das Ideal eines elegant auftretenden und

⟵

Am 13. Januar 1898, als Émile Zola mit der Autorität des »revoltierenden Ehrenmanns« die militärischen Eliten der Nation öffentlich unter Anklage stellte, waren die Ereignisse am Ursprung der Affaire Dreyfus faktisch längst geklärt, gerichtlich aber kurz zuvor ein weiteres Mal so verdreht worden, dass Alfred Dreyfus verurteilt und verbannt blieb. Mit »J'Accuse ... !« steigerte sich der Skandal zum nationalen Drama, das sich wiederum in einer Abfolge von Gerichtsprozessen und unter Einsatz von Experten, diesmal vor der versammelten Weltpresse, entfaltete.

allseits gebildeten Angehörigen des Hofes stand. Zola verband den Auftritt als Ehrenmann mit dem Anspruch auf einen höheren Gerechtigkeitssinn, der ihn zum Ausschreien der Wahrheit zwinge. Und wie der humanistisch inspirierten Rolle des Hofmanns lag seinem Anspruch die Vorstellung zugrunde, die moralische Überlegenheit leite sich von seiner literarischen Tätigkeit, das heißt von seinem Ausweis besonderer Denk- und Sprachfähigkeit ab. Damit stellte er seine öffentliche Anklage in die Tradition der *nobilitas animi*, des Geistesadels, der durch literarische Taten persönliche Ehre und öffentliche Autorität erwarb. Indem er Generäle und Politiker bis hinauf zum Präsidenten bei ihrer Ehre packte, zwang er ihnen das Wertesystem seiner eigenen Rolle auf. Ein gewisser Widerspruch bestand darin, dass die rückwärtsgewandte Rolle des geistesaristokratischen »honnête homme« mit der avancierten Kommunikationsstrategie des massenmedialen Knalls kombiniert wurde. Insofern hatte es eine gewisse Folgerichtigkeit, dass Zolas Rolle bald einen anderen Namen erhielt, jenen des »intellectuel«.

In seiner langen Anklageschrift knüpfte sich Zola außer Politikern und Offizieren auch die drei Handschriftenexperten im Prozess gegen Esterházy vor. Der Ton übertraf an Sarkasmus die meisten anderen Passagen: »Ich klage die drei Schriftexperten, die Herren Belhomme, Varinard und Coüard, an, lügnerische und betrügerische Berichte erstellt zu haben, es sei denn eine medizinische Untersuchung erkläre, sie litten an einer Krankheit des Seh- und Urteilsvermögens.«[56] Der einzige Experte, der positive Erwähnung fand, war Alfred Gobert, der Handschriftengutachter, der sich am Anfang der Affäre mit seiner Weigerung zur Vorverurteilung von Dreyfus in Schwierigkeiten gebracht hatte.

Zolas Experten: des Scheiterns nächster Akt

Zolas Angriff auf die Gerichtsgutachter war Teil einer kontrollierten Eskalationsstrategie. Sein Artikel konnte als Verstoß gegen das Pressegesetz von 1881 ausgelegt werden, und tatsächlich vergingen nur fünf Tage, bis er unter Anklage gestellt wurde, und zwar nicht nur wegen

»Diffamierung« des Kriegsrats, sondern auch wegen Ehrverletzung der drei Handschriftenexperten. Zola wurde von der raschen und heftigen Reaktion nicht überrumpelt, im Gegenteil, er hatte sie mit Absicht provoziert. Am Schluss von »J'Accuse ... !« hatte er seine Leser darauf hingewiesen, dass sein Artikel einen Gesetzesverstoß darstelle, womit er der Regierung und dem Kriegsministerium eine Einladung zum Prozess machte, die sie nicht ablehnen konnten. Zolas Entscheidung, sich bei der Niederschrift seines Artikels juristisch beraten zu lassen, trug damit Früchte. Sein Ziel war, durch einen weiteren, medial begleiteten Gerichtsprozess das ganze Ausmaß der staatlichen Verschwörung gegen Dreyfus ans Licht zu bringen. Um das Ziel zu erreichen, musste Zola nicht unbedingt den Prozess im Gerichtssaal gewinnen. Entscheidend war das Urteil der Öffentlichkeit.

Zola und sein Anwalt, Fernand Labori, hatten also einen doppelten Prozess zu organisieren. Um im öffentlichen Tribunal der Massenmedien eine Chance zu haben, mussten sie vor den Journalisten im Gerichtssaal einen überzeugenden Eindruck machen. Dazu aber brauchten sie glaubwürdige Gewährsleute, die Zola eine faktische Berechtigung zur Verleumdung der Generäle und Gerichtsgutachter bescheinigten. Und da sich in der Affaire Dreyfus weiterhin alles um den *Bordereau* und ein paar andere Manuskripte drehte, machten sie sich wieder auf die Suche nach Handschriftenspezialisten.

Wie aber konnten sie ihren eigenen Experten von dem Reputationsschaden ausnehmen, den der Berufsstand der Schriftexperten eben erlitten hatte? Labori und Zola wählten eine Rekrutierungsstrategie, die es ihnen ermöglichen sollte, mit dem bisherigen Gutachterpersonal gut sichtbar zu brechen. Allerdings war der Bruch gegenüber der Expertenauswahl des Kriegsrats viel kleiner als gegenüber jener von Bernard Lazare und Mathieu Dreyfus. Labori erläuterte die Strategie in einer Notiz gegenüber den Geschworenen:

> Die Experten, die hier als Zeugen einberufen werden, sind Mitglieder des Institut de France, Professoren an der École

> des chartes, Männer, die die Materialien der französischen Geschichte zutage fördern, Männer, die die Aufsicht über unsere Archives nationales haben, und nicht Coüards und Varinards.[57]

Die Gegenüberstellung war etwas bemüht, gehörte doch Coüard ebenfalls zu den Zöglingen der École des chartes und den Spezialisten für alte französische Quellen. Der Kontrast bestand eher darin, dass man Größen aus den nationalen Geistestempeln, aber keine offiziellen Gerichtsgutachter wollte. Die »experts« sollten durch »savants« ersetzt werden, was für die mediale Strategie den zusätzlichen Vorteil hatte, dass sie vor Gericht nicht als Sachverständige schriftlich Bericht erstatteten, sondern als Zeugen mündlich vernommen wurden. So kam es, dass Historiker, Philologen, Paläografen und sogar ein Chemiker für Zola aussagten. Der progressive Romancier hatte wieder auf eine konservative Glaubwürdigkeitspolitik gesetzt.

Zola verfasste einen Musterbrief an die »savants«, in dem er ihnen eine einzige Frage ankündigte, die ihnen sein Anwalt vor Gericht stellen würde: »Können Sie nach Ihrem Wissen und Gewissen bestätigen, dass die Schrift des *Bordereau* nicht von Dreyfus ist?«[58] Die Gelehrten, die der Anfrage Folge leisteten, beließen es im Gerichtssaal selten mit einer kurzen Antwort. Édouard Grimaux, Chemiker mit Sitz in der Académie des sciences, machte sich die Glaubwürdigkeitsstrategie von Labori und Zola zu eigen und führte vor den Geschworenen aus: »Zuallererst habe ich, ohne Grafologe oder Schriftexperte zu sein, gesehen, dass die Schrift von Herrn Esterházy mit jener des *Bordereau* übereinstimmte.« Danach habe er, fuhr Grimaux fort, alle Akten der Anklage »minutiös studiert« und sei zum Schluss gekommen, dass sie keine Beweiskraft hätten: »Unterzieht man sie einer strengen Kritik, bleibt nichts, nichts, nichts.«[59] Nach diesem entschiedenen Verdikt setzte Grimaux zu einer Erläuterung der epistemischen Tugenden an, die ihn und seinesgleichen von den Gerichtsexperten trennten:

> In der Tat, meine Herren, haben wir anderen, die Wissenschaftler, eine andere Art zu denken. Glauben Sie, wenn wir eine Tatsache entdecken, beeilten wir uns, sie gleich zu veröffentlichen? Nein, wir wiederholen nochmals das Experiment, wir prüfen nochmals die Ausgangsbedingungen; und erst wenn wir absolute Gewissheit haben, publizieren wir die Tatsache. Und glauben Sie etwa – denn ich muss Ihnen sagen, dass in der Wissenschaft ein paar neue Tatsachen nichts sind; was von Bedeutung ist, sind die allgemeinen Schlussfolgerungen, die man aus ihnen zieht –, glauben Sie, wir würden zuallererst die Hypothesen, die wir aufstellen, als Wahrheiten präsentieren? Nein, wir präsentieren sie als Hypothesen, wir sagen: »Es ist wahrscheinlich, dass ... «, und erst nach neuen Experimenten erklären wir sie zum Gesetz. Das ist die wahre wissenschaftliche Methode! Das ist die Methode, die in den Anklageschriften gefehlt hat![60]

Grimaux berichtete im Zeugenstand auch über die Repressalien vonseiten der Armee und über die Verleumdungen in der Presse, denen er seit seiner öffentlichen Parteinahme für Dreyfus ausgesetzt gewesen sei. Was er erzählte, sollte erst der Anfang sein. Nach seinem spektakulären Gerichtsauftritt wurde er von seiner Professur an der École Polytechnique, die dem Kriegsministerium unterstand, abgesetzt und aus seinem eigenen Labor verbannt. Wenige Monate später erkrankte er tödlich.

Die Armeespitze schaffte es mit ihrer plumpen Reaktion auf Grimaux' gerichtliches Engagement, aus einem zunächst unglaubwürdigen Experten einen patriotischen Märtyrer zu machen. Grimaux hatte sich bei seinem Zeugenauftritt in einen beträchtlichen Widerspruch manövriert. Als »homme de science« ging er zu den Grafologen auf größtmögliche Distanz, indem er für seine Profession epistemische Bescheidenheit und methodische Sorgfalt als höchste Tugenden ausgab. Gleichzeitig sah er sich aber in der Lage, die experimentellen

Verfahren der Naturwissenschaften auf ein Gebiet anzuwenden, auf dem ihm jedes Fachwissen fehlte, und die Ergebnisse nicht etwa als vorsichtige Hypothesen, sondern als absolute Gewissheiten zu formulieren. Zolas Rekrutierungsstrategie reproduzierte hier die epistemischen Probleme, die sie hätte lösen sollen.

Welche Risiken die gerichtlichen Laienauftritte im Expertengewand bargen, zeigte die Zeugenaussage direkt im Anschluss an Grimaux. Aufgerufen war Louis Havet, Professor für lateinische Philologie am Collège de France. Wie Grimaux hatte er sich kurz nach der Publikation von »J'Accuse ... !« öffentlich auf die Seite der Dreyfusards geschlagen. Havet hatte sich einen Namen als philologischer Positivist gemacht, der die Textkritik mit »geometrischen« Methoden auf das Präzisionsniveau der mathematischen Algebra heben wollte. In der Ambition, seine Disziplin zur exakten Wissenschaft aufzuwerten, war er den Grafologen so unähnlich nicht, und Gleiches traf für den epistemischen Optimismus zu, mit dem er die Analyse des *Bordereau* anpackte. Wie aber konnte Havet als Altphilologe einen Expertenstatus in moderner Handschriftenkunde beanspruchen? Die Antwort ist einfach: Er stellte nicht das Schriftbild, sondern die Orthografie, das Vokabular und den Satzbau des *Bordereau* ins Zentrum seiner Untersuchung. Damit förderte er Erstaunliches zutage.[61]

Havet wartete mit der neuen Erkenntnis auf, die Sprache des *Bordereau* verrate den Verräter. Es gebe, führte er aus, zwei Arten, Französisch zu sprechen: »eine korrekte und eine fehlerhafte«. Der *Bordereau* gehöre zur letzteren: »Es gibt unkorrekte und unsaubere Wendungen, die auf jemanden hinzuweisen scheinen, der die Sprache nicht gut kennt oder in einer fremden Sprache denkt.«[62] Als Beispiel nannte er den ersten Satz des Schreibens: »Sans nouvelles m'indiquant que vous désirez me voir, je vous adresse cependant, Monsieur, quelques renseignements intéressants [Ich habe keine Nachricht von Ihnen, dass Sie mich zu sehen wünschen, sende Ihnen aber dennoch einige interessante Auskünfte].« Als »unsauber« taxierte Havet das Wort »nouvelles«. Es würde, hielt er fest, »einem Franzosen, der in seiner

Sprache gut zu schreiben weiß, nie in den Sinn kommen«. Ein solcher würde stattdessen »sans avis« schreiben, und wenn er »den wahren Nationalinstinkt [*l'instinct vraiment national*] seiner Sprache« besitze, würde er den ganzen Satz anders aufbauen: »Quoique je n'aie pas reçu d'avis me disant que vous désirez me voir, je vous adresse, monsieur«.[63]

Der Autor des *Bordereau* dagegen, erläuterte Havet, habe »auf Deutsch gedacht und die französischen Wörter in einem unserer Sprache fremden Sinn verwendet«. Für diesen Befund fand Havet in dem kurzen Text nicht weniger als sechs Belegstellen. Dann setzte er zur vergleichenden Textkritik an, um den Autor zu identifizieren. Aus der Analyse von Dreyfus' Schriften gewann er die Erkenntnis, jener schreibe ausnahmslos »ein Französisch von vollkommener Korrektheit«. Nicht so Esterházy: In seinen Briefen wimmle es von unfranzösischen Unsauberkeiten: »Er sagt: Voilà la belle armée de France. Niemals hätte ein Franzose so etwas geschrieben. Er hätte geschrieben: ›la belle armée française‹ oder ›la belle armée de la France‹«.[64] Obwohl das Unterschlagen des bestimmten Artikels vor »France« seit Langem geläufig war (z. B. »roi de France«, »départ de France«), glaubte Havet, der Verräter habe sich damit als Ausländer entlarvt. Er schloss mit dem Fazit: »Das Schreiben ist unbestreitbar, ohne den geringsten Zweifel, von Major Esterházy.« Die Schlussfolgerung war so richtig wie ihre Herleitung falsch war.

Was Grimaux in ungefähren Worten beschrieben hatte, führte Havet in aller Konsequenz aus: Er benutzte die Methoden aus seinem Spezialgebiet, der klassischen Philologie, um den Autor einer zeitgenössischen Kurzmitteilung zu identifizieren. Es blieb nicht beim Methodentransfer. Havet übertrug auch die ästhetischen Normen vom klassischen Latein auf das aktuelle Französisch. Wie viele gelehrte Liebhaber der französischen Sprache vor und nach ihm maß er seine Nationalsprache an einem Reinheitsideal, das humanistische Philologen *ex post* auf eine tote Sprache projiziert hatten. Sein Franzose mit sprachlichem »Nationalinstinkt« war ein modernisierter Ciceronianer, ein »vir bonus dicendi peritus«, der sein schönes Sprechen als

Spiegel einer guten Seele verstanden haben wollte. Von dieser Spezies mochte es in den Hallen des Collège de France ein paar Exemplare gegeben haben, kaum aber in den Straßen von Paris. Havet kümmerte das wenig. Er folgte der altbewährten Logik des nationalistischen Sprachpurismus, wonach ein guter Patriot reines und ein Verräter ausländisch kontaminiertes Französisch sprechen müsse.[65] Es war eine Logik, die im Hörsaal besser funktioniert haben dürfte als im Gerichtssaal.

Um die Logik auf den *Bordereau* anzuwenden, war es jedoch mit philologischen und grammatikalischen Spitzfindigkeiten nicht getan. Havet musste für Esterházy noch eine passende Biografie erfinden. Das tat er, inspiriert vom ausländisch klingenden Namen des Verdächtigen. Er irrte sich gründlich. Esterházy war kein deutsch erzogener Halbfranzose, der noch als Erwachsener in seiner Muttersprache dachte, wenn er auf Französisch buchstabierte. Er stammte von jenem Zweig des ungarischen Adelsgeschlechts ab, der seit dem späten 17. Jahrhundert in Frankreich ansässig war, wurde in Paris geboren und besuchte ebenda das renommierte Lycée Bonaparte, wo er die paar Brocken Deutsch lernte, die er für seine spätere Spionagetätigkeit benötigte. Havet hatte das Glück, dass über Esterházys Leben damals nicht viel bekannt war, und er hatte das Pech, dass ein Jahr später im neu aufgerollten Prozess gegen Dreyfus ein prominenter Zeuge die Gelegenheit ergriff, auf seine Beweisführung zurückzukommen.

Der Zeuge war General Auguste Mercier, der zum Zeitpunkt der Verhaftung von Dreyfus Kriegsminister gewesen war und damit die politische Hauptverantwortung für den Justizskandal trug. Mercier war sich bewusst, dass er unter öffentlichem Rechtfertigungsdruck stand, und entsprechend gründlich bereitete er sich auf seine Aussage vor. Wie Havet studierte er die Sprache des *Bordereau*, verglich sie mit den veröffentlichten Schriften von Dreyfus und Esterházy und kam zu konträren Schlüssen:

> Herr Havet hat, als er zugunsten von Hauptmann Dreyfus im Zola-Prozess ausgesagt hat, die Wendung kritisiert: »Sans

> nouvelles m'indiquant que vous désirez me voir je vous adresse cependant ... etc.« Ein gebildeter Mann wie Dreyfus, sagt Herr Havet, würde sich eine derart unkorrekte Wendung nicht erlauben. Nun steht aber im Brief vom 27. Mai 1895, der in der Broschüre von Bernard Lazare auf Seite 300 erwähnt ist: »Quoique sans nouvelles depuis mon départ de France, j'espère cependant qu'au moment où tu recevras cette lettre [...]« Hier steht eine dem *Bordereau* entsprechende Formulierung, die gemäß Herrn Havet nicht aus der Feder von Dreyfus stammen könne.[66]

Mercier lag mit guten Argumenten falsch, Havet mit schlechten richtig. Der General war aber nicht Methodenkritiker genug, um Havets nationalistischen Sprachpurismus zu hinterfragen, geschweige denn auseinanderzunehmen. Er versuchte vielmehr, ihn mit seinen eigenen Waffen zu schlagen. Und das gelang ihm. Mercier collagierte aus den Papierfetzchen des *Bordereau* und aus Textschnipseln von Dreyfus' Briefen ein Portrait des Angeklagten als sprachgeschädigten Sprössling einer Industriellenfamilie, der kein richtiges Französisch gelernt habe und noch im Erwachsenenalter »kommerzielle und industrielle« Wendungen benutze, die seine Herkunft verrieten.[67] Damit vollbrachte Mercier eine perfekte Parodie auf Havets philologisches Psychogramm von Esterházy. Er selber sprach dabei als Abkomme einer Offiziersfamilie, der nie ganz in der Dritten Republik angekommen war und mit einem Überlegenheitsgestus altaristokratischen Zuschnitts, angereichert mit neuen antisemitischen Untertönen, seine Blößen bei der Bewältigung der Spionageaffäre zu bedecken versuchte.

Havet wurde im zweiten Prozess gegen Dreyfus auch noch in den Zeugenstand gerufen und sogleich zu Merciers Einwänden gegen ihn befragt. Nun verteidigte er hartnäckig das Terrain, das er zuvor leichtfertig besetzt hatte. Im ersten Satz des *Bordereau* wollte ihn nicht mehr das Wort »nouvelles«, sondern »cependant« gestört haben:

> Es gibt hier eine in der deutschen Syntax sehr häufige Wendung, wo man einen ersten Satz verwendet, der implizit einen Einwand enthält, ohne dass man den Einwand ankündigt; dann, wenn der zweite Satz kommt, leitet man den Einwand ein und setzt das Partikel *doch*, cependant.[68]

In diesem Stil ging es weiter, und am Schluss hatte Havet aus Esterházy mithilfe von alten und neuen Textbausteinen wieder einen deutsch denkenden Französischschreiber konstruiert.

Wenn es Zolas Absicht gewesen war, mit großen Gelehrtennamen das Glaubwürdigkeitsdefizit der gerichtlichen Schriftexperten aufzuwiegen, so hatte er sein Ziel verfehlt. Die Professoren und Akademiker machten dort weiter, wo die »experts en écriture« aufgehört hatten: Sie versprachen Klärung und vergrößerten die Verwirrung. Mit ihren Zeugenaussagen konnten sie weder Zolas Verurteilung verhindern noch Dreyfus' Unschuld beweisen. Schon gar nicht vermochten sie sich selbst in ein gutes Licht zu rücken. Damit lieferten sie den Anti-Dreyfusards unfreiwillig Munition, und diese nutzten sie zu scharfen Salven, mit denen sie ihre eigenen Verstrickungen und Schwächen zwischenzeitlich zu übertönen vermochten.

Was die gelehrten Mitstreiter Zolas jedoch erreichten, war eine Verstärkung des Intellektuelleneffekts. Ihre Auftritte trugen dazu bei, dass sich der Prozess gegen Zola zu einem Medienspektakel und das Medienspektakel zu einem Kulturkampf steigerte, mit dem die Affaire Dreyfus zu einer nationalen Schicksalsfrage wurde. Anstatt die Sachlage des Falles zu klären, übernahmen Zolas gelehrte Zeugen vor Gericht eine Eskalationsfunktion, dank der die Verschwörer an den Schalthebeln der Macht immer stärker in die Defensive gerieten. Im öffentlichen Aufruhr, den sie herbeizureden halfen, wurde Dreyfus zurück nach Frankreich geholt, ein zweites Mal vor Gericht gestellt, ein zweites Mal verurteilt und schließlich in einem Akt der allseitigen Ernüchterung begnadigt. Die Dreyfusards hatten nicht gewonnen, die Anti-Dreyfusards nicht verloren.

Zola starb drei Jahre später unter dubiosen Umständen an einer Rauchgasvergiftung. Er erlebte nicht mehr, wie Dreyfus 1906 offiziell rehabilitiert und in die Ehrenlegion aufgenommen wurde. Damit erst hatte die Affaire Dreyfus ein offizielles Ende mit einem klaren Sieger gefunden. Als die sterblichen Überreste Zolas 1908 ins Panthéon gebracht wurden, kam es fast zu einem neuen Skandal. Anti-Dreyfusards versuchten vergeblich, Zolas Sarg in die Seine zu kippen, und ein Antisemit scheiterte mit einem Attentat auf Alfred Dreyfus, der dem Ehrengeleit angehörte. So fand Zola doch noch seine letzte Ruhe an der Seite Voltaires, dem Helden der Affaire Calas.

Die Affaire Dreyfus als Experten-Affäre

Die Dutzenden von Schriftexperten, die in der Affaire Dreyfus von der ersten Stunde an über dem wichtigsten Beweisstück gebrütet haben, sind in der öffentlichen Erinnerung der Ereignisse früh an den Rand gedrängt und seither nie wieder ins Zentrum gerückt worden. Ihre Arbeit war weder für die Dreyfusards noch für die Anti-Dreyfusards eine Quelle des Stolzes, und so entstand bei allen Differenzen die stillschweigende Übereinkunft, sie schnell und gründlich zu vergessen. Nicht einmal die Versuche der beteiligten Experten, wie jener von Crépieux-Jamin aus dem Jahr 1906, die Bedeutung der Schriftgutachten für die Klärung des Falles hervorzuheben, konnten daran etwas ändern.[69] Crépieux-Jamin betrieb die Ehrenrettung seiner Disziplin, indem er über gescheiterte Personen anstatt über gescheiterte Methoden sprach. Das Expertenversagen war ihm zufolge die Schuld von Gutachtern wie Bertillon und Teyssonnières. Zwar wollte es ihm nicht gelingen, sich und die anderen Experten in ein helleres Licht zu rücken, aber immerhin konnte er den Schaden für die Grafologie in Grenzen halten. Bekanntlich bedeutete die Affaire Dreyfus nicht das Ende der Handschriftenkunde, wohl aber den Anfang vom Ende ihrer Aspiration, als exakte Wissenschaft anerkannt zu werden. Ihre Zukunft lag nicht im Gericht und schon gar nicht an der Universität, sondern in der Privatwirtschaft, wo sie Managern und Headhuntern bis heute als »alternativmedizinisches« (Selbst-)Diagnostikum für charakterliche Stabilität und betriebswirtschaftliche Genialität dient.

Je weiter die Ereignisse des Justizskandals zeitlich wegrückten, desto stärker wurden sie von der Erinnerungsarbeit der »intellectuels« überformt. Spätere Gelehrtengenerationen beglaubigten die Selbstdarstellung der wissenschaftsgläubigen Dreyfusards allzu gerne, zumal wenn sie der gleichen Disziplin angehörten wie ihre Helden von damals. So kamen dann Urteile wie jene der Historikerin Madeleine Rebérioux zustande, die über ihre akademischen Ahnen Gabriel Monod und Paul Meyer schrieb, sie hätten »in großartiger Weise [*superbement*] Neutralität und Pseudo-Objektivität verworfen«, gleichzeitig aber die Polemik den Ignoranten überlassen. Wie soll das möglich gewesen sein? Rebérioux zufolge haben in den Interventionen der Historiker-Dreyfusards »die Methode und die Moral gemeinsam gesprochen« – wobei sie mit »Methode« die philologische Kritik meinte.[70] Die Sprache ihrer Helden floss dabei in ihre eigene Sprache ein: Aus der Behauptung von Paul Meyer aus dem Jahr 1899, der *Bordereau* gehöre zu den »Dokumenten, mit denen die Kritik genauso verfahren kann wie mit einer Urkunde«,[71] wurde bei Rebérioux eine Schilderung von Gabriel Monods Erkenntnisverfahren: »Es kam der Tag, als er den *Bordereau* entziffern konnte, wie er es mit einer Urkunde getan hätte.«[72] Ihrem Glauben an die moralische Reinigungskraft der philologischen Methode tat es keinen Abbruch, dass unter den Urkundenforschern der von Meyer präsidierten École des chartes die Anti-Dreyfusards viel zahlreicher vertreten waren als die Dreyfusards, und noch heutigen Historikerinnen und Historikern fällt es schwer, sich von diesem Glauben zu verabschieden.[73]

Mit dem Blick zurück durch die Intellektuellenbrille erhielten die Experten wieder jenen Platz, den ihnen schon Zola zugewiesen hatte: Es gab die kleine Zahl der gescheiten Aufrechten wie Gobert oder

Pelletier und die große Zahl der dummen Schändlichen wie Bertillon, Teyssonnières oder Varinard. Letztere erschienen im Vergleich zu den Drahtziehern der Verschwörung stets als kleine Fische. Exemplarisch für diese Sicht ist Philippe Oriols monumentale Gesamtschau aus dem Jahr 2014. Von den fast 1500 Seiten seiner Abhandlung widmet er den Schriftexperten nicht mehr als ein paar Absätze, in denen er Bertillons »Gerichtsastrologie« zum Anlass nimmt, sich besorgt über dessen »geistige Gesundheit« zu äußern, während er Lazares (von Bertillon inspirierte) Gutachtermanipulation wohlwollend verschweigt respektive in einer Fußnote an ganz anderer Stelle des Buches von Scheurer-Kestner mittels weniger Briefzitate kritisieren lässt.[74] Angesichts der unveränderten Dominanz der Intellektuellenperspektive hat eine Aussage wie jene von Bertrand Joly, die Affaire Dreyfus gehöre zu den »illegitimen Töchtern« des Szientismus, noch immer Seltenheitswert, wobei selbst in Jolys Buch die Implikationen seiner Aussage für die Gesamtsicht der Affäre weitgehend unausgeführt bleiben.[75]

Werden die wissenschaftlichen Experten vom Rand ins Zentrum des Geschehens gestellt, erscheint nicht nur der Auftritt der Intellektuellen, sondern der Auftakt der Affäre insgesamt in einem anderen Licht. Es ist eine Perspektive, die der Wahrnehmung der Zeitgenossen besser entsprechen dürfte, entfaltete sich die Affäre doch vor ihnen als eine Abfolge von Gerichtsverfahren und die Gerichtsverfahren wiederum als eine Abfolge von Expertenaussagen.

Das Justizverbrechen an Dreyfus konnte nur deshalb so leicht verübt und fünf Jahre später in einem zweiten Prozess sogar bestätigt werden, weil der Großteil der an den Beweisverfahren beteiligten Experten keine Klärung erbringen konnte. Ihr Unvermögen lag, anders als es Zola und seine eigenen Gerichtsexperten darstellten, nicht am persönlichen Fehlverhalten einzelner Gefälligkeitsgutachter. Zwar kam es, wie wir gesehen haben, hier wie dort zu Fehlverhalten (auch nach damaligen Standards), aber meist resultierte dieses aus dem Verschleierungsversuch eines fundamentaleren, systemischen Versagens. Der wissenschaftliche Klärungsbedarf – die Antwort auf die Frage, wer den

L'AFFAIRE ZOLA
Portraits des principaux témoins

Bordereau geschrieben habe – konnte mit keiner Methode gedeckt werden, und die Schriftexperten, ob Grafologen, Paläografen, Kalligrafen oder Philologen, waren außerstande, sich und ihren Auftraggebern die Beschränktheit ihrer epistemischen Möglichkeiten einzugestehen. Diese Unfähigkeit lag, und das war für die Legitimation der Intellektuellenrolle entscheidend, nicht bloß am politischen und öffentlichen Druck, der auf den Schriftexperten lastete, sondern auch an ihrem positivistischen Wissenschaftsverständnis, das zu einem Überbietungswettbewerb mit absoluten Antworten beitrug.

Die Grafologie wurde nach 1870 als »exakte Wissenschaft« in einem Feld lanciert, das notorisch von epistemischer Unsicherheit geprägt war. Um ihr Terrain zu verteidigen, mussten die Vertreter der herkömmlichen Handschriftenkunde entweder ihre neuen Konkurrenten entzaubern oder sich selber in exakte Wissenschaftler verzaubern. In der Affaire Dreyfus versuchten sich die meisten in beidem. Da es ihnen aber leichter fiel, das Exaktheitsversprechen der Grafologen in Zweifel zu ziehen als ihre eigene Zuverlässigkeit unter Beweis zu stellen, mündete die hochgeschraubte Methodenkonkurrenz in einen allseitigen Glaubwürdigkeitsruin. Aus der »graphologie« wurde, wie ein zeitgenössischer Satiriker bemerkte, eine »gaffologie« – eine Wissenschaft der Schnitzer und Entgleisungen.[76]

Es war dieser Ruin, aus dem die Rolle des Intellektuellen, wie sie von Zola und seinen Mitstreitern konstruiert und repräsentiert wurde, wesentlich hervorging. Sie stellte für Gelehrte die letzte Zuflucht dar, um in den Gang der Ereignisse einzugreifen, weil sie die verlorene

←

Aus Sicht der Zeitgenossen nahmen die gerichtlichen Schriftexperten eine prominente Rolle im Skandal ein. Eine Sammlung von »Portraits der Hauptzeugen«, die nach Zolas Intervention erschien, nahm gleich zwei Schriftgutachter auf: Alphonse Bertillon oben in der Mitte und Pierre Teyssonnières unten rechts. Beide hatten 1894 am ersten Prozess gegen Alfred Dreyfus vor dem Kriegsgericht mitgewirkt und dabei Alfred Dreyfus als Autor des *Bordereau* ausgegeben.

epistemische Autorität der Spezialisten durch die moralische Autorität von Geistesaristokraten aufzuwiegen versprach. Die »Geburt des Intellektuellen« steht daher weniger in Zusammenhang mit der Autonomisierung des literarischen Feldes, wie Christophe Charle in Anlehnung an Pierre Bourdieu argumentiert hat, als mit den Veränderungen im Feld von Wissenschaft und Gelehrsamkeit selbst.[77] Der Intellektuelle war, um in der Geburtsmetaphorik zu bleiben, das ungewollte Kind des wissenschaftlichen Positivismus und der massenmedialen Kommunikation, gezeugt in einer Orgie aus epistemischer Hybris und populistischer Indoktrination. Funktional gesehen, hat er die Rolle des Experten nicht ersetzt, sondern komplementär ergänzt. Ideologisch jedoch stellte er mit seinem moralischen Universalismus die Autorität des wissenschaftlichen Spezialistentums infrage und griff damit die Glaubwürdigkeitsgrundlage von Experten an. Entsprechend war das Verhältnis zwischen Experten und Intellektuellen schon früh von Konflikten geprägt. Solange aber Intellektuelle in Gesellschaft und Politik eine starke Stimme hatten, solange bestand ein substanzielles Gegengewicht zum wissenschaftlichen Alleinvertretungsanspruch von Experten.

Wie eng in der Affaire Dreyfus der Erfolg der Intellektuellen mit dem Scheitern der Experten verbunden war, mochte den meisten zeitgenössischen Beobachtern noch nicht aufgegangen sein; dass die beiden Rollen zusammengehörten, jedoch schon. Kurz nach der gerichtlichen Verurteilung von Zola erschien in *La Patrie* ein Minidialog, der auf einem Pariser Boulevard während des Karnevals spielte:

> »Also, verkleidest du dich?«
> »Ja.«
> »Als was?«
> »Als Intellektueller.«
> Ein paar Schritte weiter:
> »Sie sind bloß ein ›Intellektueller‹.«
> »Ach, hau doch ab, du Experte ›für Handschriften‹!«
> Und die zwei Kontrahenten gehen sich heftig an den Kragen.[78]

VI
Das Expertenbeben von L'Aquila

> Die führenden Erdbebenexperten werden sagen: Die Situation ist normal, Phänomene wie diese passieren; besser, hundert Erschütterungen der Stärke vier auf der Richterskala zu haben als gar keine Erschütterung, weil hundert Erschütterungen Energie freisetzen und ein schweres Beben so verhindert wird.
>
> GUIDO BERTOLASO in einem Telefongespräch mit Daniela Stati (2009)

Die letzte Fallstudie führt ins 21. Jahrhundert zurück. Intellektuelle à la Zola finden sich in ihr keine mehr. Die Bühne gehört den Experten und einem, der es gerne geworden wäre. Regie aber führen Politiker. Sie lassen die Experten die ganze Fallhöhe ihrer Rollen spüren, auf dass die Aufmerksamkeit des Publikums von ihrem tiefen Sturz und nicht von der holprigen Inszenierung absorbiert werde.

In der Nacht vom 5. auf den 6. April 2009 bebte in den Abruzzen wieder einmal die Erde. Das Epizentrum lag wenige Kilometer außerhalb der Stadt L'Aquila, und die Stärke von 5,8 auf der Richterskala reichte aus, um weite Teile der Altstadt und mehrere umliegende Dörfer zu zerstören. 308 Menschen starben, 67 000 wurden obdachlos. Dreieinhalb Jahre später folgte ein nächstes Beben, diesmal aber in den internationalen Medien. Am 22. Oktober 2012 verurteilte das Bezirksgericht L'Aquila sechs Wissenschaftler und einen hohen Verwaltungsbeamten in erster Instanz zu je sechs Jahren Gefängnis wegen fahrlässiger Tötung von 29 Menschen, die 2009 in den Trümmern ihrer Häuser umgekommen waren. Von den sechs Wissenschaftlern waren vier Mitglieder der staatlichen Kommission für große Risiken (»Commissione Grandi Rischi«): der Seismologe Claudio Eva, Professor an der Universität Genua, der Geophysiker Enzo Boschi, Präsident des Nationalen Instituts für Geophysik und Vulkanologie (INGV), der Ingenieur Gian Michele Calvi, Professor an der Universität Pavia, und als Kommissionspräsident der Vulkanologe Franco Barberi, Professor an der Universität Roma Tre. Alle galten als ausgewiesene Vertreter ihrer Fächer. Bei den anderen beiden Wissenschaftlern handelte es sich um Giulio Selvaggi, der wie Boschi am Institut für Geophysik und Vulkanologie forschte, sowie den Ingenieur Mauro Dolce, der den Vorsitz im Büro für seismische Risiken des italienischen Amtes für Zivilschutz innehatte. Der Verwaltungsbeamte im Bunde, Bernardo de Bernardinis, war Vizepräsident des Amtes für Zivilschutz und ebenfalls promovierter Ingenieur.

Eine Skandallegende entsteht

Alle internationalen Journalisten interpretierten das Gerichtsurteil nahezu gleichlautend. Die *Süddeutsche Zeitung* titelte: »Experten müssen wegen falscher Prognose ins Gefängnis«.[1] *Die Zeit* kommentierte: »An Naturkatastrophen kann kein Mensch schuld sein: Sie sahen das Unberechenbare nicht kommen und wurden verurteilt«.[2] Im *Handelsblatt* stand: »Ein italienisches Gericht hat sieben Experten zu Haftstrafen verurteilt, weil sie das Erdbeben von L'Aquila 2009 nicht vorhergesagt hatten.«[3] Der *Guardian* setzte die Überschrift: »Scientists convicted of manslaughter for failing to warn of earthquake«.[4] Etwas salopper, aber inhaltlich identisch formulierte die *Sun*: »Boffins jailed for not predicting killer earthquake«.[5] Und die *New York Times* wich davon nur in einem Detail ab, indem sie für das Urteil nicht das Lokalgericht, sondern die ganze Nation verantwortlich machte: »Italy Orders Jail Terms for 7 Who Didn't Warn of Deadly Earthquake«.[6]

Die mediale Deutung des Urteils kam einer vorbehaltlosen Solidarisierung mit den betroffenen Wissenschaftlern gleich. Die meisten Berichterstatter sprachen die gerichtlich Verurteilten ohne weitere Recherchen zu den Hintergründen des Prozesses auf journalistischem Weg wieder frei. Umso kritischer beurteilten sie den Richter, die Kläger und die Prozessbeobachter, denen sie eine Jagd nach Sündenböcken, eine Geringschätzung der Wissenschaft und einen hohen Grad an Ignoranz vorwarfen.

Diese Sicht teilten auch die meisten Wissenschaftler, die auf das Urteil reagierten. Bereits vor Prozessbeginn hatten Seismologen mit teils engen Beziehungen zu den Angeklagten eine Kommunikationsoffensive gestartet, um den Ereignissen eine wissenschaftsfreundliche Lesart zu geben. 2010, als Anklage gegen die sieben Männer erhoben wurde, hatte die Arbeitgeberin von Boschi und Selvaggi, das INGV, ein Protestschreiben an Staatspräsident Giorgio Napolitano aufgesetzt, das von über fünftausend Wissenschaftlern aus aller Welt unterschrieben wurde. Die Forscher schrieben, man klage die Experten für die Unterlassung einer Handlung an, zu der sie nicht fähig seien: »Erdbeben vorhersagen«.[7] Die American Association for the Advancement of Science (AAAS) unterstützte die italienischen Kollegen mit einem eigenen offenen Brief an Napolitano. Es sei »unfair und naiv«, schrieben sie, die Wissenschaftler vor Gericht zu ziehen, weil »sie die Bevölkerung von L'Aquila nicht vor einem bevorstehenden Erdbeben zu warnen vermochten«.[8] Weitere renommierte Institutionen schlossen sich dem Protest an, und so kam es, dass die internationale Forschungsgemeinschaft ihr abschließendes Urteil zum Prozess verkündete, bevor er angefangen hatte und bevor jemand aus ihren Reihen auf die Idee kam, sich die Argumente der Anklage anzuhören.

Nach der Urteilsverkündung sahen namhafte Wissenschaftler außerhalb Italiens die Fundamente der modernen Zivilisation wegbrechen. Für den Physiker Robert May, ehemaliger Chief Scientific Adviser der britischen Regierung und Präsident der Royal Society, offenbarte das Urteil eine »fürchterliche Ignoranz der elementaren

Grundsätze der wissenschaftlichen Forschung im italienischen Rechtssystem«. Um die historische Dimension des angeblichen Justizverbrechens aufzuzeigen, begab sich May auf historisches Terrain:

> »Das Urteil wäre möglicherweise im dunklen Mittelalter verständlich gewesen, Seite an Seite mit der Verfolgung von Galileo, aber in der heutigen Welt ist es einfach eine Peinlichkeit für die italienische Regierung und alle, die mit ihr verbunden sind.«[9]

Offenbar sah May Italien auch in Sachen Gewaltenteilung noch nicht in der Moderne angekommen. Zwei Tage später titelte der *Guardian* ganz nach Mays Deutung: »From Galileo to the L'Aquila Earthquake: Italian science on trial«.[10]

Der amtierende Chief Scientific Adviser der britischen Regierung, John Beddington, betonte in einer Stellungnahme, das Verdikt von L'Aquila wäre in Großbritannien unmöglich gewesen, und überbrachte allen wissenschaftlichen Regierungsberatern im Land die beruhigende Nachricht, der »italienische Fall« stelle für sie keine Bedrohung dar.[11] Weniger sicher war sich Bill McGuire, Professor am University College London, der das Urteil für »extrem alarmierend« hielt und die Möglichkeit nicht ausschließen wollte, dass es Regierungen auch außerhalb Italiens in Zukunft nicht mehr schaffen würden, Experten in eine Risikoevaluationskommission für Naturgefahren zu berufen: »Auf lange Sicht wird dieses Urteil dann Leben kosten, nicht retten.«[12] Wie McGuire betonte Ian Main von der Universität Edinburgh, die Erdbebenforschung sei außerstande, Erdbeben vorauszusagen, und verwies auf den von ihm mitverfassten Bericht einer internationalen Expertenkommission, die nach dem Erdbeben von L'Aquila im Auftrag der italienischen Regierung die Prognosemöglichkeit von Erdbeben weltweit überprüft habe. Main machte noch eine weitere Aussage, um die Experten zu entlasten: »Erdbeben töten Leute nicht direkt: Gebäude tun es.«[13]

Die Entrüstung der internationalen Forschergemeinschaft war zumindest für einen Journalisten schwer zu ertragen. Der

Guardian-Kolumnist Simon Jenkins holte nach dem Abebben der ersten Empörungswelle zu einer Abrechnung mit der Wissenschaftselite im Allgemeinen und den Prognoseforschern im Besonderen aus. Ob Seismologen, Meteorologen, Virologen oder Konjunkturprognostiker, alle beanspruchten »die Immunität von Diplomaten und die Unfehlbarkeit von Päpsten«. Jenkins zufolge hatten sie ihren Anspruch dank der blinden Bewunderung für die Wissenschaft in Schulen und Medien schon weitgehend durchgesetzt. Wenn ein »normaler Arbeiter« ein Risiko falsch einschätze und dadurch Züge entgleisten, Bäume umstürzten, Flüsse vergiftet würden oder Lebensmittel verderbten, müsse er ins Gefängnis oder würde anderweitig bestraft. Bei wissenschaftlichen Risikoanalysten gelte das Gegenteil, und der Grund dafür liege »nicht in der Kategorie des Irrtums, sondern in der Kategorie der Person«. Dabei irrten sich Experten oft mit Vorsatz, denn sobald man ihnen eine Banknote vors Gesicht halte, würden sie prognostizieren, was immer man wolle.[14] Jenkins schloss seine Philippika mit einem Vergleich, der die Motivlage seines Zorns auf die Experten teilweise freilegte: »Journalisten wird dieser Tage ebenso wie Bankern wegen ihrer Fehler die Hölle heiß gemacht. Warum soll man Seismologen ungeschoren davonkommen lassen?«[15]

Jenkins sprach als gekränkter Vertreter seines eigenen Berufsstands. Diesem machte er mit seinem Artikel aber keine Ehre, denn er war schlecht recherchiert. Er strickte, ohne es zu merken, die Legende jener weiter, die er angriff. Denn anders, als es nahezu alle Kommentatoren aus dem Wissenschaftsbetrieb haben wollten, ging es im Prozess von L'Aquila nicht um die Prognoseunfähigkeit der Erdbebenexperten. Es ging um die Konsequenzen ihrer Handlungsanweisungen.

Erste Korrekturversuche der Legende

Besser als Jenkins hätten dies die Forscher wissen müssen, die in aller Welt gegen das Gerichtsurteil von L'Aquila protestierten. Die beiden renommiertesten Wissenschaftszeitschriften hatten schon während der Verhandlungen Reporter in die Abruzzen entsandt. Im September 2011, mehr als ein Jahr vor dem Abschluss des Prozesses, stand in *Nature* ein sechsseitiger Bericht, der den Staatsanwalt Fabio Picuti mit den Worten zitierte, er habe die Experten unter Anklage gestellt, weil sie die seismischen Risiken in L'Aquila nicht angemessen evaluiert und charakterisiert hätten – und nicht, weil sie eine falsche Prognose gestellt hätten.[16] Zehn Tage vor der Urteilsverkündung veröffentlichte *Science* einen fünfseitigen Artikel, der ein »komplexeres Bild« entwarf, als es die protestierenden Wissenschaftler bis dahin gezeichnet hatten, und der nochmals betonte, die Kommissionsmitglieder seien nicht wegen der ausbleibenden Voraussage des Bebens angeklagt worden.[17] *Science* korrigierte damit die Darstellung der AAAS im offenen Brief an Napolitano, was insofern bemerkenswert war, als die AAAS die Herausgeberin von *Science* ist. Auch sonst haben die Schilderungen, die Stephen Hall für *Nature* und Edwin Cartlidge für *Science* vom Prozessgeschehen gaben, mit den Ferndiagnosen der Forschenden wenig gemein. Ihre Berichte und Analysen erlauben eine recht genaue Rekonstruktion der Zusammenhänge, die zur Anklage und Verurteilung der Experten geführt haben.

Noch umfassender hat der britische Geograf David Alexander die Zivilschutzmaßnahmen vor und nach dem Erdbeben untersucht. Alexander leitet am University College London das Institut for Risk and Disaster Reduction und kennt die italienische Erdbebenforschung nicht nur aus beruflicher, sondern auch aus privater Erfahrung: 1980 überlebte er als junger Mann das Erdbeben im süditalienischen Kampanien, das fast dreitausend Menschen das Leben kostete. Danach befasste er sich in mehreren Fallstudien mit der Reaktion italienischer Behörden auf Erdbeben. Anders als die meisten Seismologen attestierte Alexander dem Staatsanwalt von L'Aquila eine sorgfältig vorbereitete und sachlich begründete Anklage. Entsprechend kritisch reagierten italienische Forscherkollegen auf seine Befunde.[18]

Alexander ging in seiner Analyse auch auf die Verwerfungen zwischen der Berlusconi-Regierung und dem Justizsystem sowie auf die engen Beziehungen zwischen Politikern und Professoren in Italien ein. Die problematischen Figuren waren ihm zufolge nicht im Provinzgericht der Abruzzen, sondern in den Ministerien in Rom zu suchen. Und in den Experten sah er keine Justizopfer, sondern Komplizen von Politikern, die auf Kosten der lokalen Bevölkerung ihre Machtkämpfe austrugen. Bei allen Differenzen zum Gros der übrigen Kommentatoren stellte auch Alexander die Ereignisse so dar, als seien sie nur unter den Bedingungen der italienischen Politik möglich.

Alexander kommt das Verdienst zu, zentrale Punkte des Skandals zurechtgerückt zu haben. Seine Befunde bedürfen aber selbst der Erweiterung und Modifizierung. Auch wenn ihm in der Beurteilung der Experten als Mittäter in einem politischen Schmierenstück zuzustimmen ist, scheint bei der Untersuchung des Gerichtsprozesses von L'Aquila ein kritischeres Urteil vonnöten. Trotz des Fehlverhaltens der Experten startete das Verfahren mit falschen Anschuldigungen und endete mit einem Fehlurteil. Noch wichtiger für die Einordnung des Skandals ist ein anderer Punkt: Zwar ist er auf Kräfte zurückzuführen, die in der italienischen Politik besonders stark ausgeprägt sind, aber deswegen ist er noch keineswegs als italienischer Sonderfall zu betrachten. Gerade zu britischen Skandalen, etwa der Risikokommunikation von medizinischen Experten auf dem Höhepunkt der Rinderwahnseuche oder der behandelten Kontroverse um den entlassenen Drogenexperten David Nutt, bestehen unübersehbare Parallelen.[19]

Das Expertenbeben von L'Aquila erscheint hier als Extrembeispiel für zwei miteinander verschränkte Probleme, die in allen spätmodernen Staaten latent bestehen und jederzeit manifest werden können: die ideologische Überhöhung und die politische Instrumentalisierung von Experten. Wissenschaftler bewirtschaften stärker das erste und Politiker das zweite Problem, beide stehen einander jedoch Pate und brauchen die Staatsbürger als gläubiges Publikum. Erst in dem Moment, wo der Glaube der Staatsbürger an den Segen der Experten erschüttert wird, geraten Politiker und Wissenschaftler auf Konfliktkurs: Erstere haben nun ein Interesse, die betroffenen Experten einem Degradierungsritual zu unterziehen, um vor dem Volk die Hände in Unschuld zu waschen, worauf Letztere mit einem Märtyrerkult reagieren, um das überhöhte Bild der Experten vor der Realität zu schützen.[20] Der mediale Aufschrei der Forscher aus den führenden Wissenschaftsnationen ist in meiner Lesart also keine externe Intervention in einen inneritalienischen Skandal, sondern Ausdruck einer systematischen Verstrickung von Wissenschaft und Politik über Italien hinaus. Aus dieser Verstrickung erklärt sich nicht nur die verunglückte Aufarbeitung des Geschehens nach dem Erdbeben, sondern auch die Unfähigkeit von Politikern und Wissenschaftlern vor dem Erdbeben, in der Risikokommunikation gegenüber der bedrohten Bevölkerung das hohe *Nicht*-Wissen seismologischer Experten sagbar zu machen. Wohin man in diesem Fall auch blickt, hat man es mit irreführender Kommunikation zu tun.

Erdbebenprognosen eines Amateurseismologen

Nun aber zu den Ereignissen. Im Winter 2008 und Frühjahr 2009 kam es in den mittelitalienischen Abruzzen zu einer Serie kleiner, aber spürbarer Erdbeben. Seismologen bezeichnen das Phänomen, das hauptsächlich in vulkanisch aktiven Regionen beobachtet wird, als Schwarmbeben (»seismic swarms«). Dass in der Gegend von L'Aquila die Erde zitterte, überraschte niemanden. Die Stadt, die 2009 etwa 70 000 Einwohner zählte, musste 1349, 1461 und 1703 aus Erdbebentrümmern wiederaufgebaut werden und stand auf jeder seismischen Gefährdungskarte Italiens im Zentrum eines Gebiets mit sehr hohem Risiko. Kleinere Erschütterungen waren so häufig, dass ein englischer Reiseschriftsteller im 19. Jahrhundert berichtete, man höre andauernd die Kirchenglocken zur unpassenden Zeit läuten. Daran änderte sich auch im 20. Jahrhundert wenig. Zuletzt zitterte die Erde in den Jahren 1985 und 1995 jeweils während mehrerer Wochen, ohne jedoch die Bausubstanz der Stadt oder das Nervenkostüm der

Einwohner stark zu strapazieren. Als jedoch 2009 die Mikrobeben in immer höherer Kadenz auftraten (im Januar 2009 waren es 69, im Februar 78, im März hundert), reagierte die Bevölkerung mit wachsender Unruhe. Die Angst ging um, die seismische Aktivität könnte diesmal Vorbote eines neuen Jahrhundertbebens sein.

Grund für die Angst war weniger die historische Überlieferung, nach der jedem großen Beben in den vergangenen Jahrhunderten viele kleine vorausgegangen waren, als die mediale Präsenz eines seismologischen Autodidakten, dessen Analysen und Prognosen die Bevölkerung in Alarmbereitschaft versetzten. Giampaolo Giuliani arbeitete als Techniker an einer Forschungsstelle des Nationalen Instituts für Nuklearphysik in der Nähe von L'Aquila. Als technischer Innovator trat er seit der Jahrtausendwende auch in seismologischen Fragen auf.[21] Giuliani hatte an mehreren Orten in der Region private Messstationen aufgestellt, die nicht nur die Stärke und Länge der Erschütterungen, sondern auch den Ausstoß von Radon, eines radioaktiven Gases, aus der Erdoberfläche registrierten. Seine Annahme war, dass zwischen beiden Phänomenen ein kausaler Zusammenhang bestehe und dass man mit einem systematischen Vergleich der Messresultate ein Beben im Voraus erkennen könne. Giulianis Interesse für Radon war keine Marotte eines wissenschaftlichen Eigenbrötlers. Nach 1960 hatten viele Seismologen das Gas untersucht, in der Hoffnung, aus dessen wechselnder Konzentration an der Erdoberfläche Rückschlüsse auf die seismische Aktivität im Erdinneren zu ziehen. 2009 hatte die Erdbebenforschung die Hoffnung aber längst aufgegeben, weil man für die Radonkonzentration in der Luft eine Vielzahl von Ursachen, darunter so alltägliche wie Regen und Luftdruck, ausfindig gemacht hatte und deshalb die Möglichkeit ausschloss, einen verlässlichen Kausalbezug zu bevorstehenden Erdbeben herstellen zu können. Das Gas gehört heute wie der Grundwasserspiegel, die Bodentemperatur, das Tierverhalten oder die elektromagnetische Strahlung zu den Faktoren, die als mögliche, aber in keiner Weise als zwingende Vorboten von seismischer Aktivität angesehen werden.

Giuliani ließ sich von Reporterfragen, ob er einer veralteten Theorie anhänge, nicht beirren. Er kehrte den Spieß um und behauptete, die staatlich finanzierten Seismologen arbeiteten mit einer veralteten Technik. In seinen Interviews mit lokalen, nationalen und internationalen Medien posierte er gerne neben einem selbstangefertigten Bleikubus mit Kabelanschluss, in dessen Innern ein Oszilloskop eingebaut war. Giuliani hatte das Gerät patentieren lassen. Wie er gegenüber dem Deutschlandfunk im Januar 2009 erklärte, handelte es sich um ein handelsübliches Messgerät, das die dem Boden entweichenden Radonströme digital aufzeichnete.[22] Die technische Innovation lag ihm zufolge in der Bleihülle, die nur für das Radon durchlässig sei und damit eine Beeinträchtigung der Messresultate durch andere Gase verhindere. Giuliani beanspruchte für sich aber nicht nur eine exaktere Erhebungsmethode, sondern auch eine genauere Abstimmung der chemischen mit den seismischen Daten. Ende März 2009 behauptete er gegenüber einer italienischen Reporterin, die Berufsseismologen irrten, wenn sie erklärten, man könne keine sicheren Erdbebenprognosen aufstellen.[23] Er selbst habe eine Methode gefunden, mit der er sechs bis 24 Stunden vor einer Erschütterung eine verlässliche Vorwarnung geben könne. Vor der Kamera erläuterte er Computergrafiken, auf deren Zeitachse der Radonausstoß und die seismische Aktivität übereinandergelegt waren. Aus den Korrelationen schloss Giuliani auf die Kausalität: Werde im Verlauf von wenigen Stunden der Mittelwert der Radonkonzentration dreimal überschritten, sei in den folgenden sechs bis 24 Stunden mit einem Beben zu rechnen, wobei die Höhe der Ausschläge auch Prognosen zur Schwere der Erschütterung erlaube.

Es war ein großes Versprechen auf wackligem Boden und eine gezielte Provokation an die Adresse der Erdbebenexperten in Rom. Mit ihnen hatte er noch eine Rechnung offen. Giuliani hatte 2003 einen ersten Antrag um Fördermittel für seine Radonmessmethode an das Nationale Institut für Geophysik und Vulkanologie gestellt. Das INGV wies den Antrag ab, weil, wie Institutsmitglieder später angaben, »die Dinge, die Giuliani vorstellte, wissenschaftlich auf sehr tiefem Niveau« seien und Belege für die Wirksamkeit seiner Methode fehlten.[24] Giuliani ließ sich vom Rückschlag nicht entmutigen und setzte sein Vorhaben mit eigenen Mitteln um. 2006 hatte er die ersten beiden Bleikisten zusammengebaut. Ermutigt von den ersten Messresultaten, nahm er einen zweiten Anlauf, um vom INGV finanzielle und personelle Unterstützung zu erhalten. Erst als er mit dem Antrag erneut scheiterte, verlegte er sich darauf, seine Methode in offener Konfrontation mit der professionellen Erdbebenforschung zu propagieren. Seine Medienkampagne im Winter und Frühjahr 2009 war die Folge davon.

Im Interview mit der italienischen Reporterin vom 23. März wies Giuliani auf zwei Kennzeichen hin, die die aktuellen Mikrobeben seiner Meinung nach als außergewöhnlich qualifizierten. Würden die Schwarmbeben in der Region üblicherweise im Winter auftreten und im Frühjahr an Intensität verlieren, seien sie diesmal im März häufiger und stärker geworden; gleichzeitig habe sich der Radonausstoß aus dem Erdinneren erhöht. Giuliani hielt die Signale für alarmierend und stellte sicher, dass sie von der Bevölkerung gehört wurden. Auf seiner Website lud er die Messresultate aus seinen Bleikisten in Echtzeit hoch, sodass die Einwohner der Region jederzeit Zugang zu seinem Frühwarnsystem haben konnten.

Am 29. März sah Giuliani den Moment gekommen, um vor einem großen Beben zu warnen. Er vermutete das Epizentrum nicht in L'Aquila, sondern in Sulmona, einem 60 Kilometer entfernten Provinzstädtchen mit 25 000 Einwohnern. Er rief den Bürgermeister an und machte mit seinem Alarm so viel Eindruck, dass kurz darauf Lautsprecherwagen durch die Straßen patrouillierten, um die Bevölkerung aus den Häusern zu holen. Gemäß einer Lokalzeitung trugen Einwohner Bettzeug ins Freie, und Priester sammelten in den Kirchen die Reliquien ein, um sie vor einstürzenden Trümmern zu schützen.[25] Es war das traditionelle Reaktionsmuster auf Erdbebengefahr. Die Hektik in Sulmona griff bald auf L'Aquila über, nur galt sie dort, zumindest von Behördenseite, nicht der Katastrophenprävention, sondern dem Katastrophenprognostiker. Lokale Politiker warfen Giuliani vor, falschen Alarm zu schlagen. Um ihm einen Maulkorb zu verpassen, schalteten sie das Amt für Zivilschutz in Rom ein. Dieses handelte mit unbürokratischer Geschwindigkeit. Am 30. März wurde Giuliani per gesetzliche Verfügung jede weitere öffentliche Äußerung untersagt und seine Echtzeitradonmessstation vom Netz genommen.

Wenn die Politiker gehofft hatten, es werde damit wieder Ruhe einkehren, so machte ihnen die Natur einen Strich durch die Rechnung. Am gleichen Tag, an dem Giuliani der mediale Stecker gezogen wurde, bebte die Erde dreimal. Das stärkste Beben erreichte den Wert von 4,1 auf der Richterskala, was deutlich heftiger war als bei den Mikrobeben zuvor, aber immer noch weit entfernt vom großen Beben, das Giuliani angekündigt hatte. Zudem lag das Epizentrum näher bei L'Aquila als bei Sulmona. Um die Lage unter Kontrolle zu bringen, startete das Amt für Zivilschutz in Rom eine Kommunikationsoffensive und schickte als Bodentruppe die sieben Erdbebenexperten nach L'Aquila.

Mediale Beruhigungspillen von Zivilschützern und Experten

Es ist einem bemerkenswerten Zufall zu verdanken, dass über die politischen Ziele hinter dem Experteneinsatz Klarheit besteht. Der Präsident des Amtes für Zivilschutz, Guido Bertolaso, der im Kabinett von Silvio Berlusconi den Rang eines Unterstaatssekretärs bekleidete, geriet 2010 in den Strudel eines Korruptionsskandals, in dem es um die Vergabe öffentlicher Bauaufträge gegen finanzielle und sexuelle Gefälligkeiten ging. Im Zuge der Ermittlungen wurde Bertolaso das Telefon angezapft, und die Ausbeute war so reichhaltig, dass gleich eine Reihe von Tondokumenten an die Öffentlichkeit gelangte. Darunter befand sich auch ein Telefongespräch, das Bertolaso am Abend des 30. März 2009 mit der Zivilschutzleiterin in der Region Abruzzen, Daniela Stati, geführt hatte. Bertolaso instruierte Stati über eine Sitzung, die sein Vize, Bernardo de Bernardinis, am folgenden Tag zusammen mit sechs Erdbebenexperten in L'Aquila abhalten werde. Er selber komme nicht, sagte Bertolaso, dafür schicke er die »Leuchten« der italienischen Erdbebenforschung. Es gehe darum, »jeden Schwachkopf zum Schweigen zu bringen«. Zu den »imbecille« zählte Bertolaso nicht nur Giuliani, sondern auch Statis eigene Kommunikationsleute, weil diese in einem Informationsblatt für die Bevölkerung betont hatten, es seien keine Erdbeben von irgendeiner Magnitude angekündigt. So etwas, behauptete er, dürfe nicht einmal unter Folter gesagt werden. Weshalb dem so sei, führte er nicht weiter aus. Stattdessen schilderte er Stati das Risiko der öffentlichen Kommunikation mit einem eigentümlichen Bild: »Erdbeben sind ein Minenfeld.« Und da er die Provinzzivilschützer für prädestiniert hielt, auf kommunikative Minen zu treten, gab er Anweisung, die Zentrale in Rom in Zukunft vor jeder Pressemitteilung zu konsultieren. Die Sitzung der Experten diente ebenfalls der kommunikativen Kontrolle. Es werde »eher eine medienwirksame Operation« sein, kündigte er an. Bertolaso wusste bereits, zu welchen Einsichten die Wissenschaftler in der Sitzung gelangen würden:

> Die führenden Erdbebenexperten werden sagen: Die Situation ist normal, Phänomene wie diese passieren; besser, hundert Erschütterungen der Stärke vier auf der Richterskala zu haben als gar keine Erschütterung, weil hundert Erschütterungen Energie freisetzen und ein schweres Beben so verhindert wird.[26]

Bertolaso beauftragte Stati, eine passende Lokalität für die Sitzung zu finden, und machte ihr zum Schluss noch einmal klar, wer zu reden und wer zu schweigen hatte: »Anstelle von mir oder Dir lassen wir die renommiertesten Wissenschaftler auf dem Feld der Seismologie sprechen.«[27]

Der Telefonmitschnitt erlaubt drei Rückschlüsse zur Kommunikationsstrategie, mit der die römische Zivilschutzzentrale der Bevölkerung von L'Aquila die Angst vor einem großen Beben nehmen wollte: Erstens sollte die dezentrale Organisation des italienischen Zivilschutzes zwischenzeitlich ausgehebelt werden, damit Rom in der Provinz für Ruhe und Ordnung sorgen konnte; zweitens sollten die staatlichen Erdbebenexperten im Schein ihrer Unabhängigkeit als informelle Pressesprecher des Amtes für Zivilschutz eingesetzt werden, in der Annahme, die Bevölkerung würde ihnen mehr Glauben schenken als Politikern und Beamten; drittens sollte Giulianis Warnung vor einem großen Beben nicht etwa durch einen demonstrativen Verzicht auf Prognosen gekontert werden, sondern durch die konträre Prognose, in Schwarmbeben würde sich so viel seismische Spannung entladen, dass sich ein großes Beben erübrige.

Der als Beratungsgespräch getarnte Medienauftritt am nächsten Tag folgte Bertolasos Drehbuch in groben Zügen, nicht aber in den entscheidenden Details. Bereits beim Aussteigen aus ihren Autos wurden die Mitglieder der Kommission für große Risiken und die übrigen Wissenschaftler von Fernsehkameras empfangen. Bevor die Sitzung begann, gab Bernardo de Bernardinis, der als Zivilschutzvizepräsident gemäß Bertolasos Vorgabe am Telefon hätte schweigen sollen, einer lokalen Fernsehstation ein kurzes, aber verhängnisvolles Interview. Er machte die Aussage, die Bertolaso am Tag zuvor den Experten in den Mund gelegt hatte: »Die wissenschaftliche Gemeinschaft wird nicht müde zu bestätigen, dass die Situation vorteilhaft ist und weiterhin bleiben wird, weil es eine kontinuierliche Entladung von Energie gibt.« Der wohlgesinnte Interviewer kommentierte: »Wir können also ein Glas Wein trinken«, worauf de Bernardinis ergänzte: »Absolut, einen Montepulciano DOC.«[28]

Ob die anwesenden Seismologen de Bernardinis' Interviewaussagen mitbekommen haben, lässt sich nicht rekonstruieren.[29] An Ablenkung durch andere Journalisten hat es nicht gemangelt. Sogar im Sitzungssaal wurden die Experten von Kameraleuten umkreist, die sie über die Schultern beim Blättern in den Unterlagen filmten. Neben den Wissenschaftlern und Zivilschützern waren auch regionale Politiker anwesend. Die Sitzung selbst war eine kurze Angelegenheit. Gemäß dem Sitzungsprotokoll, das eine Woche später unter dubiosen Umständen an die Öffentlichkeit gelangte, dauerte sie eine Stunde. Alle Experten durften einmal sprechen, ohne etwas zu sagen. Franco Barberi, der Präsident der Kommission für große Risiken, betonte als Letzter im Expertenreigen: »Es gibt keinen Anhaltspunkt für die Aussage, dass eine Abfolge von Beben mit kleiner Magnitude als Vorbote eines starken Ereignisses betrachtet werden kann«.[30]

Weder Barberi noch einer der anderen Experten bestätigten laut Protokoll Bertolasos und de Bernardinis' Behauptung, viele kleine Beben minimierten das Risiko eines großen Bebens. Sie schwiegen aus gutem Grund. Es gehört zu den seismologischen Grundkenntnissen, dass mittelstarke Beben viel zu wenig Energie freisetzen, um die Wahrscheinlichkeit schwerer Beben signifikant zu reduzieren.[31] Für Italien und eine Reihe anderer erdbebengefährdeter Länder lagen zudem seit den späten 1980er-Jahren statistische Studien vor, denen zufolge eine mittelstarke Erschütterung in einem Schwarmbeben die Wahrscheinlichkeit einer starken Erschütterung in den folgenden Tagen hundert- bis tausendfach erhöht.[32] Die internationale Expertenkommission, die nach dem Erdbeben von L'Aquila im Auftrag der italienischen Regierung den aktuellen Stand der seismologischen Prognoseforschung überprüfte, bestätigte in ihrem Bericht, dass in den meisten Berechnungsmodellen bei seismischer Aktivität die Gefahr eines Großereignisses um ein Vielfaches steigt.[33] Die gleichen Modelle zeigen aber auch, dass sogar bei tausendfach erhöhter Gefahr die Gesamtwahrscheinlichkeit einer starken Erschütterung sehr klein bleibt: Sie bewegt sich zwischen einem und zwei Prozent.

Bertolasos Kommunikationsstrategie ging vor Ort also insofern schief, als im entscheidenden Punkt diejenigen, die hätten reden sollen, schwiegen, und derjenige, der hätte schweigen sollen, redete. Bei de Bernardinis können wir annehmen, dass die Abweichung beabsichtigt war, denn erstens war er in die Strategie eingeweiht und zweitens versuchte er vor der Kamera, seine unwissenschaftliche Aussage den Wissenschaftlern in den Mund zu legen. Wusste er, dass die Experten die beruhigende Botschaft nicht selber überbringen würden? Und wussten die Experten umgekehrt, wofür Bertolaso sie hatte einspannen wollen? Wir haben keine Anhaltspunkte dafür, sondern nur Grund zur Vermutung, dass die Experten nicht ganz so blauäugig nach L'Aquila fuhren, wie sie es später vor Gericht darstellten. Eine kurzfristig anberaumte Sitzung an einem seismisch exponierten Ort war für die Kommission derart ungewöhnlich, dass sich ihre Mitglieder über den politischen Zweck der Aktion kaum Illusionen machen konnten.

Glaubt man den Angaben im Sitzungsprotokoll, so erfüllte das Beratungstheater für die Experten aber eine andere Funktion als für die Zivilschutzleiter. Nach dem Maulkorb für Giuliani repräsentierten sie mit dem Auftritt in L'Aquila die alleinige Autorität der Berufsseismologie im öffentlichen Raum. Anders als für die Zivilschützer war für die Experten die eigene Glaubwürdigkeit nicht Mittel zum Zweck, sondern der Zweck selbst. Es ging ihnen weniger um die Beruhigung der Bevölkerung als um die Wiederherstellung ihres Beratungsmonopols. Um dieses durchzusetzen, machten sie Aussagen, die Giuliani für alle offensichtlich als seismologischen Dilettanten ausweisen sollten, die dabei aber so dezidiert ausfielen, dass sie ihrerseits in die Irre führten. Bereits vor Barberi hatte ein anderes Kommissionsmitglied, Giulio Selvaggi vom INGV, der Lokalzeitung *Il Centro* gesagt: »Ein Schwarmbeben, von welcher Art und Dauer auch immer, ist nie, und ich unterstreiche, nie ein Vorzeichen großer seismischer Ereignisse«.[34]

Wäre es tatsächlich die Absicht der Seismologen gewesen, der Bevölkerung von L'Aquila eine wissenschaftlich fundierte Risikoeinschätzung abzugeben, hätten sie zu einem Verfahren greifen müssen, das Experten sonst häufig bemühen, um Seriosität zu demonstrieren und das Risiko von Fehleinschätzungen zu minimieren: zur Argumentaion mit Wahrscheinlichkeiten. Die kommunikative Herausforderung hätte darin bestanden, den Bürgern verständlich zu machen, dass sich mit den Schwarmbeben und dem mittelstarken Beben vom 30. März das Risiko einer großen Erschütterung zwar erhöht hatte, insgesamt aber noch immer gering war. Unüberwindbar war diese Herausforderung nicht, und man hätte sie zudem gut mit der Empfehlung an die Bevölkerung verknüpfen können, ruhig, aber wachsam zu sein. Dass die Experten auf eine wissenschaftlich fundierte Lagebeschreibung verzichteten, dürfte denn auch nicht an der zu hohen Komplexität, sondern an der zu geringen Prägnanz der Information gelegen haben: Um Giulianis Glaubwürdigkeit zu zerstören, schien eine Wahrscheinlichkeitsrechnung nicht das geeignete Gegengift zu sein. Man musste zu kategorischen Aussagen greifen.

Am Tag nach dem Expertenauftritt in L'Aquila berichtete *Il Centro* unter Berufung auf de Bernardinis, die Situation sei aufgrund der durch die kleinen Beben freigesetzten Energie vorteilhaft. Dass die Aussage vor der Sitzung gemacht wurde, blieb unerwähnt, und so musste bei Lesern der Eindruck entstehen, hier werde das Ergebnis der Beratungen unter den versammelten Seismologen mitgeteilt. Der Eindruck wurde noch dadurch verstärkt, dass die Lokalzeitung weder die Experten zitierte noch ihre Aussagen referierte. Und da keiner der sechs instrumentalisierten Wissenschaftler, die spätestens jetzt über de Bernardinis' Kommunikationsabsichten im Bilde sein mussten, die Irreführung der Bevölkerung öffentlich korrigierte, leisteten auch sie einen passiven Beitrag dazu, dass der falsche Eindruck bestehen blieb. Offenbar genügte es ihnen, dass es nicht sie selbst waren, die die Fehlinformation gegeben hatten.

Die Wirkung der medial verabreichten Beruhigungspille aus Rom hielt nicht lange an. Am 4. April, fünf Tage nach dem Expertenbesuch, beantragte der Bürgermeister von L'Aquila die Verhängung des Ausnahmezustandes. *Il Centro* berichtete ausführlich über die Maßnahme und gab Anweisungen, wie man sich bei einem starken Beben zu verhalten habe: Unter einem Tisch kauern oder in einem Türrahmen stehen, keinesfalls Treppen hinuntersteigen oder Aufzüge benutzen. Die Überraschung hielt sich wohl in Grenzen, als einen Tag darauf, am späten Abend des Palmsonntags, in L'Aquila und den umliegenden Dörfern die Erde zitterte. Die Erschütterung war etwa gleich stark wie jene vom 30. März. Sie trieb die Bewohner auf die Straße, richtete aber keine Schäden an. Wie nach Giulianis Fehlalarm in Sulmona rückten die Zivilschützer aus, nur forderten sie diesmal die Leute auf, in die Häuser zurückzugehen.[35] Tatsächlich legten sich viele Menschen bald darauf ins Bett. Dieses Verhalten, so berichteten später Einwohner, die bereits manche Erdbeben in der Region erlebt hatten, soll untypisch gewesen sein. Bei nächtlichen Beben sei es der Brauch gewesen, dem tödlichen Bett zu entfliehen und mit der Familie zur nächsten Piazza zu eilen, wo die Frauen und Kinder in den Autos schliefen und die Männer redeten und rauchten, bis es Tag wurde.[36]

Vom Erdbeben zum Expertenbeben

Um halb vier Uhr morgens kam das große Erdbeben. Das Epizentrum lag gut drei Kilometer südwestlich von L'Aquila. Die Zerstörung war massiv. Zahlreiche Häuser in L'Aquila und den umliegenden Dörfern fielen in sich zusammen; insgesamt wurden um die hunderttausend Gebäude beschädigt. 67 000 Menschen hatten kein Dach mehr über dem Kopf, und damit gehörten sie noch zu den Glücklichen. 308 Personen starben, 1 500 wurden verletzt, 202 davon schwer. Für ein Beben

⟶

Zur neuen Bausubstanz, die dem Erdbeben nicht standhielt, gehörte das regionale Krankenhaus von L'Aquila, dessen Leuchtbuchstaben in den Trümmern lagen. Die medizinische Versorgung der Verletzten wurde durch die unerwarteten Schäden stark erschwert.

der Stärke 5,8 auf der Richterskala war das eine außergewöhnlich hohe Schadensbilanz, und wie bereits der Anblick der Trümmerlandschaft zeigte, war die Ursache nicht nur im nächtlichen Zeitpunkt der Erschütterung zu suchen. Neben alten Häusern waren auch viele moderne Gebäude eingestürzt, und sogar der Notfalltrakt des regionalen Krankenhauses hatte so starke Schäden erlitten, dass er nicht mehr zu gebrauchen war.

Die Regierung von Silvio Berlusconi betrieb nach der Zerstörung von L'Aquila Schadensbegrenzung der offensiven Art, und dies zumindest anfänglich mit Erfolg. Sie missachtete das Zivilschutzgesetz, das den Regionalgewalten bei Notfallsituationen weitreichende Entscheidungskompetenzen gab, riss das Kommando der Rettungsaktionen an sich und ordnete die Evakuierung von L'Aquila an, die eigentlich nur der Bürgermeister, ein Mitglied der linksdemokratischen Oppositionspartei, hätte beschließen dürfen.[37] In kürzester Zeit entsandte die Regierung mehr Rettungskräfte in die Region, als L'Aquila Einwohner hatte, darunter viele Soldaten. Das erste von zwei Feldlazaretten

PALA
DEL GOVERNO

war nach 24 Stunden funktionstüchtig, und nach wenigen Tagen standen insgesamt 171 Zeltlager für die obdachlosen und evakuierten Einwohner bereit.

Berlusconi besuchte die Region in den kommenden Monaten insgesamt 29-mal, in der Regel mit Bertolaso an der Seite und einem großen Medientross im Schlepptau. Er versprach der Bevölkerung großzügige Wiederaufbauhilfe, darunter neue Gratiswohnungen für alle, die ihr Hab und Gut verloren hatten. Die stimmberechtigten Bürger dankten es ihm in den Regional- und Provinzwahlen vom Juni 2009, in denen Berlusconis Freiheitspartei den Sieg im Regionalparlament sowie in allen vier Provinzen der Region Abruzzen davontrug. Im Juli 2009 lud Berlusconi in L'Aquila sogar zum G8-Gipfel, den er kurzerhand von der Insel La Maddalena ins Erdbebengebiet hatte verlegen lassen, ungeachtet dessen, dass weiterhin das Risiko von Nachbeben bestand und das bereits exorbitante Sicherheitsbudget weiter erhöht werden musste.

Er bezeichnete den Gipfel als eine »Botschaft der Hoffnung für die Abruzzen«, zu deren bleibenden Erinnerungen ein kleines Basketballfeld aus Asphalt gehörte, das Berlusconi angeblich für US-Präsident Barack Obama hatte anlegen lassen.

Um den Versprechen gegenüber der Bevölkerung Taten folgen zu lassen, startete die Regierung unter der Aufsicht von Bertolasos Amt für Zivilschutz ein gewaltiges Infrastrukturprogramm. Der Plan war, die obdachlos Gewordenen in vorfabrizierten Provisorien außerhalb der zerstörten Siedlungskerne unterzubringen. Da es die Zivilschutzbehörde gleichzeitig aber nicht eilig hatte, die Aufräum- und Wiederaufbauarbeiten in den evakuierten Zentren von L'Aquila und den umliegenden Dörfern in Angriff zu nehmen, war aufmerksamen

←

Ein Bild mit Symbolwert: Silvio Berlusconi, Barack Obama und Guido Bertolaso stehen nebeneinander vor dem stark beschädigten Regierungspalast von L'Aquila. Der Palazzo war schon 1703 von einem Erdbeben zerstört und danach wiederaufgebaut worden.

Bewohnern und Beobachtern bald klar, dass die Provisorien auf der grünen Wiese als »Providurien« gedacht waren.[38]

Berlusconis Taktik, humanitäre Hilfe als Propagandapolitik der anderen Art zu betreiben, schien in den ersten Monaten nach dem Erdbeben aufzugehen. Seine rechte Hand vor Ort, Bertolaso, avancierte zum nationalen Helden. Wenn Erdbeben »Minenfelder« waren, dann bewegte er sich mit schlafwandlerischer Sicherheit durchs Gelände. Er gab sich zugänglich und zupackend, trug bei seinen öffentlichen Auftritten die italienische Flagge und das Zivilschutzabzeichen auf Shirt und Jacke, ließ sich neben Berlusconi und Obama ablichten und rühmte die italienische Katastrophenhilfe als Vorbild für die Welt. Seine persönliche Vorsichtsmaßnahme vor dem Beben, im heiklen Moment durch Abwesenheit zu glänzen und anderen das Sprechen zu überlassen, trug vorerst Früchte.

Ende Januar 2010 kündigte Berlusconi in L'Aquila an, er werde Bertolaso wegen dessen Verdienste bei der Bewältigung des Erdbebens zum Minister ernennen. Wie sich bald herausstellte, hätte der Zeitpunkt nicht schlechter gewählt sein können. Im Februar rollte ein weiterer Korruptions- und Prostitutionsskandal auf die Regierung zu, und diesmal galt die Empörung nicht dem Cavaliere, sondern Bertolaso. Wie erwähnt, ging es um Großaufträge für die Bau- und Infrastrukturprojekte, die das Amt für Zivilschutz nach dem Erdbeben von L'Aquila und vor der Durchführung des G8-Gipfels vergeben hatte. Telefonmitschnitte schienen zu beweisen, dass Bertolaso Dienstleistungen von Prostituierten in Anspruch nahm, für die ein römischer Baulöwe bezahlte. Das brach ihm politisch das Genick. Trotz hartnäckiger Bemühungen, den Skandal mit Ausreden und zwischenzeitlichem Abtauchen auszusitzen, musste er im November 2010 zurücktreten. Bereits ein paar Monate zuvor hatte es Daniela Stati, die Zivilschutzleiterin der Region Abruzzen, erwischt, die wegen der Annahme von Bestechungsgeldern für Bauaufträge zum Rücktritt gezwungen worden war.

Zum Zeitpunkt, als die Zivilschützer stürzten, hatte der Ruf der Experten schon irreparablen Schaden genommen. Nach der

Katastrophe war keiner von ihnen an die Öffentlichkeit getreten, um sich wenigstens nachträglich von der Beruhigungskampagne des Zivilschutzamtes zu distanzieren. Derweil lud Bertolaso noch mehr Verantwortung auf ihnen ab. Kaum hatte sich der Staub der eingestürzten Häuser gelegt, behauptete er vor den Medien, Enzo Boschi habe in seiner Expertenfunktion auf einer Pressekonferenz vor dem fatalen Ereignis gesagt, es sei kein heftigeres Erdbeben zu erwarten als die bereits registrierten.[39] Wenige Tage später gab er Boschi schon wieder eine mündliche Anweisung, was er wo öffentlich zu sagen habe. Die Kommission für große Risiken hatte eine Sitzung einberufen, um anhand von Modellen zu überprüfen, ob es infolge der Erschütterung zu einem Dammbruch am Lago di Campotosto 20 Kilometer nördlich von L'Aquila kommen könne. Bertolaso machte Boschi am angezapften Telefon klar, »dass die Wahrheit nicht gesagt werden darf«. Was der Experte hingegen in der Pressemitteilung nach der Sitzung ausbreiten dürfe, sei »das übliche Argument über die Wahrscheinlichkeit eines weiteren Bebens«.[40] Boschi antwortete: »Mach Dir keine Sorgen, Du weißt, unsere Haltung ist extrem kooperativ; wir machen eine Pressemitteilung und legen sie Dir zur Prüfung vor.«[41] Das war eine bemerkenswerte Haltung für einen renommierten Wissenschaftler, der von seinem Gesprächspartner kurz zuvor öffentlich zum Sündenbock für das kommunikative Versagen des Zivilschutzes gestempelt worden war.

Es dauerte fünf Monate, bis sich Boschi dazu durchrang, auf die Anschwärzung Bertolasos, der damals noch auf der Popularitätswelle ritt, zu reagieren. Als er es dann tat, wählte er nicht den Gang an die Öffentlichkeit, sondern den Korrespondenzweg. Am 16. September 2009 verschickte er ein Schreiben, in dem sich die angestaute Wut umso heftiger entlud.[42] Es war eine Gesamtabrechnung mit dem Amt für Zivilschutz in Rom. Bertolaso jedoch war nur in Kopie gesetzt. Formell wandte sich Boschi an seine Kommissionskollegen Zamberletti und Barberi. Als Grund für sein langes Schweigen gab er die Notsituation in L'Aquila an, die zuerst habe behoben werden müssen. Nun sprach er Klartext: Es sei »schlichtweg absurd«, dass es ihm während seiner gesamten Berufskarriere je hätte einfallen können, ein starkes Erdbeben in den Abruzzen auszuschließen. An jener Pressekonferenz in L'Aquila, die unmittelbar nach der Expertensitzung abgehalten wurde, sei er gar nicht dabei gewesen, und da Bertolaso ebenfalls gefehlt habe, müsse jemand anderes für Konfusion gesorgt oder glatt gelogen haben.

Zum Beweis für die Unmöglichkeit seiner angeblichen Aussage verwies Boschi auf seismologische Studien, Karten und Berichte älteren und jüngeren Datums, an denen er beteiligt war und in denen die Gefahr einer starken Erschütterung L'Aquilas als hoch eingestuft wurde. Anschließend kam er auf die ominöse Beruhigungskampagne zu sprechen, die er so darstellte, als sei ihm erst im Verlauf der Sitzung aufgegangen, welches Spiel mit ihm und seinen Kollegen getrieben wurde. Dabei hätten Personen teilgenommen, die er nicht gekannt habe, und de Bernardinis habe die Sitzung abgebrochen, bevor die Beratungen angefangen hätten, ohne dass den Teilnehmern ein Protokoll, das sonst immer eingehend besprochen und einstimmig verabschiedet werde, vorgelegt worden sei. Erst im Nachhinein habe er erfahren, dass de Bernardinis die Sitzung so früh beendet habe, weil der Termin für die Pressekonferenz der Zivilschutzoberen bereits gesetzt war, und sogar erst einen Tag nach dem Erdbeben habe ihn Mauro Dolce, der zugleich dem Zivilschutzamt und der Expertenkommission angehörte, zur Unterzeichnung eines Texts gedrängt, in dem der Inhalt der Sitzung »konfus, unpräzise und unvollständig« wiedergegeben worden sei. Dolce habe die Unterschrift aus »internen Gründen« verlangt, sodass ihm Boschi an diesem »chaotischen Abend« den Gefallen getan habe. Zehn Tage später sei der Text zu seiner Verblüffung als offizielles Sitzungsprotokoll unverändert in der Tageszeitung *La Repubblica* erschienen.

Boschi gab sich in seinem Brief als argloser Mann der Wissenschaft, dessen Vertrauen vom Amt für Zivilschutz gleich doppelt missbraucht worden war. Das ließ Bertolaso als inoffizieller Hauptadressat des Briefes nicht auf sich sitzen. War das Schreiben des Experten schon in scharfem Ton verfasst, so ging der Zivilschutzchef in seiner Replik noch einen Schritt weiter. Sie enthielt weder eine Anrede noch ein Datum, war aber an den gleichen Adressatenkreis gerichtet wie Boschis Schreiben. Bertolaso interpretierte Boschis Entscheid, erst nach fünf Monaten aufzubegehren, als späten Versuch, sich aus der Verantwortung zu stehlen. Er zitierte mehrere Schreiben der Expertenkommission und des INGV, blieb aber einen Beweis für Boschis angebliche Entwarnung schuldig. Das hielt ihn nicht davon ab, Boschi zum Schluss ein gerichtliches Vorgehen wegen Rufschädigung anzudrohen.[43] Im Herbst 2009 konnte Bertolaso noch den moralisch Entrüsteten geben; die Öffentlichkeit wusste noch nichts von den telefonischen Anweisungen.

Mit juristischen Schritten hätte Bertolaso Boschi nicht drohen müssen. Die Drohung lag schon in der Luft, denn zum Zeitpunkt des brieflichen Klingenkreuzens waren in L'Aquila strafrechtliche Ermittlungen aufgenommen worden. Noch offen war damals die Frage, gegen wen sie sich richteten. Boschis später Mut zum Widerspruch könnte durchaus der Angst vor einem gerichtlichen Nachbeben entwachsen sein, und eine ähnliche Motivlage mochte Bertolaso zur geharnischten Antwort veranlasst haben.

Der Gerichtsprozess von L'Aquila

Als die Staatsanwaltschaft von L'Aquila Anfang Juni 2010 Anklage erhob, war Bertolasos öffentlicher Ruf bereits ramponiert. Dennoch hatte er Glück, denn das Gericht wusste noch nichts von seinem Telefongespräch mit Daniela Stati am Tag vor der medialen Beruhigungskampagne in L'Aquila. So war es nicht Bertolaso, sondern Boschi, der sich wegen fahrlässiger Tötung auf der Anklagebank wiederfand. Entscheidend dafür war seine persönliche Anwesenheit an der Sitzung vom 31. März 2009. Die Taktik des Zivilschutzpräsidenten, aus dem Hintergrund zu dirigieren und die Experten an die Front abzukommandieren, hatte sich ausgezahlt.

Die Staatsanwaltschaft klagte die fünf Wissenschaftler und zwei Zivilschützer wegen Totschlags in 29 Fällen an. Ihr zufolge hatten die Informationen der Sitzungsteilnehmer den Ausschlag gegeben, dass diese 29 Opfer ihre Einstellung zur Gefahrenlage geändert und nach dem ersten Beben am späten Abend des 5. April die Nacht nicht im Freien verbracht hätten, sondern in ihre Häuser gegangen seien und dort unter den Trümmern den Tod gefunden hätten. Um diesen Kausalzusammenhang zu erhärten, musste die Staatsanwaltschaft weite Wege gehen. In keinem Fall lag der Beweis vor, dass ein Opfer im Zeitraum zwischen der Sitzung und dem Erdbeben zu einer optimistischeren Risikoeinschätzung gekommen sei und diese mit den Informationen der sieben Angeklagten begründet hätte. Wären diese nur für schwere Körperverletzung belangt worden, hätten die Staatsanwälte auf die Direktaussagen der überlebenden Opfer setzen können. Bei Totschlag hingegen mussten sie auf die Glaubwürdigkeit von Zeugen setzen, die einen Gesinnungs- und Verhaltenswandel der Verstorbenen beobachtet haben wollten.

Erschwerend hinzu kam für die Staatsanwaltschaft, dass die angeklagten Experten unmittelbar vor und nach der Sitzung am 31. März gegenüber Journalisten oder Einwohnern keine inkriminierenden Aussagen gemacht hatten. Auch das Sitzungsprotokoll ließ sich kaum als Beleg für die Irreführung der Bevölkerung anführen, gelangte es doch erst nach dem Beben an die Öffentlichkeit. Das Einzige, was die Anklage vom ominösen Medienereignis in den Händen hielt, war die Falschaussage des Zivilschutzvizepräsidenten de Bernardinis, die bisherigen Beben hätten seismische Energie freigesetzt, und darum sei die Situation vorteilhaft. Die übrigen Angeklagten hatten es jedoch unterlassen, die Aussage von de Bernardinis öffentlich zu korrigieren. Staatsanwalt Fabio Picuti deutete das Schweigen der Experten als aktive Zustimmung, und es kam ihm dabei gelegen, dass einzelne Experten unabhängig von der Sitzung in L'Aquila gegenüber Journalisten seismologische Aussagen gemacht hatten, die im Widerspruch zu ihren eigenen Forschungen standen.

Picuti behauptete, die sieben Angeklagten hätten »einen Chor ohne Solisten, einen Organismus mit einer Stimme« gebildet. De Bernardinis' Worte hätten den Aussagen der Wissenschaftler in der Sitzung »exakt entsprochen«. Der Staatsanwalt bemühte die Logik, dass dort, wo das Wissen ist, auch die Macht liegt, und folgerte, der Zivilschutzvizepräsident sei als »Opfer der Seismologen« zu betrachten.[44] Damit stellte Picuti den Sachverhalt auf den Kopf. Wenn er de Bernardinis entlastete, dann nicht, um ihn zu retten, sondern um die Experten zu belasten. Er hatte erkannt, dass de Bernardinis von allen Angeklagten die schlechtesten Karten hatte. Sollte es der Staatsanwaltschaft gelingen, sein Verschulden auf die Experten zu übertragen, erhöhte sich die Chance eines kollektiven Schuldspruchs.

Auf Picutis Beschuldigungen reagierten einige Mitglieder der Kommission mit der Behauptung, sie seien bloße Befehlsempfänger gewesen. Damit lagen sie näher an der Realität als Picuti, verspielten aber den letzten Kredit ihrer Expertenrolle. Besonders wenig Skrupel hatte Enzo Boschi, der mit Widersprüchen zwischen Aussagen konfrontiert wurde, die er als Forscher und als Experte gemacht hatte. In einem wissenschaftlichen Artikel von 1995 hatte er für ganz Italien die Wahrscheinlichkeit starker Beben berechnet und für die Region um L'Aquila einen ungewöhnlichen Wert erhalten: Das Risiko für die nächsten fünf Jahre lag bei 1.0 – in Worten ausgedrückt: Eine heftige Erschütterung in unmittelbarer Zukunft erschien als absolute Gewissheit.[45] Wie war das möglich? Das Berechnungsmodell beruhte, was mangels zuverlässiger Daten von weit zurückliegenden Erschütterungen vorkommen kann, auf einer kleinen Anzahl großer Beben, die sich im Abstand von gut sechzig Jahren ereignet hatten; das letzte dieser Beben lag aber zweihundert Jahre zurück, die kommende Erschütterung erschien also gemäß dem Modell bereits 140 Jahre »überfällig«, weshalb Boschi auch zur Vorsicht bei der Interpretation des Berechnungsmodells riet. Bei aller Fragwürdigkeit des Berechnungsmodells war es jedoch schwer zu erklären, warum Boschi während der Kommissionssitzung in L'Aquila ein schweres Beben laut Protokoll als »unwahrscheinlich« bezeichnet hatte. Staatsanwalt Picuti fiel es leicht, die Diskrepanz als Beweis für eine gezielte Falschinformation der Bevölkerung auszugeben. Boschi widersprach der Sichtweise nicht, stritt aber jede Verantwortung ab: »Für mich«, sagte er vor Gericht, »ist der Chef des Zivilschutzes Herr der Lage, und wenn er mich auffordert, dieses oder jenes zu sagen, dann sage ich es.«[46]

Offenbar kostete es Boschi nicht viel Überwindung, sich die Maske des unabhängigen Experten abzureißen. Er hatte sich schon in besseren Zeiten ähnlich geäußert. Als im September 2008 Berlusconis Bildungsministerin unter Druck kam, weil sie in ihrer akademischen Ausbildung Abkürzungen genommen hatte, relativierte Boschi ihr Vergehen mit einem Kurzbericht seines eigenen Werdegangs: »Auch ich habe alles getan, um meine Karriere voranzubringen. Ich habe Ärsche geküsst, wenn sie geküsst werden mussten, habe gehorcht, mit dem Kopf genickt: Es macht mir nichts aus, es zuzugeben.« Als Begründung für sein Verhalten gab er im gleichen Interview an: »Ich bin mit den Mächtigen immer zuvorkommend umgegangen, weil ich wusste, dass sie mir würden helfen können.«[47]

Neben Boschis Versuch, die strategische Unterwürfigkeit als Zeichen seiner Unschuld darzustellen, brachte sein Anwalt Marcello Melandri das handfestere Argument vor, es lasse sich von den Aussagen der Experten in der Sitzung keine kausale Verbindung zum Verhalten der Bürger vor dem Erdbeben herstellen, weil die Aussagen gar nicht bekannt waren.[48] Mit einem Anflug von Sarkasmus warf Melandri dem Ankläger Picuti vor, er mache aus de Bernardinis einen Propheten, habe dieser doch den Medien die Expertenmeinung schon vor Beginn der Kommissionssitzung verkündet.[49]

Das Gerichtsurteil vom 22. Oktober 2012 übertraf die schlimmsten Befürchtungen der Angeklagten. Richter Marco Billi folgte nicht nur der Argumentation der Staatsanwaltschaft, sondern ging beim Strafmaß noch über deren Forderungen hinaus.[50] Anstatt zu vier Jahren Gefängnis verurteilte er alle Angeklagten zu sechs. In der knapp neunzig Tage später veröffentlichten Urteilsbegründung betonte der Richter, die Kommissionsmitglieder hätten in ihrem gesetzlichen Auftrag, das Risiko der Schwarmbeben gründlich zu analysieren und klar zu kommunizieren, versagt. Sie hätten den Stadtbewohnern den falschen Eindruck vermittelt, es bestehe keine Gefahr, und dabei teilweise ihre eigenen Studien, in denen sie zu konträren Schlüssen gelangt seien, unterschlagen. Für strafverschärfend hielt Billi »die wissentliche und unkritische Anbindung an den Willen des Chefs des Zivilschutzamtes, eine ›medienwirksame Operation‹ durchzuführen«.[51] Damit beglaubigte der Richter Boschis Bekenntnis zur klientelistischen Unterwürfigkeit, nur gab er dieser eine entgegengesetzte Deutung. Sie belegte in seinen Augen die Schwere des Verbrechens, nicht die Unschuld der Experten.

Die Krux mit der Ungewissheit

Die Höhe des Strafmaßes und die Kühnheit der Kausalbehauptung von Richter Billi hätten genug Angriffsfläche für eine Kritik des Gerichtsurteils geboten. Die meisten Wissenschaftler und Journalisten hatten sich aber derart auf die Idee versteift, den Experten sei wegen der fehlenden Voraussage des Erdbebens der Prozess gemacht worden, dass sich der internationale Entrüstungssturm über das Urteil erneut an dieser Fantasie entzündete. Es nützte nichts, dass die Ankläger, der Richter und mehrere Berichterstatter dagegen anredeten und anschrieben. Das Hochgefühl der gerechten Empörung hatte die Protestierenden taub gemacht. Als 2014 das Berufungsgericht alle Wissenschaftler freisprach und die Gefängnisstrafe für de Bernardinis von sechs auf zwei Jahre reduzierte, erzählten der *Guardian*, *Daily Telegraph*, *Spiegel* und andere Medien noch einmal, die Angeklagten seien in erster Instanz wegen der Nichtvorhersage des Erdbebens verurteilt worden.[52] Ähnlich korrekturresistent zeigten sich führende Wissenschaftsfunktionäre. Noch 2014 bezeichnete Peter Strohschneider, der Präsident der Deutschen Forschungsgemeinschaft,

»die wegen unzuverlässiger Prognosen gerichtlich festgestellte Haftungspflicht von Seismographen[!] für Erdbebenfolgen im Jahre 2012 in L'Aquila« als »Menetekel« für eine Wissenschaft, die nicht mehr bloß Wissen produziere, sondern »auf Folgenreichtum für die Rettung der Welt verpflichtet« werde.[53]

So hat sich bis heute in akademischen Kreisen die Legende gehalten, die italienischen Erdbebenexperten seien Opfer einer tief verankerten Wissenschaftsfeindlichkeit geworden, die sich hinter der Fassade der enttäuschten Wissenschaftsgläubigkeit verberge. Die Legende ist letztlich das Produkt einer zweifachen Irreführung der Öffentlichkeit: Die erste war die Banalisierungskampagne nach den Schwarmbeben, die zweite die Entrüstungskampagne nach der Anklageerhebung. Letztere ging, wie oben ausgeführt, vom INGV aus, der wissenschaftlichen Institution, die mit der Expertenkommission am engsten verbunden war. Sie war deutlich erfolgreicher als die erste, stehen doch die Experten in der internationalen Öffentlichkeit bis heute als unschuldige Opfer des Volkszorns da.

Der Freispruch der Experten durch das Berufungs- und Kassationsgericht 2015 wirkte wie eine offizielle Bestätigung ihres Opferstatus. Bei genauerem Hinsehen kann davon aber keine Rede sein. Auf der einen Seite blieb das Gericht mit der Verurteilung von de Bernardinis bei der kausalen Annahme, dass die Kommunikation vor der Kommissionssitzung in irreführender Absicht erfolgt sei und zum Tod mehrerer Personen geführt habe. Auf der anderen Seite begründete es den Freispruch der Experten mit einer Einschätzung des seismologischen Wissensstandes zum Tatzeitpunkt, die empirisch schlecht abgestützt war und von mehreren Fachvertretern als falsch zurückgewiesen wurde. Den Richtern zufolge soll sich erst nach dem Erdbeben von L'Aquila die Erkenntnis durchgesetzt haben, dass Schwarmbeben die Wahrscheinlichkeit eines seismischen Großereignisses erhöhen.[54]

Die strafrechtliche Aufarbeitung des Falles war letztlich eine große Ablenkung von den kulturellen und politischen Kräften, die den Missbrauch der Expertenrollen in L'Aquila ermöglichten. Diese Kräfte entziehen sich einem juristischen Zugriff, denn sie sind höchstens am Rande krimineller Natur. Um sie zu erfassen, bietet sich als erster Schritt ein Aufsatz der Politikwissenschaftlerin Melissa Lane mit dem Titel »When Experts are Uncertain« an, in dem sie theoretische Überlegungen über den Status von Expertisen anstellt und diese am Beispiel der angeklagten Erdbebenforscher in L'Aquila konkretisiert.[55] Lane unterscheidet drei Formen von Ungewissheit, die mit wissenschaftlicher Expertise verbunden sein können: Erstens eine dem untersuchten Phänomen innewohnende Ungewissheit wie zum Beispiel die Entwicklung des Wetters, die von beständig wechselnden Faktoren abhängig ist und daher mit keiner wissenschaftlichen Methode zuverlässig berechnet werden kann; zweitens eine dem aktuellen Stand des Wissens oder der Untersuchungsmethoden geschuldete Ungewissheit wie jene über die Möglichkeit eines kausalen Zusammenhangs zwischen BSE und der Creutzfeldt-Jakob-Krankheit, der vor 1996 gänzlich ungeklärt war und von Regierungsexperten doch vehement bestritten wurde; drittens die aus konkurrierenden Wissensansprüchen resultierende Ungewissheit, sei es zwischen Forschern innerhalb der gleichen Disziplin oder zwischen Vertretern verschiedener Disziplinen.

Lanes These ist, dass die drei Formen von Ungewissheit, die mit wissenschaftlicher Expertise verbunden sein können, von Experten wie Laien tendenziell vernachlässigt werden, weil sie sich von ihrem Bedürfnis nach Sicherheit zu Wunschszenarien, Vertrauensüberschüssen und Kontrollillusionen verleiten lassen. Die These trifft für L'Aquila in mancher Hinsicht zu, kann aber das Verhalten der beteiligten Wissenschaftler nur bedingt erklären, weil Lane ihrerseits deren Rollenverständnis als Experten vernachlässigt. Von den drei Formen der Ungewissheit war die erste in ausgeprägtem und die zweite in moderatem Maß vorhanden: Wie Vulkanausbrüche oder Orkane entziehen sich Erdbeben als multikausale Ereignisse einer wissenschaftlichen Vorausberechnung, und mangels verlässlicher

Daten aus früheren Jahrhunderten lassen sich oft nur unzuverlässige Berechnungsmodelle für ihre Eintrittswahrscheinlichkeit erstellen. Die epistemische Ungewissheit wurde von den Experten erst klar kommuniziert, als sie unter Anklage standen, die methodische Ungewissheit kam dagegen nicht einmal während des Prozesses eingehend zur Sprache.

Was den Fall von L'Aquila aber besonders macht, ist die dritte Form der Ungewissheit, jene der konkurrierenden Wissensansprüche. Hier bestand eine gewaltige Kluft zwischen Laien- und Expertensicht, und der Hauptgrund dafür war der Aktivismus von Giampaolo Giuliani.[56] Die Prognosetechnik des Amateurseismologen stellte für die Experten eine kommunikative und politische, aber keine wissenschaftliche Herausforderung dar. Niemand unter den anerkannten Seismologen nahm Giulianis Ideen ernst, wohl aber viele Bewohner des Apennins. Erschwerend hinzu kam für die Experten, dass sie Giuliani nicht einfach als Ideologen oder Fundamentalisten abstempeln konnten, wie es Evolutionsbiologen mit Kreationisten oder Klimaforscher mit Leugnern des Klimawandels tun. Giuliani glaubte an die Wissenschaft, ja die eigentliche Schwierigkeit bestand darin, dass er ihr mehr zutraute als die Berufsseismologen. Anstatt aber der Bevölkerung zu erklären, dass die Erdbebenforschung die Prognosen nicht erbringen kann, die ihnen Giuliani versprach, ließen sie sich vom römischen Zivilschutz für eine konträre Prognose einspannen.

Ihre Entscheidung, sich über die Grenzen der Seismologie auszuschweigen und stattdessen die Gefahr eines Erdbebens kleinzureden, kam unter beträchtlichem politischem Druck zustande, war aber letztlich selbstgewählt. Den Wissenschaftlern ging es um die Verteidigung ihres Expertenmonopols, den Zivilschutzpolitikern um die Beschwichtigung der Bevölkerung. Immerhin gelang es den Experten, sich der telefonischen Ankündigung des Zivilschutzpräsidenten zu entziehen, in L'Aquila selber vor die Medien zu treten und der Bevölkerung das irreführende Beruhigungsplacebo zu verabreichen.

Indem sie aber den Zivilschutzleitern in einer Sitzung ohne jede Beratungsfunktion als Glaubwürdigkeitsstaffage dienten, schlossen sie einen faulen Kompromiss. Dass einzelne Experten dazu noch Medienauftritte absolvierten, in denen sie einen möglichen Kausalzusammenhang zwischen Schwarmbeben und großen Erschütterungen in wissenschaftlich weniger kompromittierenden Wendungen abstritten, war ebenso selbstgewählt. Die Chancen jedoch, mit dieser irreführenden Kommunikationsstrategie zu reüssieren, bestanden durchaus. Voraussetzung für einen Erfolg wäre bloß gewesen, dass das große, seit Langem angekündigte Erdbeben weiter auf sich warten lassen würde. So betrachtet, scheiterte die Risikokalkulation der Experten auch auf der ganz persönlichen Ebene.

Angesichts des Grades an Freiwilligkeit, mit dem die Seismologen die Propaganda des Zivilschutzamtes mittrugen, drängt sich der Schluss auf, dass sie sich eher als verlängerten Arm der Regierung denn als unabhängige Experten verstanden. Hätten sie sich mit der Rolle identifiziert, die sie offiziell bekleideten, wären sie in erster Linie darum bemüht gewesen, ihr Wissen über große Risiken im Sicherheitsinteresse der Allgemeinheit zu kommunizieren, und zwar gegenüber der Regierung wie der Bevölkerung. Von einem solchen Bemühen bekam *keiner* der beiden Adressaten etwas mit. Während jedoch die Regierung ihr Informationsdefizit aufgrund ihrer populistischen Politik selber zu verantworten hatte, bestand in der Bevölkerung ein dringendes Informationsbedürfnis, das von den Experten nicht ernst genommen wurde.

Die Experten behandelten die Bewohner von L'Aquila und Umgebung als irrationale Akteure, die unter dem Einfluss eines seismologischen Scharlatans auf Panikmodus umgestellt hatten. Dabei beruhte die Reaktion der Bevölkerung auf die Schwarmbeben auf einem tradierten Erdbebenwissen von eigener Rationalität. Man kann nicht einmal sagen, es sei eine überholte Rationalität. Als am frühen Sonntagmorgen des 30. Oktobers 2016 die Gegend um Norcia unweit von L'Aquila von einem noch schwereren Beben erschüttert wurde, gab es trotz massiver Gebäudeschäden keine Toten und nur wenige Verletzte, weil die Bewohner nach einer Serie starker und mittelstarker Beben in ihren Autos oder in Bussen schliefen, die diesmal vom Zivilschutz zur Verfügung gestellt worden waren.

Die Präventionsstrategie, bei bestimmten Gefahrenzeichen so rasch wie möglich unter den freien Himmel zu gehen, ist von einem tiefen Misstrauen in die Stabilität der lokalen Gebäude geleitet, egal ob es sich um Alt- oder Neubauten handelt. Wie berechtigt das Misstrauen in L'Aquila war, zeigten die vielen eingestürzten Neubauten nach dem Erdbeben. Anders als in Japan und teilweise in Kalifornien ist erdbebensicheres Bauen in den seismischen Hochrisikozonen Italiens nie konsequent umgesetzt worden. Weil die Experten die Verhaltensrationalität der Lokalbevölkerung nicht ernst nahmen, waren sie auch außerstande, die Unordnung abzuschätzen, die sie im Orientierungshaushalt der Einwohner mit ihren Banalisierungsversuchen des seismischen Geschehens anrichten würden. Mehr als alle Spekulationen über einen kausalen Zusammenhang zwischen den Aussagen der Experten und den Entscheidungen der Bewohner während des Bebens müsste zu denken geben, wie wissenschaftliche Spezialisten für Großrisiken bei ihren Empfehlungen die bestehende Risikominimierungskultur außer Acht lassen konnten.

Die Wissenschaftshistorikerin Naomi Oreskes hat die fehlende Bereitschaft der italienischen Erdbebenexperten, die Einstellungen der Bevölkerung in ihre Betrachtung zu integrieren und die Risiken eines schweren Bebens adäquat zu kommunizieren, zum Anlass genommen, die methodischen, ja disziplinären Ansprüche an die Erdbebenforschung insgesamt neu zu definieren.[57] Die Seismologie, forderte sie, müsse sich von einer Natur- in eine Sozialwissenschaft verwandeln, die sich mit den gesellschaftlichen, kulturellen und kommunikativen Voraussetzungen in Erdbebengebieten auseinandersetze. Oreskes stützte ihre Forderungen auf eine negative Einschätzung der seismologischen Probabilistik, die von manchen Erdwissenschaftlern geteilt wird. Die Seismologie verfüge wohl über ausreichend Datenmaterial zu schwachen Beben, nicht aber zu den starken, seltenen Beben, die die großen Schäden anrichteten. Dadurch sei die Berechnung von Eintrittswahrscheinlichkeiten chronisch unzuverlässig.[58] Oreskes beschrieb damit genau das Problem von Boschis Gefährdungskarte für L'Aquila, ohne sie eigens zu erwähnen. Anstatt weiter in aufwändige Verfahren zur Erhebung und Auswertung von Daten zu investieren, die wenig zur Risikoprävention beitragen würden, sollten sich Erdbebenforscher mit den sozialen Faktoren befassen, »die beeinflussen oder sogar bestimmen, wie schädlich ein spezifisches Erdbeben sein kann«.[59]

Die Analyse von Naomi Oreskes klingt bestechend, unterschlägt aber einen entscheidenden Punkt: die außerwissenschaftlichen Faktoren der Expertentätigkeit. Es nützt wenig, wenn sich Seismologen von naturwissenschaftlichen Datenanalysten in sozialwissenschaftliche Kommunikationsspezialisten verwandeln, solange sie ihre Funktion als offizielle Experten in erster Linie im Dienst an den politischen Auftraggebern, nicht aber an der betroffenen Bevölkerung sehen.

Doppelmoral einer klientelistischen Expertenkultur

Wie das Verhalten der Bevölkerung folgte das Handeln der Experten in L'Aquila einer eigenen Rationalität. Sie ist in der politischen Kultur Italiens tief verankert, aber keine italienische Eigentümlichkeit: der Klientelismus. Die klientelistische Rationalität belohnt jene, die den mit ihrer Stellung verbundenen Spielraum auf der politischen Bühne so weit ausreizen können, dass zugleich den informellen Anforderungen des Patrons Genüge getan und die offizielle Fassade vor der Öffentlichkeit gewahrt ist. Charakteristisch für eine klientelistische Beziehung ist ebenso die hierarchische Abhängigkeit zwischen Patron und Günstling wie die wechselseitige Verpflichtung zum »Do ut des« nach ihren jeweiligen Möglichkeiten. Prinzipien in Ehren, aber was zählt, ist Loyalität, vor allem von Seiten des Klienten. Der Patron genießt das Privileg, den Günstling fallen zu lassen, wenn ihm dessen Sturz mehr nützt als dessen Dienst.

Der Wissenschaftshistoriker Mario Biagioli hat den Inquisitionsprozess gegen Galileo Galilei 1633 als Resultat eines solchen Sturzes interpretiert; ihm zufolge hat Galilei den Papst mit seinem *Dialog über die beiden hauptsächlichsten Weltsysteme* weniger in seinen religiösen Gefühlen als in seinem patronalen Stolz verletzt, weil Urban VIII. seine eigenen Worte aus Gesprächen mit Galilei im Mund der dümmlichen Dialogfigur Simplicius wiedergefunden habe.[60] Sollte es tatsächlich eine Parallele zwischen dem Lokalgerichtsprozess in L'Aquila und dem Inquisitionsprozess in Rom geben, dann dürfte sie in der Kontinuität des Klientelismus als Handlungsnorm der involvierten Akteure zu finden sein (und nicht in einem wissenschaftsfeindlichen Antrieb der Ankläger und Richter). Allerdings steht der Klientelismus des frühen 21. Jahrhunderts in einem stärkeren normativen Spannungsfeld als jener des frühen 17. Jahrhunderts.

Boschi und seine Kollegen wären nie zu ihren Expertenwürden gekommen, hätten sie sich nicht auf das klientelistische Spiel eingelassen. Zu ihm gehört jene strategische Unterwürfigkeit, die Boschi so freimütig einräumte, als er das Spiel noch erfolgreich trieb. Ebenso verlangt es die Bereitschaft, das Berufsethos bei Bedarf der Loyalitätspflicht unterzuordnen. Insofern bewegte sich der Auftrag, den die Experten vor dem Beben in L'Aquila ausführten, trotz außergewöhnlicher Begleitumstände im Rahmen der klientelistischen Routine. Das Ausmaß der wissenschaftlichen Abhängigkeit wurde erst nach der Katastrophe sichtbar, als sich Boschi von Bertolaso zugleich öffentlich desavouieren und zum Pressesprecher degradieren ließ, als gehe es nur darum, die Gunst des Patrons nicht ganz zu verlieren.

Erst als sich die Hoffnung auf eine Kontinuität der klientelistischen Beziehung zerschlug und sich mit der strafrechtlichen Untersuchung weiteres Ungemach ankündigte, besannen sich die Experten auf ihre Wissenschaftlichkeit und Unabhängigkeit. Nun beklagten sie, angeführt von Boschi, lautstark das an ihnen begangene Unrecht und erhielten in der Pose der verfolgten Wahrheitsverkünder à la Galilei die internationale Solidarität, die von ihnen gesucht wurde, die ihnen aber weder als Angeklagte noch als Klienten viel nützte.

Es wäre jedoch zu einfach, die späte Identifikation der Seismologen mit ihrer Expertenrolle bloß als zynischen Versuch zu sehen, die eigene Haut zu retten. Angemessener ist es, ihr Verhalten als Konsequenz eines unlösbaren Normenkonflikts zu verstehen, in den sie als Experten mehr verstrickt waren als die anderen Akteure des Skandals. Sie mussten gleichzeitig den Geboten der klientelistischen Netzwerk-Ethik und der nationalen Gemeinwohl-Ethik gehorchen. Informell hatte erstere, formell letztere Vorrang. Die Experten hatten sowohl ihre Empfehlungen an Regierungspolitiker als auch ihre Risikokommunikation gegenüber der italienischen Bevölkerung offiziell am Gemeinwohl auszurichten. Ihre Taktik, informell der Netzwerk-Ethik zu gehorchen und formell die Gemeinwohl-Ethik hochzuhalten, konnte nur solange aufgehen, als sie keinen Verdacht weckten, dem Allgemeinwohl zu schaden. Nach dem Erdbeben dauerte es nicht lange, bis der Verdacht im Raum stand, aber die Staatsanwaltschaft musste ihn noch zuspitzen, um den Eindruck zu erwecken, die Experten hätten außerhalb der Normvorgaben gehandelt, die in der italienischen Gesellschaft Geltung haben. Dem war nicht so. Die Experten sind vielmehr an den inhärenten Widersprüchen der geltenden Normvorgaben gescheitert.

In Italien hat sich der Klientelismus in allen Lebensbereichen gehalten, von der Arbeitswelt über die Gesundheitsversorgung bis zum Justizsystem. Entsprechend sind viele Bewohner des Landes, wenn sie im Leben vorankommen wollen, auf klientelistische Unterstützung angewiesen. Die Abhängigkeit des gesellschaftlichen Fortkommens von persönlichen Netzwerken ist, das sei noch einmal betont, keine Besonderheit Italiens. Es gibt in allen Ländern mehr oder weniger subtile Formen von Günstlingswirtschaft, und sie dürften gerade in den westlichen Staaten mit zunehmender Ungleichheit und abnehmender sozialer Mobilität weiter an Bedeutung gewinnen. Was Italien in besonderem Maße kennzeichnet, ist die normative Ambivalenz der klientelistischen Strukturen. Während es in den meisten westlichen Staaten verpönt ist, Verwandte und Freunde in öffentlichen Institutionen unterzubringen, besteht in Italien eine doppelte Verpflichtung: Der Klientelismus ist für die Akteure innerhalb eines Netzwerks ein moralisches Gebot und für jene außerhalb ein Verstoß gegen das Allgemeinwohl. Deshalb konnte Boschi, als er noch fest im Expertensattel saß, der minderqualifizierten Bildungsministerin von Silvio Berlusconi mit dem Argument zu Hilfe eilen, auch er habe sich mit klientelistischen Gefälligkeiten hochgearbeitet. In anderen Ländern hätte er mit einer solchen Aussage der Ministerin geschadet und sich selbst unmöglich gemacht, aber in Italien konnte er damit rechnen, das Verständnis und die Zustimmung des Publikums zu gewinnen.

Die gleichzeitige Geltung der Netzwerk-Ethik und der Gemeinwohl-Ethik führt dazu, dass es nur von Fall zu Fall unterschiedliche Sprechpositionen gibt. Kaum eine Institution kann sich auf Dauer als Repräsentantin der Gemeinwohl-Ethik etablieren. Das gilt selbst für das Justizsystem. Wohl konnten sich die Gerichte während der Regierungszeit von Silvio Berlusconi als Verteidiger des Allgemeinwohls gegen den politischen Korruptionssumpf profilieren, aber das schützte Richter und Staatsanwälte nicht davor, ihrerseits von Politikern, Journalisten und selbsterklärten Justizopfern der Klüngelwirtschaft beschuldigt zu werden. Die Netzwerk-Ethik ist die Moral der jeweils Eingeschlossenen, die Gemeinwohl-Ethik jene der Ausgeschlossenen. Erstere dominiert die gesellschaftliche Praxis, letztere die öffentliche Rhetorik. Skandale sind damit vorprogrammiert.

Niklas Luhmann, der selber gerne unter der italienischen Sonne arbeitete, hat in einem Aufsatz mit dem provokanten Titel »Kausalität im Süden« den Klientelismus darauf zurückgeführt, dass am Übergang zur Moderne »das Patronagesystem binnen relativ kurzer

Zeit vom Fundament in Familieneigentum auf Positionen in Organisationen umgestellt werden konnte«. Damit seien die Ressourcen, die früher im »Eigentum, im Prestige der Familie, in der Verpflichtung durch Herkunft« und anderen personellen Verbindungen verfügbar waren, »aus den Kompetenzen« von öffentlichen Ämtern oder betrieblichen Stellen abgezweigt worden. Für Luhmann war der Klientelismus damit kein Relikt der Vormoderne, sondern ein »Korrelat der Moderne« mit seiner eigenen Gesetzmäßigkeit, die durch »Planung« schwerlich zu korrigieren sei. Gleichzeitig behauptete er aber, in Italien habe die Unterscheidung zwischen öffentlich und privat »noch keine Wurzeln geschlagen«; stattdessen dominiere »unter Rückgriff auf sehr alte Ordnungsformen« auf allen Ebenen »die Unterscheidung von Inklusion und Exklusion«. Dazugehören oder nicht, sei die entscheidende Differenz – »in den Dörfern und in den Universitäten und in den Beziehungen zwischen Privatwirtschaft und staatlicher Verwaltung; und vor allem natürlich für die professionellen und die zahllosen nichtprofessionellen Politiker«.[61]

»Die sehr alten Ordnungsformen«, von denen Luhmann spricht, erhalten im 21. Jahrhundert neue Aktualität im Zeichen der wachsenden Ungleichheit, die mit der Prekarisierung junger Generationen und der Polarisierung demokratischer Auseinandersetzungen einhergeht. Inklusion und Exklusion werden wieder zu entscheidenden Faktoren des sozialen Fortkommens, und was Luhmann, wie so viele Italienversteher vor und nach ihm, als Spezifikum des »Südens« darstellt, hat mittlerweile auch die Gesellschaft des »Nordens« erfasst. Das vieldiskutierte Phänomen der sozialen Segregation in Großstädten ist dabei nur die räumliche Manifestation eines umfassenderen Neo-Klientelismus. Dessen Kern ist der kleinfamiliäre Generationenverband, wo die Investitionen in nützliche Netzwerke schon vor der Geburt des Nachwuchses beginnen. Eltern in spe suchen sich ein passendes Wohnviertel, um ihren Kindern die bestmögliche Schulbildung in bester Gesellschaft zu ermöglichen. Ist der Nachwuchs da, geht die Inklusionsarbeit weiter, von der Organisation der Playdates über die Planung der Freizeitaktivitäten bis zum Einfädeln unbezahlter Praktika. Einen mächtigen Patron zu haben, kann sich für die ganze Familie als Segen erweisen. Vor lauter Anstrengung, das »Dazugehören« sicherzustellen, treten die exkludierenden Effekte des eigenen Tuns kaum ins Bewusstsein – bis sich die Ausgeschlossenen mit anderen Waffen und auf anderen Wegen wieder ins Gespräch bringen. Vielleicht müssen wir, um eine Ahnung der Welt von morgen zu erhalten, den Blick nicht nach Kalifornien, sondern nach Italien richten.

Luhmann beschreibt die Funktionslogik des Klientelismus aus einer süditalienischen Perspektive heraus, und vielleicht ist ihm deshalb bei der historischen Herleitung des Phänomens entgangen, dass in mittelitalienischen Territorien wie dem Großherzogtum Toskana und vor allem dem Kirchenstaat bereits in der Frühen Neuzeit der Aufbau des Verwaltungsapparats mit einer Verfestigung klientelistischer Strukturen einherging. Die Pflicht, in einem öffentlichen Amt zuerst Verwandten und Freunden und erst dann der Allgemeinheit Gutes zu tun, ist weder als Relikt der Vormoderne noch als Korrelat der Moderne zu verstehen, sondern als Produkt einer ebenso früh angefangenen wie abgeschlossenen Modernisierung.[62]

In diesem Zusammenhang erscheint auch Luhmanns Annahme, die Unterscheidung von öffentlich und privat habe in Italien keine Verankerung gefunden, nicht ganz zutreffend. Die Unterscheidung hat durchaus einen Platz in der italienischen Politik, und zwar genau dort, wo die Gemeinwohl-Ethik gegen die Netzwerk-Ethik in Stellung gebracht wird. Sie ist das normative Ordnungsprinzip der Exkludierten und damit die Oppositionssprache gegen die klientelistische Inklusion. Mit ihr lassen sich die Personenkreise an den staatlichen Fleischtöpfen als korrupte Klüngel diffamieren, die das öffentliche Wohl mit Füßen treten. Im Namen der Öffentlichkeit Opposition zu machen, kann durchaus Wirkung haben, zumal dann, wenn das Netzwerk an der Macht allzu offensichtlich von staatlichen

Ressourcen profitiert hat. Die Masse der Ausgeschlossenen ist, wie jüngst wieder beim »Movimento 5 Stelle«, empfänglich für eine Sprache, die ihnen zumindest eine symbolische Inklusion anbietet. Erweist sich die antiklientelistische Kampagne als Erfolg, und es kommt zum Machtwechsel, findet jedoch kein Strukturwandel, sondern ein Rollentausch statt: Die Oppositionsführer installieren ihre Klientel im Staatsapparat, und die abtretende Garde gesellt sich in der politischen Wüste zu den Verfechtern »öffentlicher Werte«.

Wissenschaftliche Experten im Staatsdienst können dieses Spiel eines positionsbezogenen Changierens zwischen normativen Gegensätzen schlecht mitspielen. Um sich auf ihren Beratungsposten zu halten, müssen sie die normativen Gegensätze ihrer verschiedenen Rollen simultan leben. Als Wissenschaftler wird von ihnen erwartet, dass sie sich der Objektivität verschreiben, und als Experten, dass sie ihre Erkenntnisse in den Dienst der Allgemeinheit stellen. Als Klienten aber ist es ihre Pflicht, die Partikularinteressen ihrer Patrone zu vertreten, bis zur Verbreitung opportuner Unwahrheiten mit wissenschaftlichem Gütesiegel. Wer sich unter diesen Bedingungen behaupten möchte, muss bereit sein, sich die Hände schmutzig zu machen, und fähig, dabei den Schein einer weißen Weste zu wahren. Und auch wenn man den doppelmoralischen Ansprüchen gerecht wird, kann man jederzeit die Gunst der Patrone verlieren.

Die vielen Wissenschaftler, die in aller Welt gegen die gerichtliche Verurteilung der Erdbebenexperten protestiert haben, taten dies ungeachtet der konkreten Arbeitsbedingungen ihrer italienischen Kollegen. Ihren Solidaritätsbekundungen lag eine idealistische De-Kontextualisierung der Expertenrolle zugrunde. Sie waren überzeugt, in ein- und demselben Land könnten die Politiker zugleich korrupt und die Experten integer sein. Ihre Fehleinschätzung des Expertenbebens von L'Aquila verweist auf die allgemeine, über die italienischen Verhältnisse hinausweisende Dimension dieses Falles. Jede Regierung sucht sich die Experten aus, die zu ihrer Politik passen. Wer unter einem Regime wie jenem von Silvio Berlusconi als

Experte tätig ist, hat eine implizite Einwilligung zum Missbrauch seiner Rolle gegeben und muss in letzter Konsequenz auch akzeptieren, unter bestimmten Umständen Opfer eines öffentlichen Degradierungsrituals zu werden, bei dem sich der Volkszorn zur Schonung der politischen Patrone an ihm abreagieren darf. In einer Zeit, in der ein neuer Berlusconi die mächtigste Demokratie der Welt regiert, kann diese Einsicht nicht schaden.

Schluss

Die Disziplinierung der Wissenschaft

> Der Begriff »Peer Review« im Umfeld der Wissenschaftspolitik hat eine tiefe Symbolik innerhalb der wissenschaftlichen Gemeinschaft erhalten. Er wird wiederholt wie ein Mantra oder gebraucht wie ein Talisman, um jegliche Aktivität abzuschirmen und sie der Kritik zu entziehen.
>
> DEBORAH SHAPLEY, RUSTUM ROY, *Lost at the Frontier* (1985)

Die moderne Gesellschaft ist angewiesen auf Experten. Man kann heute so wenig gegen Experten sein wie man gegen Verkehr, Geld oder Steuern sein kann. Ohne Experten würden nicht nur die Institutionen des demokratischen Rechtsstaates lahmgelegt, das gesellschaftliche Leben als Ganzes würde über kurz oder lang zusammenbrechen. Das wissen sogar jene Politiker, die Stimmung machen gegen Experten, um sich mit dem »Volk« gegen die »Eliten« zu verbrüdern. Sobald eine Entscheidung von gewisser Komplexität ansteht, greifen auch Populisten auf Expertenrat zurück. Nur tun sie es diskreter. Donald Trump hatte Experten im amerikanischen Wahlkampf als »schrecklich« bezeichnet, aber als es nach der Wahl an die Ausgestaltung seiner Steuerreform ging, nahm er selbstverständlich die Unterstützung von Experten in Anspruch, wäre er doch ohne sie handlungsunfähig gewesen.[1] Ähnlich der oberste Brexiteer und ehemalige Lord Chancellor Michael Gove: Während des Abstimmungskampfes um den EU-Austritt Großbritanniens hatte er verkündet, »die Menschen in diesem Land haben die Nase voll von Experten«, aber als die britische Regierung nach der Abstimmung Experten für die Austrittsverhandlungen mit der EU hinzuzog, weil die Verwaltung der Größe der Aufgabe nicht gewachsen war, hatte Gove natürlich nichts einzuwenden.[2]

Populistische Regierungspolitik bedeutet nicht Machtausübung ohne Expertenrat, sondern ohne die öffentliche *Inszenierung* von Expertenrat. Stattdessen wird eine Darbietung des starken Mannes als souveräner Macher geboten, verpflichtet allein der Stimme des Volkes, die aus seinem Bauch heraus zu ihm spricht. Allerdings sind Differenzen der Darstellung in der Politik immer auch Differenzen der Praxis. Werden Experten von der politischen Bühne ganz hinter die Kulissen geschoben, können sie von den Entscheidungsträgern umso freier selektioniert, konsultiert und manipuliert werden. Nicht die gänzliche Ausschaltung von Experten ist also das Problem, sondern die überwiegende Rekrutierung von solchen, die populistischen Politikern nach dem Mund reden, die Risiken brachialer Maßnahmen verharmlosen und das ohnehin schon beschädigte Ideal der Unabhängigkeit von wissenschaftlichen Sachverständigen preisgeben.

Dass Experten eine derart beliebte Zielscheibe von Populisten werden konnten, war nur möglich, weil sie zuvor von Politikern staatstragender Parteien zu Garanten einer neuen, wissensbasierten Politik stilisiert worden waren. Experten haben dadurch ein symbolisches Gewicht erhalten, das erst zu einer repräsentativen Last und dann zu einem Reputationsrisiko wurde. Regierungen und Parlamente haben wissenschaftliche Beratungsgremien ins mediale Rampenlicht gerückt, um Experten eine öffentliche Legitimierungsfunktion aufzubürden und sich selbst von Verantwortung zu entlasten. In einer Zeit, in der es um das Vertrauen der Öffentlichkeit in die Politik bereits schlecht bestellt war, sollte umso mehr das Vertrauen in die Wissenschaft als politische Ressource genutzt werden. Dass dadurch auch die Wissenschaft einen Vertrauensverlust erleiden könnte, wurde entweder nicht bedacht oder bereitwillig in Kauf genommen. Je wichtiger die repräsentative Funktion von Experten in der politischen Öffentlichkeit wurde, desto stärker geriet sie in Widerstreit mit der deliberativen Funktion der sachverständigen Information und Beratung.

Im Extremfall wurden Empfehlungen von Experten zu einem Mittel der politischen Propaganda. Es waren gerade Regierungen, die im Ruf standen, besonders wissenschaftsfreundlich zu sein, die sich dieses Mittels gerne bedienten. Mit welch zweckrationalem Kalkül etwa die Obama-Administration Experten als verkappte Propagandisten einsetzte, machte ein Bericht im Magazin der *New York Times* wenige Monate vor der Wahl Donald Trumps deutlich. Obamas langjähriger Redenschreiber und Nationaler Sicherheitsberater für strategische Kommunikation, Ben Rhodes, hatte einem Reporter anvertraut, wie sich die Administration ein Jahr zuvor die politische Unterstützung für das Atomabkommen mit dem Iran gesichert hatte. Die Ausgangslage war schwierig gewesen, weil eine Mehrheit der Bevölkerung wie des Kongresses das Abkommen ablehnte. Rhodes zufolge entwickelte die Administration unter Einbezug zweier Journalisten mit gutem Namen und großer Twittergefolgschaft ein Argumentarium, das diese danach online verbreiteten.[3] Gleichzeitig mobilisierten Obamas Kommunikationsstrategen »Legionen von Rüstungsexperten« in Thinktanks und Internetmedien, um das Argumentarium zu bekräftigen. »Wir schufen eine Echokammer«, erläuterte Rhodes. Sie war gefüllt mit handverlesenen Experten, die angeblich ahnungslosen Journalisten und Politikern das sagten, »was wir ihnen zu sagen gegeben hatten«.[4] Im Frühjahr 2016, als der Magazinbericht erschien, hatte Präsidentschaftskandidat Trump schon seine verbalen Salven auf Experten der internationalen Politik abgefeuert. Rhodes legte die Strategie mit zynischen Bemerkungen zur Leichtgläubigkeit und Unwissenheit von Hauptstadtkorrespondenten und mit sichtlichem Stolz über das erreichte Ergebnis offen. Das Bild von Experten und Medien, das er vertrat, kam jenem, das Trump vermittelte, erstaunlich nahe. Insofern ist es eine stimmige, wenn auch traurige Ironie, dass die Propaganda der expertengestützten Politik, mit der Obama um Zustimmung für das Iran-Abkommen warb, genau jenem Präsidentschaftskandidaten in die Hände spielte, der das Iran-Abkommen nur zwei Jahre später mit einem Federstrich wieder zunichtemachen würde.

Die Gefahr für die Wissenschaft

Angesichts der Verwerfungen, die das Brexit-Votum und die Trump-Wahl im Verhältnis von Wissenschaft und Politik ausgelöst haben, könnte man versucht sein, die in diesem Buch beleuchteten Expertenskandale als lange Kette von Vorboten eines sich gerade entfaltenden und nicht mehr aufzuhaltenden Verhängnisses zu sehen, an dessen Ende populistische »Demokraturen« der Wissenschaft jeden privilegierten Wahrheitsanspruch aberkennen. Gegen ein solches Szenario, das Tom Nichols in *The Death of Expertise* entwirft (und zum Schluss wieder halbwegs verwirft), spricht die Unentbehrlichkeit der wissenschaftlichen Forschung für Politik und Gesellschaft.[5] Die Gefahr, die der Wissenschaft bei einem fortschreitenden Glaubwürdigkeitsverlust von Experten viel eher droht, ist ein Dasein als Dienerin der Politik und Wirtschaft ohne jeden Anspruch auf Unabhängigkeit. Dadurch wären Forschende noch weniger in der Lage, auf politische Prozesse aus einer Position der relativen Autonomie heraus Einfluss auszuüben, und sie würden noch mehr zum Spielball von Kräften, die sie nicht kontrollieren können. Die Gefahr ist umso größer, als die Wissenschaft ihre öffentliche Autorität während der vergangenen Jahrzehnte wie nie zuvor durch die Expertenrolle abgestützt hat. Dadurch hat sie eine andere Rolle, die es Forschenden lange ermöglicht hat, aus Distanz zur Politik in öffentliche Diskussionen zu intervenieren oder selber Debatten zu lancieren, vernachlässigt, ja gezielt geschwächt. Es ist die Rolle des öffentlichen Kritikers. Sie ist wie jene des Experten im Zuge der Aufklärung entstanden, war ihr lange ein komplementärer Gegenpart und hat die Geschichte der modernen Politik und Wissenschaft ebenso stark geprägt. Für politische Eliten waren Kritiker stets schlechter kontrollierbar, meist unangenehmer und manchmal auch gefährlich, weshalb die Abwertung der Kritikerrolle durch die Wissenschaft durchaus in ihrem Sinne war. Will die Wissenschaft dem Schicksal einer Dienerin von Politik und Wirtschaft entgehen, muss sie wieder zu einer Instanz der öffentlichen Kritik werden. Dazu genügt es nicht, das Verhältnis zur Politik und Gesellschaft neu zu justieren. Vielmehr muss die Wissenschaft das Regelwerk ihrer eigenen »Prestigeökonomie«, das den Umgang unter Forschenden maßgeblich bestimmt, reformieren. Dieses Regelwerk nämlich hat entscheidenden Anteil an der Stärkung der Experten- und Schwächung der Kritikerrolle. Wie es funktioniert und mit welchen Eingriffen es zu einer Aufwertung der öffentlichen Kritik beitragen könnte, soll abschließend erläutert werden.

Die Bereitwilligkeit, mit der sich Experten von Politikern ins repräsentative Rampenlicht rücken lassen, und die Selbstverständlichkeit, mit der die offizielle Wissenschaft das politische Spiel mit Experten mitträgt, ist Niederschlag einer diskreten, aber umfassenden Disziplinierung der wissenschaftlichen Praxis durch die Politik. So lautet die Schlussthese dieses Buches. Die Disziplinierung der Wissenschaft erfolgte unter anderem Namen und mit anderen Absichten, aber bis zu einem gewissen Grad mit analogen Mechanismen zu ihrer politischen Einbindung. Ihr wichtigstes Merkmal ist eine massive Aufwertung der Expertenrolle, die dadurch innerhalb des Wissenschaftssystems ebenfalls einen repräsentativen Status erhielt, den sie zuvor nie innehatte.

Im Unterschied zur Politik jedoch erhielten Expertengremien in der Wissenschaft Entscheidungsgewalt, und zwar gerade dort, wo viel auf dem Spiel steht: bei der Annahme und Ablehnung von Forschungsprojekten und Zeitschriftenaufsätzen. Sie wurden zu den Machtzentren eines technokratischen Systems, das nicht politisch diktiert, aber politisch gewollt war. Eine weitere, für die disziplinierende

Wirkung des Systems entscheidende Differenz zur Politik bestand in der Errichtung einer anonymisierten Expertentätigkeit zweiter Ordnung in der Form der externen Gutachtertätigkeit für Expertengremien. Sie erhielt den Namen »Peer Review« und stieg bald zum höchsten Qualitätssiegel für eine unabhängige und meritokratische Wissenschaft auf. Damit entstanden in der Wissenschaft zwei Kategorien von Experten: die Technokraten, die als Herausgeber von Zeitschriften oder als Forschungsräte in Fördergremien amtierten, und die Sachverständigen, die als anonyme Gutachter für die Technokraten wirkten. Führende Forschende konnten zugleich beiden Kategorien angehören, solange es nicht das gleiche Verfahren betraf. Peer Review entlastete die entscheidungsbefugten Experten gegenüber den Autoren abgelehnter Anträge und gegenüber der Öffentlichkeit von Verantwortung, ohne die anonym beratenden Experten mit Verantwortung zu belasten. Tatsächlich sollte die Anonymität die Gutachter vor den Begutachteten schützen, machte aber letztlich die Begutachteten, ohnehin das schwächste Glied in den Verfahren von Expertengremien, schutzloser.

Peer Review kam bald an den wichtigsten Eintritts- und Aufstiegshürden einer wissenschaftlichen Laufbahn zum Einsatz und verwandelte die etablierten Fachkollegen – die »Peers« – in potenzielle Ermöglicher oder Zerstörer der eigenen Karriere. Wer unter solchen Bedingungen arbeitet, kann schlecht frei sprechen, geschweige denn schreiben, und wer es dennoch wagt, herrschende Forschungsmeinungen infrage zu stellen, läuft Gefahr, sich selbst aus dem Spiel zu nehmen. Anonyme Peer Review ist eine höhere Form von Peer Group Pressure. Das Instrument erzeugt eine systemische Unsicherheit im Wissenschaftsbetrieb und engt den Raum für öffentliche Kritik unter Fachkollegen ein. Der Preis für die Stärkung der Expertenrolle ist die Schwächung der Kritikerrolle. Peer Review galt und gilt als Bollwerk gegen externe Einflussnahme auf die Forschung und als Pfeiler der wissenschaftlichen Meritokratie, wurde aber zu einem Mechanismus der Selbstzensur. Es fällt schwer, sich eine raffiniertere Disziplinierung eines zuvor chronisch renitenten Kollektivs auszudenken.

Die Politik der Peer Review

Wie lässt sich Peer Review beschreiben, und was hat die Politik damit zu tun? Formell handelt es sich um einen Abschnitt eines mehrstufigen Verfahrens, in dem die Bewerbung für eine wissenschaftliche Publikation oder Projektfördergelder von Experten aus dem gleichen Fachgebiet für das entscheidungsbefugte Forschergremium begutachtet wird. Aus der Verfahrenslogik heraus besteht die Rechtfertigung von Peer Review im hohen Spezialisierungsgrad der zu begutachtenden Leistung, nicht aber in der Garantie der unabhängigen und meritokratischen Auslese. Für Letztere sind die Entscheidungsorgane selbst verantwortlich, und solange Fachkollegien in Forschungsförderorganisationen und Redaktionen von wissenschaftlichen Zeitschriften mit ausgewiesenen Spezialisten besetzt werden, sind Unabhängigkeit und Leistungsbezogenheit der Verfahren formal gesichert.

Dem Einsatz von Peer Review liegt eine hierarchische Abstufung zwischen den zwei Haupteigenschaften von Experten zugrunde: Sachkompetenz geht vor Unabhängigkeit. Man hält es für essenziell, mehrere Meinungen von Personen aus unmittelbarer fachlicher Nähe der Begutachteten beizuziehen, auch wenn dadurch das Risiko einer interessegeleiteten Verfälschung der Verfahren durch direkte Konkurrenten steigt. Was die Abwägung erleichtert, ist die kollektive Inanspruchnahme einer berufsspezifischen Souveränität im Umgang mit Befangenheit. Etablierte Forschende, die an den Verfahren beteiligt sind, attestieren sich gegenseitig eine durch ihre wissenschaftliche Tätigkeit ausgewiesene Sachlichkeit, die es ihnen ermöglichen soll, Bewerbungen auch dann objektiv zu beurteilen, wenn sie ihre eigene Arbeit tangieren. Das Ethos der Sachlichkeit gibt ihnen die Lizenz, zwischen den Rollen als Autor, Herausgeber und Gutachter zu changieren.[6]

Es handelt sich hier um Privilegien der informellen Art, die sich Experten im Wissenschaftsbetrieb verleihen und in Peer-Review-Verfahren performativ bestätigen. Die Privilegien erscheinen umso exklusiver, als die gleichen Verfahren das Vermögen der Begutachteten, die Sache von der Person zu trennen, systematisch in Zweifel ziehen. Die Anonymität der Peer Reviewer verschärft nicht nur die Asymmetrie an Macht und Information, sie wertet die Begutachteten auch moralisch ab. Ihnen wird nicht zugetraut, sich gegenüber den gutachtenden Experten im Falle eines abschlägigen Bescheids sachlich zu verhalten.[7]

Der moralische Subtext von Peer-Review-Verfahren erzeugt mehr als nur symbolische Hierarchien. Er schafft ungleiche Handlungsmöglichkeiten für Gutachtende und Begutachtete, und die praktischen Folgen sind besonders einschneidend, wenn Experten in Versuchung kommen, aus ihren Interessenskonflikten Kapital zu schlagen. Ihnen winken dann hohe Gewinne bei niedrigem Risiko, und den Begutachteten droht ein doppelter Schaden. Nehmen wir als Beispiel ein Handlungsszenario, das die Psychologieprofessorin Joan Sieber vorgestellt hat, als sie am Ende einer langen Karriere in wissenschaftlichen Expertengremien der Vereinigten Staaten stand. Sieber stützte sich auf Fälle, die sich so ereignet haben, gab sie aber, wie könnte es anders sein, in anonymisierter und generalisierter Form wieder:

> Ein junger Forscher reicht einen komplexen, sorgfältig aufgebauten Aufsatz bei einer führenden Zeitschrift ein. Er wird abgewiesen mit der Empfehlung, es brauche noch erheblich mehr Forschung, bis der Aufsatz publikationsreif sei. Ein Jahr später erscheint ein nahezu identischer Aufsatz in einer anderen führenden Zeitschrift von einem namhaften und gut vernetzten Forscher, der zufällig als Reviewer für die vorherige Zeitschrift tätig ist. Im Interesse der Schadensbegrenzung beschwert sich der junge Forscher nicht und beginnt ein neues Forschungsprojekt.[8]

Der entscheidende Punkt in diesem Szenario ist nicht, dass es Experten gibt, die sich beim Schreiben von Gutachten von ihren eigenen Autoreninteressen leiten lassen und in der Anonymität der Peer Review wissenschaftliche Gelegenheitsdiebe werden.[9] Ein System, in dem die involvierten Akteure mehrere Funktionen ausüben, ist missbrauchsanfällig, zumal dann, wenn der Leistungsdruck hoch und der Wettbewerb hart ist.[10] Insofern wäre es erstaunlich, wenn es unter solchen Bedingungen nicht zu Missbrauch und Vorteilsnahme kommen würde. Entscheidend ist vielmehr die Pointe, dass der Begutachtete betrogen und bestohlen werden kann und dennoch keine Möglichkeit sieht, sich gegen den Gutachter zur Wehr zu setzen. Der Schutz, den Peer Review gutachtenden Experten verleiht, reicht bis zur Verschonung vor Sanktionen bei eigenem Fehlverhalten.

Damit sind wir bei der politischen Bedeutung von Peer Review angelangt. Sie hat zwei Dimensionen, eine engere und eine weitere, die zueinander in einem Spannungsverhältnis stehen. Im engeren Sinne ist Peer Review ein Instrument der innerwissenschaftlichen Selbstregulierung und Machtstabilisierung. Es weist die Wissenschaft als ein autonomes Herrschaftssystem mit eigenen Gesetzen aus. Daryl Chubin und Edward Hackett gaben bereits 1990 die dazu passende Definition: »Peer Review sollte als ein politischer Prozess gesehen werden, reguliert von Gatekeepern, welche die Peer ›Community‹ selektiv als einen Mechanismus der sozialen Kontrolle aufrufen.«[11] Für die beiden Soziologen war Peer Review »schwer mit demokratischen Werten zu vereinbaren, da es schamlos geheimnistuerisch, elitär und oligarchisch« sei.[12] Genau aus der Unvereinbarkeit mit demokratischen Werten resultiert jedoch die politische Bedeutung von Peer Review im weiteren Sinne. Sie dient der staatlichen Politik dank ihrer offiziellen Funktion als Schutzinstrument vor externer Einflussnahme als eine multifunktionale Black Box, mit deren Hilfe wissenschaftspolitische Entscheide der demokratischen Diskussion entzogen, etablierte Wissenschaftler zu Zensoren der staatlichen Forschungsförderung erhoben und wissenschaftliche Experten als unabhängige Stimmen für die politische Kommunikation eingesetzt werden. Der Ruf von Peer Review als höchstes Gütesiegel für wissenschaftliche Qualität und Unabhängigkeit dürfte für die Politik mindestens so wichtig sein wie für die Wissenschaft. Auf ihm ruht ein milliardenschweres System, aufgebaut über ein halbes Jahrhundert, das für Außenstehende möglichst wenig Fragen aufwerfen soll. Um die politische Relevanz von Peer Review zu erfassen, bedarf es einer kurzen Rekapitulation ihrer Entstehungsgeschichte.

Die Macht einer erfundenen Tradition

Es gibt eine Ursprungslegende über Peer Review, die von Wissenschaftlern erfunden wurde und von Wikipedianern verbreitet wird.[13] Als sich der erste Sekretär der Royal Society of London, Henry Oldenburg, 1665 zum Gründungsherausgeber der *Philosophical Transactions* ernennen ließ, führte er aus Einsicht in die Grenzen des eigenen Wissens eine neue Qualitätsprüfung für eingesandte Manuskripte ein: Er legte sie einschlägigen Fachleuten zur Begutachtung vor. Der Legende zufolge entstand Peer Review mit dem Geburtsakt des wissenschaftlichen Zeitschriftenwesens und ist damit, seit es die modernen Naturwissenschaften gibt, integraler Bestandteil der Forschungspraxis.

Die Legende ist relativ jung.[14] Sie kam vor kaum fünfzig Jahren zu einem nicht ganz zufälligen Zeitpunkt in die Welt. Es war jene Phase, als sich Peer Review in den Vereinigten Staaten, ausgehend von der staatlichen Forschungsförderung, für die Prüfung von Projekt- und Publikationsanträgen durchzusetzen begann. Der Historikerin Melinda Baldwin zufolge geht die Legende auf zwei einflussreiche Forschende aus der damals jungen Disziplin der Wissenschaftssoziologie zurück, Harriet Zuckerman und Robert K. Merton.[15] Mit der wissenschaftlichen Praxis in der Royal Society des 17. Jahrhunderts hatte dieser Prozess so gut wie nichts zu tun. Oldenburg druckte in den *Philosophical Transactions* ab, was er für interessant hielt, darunter Briefe aus der eigenen Korrespondenz und Berichte aus dritter

Hand über Experimente von anderen. Er fragte nur selten externe Spezialisten nach ihren Meinungen zu einem Text, warb viele Beiträge selbständig ein und schrieb sie vor der Publikation gerne um. Sein Kontrollanspruch über die Zeitschrift war so umfassend, dass er sich gelegentlich als ihr »author« und nicht als ihr »editor« ausgab.[16]

Zwar wurden in der Royal Society, wie auch in damaligen Akademien auf dem Kontinent, regelmäßig wissenschaftliche Erkenntnisse präsentiert und auch kritisiert. Dabei nahmen aber die anwesenden Mitglieder der Gesellschaft und nicht anonyme Abwesende zu einem Sachverhalt Stellung. Solche Formen einer institutionalisierten Forschungsdiskussion lassen sich im modernen Wissenschaftsbetrieb eher mit wissenschaftlichen Tagungen als mit Peer-Review-Verfahren vergleichen.[17] Wollte man unbedingt eine Brücke schlagen von frühneuzeitlichen Publikationsverfahren zur spätmodernen Peer Review – was nicht zwingend ist, weil es diesbezüglich keine Kontinuität gibt –, müsste man die Gutachtertätigkeit von Akademikern für königliche Zensurbehörden anführen (die im zweiten Kapitel dieses Buches dargestellt ist). Die externen Experten der offiziellen Vorpublikationszensur wurden gegenüber den betroffenen Autoren anonymisiert, und anders als die Theologen, die in erster Linie auf die Rechtgläubigkeit der Schriften zu achten hatten, konnten Mathematiker, Mechaniker oder Astronomen ihren Zensurauftrag schon auf das Verhindern von Veröffentlichungen richten, die aus ihrer Sicht keine neuen Befunde erbrachten, unzuverlässige Methoden verwendeten oder nicht auf der Höhe des wissenschaftlichen Erkenntnisstands waren.[18] Der Bezug zur Zensur des Ancien Régime wäre auch insofern stimmig, als damit die entscheidende Rolle des Staates bei der Durchsetzung von Peer Review in den Blick gerät. Genau diese Rolle jedoch blendet die Legende vom Ursprung der Peer Review in den *Philosophical Transactions* aus. Peer Review soll als Erfindung der Wissenschaft für die Wissenschaft zum Besten der Gesellschaft erscheinen, mit »government nowhere in the picture«, wie es der Philosoph David Shatz auf den Punkt gebracht hat.[19]

Tatsächlich entstanden Begriff und Konzept der Peer Review, wie neben Baldwin jüngst auch Aileen Fyfe und Alex Csiszar dargelegt haben, erst im Verlauf der 1960er-Jahre im Zusammenhang mit dem massiven Ausbau der Projektmittelvergabe durch die staatliche Forschungsförderung.[20] Obwohl die Architekten dieses Ausbaus auf Zeitschriftenpraktiken zurückgriffen, die im Zuge des 19. Jahrhunderts entworfen worden waren, kam der entscheidende Impuls für die Durchsetzung von Peer Review aus der Politik. Eine Vorreiterrolle nahmen die Vereinigten Staaten ein, die unmittelbar nach dem Zweiten Weltkrieg die institutionellen Fundamente für eine neue Forschungsorganisation legten. 1948 entstanden die National Institutes of Health, ausgestattet mit kleinen »study sections« für wissenschaftliche Experten, die Projektanträge für medizinische Forschungsgelder prüften. Zwei Jahre später erfolgte die Gründung der National Science Foundation (NSF), der ersten staatlichen Fördergesellschaft für die natur- und technikwissenschaftliche Grundlagenforschung, mit der eine Umgestaltung der gesamten westlichen Wissenschaftslandschaft eingeleitet wurde.[21] In den ersten Jahren ihres Bestehens holte die NSF nur sporadisch externe Gutachten zu Projektanträgen ein, und in den meisten Fällen trafen die angestellten Direktoren die Auswahl selbst. Wissenschaftler, die einen Antrag gestellt hatten, erhielten bei Bekanntgabe der Beschlüsse keine Auszüge aus Gutachten, sondern einen kurzen Bericht aus der Feder eines Staatsangestellten, in dem die wichtigsten Gründe für die Annahme oder Ablehnung aufgeführt waren.[22] Erst der Sputnikschock von 1957, in dessen Folge das Budget der NSF innerhalb eines Jahrzehnts von gut 40 Millionen auf fast 500 Millionen verzwölffacht wurde, führte zur Einrichtung und Durchsetzung jenes Systems, das unter dem Namen Peer Review bekannt wurde.

Die gewaltigen Forschungsinvestitionen waren von der Hoffnung getragen, den verlorengeglaubten technologischen Vorsprung gegenüber der Sowjetunion wiederherzustellen. Damit das Geld die gewünschte Wirkung erzielen konnte, brauchte es aber noch ein

Verteil- und Kommunikationssystem, mit dem sich der Takt der wissenschaftlichen Innovationen erhöhen und der Ideentransfer vom wissenschaftlich-technologischen in den politisch-militärischen Apparat erleichtern ließ. Weder die amerikanische Regierung noch ihre westlichen Verbündeten verfügten über Verwaltungseinheiten mit der inhaltlichen Kompetenz und personellen Ausstattung, um ein solches System aufzubauen. Eine rasche Reaktion war nur möglich, wenn man sowohl die Kanalisierung der Geldströme aus der Politik als auch den Rückfluss an technologisch verwertbarem Wissen in die Politik größtenteils an die Wissenschaft delegierte. Für beide Zwecke bürgerten sich vertraulich beratende Expertengremien mit wissenschaftlichen Spezialisten aus verschiedenen Fachbereichen ein. Bald rekrutierten sich auch die Mitglieder der Entscheidungsorgane von Fördergesellschaften und der Expertenkommissionen von Regierungen aus denselben Kreisen. So entstand eine neue Expertenelite mit spezifischen Beratungstugenden, geübt in der pragmatischen Auslese, gefeit gegen doktrinäre Haltungen, interessiert an der Konsensfindung, bereit zum gegenseitigen Vertrauen.[23] Diese Tugenden waren und sind für die Funktionsfähigkeit von Expertengremien essenziell, drängten aber, sobald sich wissenschaftliche Eliten auch außerhalb der Gremien an ihnen orientierten, andere, nicht minder wichtige Tugenden zurück, mit einschneidenden Folgen für das Wissenschaftssystem.

Peer Review erfüllte die Funktion, die Sphäre der Vertraulichkeit auf die obersten Hierarchiestufen des Wissenschaftssystems auszuweiten und ein Großteil der Verantwortung für die Vergabe der Fördermittel auf anonyme Forscher außerhalb der offiziellen Expertengremien zu übertragen. Damit konnten sich nicht nur die Mitglieder der Expertenelite, sondern auch die regierenden Politiker der öffentlichen Rechenschaftspflicht weitgehend entziehen. Stellten amerikanische Bürger, Beamte oder Parlamentarier die technokratische Souveränität der NSF oder gar die Anonymität ihrer Gutachter infrage, was in den ersten Jahrzehnten ihres Bestehens hin und wieder geschah, gelang es der Expertenelite im Verbund mit der Regierung, die Forderung nach mehr demokratischer Mitsprache als Angriff auf die Unabhängigkeit der Wissenschaft darzustellen. Peer Review ging aus diesen Auseinandersetzungen gestärkt hervor, ja erhielt erst in der Folge den Ruf einer Bastion der Forschungsfreiheit gegen jede Einmischung von außen.[24]

Inwieweit beruhte nun die Methode der anonymen Peer Review, wie sie staatliche und private Fördergesellschaften im Anschluss an die NSF in allen westlichen Ländern einführten, auf bereits bestehenden Verfahren in Zeitschriftenredaktionen? Sie war vom »Refereeing« inspiriert, das, ausgehend von gelehrten Gesellschaften in Großbritannien, im Verlauf des 19. Jahrhunderts aufgekommen war, aber noch Mitte des 20. Jahrhunderts nur eine unter mehreren Routinen zur Prüfung eingesandter Manuskripte darstellte. Herausgeber baten »Referees« um anonyme »Reports« und reichten diese im Fall einer Ablehnung oder einer Aufforderung zur Überarbeitung an die Autoren weiter. Neben dem Refereeing gab es die Praxis, bei Bedarf auf informellem Weg Spezialistenrat einzuholen oder sich ganz auf das eigene Urteil zu verlassen. Zum Zeitpunkt, als die Fördergesellschaften Peer Review einführten, bestand in der englischsprachigen Welt eine pluralistische Ordnung von Auswahlverfahren mit ähnlich hoher Anerkennung, während auf dem europäischen Kontinent, wo noch immer führende Titel für viele Fachbereiche erschienen, kaum ein Herausgeber ein »Referee System« unterhielt. Die britische Zeitschrift *Nature*, schon damals einer der respektabelsten Titel auf dem gesamten Gebiet der natur- und lebenswissenschaftlichen Forschung, hatte mit Jack Brimble und ab 1965 mit John Maddox hervorragend vernetzte Herausgeber, die entweder nach Konsultation von Redakteuren und Korrespondenten, aufgrund von Gesprächen mit Forschern oder in souveräner Eigenregie entschieden, was in der Zeitschrift erschien und was nicht. Maddox verband das Vorgehen mit der Absicht, auch ungewöhnliche und kontroverse Arbeiten aufzunehmen, denen er eine öffentliche Diskussion wünschte.[25]

In den 1960er-Jahren erschienen neben *Nature* schon über tausend Zeitschriften auf dem englischsprachigen Markt, die meisten mit mehreren Ausgaben pro Jahr, viele in spezialisierten Nischengebieten.

Im Anschluss an die Etablierung von Peer Review in der staatlichen Projektförderung wurde die Wissenschaftspublizistik nach analogen Kriterien uniformisiert. Die Vereinigten Staaten übernahmen erneut die Führungsrolle, Großbritannien folgte im Schlepptau. Ab 1973 lenkte mit David Davies ein zuvor am Massachusetts Institute of Technology tätiger Geophysiker die Geschicke von *Nature*, und eines seiner vordringlichsten Anliegen war, die Begutachtung »über jeden Verdacht zu erheben«. Konkret bedeutete das, eine rigorose Peer Review einzurichten. 1976 zog Ian Munro, der neue Herausgeber eines anderen altehrwürdigen Journals, *The Lancet*, mit der Begründung nach, er befürchte, seine Zeitschrift würde in Amerika nicht mehr ernst genommen, wenn sie weiterhin keine Peer Review durchführe.[26] Weniger die Wahrnehmung eines ernsthaften Qualitätsproblems oder der Druck der wissenschaftlichen Spezialisierung als die Angst vor Reputationsverlust in der wichtigsten Wissenschaftsnation der Welt verhalf Peer Review zum globalen Durchbruch. Dass sie den gesamten akademischen Prestigewettbewerb neu ausrichten würde, ahnte damals noch niemand.

Das Korsett der Quantifizierung

Je lückenloser Peer Review zur kompetitiven Auslese in der Projektmittelvergabe und der Zeitschriftenpublizistik zum Einsatz kam, desto grundlegender veränderte sich die Reputationsverteilung im wissenschaftlichen System. In Ermangelung von Methoden, um die Höhe der staatlichen Investitionen in Relation zur Geschwindigkeit der technologischen Innovationen zu stellen, wurde die Zahl und Art der erfolgreich absolvierten Peer-Review-Verfahren zur zentralen Kenngröße für wissenschaftlichen Erfolg. Betroffen waren zuerst jene Forschungsfelder, denen eine technologische Relevanz zugesprochen wurde. Das Einwerben öffentlicher Projektgelder erhielt eine gleichwertige Anerkennung wie das Publizieren wissenschaftlicher Erkenntnisse. Es entstand ein neuer Kreislauf der akademischen Prestigeökonomie, reguliert durch Peer Review, der von öffentlichen Projektzusprachen über die Annahme von Zeitschriftenaufsätzen bis zu universitären Beförderungen reichte. Wer aus dem Kreislauf ausscherte, ob freiwillig oder unfreiwillig, hatte die Möglichkeit zur weiteren Akkumulation von akademischer Reputation verwirkt.

Neben der wissenschaftlichen Expertenelite und der staatlichen Forschungspolitik gab es eine dritte Instanz, die an größtmöglicher Geschlossenheit des neuen Reputationskreislaufes interessiert war: die kommerziellen Zeitschriftenverlage. Für sie wurde die rasante Expansion der staatlichen Forschungsausgaben zum großen Geschäft und die Durchsetzung von Peer Review zum idealen Instrument der Gewinnmaximierung. Konzerne wie Springer, Elsevier, Wiley und Pergamon fügten Hunderte neuer Zeitschriften ins bestehende Sortiment, setzten Professoren, denen sie keinen Lohn bezahlen mussten, als Herausgeber und die anonymen Peer-Review-Gutachter als redaktionelle Gratisarbeiter ein. Die billig produzierten Publikationen wurden in Bündeln an Universitätsbibliotheken verkauft, und die Zeitschriftenverlage nutzten eine weitere Innovation im akademischen Reputationskreislauf, um die Preise der Bündel trotz konstant tiefer Kosten sukzessive anzuheben. Diese Innovation war die quantitative Messung von wissenschaftlichen Leistungen.

Am Anfang der quantitativen Leistungsmessung standen teilweise die gleichen Institutionen wie bei der Lancierung von Peer Review. Die Entwicklung des Science Citation Index etwa wurde 1961 durch Fördermittel der National Institutes of Health ermöglicht, kam jedoch als privatwirtschaftliches Produkt auf den Markt. Die Unternehmen, die Publikations- und Zitationsindizes verkauften, operierten mit ähnlichen Strategien wie die Zeitschriftenkonzerne. Sie setzten auf regelmäßig zu erneuernde Abonnements mit kontinuierlich aktualisierten Datensätzen und steigenden Preisen in der sicheren Erwartung, Forschungsinstitutionen ein Angebot zu machen, das diese nicht ablehnen konnten. Ihr Versprechen bestand darin, wissenschaftliche Leistung auf verschiedenen Ebenen des Forschungsbetriebs systematisch vergleichbar zu machen: zwischen Forschenden, Instituten, Universitäten, Staaten, Kontinenten. Zentrale Referenzgröße waren Zeitschriftenaufsätze, aus denen erhoben wurde, wer wo wie oft publiziert hatte und zitiert worden war. Mit den gleichen Daten ließen sich wiederum Ranglisten von Zeitschriften mittels eines »Journal Impact Factor« erstellen, sodass sich Wissenschaftler ausrechnen konnten, in welchen Journalen sie ihren Punktesaldo mit einer Publikation am meisten aufbessern würden.

Die größten Profiteure der quantitativen Leistungsmessung waren jedoch die Zeitschriftenverlage, allen voran jene, die eine hohe Zahl von »high impact journals« im Portfolio hatten. Deren Wert stieg dank der Rankings in aller Regel weiter, und da für Forschende kein Weg an den bestklassierten Zeitschriften in ihrem Fach vorbeiführte, konnten die Verlage für die Subskriptionen, sei es im Einzelpaket oder im Bündel mit schlechter bewerteten Journalen, fast beliebig hohe Summen verlangen.[27] Dieses System hat bis heute Bestand, trotz empörter Reaktionen zuhauf und verschiedener Gegenmaßnahmen von wissenschaftlicher und politischer Seite. Seit 2004 ist der umsatzstärkste Zeitschriftenverlag, Elsevier, auch im Besitz der umfangreichsten Datenbank zur publikations- und zitationsbasierten Leistungsmessung, Scopus. Damit kann die kommerzielle Klammer der wissenschaftlichen Prestigeökonomie aus einer Hand bedient werden.

Der anhaltende Erfolg der Verlage wird dadurch begünstigt, dass kaum ein Kritiker den Machtgewinn anspricht, den das System für die wissenschaftliche Expertenelite abwirft. Die Herausgeber und Gutachter der Goldesel-Journale sind nicht machtlose Mitspieler in einem System, gegen das kein Kraut gewachsen ist, und schon gar keine nützlichen Idioten, die sich, wie Stephen Buranyi im *Merkur* geschrieben hat, »mit Partys, Alkohol, Zigarren und Segeltrips« vor den Karren windiger Verleger haben spannen lassen.[28] Sie leisten die Fronarbeit wohlweislich in der Aussicht, in einer Währung entschädigt zu werden, die im Wissenschaftsbetrieb deutlich mehr Wert hat: Einfluss auf Forschungsthemen und Forscherkarrieren. Entsprechend leicht ist es den Konzernen bisher gefallen, immer neue Freiwillige für die Fortsetzung ihres Geschäfts zu finden.

Ganz nach dem Geschmack der großen Zeitschriftenkonzerne dürfte auch die Kampagne gegen »predatory publishers« und »fake science« sein, an der sich deutsche Medien mit großem Einsatz beteiligen.[29] Die Kampagne richtet sich gegen junge Open-Access-Verlage wie Omics und Waset, die Peer Review nur dem Schein nach betreiben, um möglichst viele Artikel mit möglichst geringem Aufwand gegen eine von den Autoren zu entrichtende Open-Access-Gebühr zu publizieren. So verdienstvoll es ist, diese Taschendiebe des Wissenschaftsbetriebs zu überführen, so verfänglich ist es, sie, wie es die *Süddeutsche Zeitung* getan hat, für die Degradierung der wissenschaftlichen Wahrheit zur Ware verantwortlich zu machen.[30] Dafür haben schon längst andere gesorgt. Wer Omics und Waset zu Raubtierverlagen erklärt, lässt Elsevier und Wiley wie Unschuldslämmer und Peer Review wie eine Waffe wider die Kommerzialisierung der Wissenschaft erscheinen. Dass die Medienkampagne dazu noch am Schlagwort »fake science« aufgehängt wird, treibt die Verklärung von Peer Review auf die Spitze, als wäre das Verfahren ausschlaggebend dafür, was »wahre« und was »falsche« Wissenschaft sei. Das Bemühen, eine rhetorische Brandschutzmauer zwischen etablierten Wissenschaftsverlagen und neuen Open-Access-Portalen hochzuziehen, hat gerade damit zu tun, dass bei einem anonymisierten Verfahren, das sich der externen Überprüfbarkeit entzieht, die Grenze zwischen rigoroser Qualitätskontrolle und bloßem Bestätigungsritual in der Praxis gar nicht sichtbar ist. Für alle, die nicht direkt involviert sind, ist sie in erster Linie Glaubenssache und muss daher rhetorisch umso stärker markiert werden.

Um die jüngsten Verschiebungen in der wissenschaftlichen Verlagswelt zu verstehen, täte man gut daran, die Open-Access-Ganoven nicht als fremde Eindringlinge in ein hehres Reich der Wahrheit, sondern als gelehrige Schüler der kommerziellen Zeitschriftenkonzerne zu verstehen. Indem sie neue Online -Journale sonder Zahl aus dem Boden stampfen und Peer Review nur vorgaukeln, verhelfen sie Wissenschaftlern zu noch zahlreicheren Publikationen in noch kürzerer Zeit und verdienen dabei auch mit »low impact journals« gutes Geld. Die quantitative Leistungsmessung hat mit ihnen eine neue Stufe erklommen.

Die Abwertung der Kritik

Die wohl bedeutsamste Auswirkung hat die quantitative Leistungsmessung aber auf anderem Gebiet. Den Zitationsindizes liegt eine Vorannahme zugrunde, aus der erst ersichtlich wird, welch symbolisches Gewicht auf Peer Review lastet. Wird die Anzahl der Zitate, welche die eigenen Artikel in den Aufsätzen anderer Autoren erhalten, zur zentralen Kenngröße für die Leistung eines Wissenschaftlers, dann muss das Zitieren grundsätzlich als ein Akt der Affirmation verstanden werden. Man zitiert, so die Unterstellung, was man für richtig und wichtig hält, und man tut es erst recht, wenn man weiß, dass jedes Zitat von den Indizes honoriert wird. Würde von Wissenschaftlern dagegen erwartet, dass sie sich in ihren Veröffentlichungen kritisch mit anderen Publikationen auseinandersetzen, deren Argumente diskutieren, Experimente reproduzieren und Methoden verifizieren, hätte die Zählerei von Zitaten wenig Sinn. Man müsste anerkennen, dass Autoren, die mit umstrittenen Behauptungen Kontroversen auslösen oder mit fahrlässigen Methoden auf breite Ablehnung stoßen, besser abschneiden könnten als Konkurrenten, denen ein wichtiger Durchbruch gelingt. Die Fachgebiete, die sich dem Zwang der quantitativen Leistungsmessung unterworfen haben – und das sind mittlerweile fast alle außer den Geisteswissenschaften –, können diesem

Dilemma nur entgehen, indem sie die kritische Funktion der wissenschaftlichen Publizistik, die für das Selbstverständnis der modernen Wissenschaften lange konstitutiv war, radikal reduzieren, oder genauer: indem sie sich damit abfinden, dass die Kritik sich von der öffentlichen in die vertrauliche Sphäre der anonymen Peer Review verlagert hat. Die rituelle Beschwörung von Peer Review als »Goldstandard« der wissenschaftlichen Qualitätskontrolle ist in diesem Zusammenhang zu sehen. Sie macht das symbolische Gewicht der Expertenroutine spürbar und entlastet zugleich das fachwissenschaftliche Lesepublikum von einer kritischen Prüfung der Publikationen.

Die Implikationen dieser Verlagerung zeigen sich an zwei Effekten besonders anschaulich. Stoßen die Ergebnisse, Methoden oder Daten eines publizierten Aufsatzes trotz Peer Review auf große Vorbehalte, die von den Autoren nicht ausgeräumt werden können, erfolgt eine »Retraction« der Publikation. Man macht die Veröffentlichungen symbolisch rückgängig, unter anderem mit dem Ziel, ihr möglichst wenige zusätzliche Zitationen zu ermöglichen. Die Tatsache, dass bereits erfolgte Zitate von zurückgezogenen Artikeln in anderen Publikationen nachträglich nicht mehr aus dem Index gelöscht werden können, wird als großes Problem gesehen, weil es den Leistungsgedanken der ganzen Metrik unterläuft.[31] Was hier praktiziert wird, ist eine neue, durch Quantifizierungszwänge erforderliche Zensur publizierter Inhalte, die sichtbar werden lässt, dass der öffentlichen Kritik nicht mehr die Autorität zugestanden wird, selber symbolische Sanktionen zu verhängen. Eine debattenfreudige Publikationsstrategie, die für provokante und riskante Beiträge offen ist, wie sie noch vor wenigen Jahrzehnten ein John Maddox bei *Nature* verfolgte, würde heute wohl ins Leere laufen.

Ein zweiter Effekt betrifft die experimentellen Wissenschaften. In vielen Disziplinen ist nach der flächendeckenden Einführung von Peer Review die klassische Form der kritischen Prüfung von neuen Forschungsresultaten, die Replikationsstudie, abgewertet oder sogar aufgegeben worden. Die Folge war, dass in Boom-Bereichen wie Biochemie, Biomedizin oder Psychologie eine Vielzahl von Experimenten als bahnbrechend eingestuft wurde, ohne dass sie je in einem anderen Labor wiederholt worden wären. Als Pharmafirmen die kritische Prüfung aus wohlbedachtem Eigeninteresse übernahmen, vermochten sie zwischen 70 und 90 Prozent der vermeintlichen »landmark trials« nicht zu replizieren.[32] Seither sind in den betroffenen Forschungsfeldern mehrere Initiativen entstanden, um Replikationsstudien wieder aufzuwerten, und der *Economist* sprach sogar von einer neuen Kritikerrolle, die sich im Erfolgsfall etablieren könnte: der »forensic scientist of science«.[33] Solange jedoch Peer Review den symbolischen Status hat, den sie heute genießt, dürfte es schwierig sein, experimentell Forschenden die Kritikerrolle schmackhaft zu machen. Wer sie bekleidet, muss auf den Schutz der Anonymität, den Gutachter genießen, verzichten und sich als Kritiker in einem Umfeld bewegen, das öffentlichen Einspruch gegen Kollegen, abgesehen von Fällen groben Fehlverhaltens, kaum mehr gewohnt ist.

Die Abwertung der öffentlichen Kritik findet noch an einer anderen Stelle des akademischen Reputationskreislaufes statt, und hier sind alle Fachbereiche betroffen. Die staatliche Projektförderung erlaubt einen regulierenden Eingriff in die wissenschaftliche Arbeit, lange bevor publikationsreife Texte vorliegen. In kollaborativen und geldintensiven Disziplinen können Forschungsvorhaben ganz verhindert, in anderen Feldern zumindest stark behindert werden. Antragsteller, die von anonymen Gutachtern abgelehnt werden, sind doppelt bestraft, denn Fördergelder, die per Peer Review eingeworben werden, sind auch eine symbolische Währung, die Forschende in ihre Lebensläufe und Universitäten in ihre Leistungsausweise aufnehmen.[34] Wer daher Einfluss auf die künftige Richtung der eigenen Disziplin nehmen will, muss Anträge begutachten, nicht Aufsätze kritisieren. Man genießt dabei das zusätzliche Privileg, sich nicht persönlich zu exponieren, sondern im Schutz der Anonymität zu agieren. Die Empfehlung von Experten hat, weil ihr Fördergesellschaften eine hohe Verbindlichkeit einräumen, direkte Sanktionskraft, anders als die öffentliche Kritik, die dem Kritisierten und dem Fachpublikum die Möglichkeit zur Replik und damit zur Korrektur einräumt.

Die Abwertung der Kritik zugunsten der Expertise durch die staatliche Projektförderung wird dadurch erleichtert, dass sie von den beteiligten Experten und Entscheidungsträgern kaum als solche wahrgenommen wird. Eher erscheint ihnen das System als Fortsetzung der Kritik mit anderen Mitteln. Aufschlussreich diesbezüglich sind die Untersuchungen der Wissenschaftssoziologin Michèle Lamont, die auf der Basis von Interviews mit »Panelists« und »Referees« die Wahrnehmungs- und Handlungsmuster von Experten und Entscheidungsträgern in Fördergesellschaften freizulegen versucht. In ihrem Buch *How Professors Think* zitiert sie einen Politikwissenschaftler mit einer Begründung, warum es für die Tätigkeit in einem Fördergremium keine Ausbildung braucht:

> Es ist das Gleiche, das wir unser ganzes Leben lang tun ... Lehren, die Arbeit anderer Leute Kritisieren, Artikel für Kurse Lesen, die wir unterrichten. Ich meine, alles, was wir tun, ist Kritisieren und die Argumente von Leuten Auseinandernehmen.[35]

Lamonts Buch verdeutlicht, dass es für die forschende Minderheit, die in Fördergesellschaften wirkt, naheliegend ist, sich weiterhin in der Kritikerrolle zu verorten, auch wenn sie abseits der Öffentlichkeit beraten und entscheiden. Langgediente Wissenschaftstechnokraten sehen in ihrer Sanktionsmacht auch deshalb kein Problem, weil sie sich einen intuitiven Blick für gute Qualität zuschreiben: Exzellenz lasse sich nicht definieren, »but you recognize it when you see it«.[36] Die eingeübten Konsensmechanismen in Expertengremien werden zum Ausweis für die objektive Richtigkeit der getroffenen Entscheidungen.

Ganz anders ist der Wahrnehmungshorizont der forschenden Mehrheit, die sich als Begutachtete außerhalb der von Lamont beschriebenen »secretive milieus« der Förderinstitutionen bewegt.

Aus ihrer Sicht kommt das System einer Lotterie gleich, der sie sich klaglos zu unterwerfen haben, wobei nicht das zufällige Ziehen von Zahlen, sondern von Personen den Ausschlag gibt, ob ein Antrag genehmigt wird oder nicht. Das Verfahren wird so wahrgenommen, als hänge sein Ausgang hauptsächlich von subjektiven Faktoren ab. Gerade weil Begutachtete nicht wissen, wer ihre Projektvorschläge prüft, können sie alle möglichen Motive auf die Gutachtenden projizieren, was sie, besonders im Fall einer Ablehnung, auch häufig tun. Die Anonymität von Peer Review erzeugt damit den paradoxen Effekt einer Personalisierung der Verfahren ohne konkrete Person.

Die Abwertung der Kritik durch Peer Review schlägt sich auch in den Geisteswissenschaften nieder, obwohl hier der akademische Reputationskreislauf dank aufgeschobenen Quantifizierungszwanges noch nicht geschlossen ist. Die Buchkritik verliert an Bedeutung. Rezensionen, ob in Fachzeitschriften oder Onlineportalen, werden vermehrt Promovierenden und Postdocs überlassen, den abhängigsten Autoren auf der akademischen Karriereleiter. Entsprechend zahm fällt die Kritik in der Regel aus. Da auch junge Forschende merken, dass sie sich mit Buchkritiken wenig Meriten erwerben können, treten für sie andere Motive in den Vordergrund, etwa der Gratiserwerb von teuren Büchern, die sie für ihre Qualifikationsarbeiten benötigen. Dadurch beschleunigt sich die Abwärtsspirale des Rezensionswesens weiter, bis Buchbesprechungen nur noch die Funktion eines kommentierten Inhaltsverzeichnisses erfüllen.

Wie gut funktioniert Peer Review?

Für die meisten Forschenden ist Peer Review heute alternativlos, aber nicht makellos. Die wenigen, die zu den Schwächen des Systems Stellung nehmen, lassen es gerne mit einer Anspielung auf Churchill bewenden, Peer Review sei ein bisschen wie Demokratie, »ein schlechtes System, aber das bestmögliche«.[37] Ohne die spezifische Form der Selektion, so die Überzeugung, sei weder die akademische

Unabhängigkeit zu bewahren noch die fortschreitende Spezialisierung zu bewältigen. Das ist angesichts des jungen Alters und vor allem der Entstehungsumstände von Peer Review nicht plausibel. Die Herausforderung der Spezialisierung stellte sich Zeitschriftenherausgebern schon vor 1960, und es bestand keine Zwangsläufigkeit, sie mittels eines anonymisierten Gutachterverfahrens zu bewältigen, das über gescheiterten Anträgen den Mantel des Schweigens ausbreitet. Die Einführung von Peer Review fand im Rahmen einer präzedenzlosen Instrumentalisierung der Wissenschaft für politisch-militärische Zwecke statt, und sie hat eine ebenso präzedenzlose Kommerzialisierung der wissenschaftlichen Publizistik ermöglicht. Man kann Peer Review nur für alternativlos halten, wenn man das System isoliert von seiner Umwelt betrachtet, und sogar dann werden Mängel sichtbar, die Anlass zu einer grundlegenden Hinterfragung geben.

Der Mediziner Richard Smith, langjähriger Herausgeber des *British Medical Journal*, gehört zu den wenigen Wissenschaftlern, welche die Zuverlässigkeit von Peer Review mit experimentellen Methoden getestet haben. Die Studien, an denen Smith beteiligt war, beschränken sich auf Zeitschriften; es gibt keine vergleichbaren Untersuchungen zu Fördergesellschaften, die damit auch für die Forschung Black Boxes bleiben. Die Experimente bestanden jeweils darin, eine beschränkte Zahl an gröberen Fehlern in Aufsatzmanuskripte einzufügen, bevor sie externen Experten zur Begutachtung vorgelegt wurden, wobei die Peer Review in verschiedenen Anonymisierungsvarianten stattfand.[38] Von mehreren hundert Experten, die an den Versuchen unwissentlich teilnahmen, hat kein Einziger alle Fehler gefunden, manche dafür gar keinen und die Mehrheit etwa ein Viertel. Die Zuverlässigkeit von Peer Review ist damit bereits auf der einfachsten Ebene der Qualitätssicherung nicht gegeben. Für Smith gehen die Probleme noch weiter. Peer Review sei, »abgesehen von der Schwäche im Finden von gravierenden Fehlern und der fast vollständigen Nutzlosigkeit für das Aufdecken von Betrug, langsam, teuer, zeitintensiv, hochsubjektiv, eine Art Lotterie, anfällig für

Voreingenommenheit und einfach zu missbrauchen«.[39] Den empirischen Wissensstand beschreibt er mit den Worten: »Wir haben wenig Evidenz für die Leistungsfähigkeit von Peer Review, aber beträchtliche Evidenz für ihre Defekte.«[40]

Der Befund, der durch ältere Experimente mit entsprechenden Ergebnissen gestützt wird, hat weder zu einer breiten Untersuchung noch zu einer grundsätzlichen Infragestellung von Peer Review geführt.[41] Im Gegenteil, mittlerweile haben auch die meisten geisteswissenschaftlichen Zeitschriften im deutschsprachigen Raum ein entsprechendes Verfahren eingeführt. Bei Peer Review ist die Diskrepanz zwischen praktischer Relevanz und zweifelhafter Wirksamkeit eklatant, und mit jeder Beschwörung des Systems als alternativlosem Goldstandard der wissenschaftlichen Auslese wird sie größer. Forschungsbürokratien und Zeitschriftenkonzerne stellen sich gegenüber den evidenten Problemen blind. Sie nehmen nur jene Kritik auf, die sich mit Retuschen an den Verfahren entschärfen lässt. Einige Zeitschriften experimentieren mit »doppelblinder«, andere wenige mit »offener« Peer Review, während Fördergesellschaften neue Gefäße für riskante Projekte mit ungewissem Ausgang schaffen, um dem systemischen Konservatismus von Peer Review entgegenzuwirken.[42] Letztere dürften die Willkür der Empfehlungen noch erhöhen, weil das Verfahren zugleich die Illusion der Prognosefähigkeit von guter Wissenschaft, die der Projektförderung inhärent ist, aufrechterhält, den Gutachtern aber eine Prognose zusätzlich erschwert.

Wenn Peer Review als Mittel der qualitativen Selektion zugleich unzuverlässig und unumstritten ist, dann ist zu vermuten, dass ihre Funktionalität an anderen Orten umso mehr zum Tragen kommt. Innerhalb des Wissenschaftsbetriebs ist Peer Review ein effizientes Instrument, um bestehende Ungleichheiten, sei es zwischen Personen oder Institutionen, zu vergrößern und zu verstetigen. Die Effizienz von Peer Review liegt in der konfrontationsfreien Machtausübung, haben doch die Gutachter kein Gesicht und die Begutachteten keine Stimme. Das System schafft vollendete Tatsachen im Stillen. Für die kommerziellen Zeitschriftenverlage hat Peer Review den doppelten Vorteil, dass sie die Selektionsarbeit zum Nulltarif auslagern und für die Qualität der publizierten Inhalte nicht haftbar gemacht werden können. Im Fall von betrügerischen oder fehlerhaften Publikationen fällt die Verantwortung zuerst auf die Gutachter, dann auf die Herausgeber und erst zuletzt auf den Verlag.

Die Politik wiederum verfügt mit Peer Review über ein perfektes System zur indirekten Kontrolle der Wissenschaft. Über die staatlichen Fördergesellschaften können Regierungen und Parlamente mitbestimmen, welche Forschungsbereiche wie viel Geld erhalten und was für Erwartungen geförderte Projekte zu erfüllen haben. Peer Review ist aus ihrer Sicht nicht viel mehr als die wissenschaftliche Feinjustierung einer politischen Grobsteuerung. Letztere fällt besonders leicht in jenen Staaten, die mehrere Förderorganisationen für verschiedene Fachbereiche haben. Hier kann die Politik gezielt Forschungsfelder privilegieren, von denen sie sich einen technologischen und ökonomischen Nutzen verspricht, und andere drängen, sich der gleichen Nutzenlogik zu unterwerfen. In Großbritannien ist es ein offenes Geheimnis, dass Projektanträge ohne konkretes Anwendungsversprechen bei privaten Stiftungen wie dem Leverhulme Trust ungleich bessere Aussichten auf Förderung haben als bei einem der staatlichen Research Councils. Experten, die in den Entscheidungsgremien von öffentlichen Fördergesellschaften sitzen, müssen sich die Erwartungen der Politik bis zu einem gewissen Grad zu eigen machen, damit ihre Fachbereiche im nächsten Haushaltsplan nicht abgestraft werden. Das Gleiche gilt für Antragsteller, wenn sie mit ihren Projektentwürfen Aussicht auf staatliche Förderung haben wollen.

Peer Review sorgt nun dafür, dass die politische Kontrolle in subtiler Weise das gesamte Wissenschaftssystem erfasst. Forschende müssen, um in ihrem Fach zu reüssieren, viel stärker den Meinungen etablierter Kollegen über relevante Themen und richtige Methoden Rechnung tragen. Die Forschungstätigkeit selbst wird einem zeitlichen und thematischen Planbarkeitsdiktat unterworfen, das ein unkontrolliertes Ausgreifen auf unerwünschte Gebiete erschwert. Projektideen, die unerwünschte Unruhe stiften könnten, lassen sich mittels Peer Review diskret verhindern, bevor sich ein möglicher Dissens zu einer öffentlichen Diskussion ausweitet.

Expertengremien wirken oft als Konsensmaschinen, aber wenn sie entscheidungsbefugt sind und durch ein anonymisiertes Gutachtersystem flankiert werden, dann erzeugen sie zusätzlich einen Konformitätsdruck auf alle Außenstehenden, deren berufliches Fortkommen von ihren Urteilen abhängt. Forschende, die sich um Projekte oder Publikationen bewerben, tun gut daran, unter Fachkollegen möglichst wenig Widerspruch zu erregen. Also besser keine kontroversen Thesen oder provokanten Fragen formulieren und erst recht nicht Kollegen kritisieren. Dafür möglichst viele Forscher von Rang und Namen zitieren, auf aktuelle Forschungstrends reagieren und den ganzen Anpassungszwang mit einer standardisierten Originalitätsrhetorik kompensieren.

In den vergangenen Jahrzehnten hat sich, ausgehend von den Natur- und Technikwissenschaften, eine Wissenschaftskultur der Irritationsvermeidung ausgebreitet, die offene Debatten über Fragen von Wissen und Macht erschwert. Ohnehin ist die Herstellung und Aufrechterhaltung von wissenschaftlichem Konsens in Zeiten der staatlichen Projektförderung eine politische Notwendigkeit. Disziplinen, in denen Uneinigkeit über den wissenschaftlichen Erkenntnisstand, Methodenkanon oder Themenkatalog herrscht, haben einen schweren Stand in Expertengremien. Taxieren externe Gutachter die Annahmen in Projektanträgen als umstritten, sinken die Chancen auf Förderung, und den betroffenen Disziplinen entgehen finanzielle Ressourcen und symbolisches Kapital. Das Austragen von Dissens mit argumentativen Mitteln mag lange zur Dynamik und Erkenntnisproduktion der Wissenschaft beigetragen haben. Mittlerweile ist es zu einem politischen Risiko geworden, das viele Forschende nicht mehr einzugehen wagen.

Peer Review trägt damit in vielfältiger Weise zur indirekten Kontrolle der Wissenschaft durch die Politik bei. Um in der Wissenschaft Erfolg zu haben, muss man heute in langen Jahren der öffentlich finanzierten Projektforschung einen politisch verordneten und wissenschaftlich durchgeführten Disziplinierungsritus durchlaufen. Die Disziplinierung erzeugt dabei jene Kooperations- und Konsenskultur, die etablierte Wissenschaftler auch dazu qualifiziert, Regierungen als Experten in politischen Beratungsgremien zu dienen. Wissenschaftliche Experten, die der staatlichen Politik als unabhängige Autoritäten öffentliche Legitimität verleihen, sind janusköpfige Gestalten. Die eine, der Öffentlichkeit zugewandte Seite erscheint von stolzer Selbstbestimmung und sicherem Wissen gezeichnet, die andere, zu den politischen Auftraggebern gerichtete Seite trägt dagegen Züge der vorauseilenden Kompromissbereitschaft bis zur bereitwilligen Unterordnung.

Wissenschaft als repräsentative Öffentlichkeit

Peer Review ist Teil eines langen, noch nicht abgeschlossenen Prozesses, mit dem sich der Anerkennungswettbewerb unter Forschenden aus der Öffentlichkeit in die Vertraulichkeit von Expertenentscheiden verlagert. Das anonyme Gutachten nimmt den Platz der öffentlichen Kritik ein. Die Präsenz der Wissenschaft in der Öffentlichkeit reduziert sich dabei schleichend auf repräsentative Funktionen. Man feiert die positiven Ergebnisse von vertraulichen Ausleseverfahren – die erhaltenen Preise, angenommenen Publikationen und eingeworbenen Projekte. Deren Zustandekommen, das Abwägen, Aushandeln, Annehmen von Anträgen, bleibt der Öffentlichkeit verschlossen, und von den viel zahlreicheren Verfahren, die mit einer Ablehnung enden, erfahren Außenstehende ohnehin nichts.

Eine noch stärkere Akzentuierung erhält die repräsentative Öffentlichkeit der Wissenschaft durch die mediale Ausschlachtung der quantitativen Leistungsmessung mittels Rankings von

Forschenden, Fakultäten, Universitäten oder Nationen. Zwar wissen alle im Wissenschaftsbetrieb um die beschränkte Aussagekraft und die vielfältigen Fehlanreize von Ranglisten, aber das hindert keine Person oder Institution daran, ein gutes Abschneiden in der Öffentlichkeit gebührend zu zelebrieren, im Wissen darum, dass einfach gestrickte Erfolgsmeldungen auch in den Massenmedien ein Echo finden.

Reduziert sich die öffentliche Präsenz der Wissenschaft auf repräsentative Funktionen, läuft sie Gefahr, als bloße Erweiterung einer politischen Öffentlichkeit zu erscheinen, die sich wiederum der Wissenschaft zur Repräsentation von Regierungsentscheiden und Parteiprogrammen bedient. Die Gefahr ist umso größer, als Experten in der politischen und wissenschaftlichen Öffentlichkeit potenziell umstrittenen Sachverhalten den Schein der Unanfechtbarkeit geben sollen. Werden Sachverhalte der Diskussion entzogen, steigt die öffentliche Bereitschaft, das System als Ganzes zur Disposition zu stellen. Wissenschaft und Politik können Experten in den Medien zu einer Neoaristokratie der Wissensgesellschaft stilisieren, bis sich, wie in Großbritannien und den Vereinigten Staaten bereits geschehen, ein ebenso medial geschürter Volkszorn an ihnen abreagiert. Auf diese Weise erwächst der populistisch ausgeschlachtete Expertenskandal zum Gegenstück des elitistisch betriebenen Expertenkults. Die Präsenz der Wissenschaft in der Öffentlichkeit pendelt zwischen der Verkündigung von frohen Botschaften und der Bewältigung von skandalösen Vorkommnissen. Auf der Strecke bleibt die kritische Diskussion ohne herbeiorchestrierten Ausgang, die allein das Potenzial hätte, wissenschaftliche Forschung als das erkenntlich zu machen, was sie ist: eine ergebnisoffene, von Unsicherheit und Streit geprägte Arbeit am Wissen. Der Raum für kritische Diskussionen schwindet nicht nur in der breiten Öffentlichkeit der Massenmedien, sondern auch in der engen der fachwissenschaftlichen Publizistik.

Es ist wenig wahrscheinlich, dass die öffentliche Kritik in absehbarer Zukunft wieder einen gleichwertigen Rang neben der vertraulichen Expertise erhalten wird. Zu stark sind die politischen, kommerziellen und wissenschaftlichen Interessen an einer Weiterführung des Status quo. Was es dazu brauchen würde, lässt sich aber relativ leicht umreißen, und deshalb soll hier abschließend zumindest ein Möglichkeitsraum entworfen werden.

Ein erster Schritt wäre getan, wenn die Anonymität von Gutachtern bei der Prüfung von Aufsatzmanuskripten und Projektanträgen aufgehoben würde. Wer an Entscheiden von so großer Tragweite mitwirkt und dabei, was meist der Fall ist, das Privileg einer unkündbaren Anstellung genießt, sollte sich nicht mittels Maskierung unangreifbar machen dürfen. Anonymität ist dann gerechtfertigt, wenn sich Autoren mit ihren Aussagen einer realen Gefahr aussetzen. Das ist bei Peer Review so gut wie nie der Fall. Vielmehr sollte hier gelten, dass man zu seinem Wort steht, indem man seinen Namen unter das Gesagte setzt.[43] Wer sich nicht in der Lage sieht, als Gutachter einem negativ bewerteten Kollegen das Antlitz zu zeigen, wird auch schwerlich imstande sein, als Berater einem manipulativen Politiker die Stirn zu bieten.

Ein Ende der Anonymität würde das grundlegende Problem jedoch nicht beheben. Dafür müsste man Peer Review ganz abschaffen. Was aus ideologischen Gründen unmöglich erscheint, wäre organisatorisch ohne Weiteres zu bewerkstelligen. Beginnen wir mit den Zeitschriften. Ihre Besitzer müssten bloß leisten, was Buchverlage, teils mit hochstehenden wissenschaftlichen Reihen, seit Langem tun: die Qualitätskontrolle von Manuskripten mit eigenen Lektoren durchführen. Die kommerziellen Zeitschriftenkonzerne erzielen seit Jahrzehnten exorbitante Gewinnmargen auf Kosten der öffentlichen Hand. Im gleichen Zeitraum haben die Universitäten hochspezialisierte Postdocs in immer höherer Zahl ausgebildet, von denen viele weder in der Wissenschaft noch in der Wirtschaft Anstellungen finden, die ihren Qualifikationen entsprechen. Für Elsevier, Wiley, Springer und ihre Konkurrenten wäre es finanziell ein Leichtes, Tausende ehemaliger Postdocs, die bereits an Universitäten für ihre Professoren Literaturrecherchen, Labor- und Lektoratsarbeiten erledigt haben, als Redakteure und Lektoren in ihren jeweiligen Spezialgebieten einzustellen und weiterzubilden. Die Qualität der Expertise würde darunter kaum leiden, im Gegenteil, bei der Prüfung von Manuskripten wäre endlich eine angemessene Stufe der Arbeitsteilung und Professionalisierung erreicht. Forschenden ihrerseits fiele es ohne Peer Review leichter, herrschende Meinungen öffentlich infrage zu stellen. Gleichzeitig wären sie gezwungen, sich mit Publikationen kritischer auseinanderzusetzen. Als Übergangslösung zu einer erneuerten Kultur der Kritik könnten formalisierte Besprechungsverfahren, wie sie derzeit unter dem Schlagwort der »Post-Publication Peer Review« diskutiert werden, eine nützliche Rolle spielen. Mittelfristig wären aber redaktionell geführte Debattenforen, die unabhängig von Zeitschriftenkonzernen operieren und hohe Standards bezüglich Beweisführung, Argumentation und Kritikstil setzen, die wohl beste Lösung. Der Wert einer Veröffentlichung würde dadurch weniger vom Ranking der Zeitschrift als von den öffentlichen Reaktionen der Fachgemeinschaft abhängen. Als Folge davon könnte auch die Bedeutung von Publikations- und Zitationsindizes sinken, und an Universitäten würden bei Berufungen oder Beförderungen wieder mehr Schriften gelesen als Punkte zusammengezählt.

In staatlichen Fördergesellschaften ließe sich die Abschaffung von Peer Review noch einfacher auffangen. Es würde genügen, die entscheidungsbefugten Expertengremien so breit zu besetzen, dass bei der Prüfung von Anträgen auf externe Einschätzungen verzichtet werden könnte. Damit wäre zumindest die Frage der Verantwortung für Förderentscheide geklärt. Um dagegen die politische Grobsteuerung der wissenschaftlichen Prestigeökonomie zurückzudrängen, müssten zusätzlich die Budgets der nationalen Forschungsfördergesellschaften stark gekürzt und die eingesparten Mittel in die Grundfinanzierung der Universitäten umgelenkt werden, wo sie neben den Forschenden auch den Studierenden zugutekämen. Damit wären die Voraussetzungen geschaffen, dass die akademische Auseinandersetzung über wissenschaftliche Qualität wieder dort geführt werden könnte, wo sie hingehört: im öffentlichen Raum.

Die zwei Bühnen des Kritikers

Die Figur des Kritikers gehört seit dem 18. Jahrhundert zum Inventar der gelehrten und politischen Öffentlichkeit. Wenn die Wissenschaft sie verwaisen lässt, wird sie von anderen Akteuren mit anderen Motiven adoptiert. Das ist in der jüngeren Vergangenheit geschehen, mit Verschwörungstheoretikern und Populisten als größten Nutznießern. Unterstützt von digitalen Medien, die Polarisierern aller Art eine perfekte Plattform bieten, ist eine neue Klasse von »Universalkritikern« entstanden, die im polemischen Überbietungswettbewerb zu allen möglichen Themen um Aufmerksamkeit buhlt. Die Kritik verwandelt sich unter ihrer Tastatur in ein Phänomen der antielitären Gegenkultur, die vom Feindbild eines Establishments lebt, das Wettbewerb kultiviert und Abschließung praktiziert, das Diversität predigt und Dissidenz bestraft, das Reformen verspricht und Rituale vollzieht. Verschwörungstheoretiker und Populisten sehen sich als die einzig wahren Kritiker, die Missstände aufdecken, die Dinge beim Namen nennen, den Finger in die Wunde legen, während die Elite die Wahrheit verheimlicht, beschönigt oder übertüncht. Dieses Selbstverständnis muss man ernst nehmen, nicht aber die Verdikte und Folgerungen, die den Polemiken entspringen.

Eine Wissenschaft, die als Technokratie funktioniert, ihre Verfahren in einer Black Box organisiert und nach außen über Experten kommuniziert, bietet eine breite Angriffsfläche für eine aufklärungs- und pluralismusfeindliche Gegenöffentlichkeit. Geht ein Pfeilregen aus den digitalen Medien über einer wissenschaftlichen Institution oder Person nieder, kann diese nur mit zwei Mitteln reagieren: mit schwerem Geschütz oder eisernem Schweigen. Ersteres verfehlt das Ziel und erhöht die Aufmerksamkeit, Letzteres bestätigt die Angreifer in ihren Vorurteilen. Wer den Vertretern des Establishments die

Wahrheit ins Gesicht schleudern will, lässt sich von ihnen durch nichts eines Besseren belehren.

Die Wissenschaft kann ihre Angriffsfläche nur verkleinern, wenn es ihren Vertretern wieder vermehrt gelingt, die Rolle des öffentlichen Kritikers anzunehmen und auszufüllen. Als solche müssen sie sich auf zwei Bühnen bewegen, der wissenschaftlichen und der politischen. In der wissenschaftlichen Öffentlichkeit erhält der Kritiker die Gestalt des diskutierenden Fachspezialisten, der durch die Auseinandersetzung mit Kollegen über unsichere oder kontroverse Forschungsbefunde das populistische Zerrbild der Wissenschaft indirekt korrigiert. In der politischen Öffentlichkeit dagegen nimmt der Kritiker die Gestalt des engagierten Intellektuellen an, der kraft seines Wissens und seines Geistes in laufende Angelegenheiten interveniert und öffentliche Diskussionen lanciert. Seine Kritik kann Aufklärung im klassischen Sinne leisten, indem sie Demagogen denunziert und Lügengeschichten dekonstruiert. Sie sollte jedoch nicht beim Bekämpfen von »Fake News« und Beklagen eines »postfaktischen Zeitalters« haltmachen, würde sie damit doch nur der konträren Illusion einer Welt der reinen Tatsachen Vorschub leisten, von der aus die Guten und Einsichtigen ins abgründige Fantasiereich der Populisten und Verschwörungstheoretiker blicken. Wissenschaftliche Kritiker, die sich auf dieses Geschäft beschränken, drohen zum populistischen Klischee ihrer selbst zu werden.

Kritiker müssen ebenfalls dafür sorgen, dass jene Gesellschaftskreise, die von Populisten der Elite zugerechnet werden, den Stachel der Kritik wieder stärker zu spüren bekommen. Sie müssen die Kritisierten direkt adressieren, ihre Analysen konkretisieren und ihre Korrekturforderungen präzisieren. Damit können sie auch mit dem Anspruch auftreten, dass Kritik Konsequenzen hat. Gleichzeitig müssen sie mit jenen Kritikern, die konträre Positionen vertreten, die Auseinandersetzung suchen, um im argumentativen Dissens den gesellschaftlichen Konsens zu stärken, dass jede Demokratie eine pluralistische Streitkultur braucht. Pluralismus bedeutet dabei nicht eine

Pluralität homogener Werteghettos, die sich gegenseitig Immunität gegen Kritik zusichern. Pluralismus besteht in der Akzeptanz einer Vielfalt kritischer Positionen zu den Angelegenheiten von öffentlichem Interesse und in der Bereitschaft, sich mit abweichenden Positionen offen auseinanderzusetzen, solange sie selber von Respekt für die pluralistische Ordnung getragen sind. Aus der Akzeptanz von Alternativen kann erst das nötige Maß an Toleranz für Andersdenkende hervorgehen. Zeichnet sich der Populismus, wie Jan-Werner Müller betont, durch einen radikalen Antipluralismus aus, so ist seine Schwächung nur über eine Stärkung des Pluralismus zu erreichen.[44] Die Rolle des Kritikers ist dafür wie geschaffen. Sobald Populisten merken, dass sich »die da oben« mit Kritik und Gegenkritik nicht verschonen und Kritik mehr ist als eine Übung in Selbstgefälligkeit und Widerstandssymbolik, erhält ihr Bild des Establishments Risse und ihre Mobilisierungskraft schwindet.

Damit Kritik tatsächlich Konsequenzen hat, bedarf es aber einer funktionalen Verschränkung der Kritiker- mit der Expertenrolle. Nur im gleichberechtigten, aber komplementären Zusammenspiel der zwei Rollen kann wissenschaftliches Wissen einer pluralistischen Demokratie Legitimität und Stabilität verleihen. Wenn dieses Buch dazu einen kleinen Beitrag leisten kann, ist sein größter Zweck erfüllt.

Anmerkungen

Einleitung: Der Traum der Wissensgesellschaft

1 Daniel Engber, »There is no Ban on Words at the CDC«, in: *Slate* vom 21. Dezember 2017, {www.slate.com/articles/health_and_science/science/2017/12/there_is_no_ban_on_words_at_the_cdc.html}, letzter Zugriff am 18.07.2018.

2 Tom Nichols, *The Death of Expertise. The Campaign Against Established Knowledge and Why it Matters*, Oxford 2017.

3 Ebd., S. 3, S. 211, S. 216, S. 218, S. 232.

4 Ebd., S. 235; Traubs Aufruf zum Aufstand von oben gegen unten, der Eliten gegen die Massen, den Nichols als »hopeful sign« begrüßt, erschien am 28. Juni 2016 auf *foreignpolicy.com*: {http://foreignpolicy.com/2016/06/28/its-time-for-the-elites-to-rise-up-against-ignorant-masses-trump-2016-brexit}, letzter Zugriff am 24.06.2018.

5 Mathias Plüss, »So verschaffen Sie sich Gehör«, in: *Horizonte. Das Schweizer Forschungsmagazin* 117 (2018), S. 12–17, hier S. 13, {www.horizonte-magazin.ch/2018/06/05/wissen-vermitteln-fuer-fortgeschrittene-wie-sich-wissenschaftler-im-fake-news-laerm-gehoer-verschaffen-koennen}, letzter Zugriff am 25.06.2018.

6 »There is increased application of scientific criteria for policy determination at the expense of the usual short-term political criteria and ideological thinking as well. [...] As a first approximation to a definition, the knowledgeable society is one in which, more than in other societies, its members: a) inquire into the basis of their beliefs about man, nature, and society; b) are guided (perhaps unconsciously) by

objective standards of veridical truth, and, at the upper levels of education, follow scientific rules of evidence and inference in inquiry.« Robert E. Lane, »The Decline of Politics and Ideology in a Knowledgeable Society«, in: *American Sociological Review* 5 (1966), S. 649-662, hier S. 649-650.

7 Michael Hagner, »Wissenschaft und Demokratie oder: Wie demokratisch soll die Wissenschaft sein?«, in: ders. (Hg.), *Wissenschaft und Demokratie*, Berlin 2012, S. 9-50, hier S. 30-35.

8 Herbert Marcuse, *Der eindimensionale Mensch. Studien zur Ideologie der fortgeschrittenen Industriegesellschaft*, Neuwied, Berlin 1967; Jürgen Habermas, *Technik und Wissenschaft als ›Ideologie‹*, Frankfurt/M. 1969; Claus Koch und Dieter Senghaas (Hg.), *Texte zur Technokratiediskussion*, Frankfurt/M. 1970; Hans Lenk (Hg.), *Technokratie als Ideologie. Sozialphilosophische Beiträge zu einem politischen Dilemma*, Stuttgart 1973; Hermann Lübbe, »Zur politischen Theorie der Technokratie«, in: ders., *Theorie und Entscheidung. Studien zum Primat der praktischen Vernunft*, Freiburg 1971, S. 32-53.

9 Gernot Böhme und Nico Stehr, »The Growing Impact of Scientific Knowledge on Social Relations«, in: dies. (Hg.), *The Knowledge Society. The Growing Impact of Scientific Knowledge on Social Relations*, Dordrecht u. a. 1986, S. 7-29, hier S. 7-8.

10 Edward C. Page, »Politicians in White Coats? Scientific Advisory Committees and Policy in Britain«, in: *Public Policy and Administration* (2017), S. 1-19, hier S. 5.

11 Sheila Jasanoff, *The Fifth Branch. Science Advisers as Policymakers*, Boston 1990.

12 Leonhard Horowski, *Die Belagerung des Thrones. Machtstrukturen und Karrieremechanismen am Hof von Frankreich 1661-1789*, Ostfildern 2012.

13 Jacob Soll, *The Information Master. Jean-Baptiste Colbert's Secret State Intelligent System*, Ann Arbor 2011.

14 Benjamin Steiner, *Colberts Afrika. Eine Wissens- und Begegnungsgeschichte in Afrika im Zeitalter Ludwigs XIV*, München 2014; zu

Colberts Wirtschaftspolitik, die höchstens rudimentär dem Klischee des »Colbertismus« entsprach, siehe Moritz Isenmann, »Égalité, réciprocité, souveraineté: The Role of Commercial Treaties in Colbert's Economic Policy«, in: Antonella Alimento, Koen Stapelbroek (Hg.), *The Politics of Commercial Treaties in the Eighteenth Century – Balance of Power, Balance of Trade*, Basingstoke 2017, S. 77–103; Florian Schui, »Serienpleitier in Seidenstrümpfen oder Pate erfolgreichen Unternehmertums? Erfolg und Misserfolg des Colbertismus im Spiegel der modernen ökonomischen Analyse«, in: Ingo Köhler und Roman Rossfeld (Hg.), *Pleitiers und Bankrotteure. Geschichte des ökonomischen Scheiterns vom 18. bis 20. Jahrhundert*, Frankfurt/M. 2012, S. 60–80.

15 Prosper Boissonnade, *Colbert. Le Triomphe de l'Étatisme. La Fondation de la Suprématie industrielle de la France. La Dictature du Travail (1661–1683)*, Paris 1932, S. 32–33.

16 Philippe Minard, *La fortune du colbertisme. État et industrie dans la France des Lumières*, Paris 1998, S. 219.

17 Caspar Hirschi, »Compiler into Genius. The Transformation of the Dictionary Writer in Eighteenth Century France and England«, in: André Holenstein, Hubert Steinke und Martin Stuber (Hg.), *Scholars in Action. The Practice of Knowledge and the Figure of the Savant in the 18th Century*, Leiden, Boston 2012, S. 145–172, hier S. 159–166.

18 Siehe dazu u. a. Ann M. Blair, *Too much to Know. Managing Scholarly Information before the Modern Age*, New Haven 2010.

19 John B. Thompson, *Political Scandal. Power and Visibility in the Media Age*, Cambridge 2000.

20 Charles Thorpe, »Disciplining Experts: Scientific Authority and Liberal Democracy in the Oppenheimer Case«, in: *Social Studies of Science* 4 (2002), S. 525–562.

I. Aufstieg und Fall eines drogenpolitischen Technokraten

1 UK House of Commons, Science and Technology Committee, *Drug Classification: Making a Hash of it?*, London 2006, {www.publications.

parliament.uk/pa/cm200506/cmselect/cmsctech/1031/1031.pdf}, letzter Zugriff am 09.09.2016.

2 Ebd., S. 15.

3 Ebd., S. 34.

4 Ebd., S. 43–44.

5 UK Government, »Drug Penalties«, {www.gov.uk/penalties-drug-possession-dealing}, letzter Zugriff am 09.09.2016.

6 UK House of Commons, *Drug Classification*, S. 43–44.

7 Ebd.

8 »In education the message has to be evidence based. If it is not evidence based, the people you are talking to say it is rubbish.« Ebd., S. 46.

9 »The problems we have identified highlight the fact that the promised review of the classification system is much needed and we urge the Government to proceed with the consultation with [!] further delay. We have proposed that the Government should develop a more scientifically based scale of harm, decoupled from penalties for possession and trafficking. In addition, we have argued that there is an urgent need for greater investment in research to underpin policy development in this area. We conclude that, in respect of this case study, the Government has largely failed to meet its commitment to evidence based policy making.« Ebd., S. 48.

10 David Nutt u. a., »Developing a Rational Scale for Assessing the Risks of Drugs of Potential Misuse«, in: *The Lancet* 369 (2007), S. 1047–1053.

11 BBC News, »Scientists Want New Drug Rankings«, {http://news.bbc.co.uk/2/hi/health/6474053.stm}, letzter Zugriff am 23.06.2018.

12 James Randerson, »Alcohol worse than ecstasy on shock new drug list«, in: *The Guardian* vom 23. März 2007, {www.theguardian.com/politics/2007/mar/23/constitution.drugsandalcohol}, letzter Zugriff am 9.9.2016.

13 Teile der folgenden Ausführungen zum Skandal um David Nutt sind erschienen in: Caspar Hirschi, »Moderne Eunuchen? Offizielle

Experten im 18. und im 21. Jahrhundert«, in: Björn Reich, Frank Rexroth und Matthias Roick (Hg.), *Wissen, maßgeschneidert. Die Geburt des Experten in der Vormoderne*, München 2012, S. 290–328; ders., »Das Eunuchendasein der Experten«, in: *Frankfurter Allgemeine Zeitung* vom 7. September 2011, S. N5.

14 Mark Easton, »Ecstasy: Class A drug?«, {www.bbc.co.uk/blogs/thereporters/markeaston/2008/09/what_is_the_point_of.html}, letzter Zugriff am 09.09.2016.

15 James Slack und Steve Doughty, »Government experts could back plans to downgrade ecstasy to a Class B drug«, in: *Daily Mail* vom 25. November 2008, {www.dailymail.co.uk/news/article-1089125/Government-experts-soon-plans-downgrade-Ecstasy-Class-B-drug.html}, letzter Zugriff am 09.09.2016.

16 James Randerson, »Take decisions on drug classification out of politicians' hands, say advisers«, in: *The Guardian* vom 25. November 2008, {www.theguardian.com/science/2008/nov/25/illegal-drugs-classification}, letzter Zugriff am 09.09.2016.

17 Advisory Council on the Misuse of Drugs, »MDMA (›ecstasy‹): A Review of its Harms and Classification under the Misuse of Drugs Act 1971«, London 2009, S. 27, {https://assets.publishing.service.gov.uk/government/uploads/system/uploads/attachment_data/file/119088/mdma-report.pdf}, letzter Zugriff am 09.09.2018.

18 David Nutt, »Equasy. An Overlooked Addiction with Implications for the Current Debate on Drug Harms«, in: *Journal of Psychopharmacology* 23 (2009), S. 3–5.

19 Christopher Hope, »Ecstasy ›no more dangerous than horse riding‹«, in: *The Daily Telegraph* vom 7. Februar 2009, {www.telegraph.co.uk/news/uknews/law-and-order/4537874/Ecstasy-no-more-dangerous-than-horse-riding.html}, letzter Zugriff am 09.09.2016.

20 »I'm sure most people would simply not accept the link that he makes up in his article between horse riding and illegal drug taking. For me that makes light of a serious problem, trivialises the dangers of drugs, shows insensitivity to the families of victims of

ecstasy and sends the wrong message to young people about the dangers of drugs.« Jacqui Smith, »Address to the House of Commons«, zit. nach BBC News, »Drugs adviser criticised by Smith«, {http://news.bbc.co.uk/2/hi/uk_news/politics/7879378.stm}, letzter Zugriff am 09.09.2016.

21 Alan Campbell, »Letter to David Nutt«, zit. in: John Oates, »Jacqui Smith ecstatically ignores more scientific advice«, in: *The Register* vom 11. Februar 2009, {www.theregister.co.uk/2009/02/11/ecstasy_upgraded}, letzter Zugriff am 09.09.2016.

22 David Nutt, »Estimating Drug Harms – A Risky Business? Eve Saville Lecture 2009«, {www.crimeandjustice.org.uk/sites/crimeandjustice.org.uk/files/Estimating%20drug%20harms.pdf}, letzter Zugriff am 09.09.2016.

23 Ebd., S. 6.

24 Jacqui Smith, »Address to the House of Commons« am 7. Mai 2008, {www.publications.parliament.uk/pa/cm200708/cmhansrd/cm080507/debtext/80507-0004.htm}, letzter Zugriff am 09.09.2016.

25 »Who do the public trust more – the experts or the politicians?« Nutt, »Estimating Drug Harms«, S. 9.

26 Der Ablauf der Ereignisse wurde von Nutt, dem Innenminister und anderen Beteiligten im Auftrag des Science and Technology Committee des House of Commons detailliert rekapituliert: *The Government's Review on the Principles Applying to the Treatment of Independent Scientific Advice Provided to Government*, Third Report of Session 2009–10, Vol. II, Ev 3–Ev 9.

27 David Nutt, »The Cannabis Connundrum«, in: *The Guardian* vom 29. Oktober 2009, {www.guardian.co.uk/commentisfree/2009/oct/29/cannabis-david-nutt-drug-classification}, letzter Zugriff am 09.09.2016; Alan Travis, »Alcohol Worse than Ecstasy«, in: *The Guardian* vom 29. Oktober 2009, {www.guardian.co.uk/politics/2009/oct/29/nutt-drugs-policy-reform-call}, letzter Zugriff am 09.09.2016.

28 {http://news.bbc.co.uk/today/hi/today/newsid_8331000/8331147.stm}, letzter Zugriff am 02.04.2012; Mark Easton, »Scientists

vs. Politicians. Round 3«, {www.bbc.co.uk/blogs/thereporters/markeaston/2009/10/scientists_v_politicians.html}, letzter Zugriff am 09.09.2016.

29 »It is important that the government's messages on drugs are clear and as an adviser you do nothing to undermine public understanding of them.« Alan Johnson, »Letter to David Nutt, 30.10.2009«, in: Mark Easton, »Nutt gets the sack«, {www.bbc.co.uk/blogs/thereporters/markeaston/2009/10/nutt_gets_the_sack.html}, letzter Zugriff am 09.09.2016.

30 Ebd.

31 »Drugs Policy: Shooting up the messenger. Editorial«, in: *The Guardian* vom 31. Oktober 2009, {www.guardian.co.uk/commentisfree/2009/oct/31/david-nutt-sacking-alan-johnson}, letzter Zugriff am 09.09.2016.

32 »He was asked to go because he cannot be both a government adviser and a campaigner against government policy. This principle is well understood and long established.« Alan Johnson, »Why Professor Nutt was Shown the Door«, in: *The Guardian* vom 2. November 2009, {www.guardian.co.uk/politics/2009/nov/02/drug-policy-alan-johnson-nutt}, letzter Zugriff am 09.09.2016.

33 Sense about Science, »Principles for the Treatment of Scientific Advice«, {www.senseaboutscience.org/pages/principles-for-the-treatment-of-independent-scientific-advice}, letzter Zugriff am 09.09.2016.

34 Alok Jha, »Minister promises guidelines on independence of scientific advisers«, in: *The Guardian* vom 6. November 2009, {www.theguardian.com/science/2009/nov/06/drayson-guidelines-science-advisers-nutt}, letzter Zugriff am 09.09.2016.

35 »[...] to communicate relevant evidence and analysis, including when it is at odds with Government policy.« »Principles on scientific advice to Government published for consultation«, {www.wired-gov.net/wg/wg-news-1.nsf/0/E62201C8A783C8F68025768D0044FB8C?OpenDocument}, letzter Zugriff am 09.09.2016.

36 »The Government and its scientific advisers should work together to reach a shared position, and neither should act to undermine mutual trust.« Ebd.

37 »Either the very sane and sensible Science Minister Lord Drayson must have taken leave of his senses, or his hand must have been forced by more malign or Neanderthal forces lurking in the corridors of power.« Evan Harris, »Principled stand«, in: *Times Higher Education* vom 18. Dezember 2009, {www.timeshighereducation.co.uk/409670.article}, letzter Zugriff am 09.09.2016.

38 Paul Drayson und John Beddington, »Letter to the Science and Technology Committee«, {www.publications.parliament.uk/pa/cm200910/cmselect/cmsctech/386/10022409.htm}, letzter Zugriff am 09.09.2016.

39 »[...] almost a Hippocratic Oath between both sides.« Science and Technology Committee, »Examination of Witness: Lord Drayson«, {www.publications.parliament.uk/pa/cm200910/cmselect/cmsctech/480/10032402.htm}, letzter Zugriff am 09.09.2016.

40 Alan Johnson, »Letter to the Chairman of the Science and Technology Committee, 11.11.2009«, in: *The Government's Review on the Principles Applying to the Treatment of Independent Scientific Advice Provided to Government*, Third Report of Session 2009–10, Ev 5.

41 David Willetts, »Science, Innovation and Economy«, {http://bis.gov.uk/news/speeches/david-willetts-science-innovation-and-the-economy}, letzter Zugriff am 09.09.2016.

42 »What this committee will do is provide to you – both in your professional role, and in your role as a member of the public and maybe even a parent – the truth about drugs, unfettered by any kind of political interference. This is a really interesting model: bottom-up science, saying we'd like to work as a scientific community to produce quality, independent, politically free, uninfluenced science. I would hope other scientific advisory groups in the Government would end up being like us.« »Professor David Nutt on the launch of the new Independent Scientific Committee on Drugs«, {www.youtube.com/

watch?v=oZndFzAwFrs}, letzter Zugriff am 09.09.2016; Richard Ford, »Sacked Government Adviser David Nutt gets £450'000 to Set Up Drugs Committee«, in: *The Times* vom 16. Januar 2010, {www.timesonline.co.uk/tol/news/science/article6990419.ece}, letzter Zugriff am 09.09.2016.

43 David J. Nutt u. a., »Drug Harms in the UK: a Multicriteria Decision Analysis«, in: *The Lancet* 376 (2010), S. 1558–1565.

44 Decca Aitkenhead, »David Nutt: ›The government cannot think logically about drugs‹«, in: *The Guardian* vom 6. Dezember 2010, {www.theguardian.com/uk/2010/dec/06/david-nutt-drugs-alcohol}, letzter Zugriff am 09.09.2016.

45 Easton bezog sich auf den *BSE Inquiry Report*, Vol. 1: *Findings and Conclusions*, London 2000, § 1300, S. 265.

46 »It almost feels as though a campaign is beginning, academics rallying behind banners calling for a restatement of the principles of the Age of Enlightenment!« Mark Easton, »Why was David Nutt sacked?«, {www.bbc.co.uk/blogs/thereporters/markeaston/2009/11/why_was_david_nutt_sacked.html}, letzter Zugriff am 12.08.2012.

47 Zwei von mehreren Beispielen dafür sind Polly Toynbee, »Bad Politicians are Slaves to Public Opinion. Good Ones Try to Change it«, in: *The Guardian* vom 27. November 2009, {www.theguardian.com/commentisfree/2009/nov/28/government-adviser-david-nutt-labour}, letzter Zugriff am 09.09.2016; Anders Sandberg, »Speaking Truth to Power«, in: *Practical Ethics. Ethics in the News*, {http://blog.practicalethics.ox.ac.uk/2009/11/speaking-truth-to-power}, letzter Zugriff am 25.11.2015.

48 Jacqui Smith, »Address to the House of Commons« am 7. Mai 2008, {www.publications.parliament.uk/pa/cm200708/cmhansrd/cm080507/debtext/80507-0004.htm}, letzter Zugriff am 09.09.2016.

49 Johnson, »Letter to David Nutt, 30.10.2009«, in: Easton, »Nutt gets the sack«.

II. Die Geburt des Experten im Gericht

1 Teile der folgenden Ausführungen erschienen in Caspar Hirschi, »Moderne Eunuchen? Offizielle Experten im 18. und im 21. Jahrhundert«, in: Björn Reich, Frank Rexroth und Matthias Roick (Hg.), *Wissen, maßgeschneidert. Die Geburt des Experten in der Vormoderne*, München 2012, S. 290–328.

2 »Both of these academies appear to have been instituted in Imitation of ours as nearly as the policy of the respective governments would allow: they are associations of learned men collected together by their respective monarchs, constantly called upon to answer such Questions as their Government think proper to put to them & held to the necessity of answering them whatever they might be by Pensions granted at the will of the Monarch.« Joseph Banks, Brief an Joseph Ludwig Nikolaus von Windisch-Graetz, 2. Juni 1785, zit. nach John Gascoigne, »The Royal Society and the Emergence of Science as an Instrument of State Policy«, in: *The British Journal for the History of Science* 32 (1999), S. 171–184, hier S. 182.

3 »By contrast, we are a set of Free Englishmen, elected by each other & supported at our own expense without accepting any pension or other emolument which can in any point of view subject us to receive orders or directions from any department of Government be it ever so high.« Ebd.

4 »Les plus savants et les plus habiles en quelque art ou science comme poésie, éloquence etc.« Pierre Richelet, *Dictionnaire françois*, Genf 1679–1680, S. 315.

5 »Le Juge a nommé des experts pour visiter l'ouvrage des Maçons, des Couvreurs & c.« *Dictionnaire de l'Académie française*, Paris 1694, Bd. 1, S. 418.

6 Zur Tätigkeit der »jurés« im Bereich des frühneuzeitlichen Bauwesens siehe Robert Carvais, *La Chambre royale des Bâtiments. Juridiction professionnelle et droit de la construction à Paris sous l'Ancien Régime*, Bd. 1, Paris 2002, S. 68–76.

7 Ludwig XIV., *Ordonnance donnée à Saint-Germain-en-Laye au mois d'Avril 1667*, Paris 1667, S. 114–156.

8 Ebd., Kap. XXI, Art. XIII, S. 150–151.

9 Ebd., Kap. XXI, Art. XI, S. 150.

10 Claude Joseph de Ferrière, *Dictionnaire de droit et de pratique: contenant l'explication des termes de droit, d'ordonnances, de coutumes & de pratique*, Bd. 1, Paris 1769, S. 578; Antoine-Gaspard Boucher d'Argis, »Expert«, in: Denis Diderot und Jean le Rond d'Alembert (Hg.), *Encyclopédie, ou Dictionnaire Raisonné des Sciences, des Arts et des Métiers*, Paris, Neuchâtel u. a. 1751–1772, Bd. 6, S. 301–304, hier S. 302.

11 Ludwig XIV., *Ordonnance* […] *au mois d'Avril 1667*, Kap. XXI, Art. XV, S. 151.

12 Ludwig XIV., *Ordonnance à Saint Germain en Laye au mois d'Aoust 1670 pour les matieres criminelles*, Paris 1670, Titre IX, Art. I, S. 46.

13 Ebd., Titre XIII, Art. IX, 44 / Titre IX, Art. XIII, S. 50.

14 »[…] qui feront leur rapport dans la forme prescrite au Titre d'Experts […]«, ebd., Titre XXV, Art. XXIII, S. 149–150.

15 Zwei Edikte von 1691 und 1693 sind abgedruckt in René de Lespinasse, *Métiers et corporations de la ville de Paris, I: XIVe–XVIIIe siècle. Ordonnances générales. Métiers de l'alimentation*, Paris 1886, S. 123–130.

16 »Edits de création des offices d'experts pour les bâtiments«, in: […] Le Cler-du-Brillet, *Continuation du traité de la police*, Bd. 4: *De la voirie*, Paris 1738, S. 62–64.

17 Nicolas Lemas, »Les hommes de plâtre. Contribution à l'étude du corps des experts-jurés Parisiens sur le fait des bâtiments au XVIIIe siècle«, in: *Paris et Île-de-France, Mémoires* 54 (2003), S. 93–148, hier S. 103–104.

18 Christelle Rabier, »Defining a Profession: Surgery, Professional Conflicts and Legal Powers in Paris and London, 1760–1790«, in: dies. (Hg.), *Fields of Expertise. A Comparative History of Expert Procedures in Paris and London, 1600 to Present*, Newcastle 2007, S. 85–114, hier S. 89.

19 »Ad quaestionem facti respondent juratores, ad quaestionem juris respondent judices.« Jacques Hureau, *L'expertise médicale en responsabilité médicale et en réparation de préjudice corporel*, Bd. 1, Paris 2005, S. 55.

20 Die Originalformulierung lautet »ad quaestionem facti non respondent judices, ad quaestionem juris non respondent juratores«; siehe Barbara J. Shapiro, *A Culture of Fact. England 1550–1720*, Ithaca 2003, S. 10.

21 Christelle Rabier, »Defining a Profession«, S. 89.

22 »[...] à donné occasion à toutes sortes de personnes, très souvent sans expérience suffisante, de s'ingérer à faire des rapports dans les dits arts & métiers dont ils n'ont ni pratique ni connoissance; ensorte que les désordres étant augmentés par l'incapacité de ces sortes d'Experts [...]«; »Edits de création des offices d'experts pour les bâtiments«, in: Le Cler-du-Brillet, *Continuation*, S. 62.

23 Für eine umfassende Darstellung der steuerlichen Manöver der Krone siehe Hilton L. Root, *The Fountain of Privilege: Political Foundations of Markets in Old Regime France and England*, Berkeley 1994, S. 121–127.

24 Allan Potofsky, »The Construction of Paris and the Crises of the Ancien Régime: The Police and the People of the Parisian Building Sites, 1750–1789«, in: *French Historical Studies* 27 (2004), S. 9–48, hier S. 30–31.

25 Philippe Minard, »Colbertism Continued? The Inspectorate of Manufactures and Strategies of Exchange in Eighteenth-Century France«, in: *French Historical Studies* 1 (2000), S. 477–496.

26 Lemas, »Les hommes de plâtre«, S. 111.

27 Ebd., S. 113–114.

28 *Mémoires concernant le statut des jurés experts à Paris*, in: Bibliothèque Nationale, Fonds Joly de Fleury 1423, Fol. 284–297; vgl. auch Carvais, *La Chambre royale des Bâtiments*, Bd. 1, S. 142; Bd. 2, S. 705.

29 Louis-Sébastien Mercier, *Tableau de Paris*, Bd. 8, Amsterdam 1783, S. 128–129.

30 *Almanach Royal pour l'année 1721*, Paris 1721, S. 262–263.

31 Teile der folgenden Ausführungen erschienen in Hirschi, »Moderne Eunuchen?«

32 Wolfgang Schöller, *Die »Académie Royale d'Architecture« 1671–1794. Anatomie einer Institution*, Köln 1993, S. 170, S. 469.

33 Ebd., S. 192; Robert Carvais, »L'ancien droit de l'urbanisme et ses composantes constructive et architecturale. Socle d'un nouvel »ars« urbain aux XVIIe et XVIIIe siècles«, in: *Revue d'histoire des sciences humaines* 1 (2005), S. 17–54, hier S. 37–38.

34 Antoine Desgodets und Martin Goupy, *Les loix des bâtiments suivant la coutume de Paris*, Lyon 1748, S. 331.

35 Zur Entstehung und Wirkung des Werkes siehe Carvais, »L'ancien droit de l'urbanisme«, S. 35–40.

36 Desgodets/Goupy, *Les loix des bâtiments*, S. 28.

37 »Il y a eu depuis nombre de Jugemens qui ont maintenu ces Experts dans leurs fonctions, & qui ont annullé les Procès-verbaux faits par des Architectes, même de l'Académie Royale d'Architecture.« Ebd., S. 29.

38 Eric Brian, »L'Académie royale des sciences de l'absolutisme à la Révolution«, in: ders., Christian Demeulenaere-Douyère (Hg.), *Histoire et mémoire de l'Académie des sciences*, London, New York 1996, S. 15–32, hier S. 20–21.

39 Charles Coulston Gillispie, *Science and Polity in France at the End of the Old Regime*, Princeton 1980, S. 459–462.

40 Raymond Birn, *Royal Censorship of Books in Eighteenth-Century France*, Stanford 2012, S. 39.

41 Ebd., S. 42, 47–54.

42 René-Antoine Ferchault de Réaumur, »Réflexions sur l'utilité dont l'Académie des sciences pourroit être au Royaume si le Royaume luy donnoit les secours dont elle a besoin«, in: *Archives de l'Académie des sciences*, Fonds Réaumur 69 J, 68 / 10.

43 Ebd., S. 21.

44 Brian verweist dabei auf Philippe Minard, »Les savants et

l'expertise manufacturière au XVIIIe siècle«, in: Brian/Demeulenaere-Douyère (Hg.), *Histoire et mémoire*, S. 311–318, hier S. 314.

45 James E. McClellan (Hg.), »Un manuscrit inédit de Condorcet: ›Sur l'utilité des académies‹«, in: *Revue d'histoire des sciences* 3 (1977), S. 241–253, hier S. 247–248.

46 Académie des sciences (Hg.), *Description des arts et métiers*, Paris 1761–1789.

47 Gillispie, *Science and Polity*, S. 344.

48 Ebd., S. 348–349.

49 »Le Géometre, le Méchanicien, le Chymiste, donneront des vues à l'Artiste intelligent pour surmonter les obstacles qu'il n'a point osé franchir. Ils le mettront sur la voie pour inventer des nouveautés utiles.« Académie des sciences (Hg.), *Description des arts et métiers*, Bd. 1, Paris 1761, Avertissement, i-ij.

50 »Diderot's instinct was to be critical of the authorities and to think well of the artisans. The instinct of the academic and official experts was to think well of the authorities and to be critical of the artisans.« Gillispie, *Science and Polity*, S. 355.

51 McClellan (Hg.), »Un manuscrit inédit de Condorcet«, S. 249.

52 Antoine Lavoisier, »Rapport sur une contestation relative à un cercle destiné à servir d'horizon, 27. Mai 1788«, in: ders., *Œuvres de Lavoisier*, hg. v. Édouard Grimaux Bd. 4, Paris 1868, S. 495–497, hier S. 496.

53 »Dans tous les tribunaux existants, le rapporteur a son avis, le ministère public donne ses conclusions; mais, quel que soit le jugement, ces opinions particulières ne sont ni changées, ni réformées; c'est de cet usage adopté à l'Académie de confondre, ou plutôt d'identifier le rapport des commissaires avec le jugement de l'Académie, que me paraissent naître toutes nos difficultés. Telles conclusions, qui sont bonnes comme avis particulier des commissaires, sont susceptibles d'inconvénients, en les considérant comme un jugement de l'Académie et réciproquement. Les conclusions des commissaires peuvent être de quelque étendue; elles doivent rappeler ce qu'il y a de bon et

d'utile dans une invention; on y peut admettre des encouragements et des éloges. Mais le jugement de l'Académie doit être plus sévère et plus concis; il ne doit point être poli, mais seulement juste. « Antoine Lavoisier, »Mémoire sur les rapports Académique«, in: ders., *Œuvres de Lavoisier*, S. 49.

54 Roger Hahn, *The Anatomy of a Scientific Institution. The Paris Academy of Sciences, 1666–1803*, Berkeley 1971, S. 23.

III. Der animalische Magnetismus vor dem Expertentribunal

1 Teile der folgenden Ausführungen sind erschienen in: Caspar Hirschi, »Von der Scharlatanerie zur Pseudo-Wissenschaft. Institutionelle und persönliche Glaubwürdigkeit in der Mesmerismus-Kontroverse«, in: Tina Asmussen und Hole Rößler (Hg.), *Scharlatan! Eine Figur der Relegation in der frühneuzeitlichen Gelehrtenkultur*, Frankfurt/M. 2013, S. 334–358; ders., »Die Tragik des wissenschaftlichen Experten. Der Sturz der Académie royale des sciences«, in: *Merkur* 9/10 (2012), S. 907–918.

2 Anton Mesmer, *Dissertatio Physico-Medica De Planetarum Influxu*, Wien 1766. Zu Mesmers Biografie siehe Frank A. Pattie, *Mesmer and Animal Magnetism. A Chapter in the History of Medicine*, Hamilton 1994.

3 Richard Mead, *De Imperio Solis ac Lunae In Corpora Humana, Et Morbis inde Oriundis*, London 1704. Zum Plagiat von Mesmers Dissertation siehe Frank A. Pattie, »Mesmer's Medical Dissertation and its Debt to Mead's ›De imperio solis ac lunae‹«, in: *Journal of the History of Medicine* 3 (1956), S. 275–287. Zu Meads »Newtonian Astro-Medicine« siehe Simon Schaffer, »The Astrological Roots of Mesmerism«, in: *Studies in the History and Philosophy of Biological and Biomedical sciences* 2 (2010), S. 158–168, hier S. 159–161. Zu den ideengeschichtlichen Stammbäumen des animalischen Magnetismus siehe ebd.; Koen Vermeir, »Guérir ceux qui ont la foi. Le mesmérisme et l'imagination historique«, S. 7, {http://hal.archives-ouvertes.

fr/docs/00/75/05/61/PDF/Vermeir_-_Guerir_ceux_qui_ont_la_foi.pdf}, letzter Zugriff am 09.09.2016.

4 Franz Anton Mesmer, *Schreiben über die Magnetkur*, o. O. 1776, S. 8.

5 Zu Mesmers Therapiemethoden in Wien siehe Charles Coulston Gillispie, *Science and Polity in France at the End of the Old Regime*, Princeton 1980, S. 263–264.

6 Siehe dazu d'Alemberts Eintrag unter dem Lemma »Magnétisme« in der *Encyclopédie*, aus dem eine beträchtliche Frustration über das fehlende Ursachenverständnis des Phänomens spricht: Jean le Rond d'Alembert, »Magnétisme«, in: Diderot und d'Alembert (Hg.), *Encyclopédie*, Bd. 9 (1765), S. 860.

7 Mesmer berichtete darüber selbst in: Anton Mesmer, *Précis historique des faits relatifs au magnétisme animal jusques en avril 1781*, London (i. e. Paris) 1781, S. 32–33.

8 Mesmer betonte, der animalische Magnetismus sei »un rapprochement des deux sciences connues, l'astronomie et la médecine«. Ebd., S. 2.

9 Gillispie, *Science and Polity*, S. 264.

10 Oliver Hochadel, *Öffentliche Wissenschaft. Elektrizität in der deutschen Aufklärung*, Göttingen 2003, S. 51–52.

11 Marco Beretta, *Imaging a Career in Science. The Iconography of Antoine Lavoisier*, Canton 2001, S. 10–14.

12 Robert Darnton, *Mesmerism and the End of the Enlightenment in France*, Cambridge 1968, S. 50.

13 Charles Deslon, *Observations sur le magnétisme animal*, London (i. e. Paris) 1780.

14 Dazu wurde zu Beginn des Buches eine vierseitige Liste mit allen Akademien aufgeführt, an die der Traktat gerichtet sei. Mesmer, *Précis historique*.

15 »Dans l'état actuel des sciences, l'homme fortuné qui découvre une vérité utile, devroit trouver autant de médiateurs entre lui & le reste des hommes, que de savants en titre. La vanité, mere de

toutes les jalousies, fait que trop souvent les médiateurs deviennent rivaux, & les rivaux, ennemis ou détracteurs.« Ebd., S. 7.

16 »Les Savants [...] soignent avec zele le grand arbre des sciences; mais toujours occupés à l'extrêmité[!] des branches, ils négligent d'en cultiver la tige.« Ebd., S. 21.

17 »On me taxe de n'en agir ainsi que par des vues de fortune. [...] J'observe ici 1, qu'elle est très-déplacée dans la bouche de la plupart des Gens de lettres ou de sciences; ils ne rêvent que fortune: 2, que je n'ai besoin d'aucun Gouvernement pour gagner de l'argent à satiété.« Ebd., S. 27.

18 Ebd., S. 141–142. Siehe auch I M L Donaldson, »Mesmer's 1780 Proposal for a Controlled Trial to Test his Method of Treatment Using ›Animal Magnetism‹«, in: *Journal of the Royal Society of Medicine* 98 (2005), S. 572–575.

19 Mesmer, *Précis historique*, S. 73. Simon Schaffer, »Self-Evidence«, in: *Critical Inquiry* 2 (1992), S. 327–362, hier S. 353.

20 Siehe dazu die öffentliche Korrespondenz von Mesmer in: Franz Anton Mesmer, *Le magnétisme animal*, hg. v. Robert Amadou, Paris 1971, S. 229–243; sowie Gillispie, *Science and Polity*, S. 274–276.

21 Darnton, *Mesmerism*, S. 51–52.

22 *Règlements des sociétés de l'harmonie universelle*, Kap. 1, Art. XXI u. Kap. 2, Art. VII–X. Zit. nach Mesmer, *Le magnétisme animal*, S. 209–224.

23 Gillispie, *Science and Polity*, S. 279.

24 Pascale Mafarette-Dayries, »L'académie royale des sciences et les grandes commissions d'enquête et d'expertise à la fin de l'Ancien Régime«, in: *Annales historiques de la Révolution française* 320 (2000), S. 121–135.

25 Antoine Lavoisier, »Sur le magnétisme animal«, in: ders., *Œuvres de Lavoisier*, Bd. 3, S. 499–527, hier S. 499–500.

26 »Nous n'admettrons donc le magnétisme animal qu'autant qu'il présentera des effets qui ne pourront se rapporter à aucune autre cause. Nous examinerons si l'imagination seule, sans magnétisme, ne

pourrait pas en produire de semblables, et nous nous attacherons en conséquence à faire une suite d'expériences sur le magnétisme séparé de l'imagination et sur l'imagination séparé du magnétisme. « Ebd. (»Remarques de Lavoisier«), S. 508.

27 Gillispie, *Science and Polity*, S. 280.

28 Jean Sylvain Bailly, *Rapport des commissaires chargés par le roi, de l'examen du magnétisme animal*, Paris 1784, S. 62–64.

29 Ebd., S. 34–36.

30 Ebd., S. 11–12.

31 Ebd., S. 37.

32 Ebd., S. 39.

33 Ebd., S. 34–35.

34 Gillispie, *Science and Polity*, S. 279.

35 »On ne doit pas être indifférent sur le règne mal-fondé des fausses opinions; les Sciences, qui s'accroissent par les vérités, gagnent encore à la suppression d'une erreur: une erreur est toujours un mauvais levain qui fermente & qui corrompt à la longue la masse où elle est introduite. « Jean Sylvain Bailly, *Exposé des expériences qui ont été faites pour l'examen du magnétisme animal*, Paris 1784, S. 4.

36 »Mais lorsque cette erreur sort de l'empire des Sciences pour se répandre dans la multitude, pour partager & agiter les esprits, lorsqu'elle présente un moyen trompeur de guérir à des malades qu'elle empêche de chercher d'autres secours, lorsque sur-tout elle influe à la fois sur le moral & le physique, un bon Gouvernement est intéressé à la détruire. «, Ebd.

37 »C'est un bel emploi de l'autorité, de distribuer la lumière! Les Commissaires se sont empressés d'entrer dans les vûes de l'Administration, & de répondre à l'honneur de son choix. « Ebd.

38 »En les touchant dans une partie quelconque, on pourrait dire qu'on les touche à la fois partout. Cette grande mobilité des nerfs fait qu'elles sont plus disposées à l'imitation. « Jean Sylvain Bailly, »Rapport secret sur le Mésmerisme, ou Magnétisme animal«, in: Antoine François Jenin de Montegre (Hg.), *Du Magnétisme animal et de ses*

partisans, ou recueil des pièces importantes sur cet objet, Paris 1812, S. 113–123, hier S. 114.

39 »L'homme qui magnétise a ordinairement les genoux de la femme renfermés dans les siens; les genoux et toutes les parties inférieures du corps, sont par conséquent en contact. La main est appliquée sur les hypocondres et quelquefois plus bas sur les ovaires. Le tact est donc exercé à la fois sur une infinité de parties, et dans le voisinage des parties les plus sensibles du corps. Souvent l'homme ayant sa main gauche ainsi appliquée, passe la droite derrière le corps de la femme; le mouvement de l'un et de l'autre est de se pencher mutuellement pour favoriser ce double attouchement; la proximité devient la plus grande possible, le visage touche presque le visage, les haleines se respirent, toutes les impressions physiques se partagent instantanément, et l'attraction réciproque des sexes doit agir dans toute sa force; il n'est pas extraordinaire que les sens s'allument. L'imagination, qui agit en même temps, répand un certain désordre dans toute la machine; elle suspend le jugement, elle écarte l'attention; les femmes ne peuvent se rendre compte de ce qu'elles éprouvent, elles ignorent l'état où elles sont.« Ebd., S. 116.

40 »Ce sont toujours des hommes qui magnétisent les femmes; les relations alors établies ne sont sans doute que celles d'une malade à l'égard de son médecin, mais ce médecin est un homme; quel que soit l'état de maladie, il ne nous dépouille point de notre sexe, il ne nous dérobe pas entièrement au pouvoir de l'autre; la maladie en peut affaiblir les impressions, sans jamais les anéantir. D'ailleurs la plupart des femmes qui vont au magnétisme ne sont pas réellement malades; beaucoup y viennent par oisiveté et par amusement; d'autres, qui ont quelques incommodités, n'en conservent pas moins leur fraîcheur et leur force: leurs sens sont tous entiers; leur jeunesse a toute sa sensibilité. Elles ont assez de charmes pour agir sur le médecin; elles ont assez de santé pour que le médecin agisse sur elles: alors le danger est réciproque.« Ebd., S. 115.

41 »Voilà peut-être un jeu de l'imagination plus réel que celui qu'on suppose aux traitemens du Magnétisme.« Charles Deslon,

Supplément aux deux rapports de MM. les Commissaires de l'Académie & de la Faculté de Médecine, & de la Société Royale de Médecine, Amsterdam 1784, S. 9–10.

42 Ebd., S. 7.

43 Jacques Pierre Brissot de Warville, *De la vérité ou méditations sur les moyens de parvenir à la vérité dans toutes les connoaissances humaines*, Neuchâtel 1782, S. 180, S. 338–339.

44 »C'est là sur-tout que vous avez déployé votre esprit d'intrigue, votre despotisme impérieux, vos manœuvres auprès des grands & des femmes.« Anonym (Jacques Pierre Brissot de Warville), *Un mot à l'oreille des académiciens de Paris*, o. O. 1786.

45 Jacques Louis David, »Discours sur la nécessité de supprimer les académies, tenu à la séance de la Convention Nationale du 8 août 1793«, Paris 1793.

46 Ein repräsentativer Überblick dieser Entwicklung und zugleich ein verunglückter Distanzierungsversuch von ihr findet sich in Harry M. Collins und Robert Evans, »The Third Wave of Science Studies: Studies of Expertise and Experience«, in: *Social Studies of Science* 2 (2002), S. 235–296. Für eine Kritik an ihren Unterkategorien und an den damit verbundenen Annahmen siehe Sheila Jasanoff, »Breaking the Waves in Science Studies: Comment on H. M. Collins and Robert Evans, ›The Third Wave of Science Studies‹«, in: *Social Studies of Science* 3 (2003), S. 389–400.

47 »L'hypocrisie est un hommage que le vice rends à la vertu.« François de La Rochefoucauld, Réflexions ou sentences et maximes morales, CCXVIII«, in: ders., *Œuvres*, Bd. 1, Paris 1868, S. 117.

IV. Mord oder Selbstmord? Experten in der Affaire Calas

1 Jean Mondot, »Aufklärung«, in: Pim den Boer u. a. (Hg.), *Europäische Erinnerungsorte 1: Mythen und Grundbegriffe des europäischen Selbstverständnisses*, München 2012, S. 147–161, hier S. 156.

2 François Alexandre Gaubert Lavaysse, *Mémoire*, Paris 1764, S. 4.

3 An historischen Rekonstruktionsversuchen der Affaire Calas herrscht kein Mangel, darum hier nur eine kleine, aber repräsentative Auswahl, angefangen mit einer Studie aus der Zeit der Affaire Dreyfus: Raoul Allier, *Voltaire et Calas. Une Erreur Judiciaire au XVIIIe siècle*, Paris 1898; David D. Bien, *The Calas Affair. Persecution, Toleration and Heresy in Eighteenth-Century Toulouse*, Princeton 1960; Marc Chassaigne, *L'affaire Calas*, Paris 1929; Athanase Coquerel, *Jean Calas et sa famille. Étude historique d'après les documents originaux*, Paris 1869; José Cubero, *L'affaire Calas. Voltaire contre Toulouse*, Paris 1993; Janine Garrisson, *L'affaire Calas. Miroir des passions françaises*, Paris 2004. Eine ebenso faszinierende wie voreingenommene Docufiction der Ereignisse stellt der Film *Voltaire et l'Affaire Calas* von Francis Reusser von 2007 dar.

4 Ein detaillierter Rekonstruktionsversuch der Räumlichkeiten bei Coquerel, *Jean Calas et sa famille*, S. 429–431. Siehe auch Michel Taillefer, *Vivre à Toulouse sous l'Ancien Régime*, Paris 2000, S. 162–163.

5 »Le deposant se rendit chès le s[ieur] Calas et trouva auprès la porte du magazin le cadavre dudit sieur Calas ayné et la mere dud[it] Calas qui lui frottoit le visage avec d'eau de la reyne d'Hongrie et qui etoit fort eplorée, de meme que le s[ieur] Calas pere. Et l'ayant examiné et touché son pouls, ses tampes et porté la main sur son coeur, il le trouva froid sur toutes ces parties et sans palpitation, et comme il ne trouvoit point de blesseure, le deposant lui deffit un ruban noir qu'il portoit autour de son col, de meme que le col de sa chemise; et allors il decouvrit l'empreinte d'une corde autour du col dud[it] cadavre, ce qui lui fit juger qu'il avoit eté pendu ou etranglé, ce qu'il dit tant audit Calas pere et mere, qui dirent qui pouvoit avoir fait cela.« Archives municipales de Toulouse, 101 B 2 (neu FF 805), *procédures de l'année 1761, affaire procureur du roi c/CALAS père et autres*, David de Beaudrigue, *cahier d'information*, pièce numérotée n°13, 14. Oktober 1761.

6 Ebd., David de Beaudrigue, *Procès-verbal relatif à la levée du cadavre de Marc-Antoine Calas*, pièce numérotée n°1, 13. Oktober 1761.

7 »Les juges dresseront sur-le-champ et sans déplacer, procès-verbal de l'état auquel seront trouvées les personnes blessées, ou le corps mort : ensemble du lieu où le délit aura été commis, et de tout ce qui peut servir pour la décharge ou conviction.« Ludwig XIV., *Ordonnance à Saint Germain en Laye au mois d'Aoust 1670 pour les matieres criminelles*, Paris 1670, Titre IV, Art. 1.

8 »[...] interrogé de quelle mort est décédé le dit Marc Antoine répond que le dit Marc Antoine a soupé ce soir avec lui son épouse le sieur Lavaisse fils cadet et son fils cadet et qu'après avoir soupé le dit Marc Antoine a resté environ demi heure et après laquelle il est sorti dans le temps que lui qui répond est passé dans sa chambre avec son épouse son fils cadet et le sieur Lavaisse et que son dit fils cadet ayant pris un flambeau pour accompagner le sieur Lavaisse lorsqu'il se retirait était descendu et remonté tout de suite avec le dit Lavaisse et a dit au répondant qu'il avait trouvé son frère mort dans la boutique et le répondant étant descendu il a trouvé en effet son dit fils mort dans la dite boutique, la porte de la rue étant fermée.« Archives municipales de Toulouse, 101 B 2 (neu FF 805), procédures de l'année 1761, affaire procureur du roi c/CALAS père et autres, David de Beaudrigue, *Premier interrogatoire de Jean Calas père*, pièce numérotée n°2, 13. Oktober 1761.

9 »[...] interrogé si depuis quelque temps il ne pressait et tourmentait son fils au sujet de ses croyances craignant qu'il ne se rendit catholique répond et dénie l'interrogatoire interrogé s'il s'est aperçu de la cause de la mort du dit Marc Antoine son fils et s'il est mort de mort naturelle ou violante répond qu'il ne s'en est pas.« Ebd.

10 »Nous avons soigneusement examiné ce corps qui etoit ancor[e] un peu chaud, que nous avons trouvé sans aucune blessure mais avec une marque livide au col, de l'etendue d'environ demi pouce, en forme de cercle, qui se perdoit sur le derriere dans les cheveux, divisé[e] en deux branches sur le haut de chaque coté du col, rendant de la morve et de la bave par la[!] nès et par la bouche, et ayant la face livide. Ce qui nous a fait juger qu'il a eté pendu ancor[e] vivant, ou par luy-même,

ou par d'autres, avec une corde double qui s'est divisée sur les parties laterales du col et y a formé les deux branches livides que nous avons dit y avoir observées. « Archives municipales de Toulouse, 101 B 2 (neu FF 805), procédures de l'année 1761, affaire procureur du roi c/CALAS père et autres, Jean-Pierre Latour, Jean-Antoine Peyronnet und Jean-Pierre Lamarque, *Rapport des experts médecins sur l'état du cadavre de Marc-Antoine Calas*, pièce numérotée n°8, 14. Oktober 1761.

11 Jean-Baptiste-Jacques und Élie de Beaumont, *Mémoire pour Anne-Rose Cabibel, veuve Calas*, Paris 1765, S. 94.

12 »Qu'après le souper le dit Marc-Antoine sortit comme il avait accoutumé de le faire tous les soirs et que lui qui répond, son épouse, son fils cadet et le sieur Lavaysse passèrent dans une autre chambre et lorsque le sieur Lavaysse voulut se retirer le fils cadet du répondant prit une chandelle et l'accompqagna et dès qu'ils furent arrivés à l'allée de la maison donnant à la rue le répondant entendit son fils cadet l'appeler en pleurant et étant descendu le dit fils cadet lui dit: ›mon frère l'aîné est étranglé suspendu‹ et le répondant étant entré dans la boutique vit en effet son dit fils pendu à une corde à la porte du magasin qui répond à la boutique, la corde étant attachée à une grosse bille appuyée sur la dite porte. Le répondant le prit au milieu du corps et ne se rappelent pas si ce fut lui qui répond, son fils cadet, le sieur Lavaysse qui coupèrent la corde, il posa son fils à terre dans le magasin et que lorsqu'il fut à terre il détacha la corde de son col. « Archives municipales de Toulouse, 101 B 2 (neu FF 805), procédures de l'année 1761, affaire procureur du roi c/CALAS père et autres, David de Beaudrigue, *Deuxième interrogatoire de Calas père, sur écrou*, pièce numérotée n°15, 15. Oktober 1761.

13 »[...] interrogé quel fut son dessein de ne pas faire appeler du secours ou de ne pas manifester la mort tragigue de son fils et que prétendait-il faire du cadavre répond qu'il ne cherchait qu'à conserver l'honneur de la famille. « Ebd.

14 Dominique Godineau, *S'abréger les jours: Le suicide au XVIIIe siècle*, Paris 2012, S. 19, S. 46; Georges Minois, *Histoire du suicide. La société occidentale face à la mort volontaire*, Paris 1995, S. 326–330.

15 In Paris kam es zwischen 1750 und 1770 nur in zwei Fällen zu dieser Urteilsvollstreckung, die im französischen Wikipedia-Artikel zur Affaire Calas noch immer als Hauptmotiv für die Verheimlichung des Selbstmords durch die Familienmitglieder angegeben wird. In mehreren Studien zur Affaire Calas finden sich ebenfalls irreführende Angaben zur strafrechtlichen Norm und Praxis bei Selbstmorden, u. a. bei Bien, *The Calas Affair*, S. 9, und Garrisson, *L'affaire Calas*, S. 231. Zur Praxis in Paris und Rennes siehe Godineau, *S'abréger les jours*.

16 »Le curateur saura lire et écrire, fera le serment, et le procès sera instruit contre lui en la forme ordinaire; sera néanmoins debout seulement et non sur la sellette, lors du dernier interrogatoire, son nom sera compris dans toute la procédure, mais la condamnation sera rendue contre le cadavre ou la mémoire seulement.« Ludwig XIV., *Ordonnance* [...] *pour les matieres criminelles*, Titre XXII, Art. 3.

17 Ebd., Titre XXII, Art. 2.

18 Pierre François Muyart de Vouglans, *Institutes au droit criminel, ou Principes généraux en ces matières, suivant le droit civil, canonique, et la jurisprudence du royaume*, Paris 1757, S. 295–297, S. 513–514; Edmond Detourbet, *La Procédure criminelle au XVIIe siècle. Histoire de l'ordonnance du 28 août 1670, son influence sur les législations qui l'ont suivie et notamment sur celle qui nous régit actuellement*, Paris 1881, S. 83.

19 Siehe meine Ausführungen zum Anwalt Carrière weiter unten.

20 Chassaigne, *L'affaire Calas*, S. 163; Garrisson, *L'affaire Calas*, S. 88–89; bei Chassaigne entspricht 1 pan (von »palme«, Handfläche) 22,5 Zentimentern, bei Garrison, auf die ich mich hier stütze, 24 Zentimetern. Wesentlich für die Einschätzung der Sachlage sind aber nicht die absoluten Maße, sondern die relativen Unterschiede zwischen den gemessenen Objekten.

21 Marc-Antoine maß fünf Fuß und vier Zoll, was etwa 1,72 Metern entspricht. Das war für die damalige Zeit überdurchschnittlich groß, aber nach Meinung der Ankläger nicht groß genug für eine Selbsterhängung an der Flügeltür. Garrisson, *L'affaire Calas*, S. 88; zu den Objekten siehe auch Archives municipales de Toulouse,

101 B 2 (neu FF 805), procédures de l'année 1761, affaire procureur du roi c/CALAS père et autres; *Verbal du transport contenant la mention des divers objets trouvés chez Calas*, pièce numérotée n°21, 16. Oktober 1761.

22 Archives municipales de Toulouse, 101 B 2 (neu FF 805), procédures de l'année 1761, affaire procureur du roi c/CALAS père et autres; *Brief intendit renfermant les questions à adresser aux accusés (questions 12, 13, 23)*, pièce numérotée n°25, 15. Oktober 1761.

23 Cubero, *L'affaire Calas*, S. 69–70; Garrisson, *L'affaire Calas*, S. 231.

24 Kopien der beiden Schreiben an Gaubert Lavaisse und Pierre Calas befinden sich in den Akten des Pariser Revisionsprozesses: Archives nationales, V4 1478B 1/2 (Mikrofilm). Komplette, aber nicht ganz korrekte Abschriften in Chassaigne, *L'affaire Calas*, S. 106–110.

25 »N'oubliés pas, Monsieur, ce que je vous dis hier au soir de raporter exactement dans quel etat vous trouvates M. votre frere lorsqu'en accompagnant M. Gaubert Lavaisse vous entrates dans la boutique, et surtout pourquoy vous ne l'aves pas dit dans votre premiere audition car vous me dites que M. votre pere vous avoit recommandé de dire que vous avies trouvé le corps etandu par terre de crainte qu'on ne le traina sur la claye. Ce fut le motif pour le quel vous le declarates ainsy dans votre premiere audition; il faut exprimer ce motif lorsqu'on vous interogera et ajouter que vous avies recomande à M. Gaubert Lavaisse de dire la meme chose suivant l'avis que M. votre pere vous en avoit donné. N'oublies pas de dire que dans l'instant vous resortites du Magasin pour appeller M. votre pere en criant ah mon pere mon pere ah mon dieu mon dieu et que dans L'instant M. votre pere dessendit et ayant trouvé M. votre frere dans cet etat, il le dependit, coupa la corde, et la jettat quelque part que vous ne rappelles pas.« Carrière, Brief an Pierre Calas, 15. Oktober 1761, Archives nationales, V4 1478B 1/2 (Mikrofilm).

26 »On dit que M. votre pere avoit menacé son fils de l'étrangler s'il changeoit de religion, il y a aparance que c'est une fausseté, qui sera dessavouée tant par M. votre pere que par vous si vous croyes que le fait ne puisse pas etre prouvé, car il seroit dangereux pour vous

d'avoir nié un fait dont les temoins auroient deposé, le deny d'un fait prouvé quoyque indiferent est toujours un indice contre l'accusé.« Ebd.

27 Wegweisend für die erstere Deutung waren Salvan und Chassaigne, für die letztere Coquerel. Adrien Salvan, *Histoire du procès de Jean Calas a Toulouse: d'après la procédure authentique et la correspondance administrative*, Toulouse 1863, S. 85–86; Chassaigne, *L'affaire Calas*, S. 102–112; Coquerel, *Jean Calas et sa famille*, S. 86.

28 Das Schreiben an Gaubert Lavaisse beginnt mit dem Satz: »N'oubliés pas, Monsieur, ce que je vous recomanday hier avec mon ami de dire la verité, et en quel état vous trouvattes le fils ainé [...]« Carrière, Brief an Gaubert Lavaisse, 15. Oktober 1761: Archives nationales, V4 1478B 1/2 (Mikrofilm).

29 Ludwig XIV., *Ordonnance* [...] *pour les matieres criminelles*, Titre v. Der Pariser Anwalt Pierre Mariette, der 1762 im Auftrag Voltaires die Verteidigung der Familie Calas übernahm, bemerkte zur Beauftragung eines Chirurgen mit einer Autopsie: »Es ist wie wenn man das Urteil über eine Rechtsfrage einem Laien (›Praticien‹) überlässt.« Pierre Mariette, *Mémoire pour dame Anne-Rose Cabibel, veuve du sieur Jean Calas, marchand à Toulouse, Louis et Louis-Donat Calas, leurs fils, et Anne-Rose et Anne Calas*, Paris 1762, S. 48.

30 »[...] le cadavre a mangé trois ou quatres heures avant sa mort, car la digestion des alliments etoit faite.« Archives municipales de Toulouse, 101 B 2 (neu FF 805), procédures de l'année 1761, affaire procureur du roi c/CALAS père et autres, Jean-Pierre Lamarque, *Procès verbal d'autopsie du cadavre de Marc-Antoine Calas*, pièce numérotée n°12, 15. Oktober 1761.

31 Zur relativen Machtlosigkeit der Angeklagten im Strafrecht des Ancien Régime siehe Bien, *The Calas Affair*, S. 95–97.

32 Die gesetzlichen Anwendungsbestimmungen für »monitoires« wurden ebenfalls in der Strafrechtsreform von 1670 festgelegt. Als strafrechtliches Ermittlungsinstrument gehen die »monitoires« aber bis auf die Inquisitionsgerichtsbarkeit des 13. Jahrhunderts zurück. Ludwig XIV., *Ordonnance* [...] *pour les matieres criminelles*,

Titre VII; siehe auch Éric Wenzel, *Le monitoire à fin de révélations sous l'Ancien Régime. Normes juridiques, débats doctrinaux et pratiques judiciaires dans le diocèse d'Autun (1670–1790)*, Rennes 2001; ders., »Forcer les témoignages. Le délicat recours au monitoire sous l'Ancien Régime«, in: Benoît Garnot (Hg.), *Les témoins devant la justice: Une histoire des statuts et des comportements*, Rennes 2003, S. 83–90.

33 Garrisson, *L'affaire Calas*, S. 72–73; Chassaigne, *L'affaire Calas*, S. 127.

34 Ebd., S. 21–21; Cubero, *L'affaire Calas*, S. 116.

35 Coquerel, *Jean Calas et sa famille*, S. 47.

36 Georges Minois, *Histoire du suicide. La société occidentale face à la mort volontaire*, Paris 1995, S. 86; Jeffrey R. Watt, *Choosing Death. Suicide and Calvinism in Early Modern Geneva*, Kirksville 2001.

37 In diese Richtung argumentiert etwa Chassaigne, *L'affaire Calas*, S. 38–39.

38 Garrisson, *L'affaire Calas*, S. 24–25.

39 Coquerel, *Jean Calas et sa famille*, S. 57.

40 »Le sieur Calas père est un homme fort riche, et je ne puis pas dissimuler que je l'ai trouvé fort dur à l'égard de son fils. C'est un jeune homme sage et pieux.« Der Bericht von Amblard an den Intendanten Saint-Priest vom 24. Januar 1761 ist abgedruckt in Salvan, *Histoire du procès*, S. 11–12.

41 Cubero, *L'affaire Calas*, Paris 1993, S. 52.

42 Louis Calas äußerte sich entsprechend im Verhör durch Beaudrigue; siehe dazu Coquerel, *Jean Calas et sa famille*, S. 49, S. 57–64.

43 Sehr stark ist diese Tendenz bei Coquerel, ebd., S. 61, deutlich subtiler bei Garrisson, *L'affaire Calas*, S. 25–26.

44 Die klassischen Vertreter dieser Lesart sind Salvan und Chassaigne; Salvan, *Histoire du procès*, S. 9–19; Chassaigne, *L'affaire Calas*, S. 60–66.

45 »Pour les croire coupables, il faudroit oublier tous les principes de la Justice, & détruire tous les fondemens de l'humanité.« Louis Calas, *Déclaration du sieur Louis Calas*, Toulouse 1761, S. 3.

46 Zum Prozess vor den Capitouls siehe die ausführliche Schilderung bei Cubero, *L'affaire Calas*, S. 80–92.

47 Siehe Garrisson, *L'affaire Calas*, S. 88.

48 »[...] preuve considérable contre l'accusé d'un crime qui mérite peine de mort.« Ludwig XIV., *Ordonnance* [...] *pour les matieres criminelles*, Titre XIX, Art. 1.

49 Bien, *The Calas Affair*, S. 92–97.

50 Théodore Sudre, *Mémoire pour le sieur Jean Calas*, Toulouse o. J. [1761]; ders., *Suite, pour les sieurs et demoiselle Calas*, Toulouse 1762; ders., *Réflexions pour les sieurs et demoiselle Calas*, Toulouse 1762.

51 Ders., *Mémoire*, S. 57–58.

52 »L'Europe apprenant ceci croira que nous sommes redevenus Barbares.« Ebd., S. 58.

53 Ebd., S. 11–22.

54 »Les principes sont bien simples. Des Témoins doivent être récolés & confrontés aux Prévenus: comment des Experts ne devroient-ils pas l'être? Les uns & les autres sont de vrais Témoins: les uns déposent qu'ils ont vu ou entendu; les autres déposent qu'ils apperçoivent par les regles de leur Art.« Ebd., S. 14.

55 »Il y même plus lieu de récoler & confronter des Experts, parce qu'il y a plus d'incertitude de leur part que de la part des Témoins: les uns parlent d'après des conjectures, les autres d'après le rapport des sens, dont le jugement est infiniment plus simple & plus sure: les uns disent j'ai vu, j'ai entendu, les autres disent je crois voir par mes combinaisons.« Ebd.

56 »Enfin, on ne jugeroit pas sur un rapport en matiere civile, sans que la partie eût été mise à même d'objecter les Experts, & de critiquer leur rapport.« Ebd., S. 15.

57 Zum chronisch schlechten Ruf der Handschriftenexperten siehe meine Ausführungen in Teil V zur Affaire Dreyfus. Ludwig XIV., *Ordonnance* [...] *pour les matieres criminelles*, Titre VIII, Art. 12.

58 Ebd., Titre V.

59 »[…] de juger des effets physiques de la digestion appartient à la science de la Médecine, & n'est point du ressort d'un Chirurgien. L'état du Chirurgien est borné à la connaissance de l'Anatomie & aux opérations de la main […]« Sudre, *Mémoire*, S. 19.

60 »Est-il possible que Marc-Antoine Calas se soit pendu?« Ebd., S. 25.

61 »Si Marc-Antoine Calas avoit été étranglé, l'impression de la corde seroit horisontale dans *toute la circonférence du cou*: cependant l'impression de la corde n'occupe que la partie antérieure du cou.« Ebd., S. 26.

62 »Quelqu'un qui a été étranglé, bave encore après sa mort, sa langue déborde les dents & les lévres: il ne s'est trouvé rien de pareil, puisque les Experts n'en ont pas fait mention: Marc-Antoine Calas n'a donc pas été étranglé: il est mort étouffé, & par conséquent il est mort pendu.« Ebd., S. 27.

63 »Par quels Experts a-t-on fait vérifier que la chose ne fût pas possible? Il ne faut pas aller chercher loin la porte aux deux battans de laquelle les Exposans soutiennent l'avoir trouvé pendu, & la corde & le billot qu'ils disent avoir servi d'instrument à cette mort: il falloit faire vérifier par des Experts s'il étoit possible de se pendre ou non à cette porte, avec cette corde & ce billot.« Sudre, *Mémoire*, S. 44.

64 »Ad quaestionem iuris respondent iudices, ad quaestionem facti respondent iuratores.« Ebd., S. 45.

65 »On auroit imité l'opération, telle que les Prévenus l'ont dépeinte: passer au cou les deux nœuds, faire deux tours au tour du billot: rapprocher les deux battans de la porte, placer le billot, suspendre le cadavre.« Ebd.

66 Ebd.

67 »Des étrangers pouvoient lui avoir donné la mort.« Ebd., S. 12.

68 »[…] il avoit destiné son fils à la profession d'Avocat, qui exige certains Act de Catholicité […]« Die Passage über das Mordszenario von außen könnte von einem Bruder des inhaftierten Gaubert (»mon frere«) geschrieben worden sein, auch wenn nur der Vater als Autor

des Memorandums firmiert. David Lavaysse, *Mémoire pour sieur Françoise-Alexandre-Gaubert Lavaysse, son troisième fils*, Toulouse o. J. [1761], S. 44.

69 »Il est donc infiniment plus probable que si Marc-Antoine Calas ne s'est pas pendu, il l'a été par des voleurs ou des ennemis cachés, qu'il ne l'est qu'il a été pendu par son pere. Ah! si le Monitoire avoit été à charge & à décharge, Dieu sçait ce qu'on auroit découvert.« Ebd., S. 46.

70 Duroux, fils, *Observations pour le Sieur Jean Calas, la Dame de Cabibel, son épouse, & le Sieur Pierre Calas, leur fils*, Toulouse 1762, S. 28.

71 Bien, *The Calas Affair*, S. 106–107; Cubero, *L'affaire Calas*, S. 83–84; Garrisson, *L'affaire Calas*, S. 61, S. 65.

72 Duroux, fils, *Observations*, S. 8, S. 11.

73 Garrisson, *L'affaire Calas*, S. 112–113.

74 Siehe dazu Bien, *The Calas Affair*, S. 114–115.

75 Rabauds Protestschrift empörte die katholischen Obrigkeiten und das Parlement derart, dass sie öffentlich verbrannt wurde; Paul Rabaud, *La calomnie confondue*, Toulouse 1762, S. 9; Sudre, *Mémoire*, S. 75.

76 Bien, *The Calas Affair*, S. 21, S. 98.

77 Cubero, *L'affaire Calas*, S. 159–167; Bien, *The Calas Affair*, S. 77–91; Garrisson, *L'affaire Calas*, S. 51–54.

78 »[...] ces faquins de huguenots [...]« Voltaire, Brief an Maréchal duc de Richelieu, 27.11.1761, in: ders., *Œuvres complètes de Voltaire*, Bd. 38, Paris 1891, S. 393.

79 Bien, *The Calas Affair*, S. 94–95.

80 Ebd., S. 93, S. 148.

81 »Nous ne valons pas grand-chose, mais les huguenots sont pires que nous, et de plus ils déclament contre la comédie.« Voltaire, Brief an Antoine-Jean Gabriel Le Bault vom 22. März 1762, zit. nach Pierre Lepage, *Voltaire le conquérant. Naissance des intellectuels au siècle des Lumières*, Paris 1994, S. 287.

82 »On prétend ici qu'il est innocent, et qu'il en a pris Dieu à témoin en expirant.« Voltaire, Brief an Cardinal de Bernis vom 25. März 1762, in: ders., *Œuvres complètes de Voltaire*, Bd. 38, Paris 1891, S. 23.

83 »[...] me dire ce que je dois penser de l'aventure affreuse de ce Calas [...]« Ebd.

84 »Cet aventure me tient au cœur; elle m'attriste dans mes plaisirs, elle les corrompt.« Ebd.

85 »Je veux savoir de quel côté est l'horreur du fanatisme.« Voltaire, Brief an Claude-Philippe Fyot de La Marche vom 25. März 1762, zit. nach Lepage, *Voltaire le conquérant*, S. 289.

86 Zu seinen Kontakten in Genf, die ihrerseits direkte Kontakte nach Toulouse hatten und für Voltaire »une sorte de comité consultatif« bildeten, siehe Coquerel, *Jean Calas et sa famille*, S. 217.

87 Voltaire, Brief an Comte d'Argental vom 27. März 1762, in: ders., *Œuvres complètes de Voltaire*, Bd. 38, Paris 1891, S. 24.

88 »Les ministres n'ont osé y aller, mais ils y ont envoyé leurs filles. J'ai vu pleurer Génevois et Génevoises pendant cinq actes, et je n'ai jamais vu une pièce si bien jouée, et puis un souper pour deux cents spectacteurs, et puis le bal: c'est ainsi que je me suis vengé.« Voltaire, Brief an Jean le Rond d'Alembert vom 29. März 1762, in: ders., *Œuvres complètes de Voltaire*, Bd. 38, Paris 1891, S. 25.

89 »On venait de pendre un de leurs prédicants à Toulouse, cela les rendait plus doux; mais on vient de rouer un de leurs frères, accusé d'avoir pendu son fils en haine de notre sainte religion [...] La ville de Toulouse, beaucoup plus sotte et plus fanatique que Genève, prit ce jeune pendu pour un martyr. [...] Ce jugement était d'autant plus chrétien, qu'il n'y avait aucune preuve contre le roué.« Ebd., S. 25–26.

90 »Tous nos cantons hérétiques jettent les hauts cris; tous disent que nous sommes une nation aussi barbare que frivole, qui sait rouer et qui ne sait pas combattre, et qui passe de la Saint-Berthélemy à l'Opéra-Comique. Nous devenons l'horreur et le mépris de l'Europe; j'en suis fâché, car nous étions faits pour être aimables.« Ebd.

91 »Il est avéré que les juges toulousains ont roué le plus innocent des hommes. Presque tout le Languedoc en gémit avec horreur. Les nations étrangères, qui nous haïssent et qui nous battent, sont saisies d'indignation. Jamais, depuis le jour de la Saint-Barthélemy, rien n'a tant déshonoré la nature humaine. Criez, et qu'on crie.« Voltaire, Brief an Étienne Noël Damilaville vom 4. April 1762, in: ders., *Œuvres complètes de Voltaire*, Bd. 38, Paris 1891, S. 28.

92 »Il paraît physiquement impossible qu'il ait pu pendre son fils dans les circonstances où on le suppose.« Voltaire, Brief an de Chazel vom 27. März 1762, zit. nach Rémy Bijaoui, *Voltaire avocat. Calas, Sirven et autres affaires*, Paris 1994, S. 46.

93 »Après le tremblement de terre qui avait détruit les trois quarts de Lisbonne, les sages du pays n'avaient pas trouvé un moyen plus efficace pour prévenir une ruine totale que de donner au peuple un bel auto-da-fé; il était décidé par l'université de Coïmbre que le spectacle de quelques personnes brûlées à petit feu, en grande cérémonie, est un secret infaillible pour empêcher la terre de trembler.« Voltaire, *Candide ou l'optimisme*, Kapitel VI, o. O. 1759, S. 44–45.

94 Der Brief von Donat ist offensichtlich in Voltaires Stil gehalten, während das Schreiben von Anne-Rose Calas schmuckloser und ungeschickter formuliert ist. In der Forschung ist umstritten, ob Voltaire beide Briefe oder nur den von Donat selber verfasst hat; es spricht aber viel dafür, dass er für den Brief der Mutter zumindest eine Vorlage hatte, sei es von ihr selbst oder von einem Genfer Bekannten, die er geringfügig überarbeitete und mit Fußnotenkommentaren versah. Die Informationen zu den Todesumständen von Marc-Antoine sind zu detailliert, als dass sie Voltaire allein aus den publizierten Memoranden hätte ziehen können, und er erwähnt in seiner Korrespondenz auch, die Witwe zur Niederschrift eines Berichts angehalten zu haben. Vgl. Garrisson, *L'affaire Calas*, S. 131.

95 Voltaire, *Pièces originales concernant la mort des Sieurs Calas et le jugement rendu à Toulouse*, o. O. 1762, S. 9.

96 »Obtenez seulement que les Juges produisent le procès criminel, c'est tout ce que je veux, c'est ce que tout le monde désire, & ce qu'on ne peut refuser. Toutes les Nations, toutes les Religions y sont intéressées. La Justice est peinte un bandeau sur les yeux; mais doit-elle être muette?« Ebd., S. 18.

97 »C'est pour le Public que la punition des scélérats est décernée. Les accusations sur lesquelles on les punit doivent donc être publiques. On ne peut retenir plus long-tems dans l'obscurité ce qui doit paraître au grand jour.« Ebd.

98 »J'étais à Londres en 1753, quand l'avanture de la jeune *Elizabeth Canning* fit tant de bruit.« Voltaire, *Histoire d'Elisabeth Canning et de Jean Calas*, o. O. 1762, S. 1.

99 Ingrid Gilcher-Holtey schreibt irrtümlicherweise, Voltaire habe die *Histoire d'Elisabeth Canning et de Jean Calas* »mit eigenem Namen gezeichnet«, während in den anderen Studien die Frage der Autorschaft gar nicht berührt wird. Ingrid Gilcher-Holtey, *Eingreifendes Denken. Die Wirkungschancen von Intellektuellen*, Weilerswist 2007, S. 28.

100 »Heureusement en Angleterre aucun procès n'est secret, parce que le châtiment des crimes est destiné à être une instruction publique aux hommes, & non pas une vengeance particulière. Tous les interrogatoires se font à portes ouvertes, & tous les procès intéressans sont imprimés dans les journaux.« Voltaire, *Histoire d'Elisabeth Canning et de Jean Calas*, o. O. 1762, S. 4.

101 »Serait-il possible qu'il y eût à présent dans Toulouse des juges qui ne pleurassent pas l'innocence d'une famille ainsi traitée? Ils pleurent sans doute, & ils rougissent; & une preuve qu'ils se repentent de cet arrêt cruel, c'est qu'ils ont pendant quatre mois refusé la communication du procès, & même de l'arrêt, à quiconque l'a demandé.« Ebd., S. 19.

102 »Recevons du moins des remontrances publiques, fruit lamentable d'une publique injustice [...]« Ebd., S. 20.

103 »Il y eut pourtant à Toulouse un sage, qui éleva sa voix contre les cris de la populace éfrénée [...]. Un des juges lui dit, *Ah! Monsieur,*

vous êtes tout Calas. Ah! Monsieur, vous êtes tout peuple, répondit Mr. de la Salle.« Ebd., S. 10.

104 Zur Gegenüberstellung von »opinion publique« und »opinion du peuple« im 18. Jahrhundert siehe Mona Ozouf, »›Public Opinion‹ at the End of the Old Regime«, in: *Journal of Modern History* Supplement (1988), S. 1–21, hier S. 8–9. ; Roger Chartier, *Die kulturellen Ursprünge der Französischen Revolution*, Frankfurt/M. 1995, S. 40.

105 »Il passait pour un esprit inquiet, sombre & violent. [...] il se confirmat dans sa résolution par la lecture de tout ce qu'on a jamais écrit sur le suicide.« Im – erneut selbstgeschriebenen – *Mémoire de Donat Calas*, den Voltaire 1762 veröffentlichte, nannte er sogar die Autoren, aus denen sich Marc-Antoines Selbstmordlektüre zusammengesetzt habe: Plutarch, Seneca, Montaigne, den »berühmten Monolog von Hamlet«, den Marc-Antoine in einer französischen Versübersetzung auswendig gelernt habe, sowie das Drama *Sidney* von Gresset. Davon war nichts in den Prozessunterlagen und den Memoranden der Toulouser Juristen zu finden, aber weil Voltaire mit der Stimme von Marc-Antoines Bruder sprach, konnte er leichter unbelegte Dinge behaupten. Voltaire, *Mémoire de Donat Calas pour son père, sa mère et son frère; Déclaration de Pierre Calas*, o. O. 1762, S. 5; ders., *Traité sur la tolérance*, o. O. [Genf] 1763, S. 3.

106 Voltaire, *Traité sur la tolérance*, S. 3, S. 11; siehe auch Bijaoui, *Voltaire avocat*, S. 65–66.

107 Voltaire, *Traité sur la tolérance*, S. 43.

108 Julie Clarini, »›Traité sur la tolérance‹ et ›Paris est une fête‹, best-sellers inattendus«, in: *Le Monde* vom 25. Dezember 2015, {www.lemonde.fr/livres/article/2015/12/25/traite-sur-la-tolerance-et-paris-est-une-fete-best-sellers-inattendus_4838098_3260.html}, letzter Zugriff am 09.09.2016.

109 In den meisten Darstellungen der Affaire Calas wird den beiden ein dritter Anwalt, der am Parlement von Paris tätige Alexandre-Jérôme Loyseau de Mauléon, an die Seite gestellt. Tatsächlich nahm auch er öffentlich Stellung zur Affaire, aber er tat es aus eigenem

Antrieb. Voltaire kannte ihn nicht, reagierte aber erfreut auf seine publizistische Eigeninitiative und ermunterte ihn zum Missfallen der von ihm beauftragten Anwälte, weitere Memoranden zu veröffentlichen, was dieser dann auch tat. Dennoch war Loyseau de Mauléon in Voltaires Plänen nie mehr als eine willkommene Bereicherung und damit im Vergleich zu Mariette und Élie de Beaumont von untergeordneter Bedeutung. Cubero, *L'affaire Calas*, S. 214.

110 Garrisson, *L'affaire Calas*, S. 145.

111 Mariette, *Mémoire pour dame Anne-Rose Cabibel*, S. 12, S. 26, S. 45–48; Jean-Baptiste-Jacques Élie de Beaumont, *Mémoire à consulter et consultation pour la dame Anne-Rose Cabibel, veuve Calas, et pour ses enfants*, Paris 1762, S. 10, S. 15, S. 58–59; Alexandre-Jérôme Loyseau de Mauléon, *Mémoire pour Donat, Pierre et Louis Calas*, Paris 1762, u. a. S. 14, S. 17, S. 21, S. 33.

112 Das Geschäft trug Le Breton auch Kritik ein, und dies nicht etwa von einem enttäuschten Konkurrenten oder intoleranten Katholiken, sondern vom wichtigsten Pferd in seinem Stall. Denis Diderot fuhr grobes Geschütz auf, richtete es aber nicht gegen seinen Verleger, sondern gegen dessen Frau, weil sie es gewesen sei, die bei Mariette und Élie de Beaumont die Manuskripte abgeholt habe. Damit, so Diderots Lesart, habe sie sich angeschickt, den Kelch der Richter von Toulouse zu nehmen und mit ihnen »das Blut des Unschuldigen zu trinken, das auf dem Rad vergossen worden war«. Diderots Bild war so drastisch wie schief: Aus Jean Calas wurde Jesus Christus, aus Madame Le Breton ein postmortaler Judas, und aus den Richtern wurden mörderische Jünger. Die Empörung, mit der er den Geschäftssinn seines Verlegers quittierte, war nicht untypisch für die Einstellung französischer »gens de lettres« zur kommerziellen Seite der Literaturproduktion. Für unser Thema ist an dieser Episode jedoch aufschlussreicher, welche öffentliche Dimension die Arbeit der Anwälte bereits vor der Eröffnung des Revisionsverfahrens angenommen hatte. Frank Kafker, »Le rôle de Diderot dans l'affaire Calas«, in: *Recherches sur Diderot et sur l'Encyclopédie* 21 (1996), S. 7–14, hier S. 9.

113 Coquerel, *Jean Calas et sa famille*, S. 235.

114 Bijaoui, *Voltaire avocat*, S. 59.

115 Élie de Beaumont, *Mémoire à consulter*, S. 70.

116 Bernard Barbiche, »Les attributions judiciaires du Conseil du roi«, in: *Histoire, Économie, Société* 3 (2010), S. 9–17.

117 Garrisson, *L'affaire Calas*, S. 144.

118 In der Begründung der Annahme folgte der Conseil du roi weitgehend Mariettes Hinweisen auf verschiedene Verfahrensfehler, die bereits Sudre in seinen Memoranden hervorgehoben hatte. Siehe *Sur la Requête présentée au Roi en son Conseil par Anne Rose Cabibel*, in: Archives nationales, V6 1010.

119 Cubero, *L'affaire Calas*, S. 249.

120 Élie de Beaumont, *Mémoire pour Anne-Rose Cabibel*, S. 94.

121 Pierre Sue, »Discours historique sur la vie et les ouvrages du citoyen Louis, Secrétaire perpetuel de l'Académie de Chirurgie«, in: *Séance publique de l'Académie de Chirurgie du 11 avril 1793*, Paris 1793, S. 10–73, hier S. 29, S. 58.

122 Élie de Beaumont, *Mémoire à consulter*, S. 20, S. 25.

123 »C'est donc la cause de tous les hommes que j'entreprends, en publiant les recherches & les expériences, par lesquelles je me propose d'établir des principes, sur un cas, qui malheureseument n'est pas aussi rare qu'on pourroit l'imaginer.« Antoine Louis, *Mémoire sur une question anatomique relative à la jurisprudence*, Paris 1763, S. 4.

124 Ders., *Lettres sur la certitude des signes de la mort*, Paris 1752.

125 Ders., *Mémoire sur une question*, S. 10–11.

126 Der Brief von Diderot ist abgedruckt in Kafker, »Le rôle de Diderot«, S. 10–12; Louis nennt seine Quelle nicht und lässt den Hintergrund der Geschichte weg, übernimmt aber bei den forensisch relevanten Beschreibungen z.T. den Wortlaut von Diderots Brief. Louis, *Mémoire sur une question*, S. 45–47.

127 Ebd., S. 29.

128 »Les pendus ne meurent pas faute de respiration; c'est-à-dire, que la cause de leur mort ne dépend pas, comme on le croit

vulgairement, de la respiration primitivement interrompue par le lien qui leur serre le col. Cette fonction subsiste en eux jusqu'à la fin; & ils meurent vraiment apoplectiques, par la compression des veines jugulaires [...].« Ebd., S. 16.

129 Ebd., S. 32.

130 Ebd.

131 Ebd., S. 31.

132 Ebd., S. 40.

133 Ebd., S. 31.

134 »Enfin il paroît constant par tout ce qui a été dit, qu'au moyen des recherches convenables, on peut statuer sur les marques qui feront distinguer le Suicide d'avec l'Assassinat.« Ebd., S. 40.

135 »Quelques Philosophes, qui ont raisonné sur la moralité de l'action par laquelle on se donne la mort à soi-même, ont mis en question si elle procédoit de courage ou de lâcheté. Il ne seroit pas difficile de leur prouver, contre cette alternative, que le suicide est un effet de maladie, & que les malheureux qui en sont la victime, sont plus dignes de pitié que des rigueurs de la Justice.« Ebd., S. 48–49.

136 Philip, »Observations sur un mémoire de M. Louis«, in: *Journal de médecine, chirurgie et pharmacie* 19 (1763), S. 223–239, hier S. 224.

137 Der Einwand, Louis habe sich geirrt, als er eine Luxation der Halswirbel bei einer Selbsttötung durch Erhängen ausschloss, findet sich auch bei N. F. J. Eloy, »Louis (Antoine)«, in: ders., *Dictionnaire historique de la médecine ancienne et moderne*, Bd. 3, Paris 1771, S. 106–110, hier S. 109, sowie bei Sue, »Discours historique«, S. 47.

138 »On y voit, depuis la premiere page jusqu'à la derniere, ce que personne n'a pu mettre en doute, la nécessité absolue de l'inspection anatomique du cadavre.« Antoine Louis, »Réponse aux Observations inserée dans Le Journal de Médecine«, in: *Journal de médecine, chirurgie et pharmacie* 19 (1763), S. 441–452, hier S. 443.

139 Die Prozessakten befinden sich in den Archives nationales, V4 1478B; der Nachweis der Beratung über die »mémoires imprimés signé Elie de Beaumont et Mariette« im Pièce 301 (Microfilm 2/2).

140 Der Medizinhistorikerin Christelle Rabier kommt das Verdienst zu, auf die Unterschiede zwischen dem ersten und letzten Memorandum von Élie de Beaumont verwiesen zu haben. Allerdings gibt es für ihre Sicht, die Toulouser Gerichtsexperten seien mit der neuen Ausgangslage nach Antoine Louis' Publikation in ihrem Vorgehen bestätigt worden, kaum Belege. Meine Interpretation führt in diesem Punkt denn auch zu einem anderen Ergebnis. Christelle Rabier, »Defining a Profession: Surgery, Professional Conflicts and Legal Powers in Paris and London, 1760–1790«, in: dies. (Hg.), *Fields of Expertise. A Comparative History of Expert Procedures in Paris and London, 1600 to Present*, Newcastle 2007, S. 85–114, hier S. 104.

141 Élie de Beaumont, *Mémoire pour Anne-Rose Cabibel*, S. 42–43.

142 »La résistance alors est matérielle, machinale, elle est l'acte involontaire d'un être qui se révolte contre sa destruction [...].« Ebd., S. 44.

143 »[...] que cette opération ait pu être faite par plusieurs personnes [...]« Ebd., S. 45.

144 Das Original befindet sich in den Archives nationales, V4 1478B 2/2, Pièce 302; der Titel der Druckfassung lautete *Jugement souverain des requêtes ordinaires l'Hôtel du Roi*, Paris 1765.

145 Thomas Sigrist u. a., »Rechtsmedizin«, Teil 1, St. Gallen 2010, S. 34.

V. Die Affaire Dreyfus als Expertenskandal

1 Joseph Reinach nahm bereits 1901 eine weltgeschichtliche Paralleleinordnung der Affaire Calas und der Affaire Dreyfus vor und sprach mit ihr Frankreich eine höhere zivilisatorische Sendung zu: »Mehr als ein Unschuldiger ist in den russischen Strafkolonien oder in den preußischen Festungen gestorben; man kennt kaum ihre Namen: Calas und Dreyfus jedoch gehören der gesamten Menschheit. Man sagt: ›Die Welt hat die Unschuld von Calas und von Dreyfus vor Frankreich erkannt.‹ Das stimmt. [...] Nun, Frankreich stand

am Rand des Abgrunds, aber hinabgestürzt ist es nicht. Es ist auch eine Tatsache, dass die Geschichte nur zwei große gerichtliche Wiedergutmachungen verzeichnet hat, und beide davon, Dreyfus und Calas, in Frankreich. Man wartet auf eine Prüfung der anderen Völker. Zudem wird das Spiel dann nicht mehr gleich sein, denn die Lektion, die Frankreich gegeben hat, und die Erfahrung, die es gemacht hat, dienen der ganzen Welt zum Unterricht.« [»Plus d'un innocent est mort dans les bagnes russes ou les forteresses prussiennes; on sait à peine leurs noms: Calas et Dreyfus ont été les hommes de l'humanité toute entière. On dit: ›L'innocence de Calas, celle de Dreyfus, le monde les a reconnues avant la France.‹ Cela est vrai. [...] Or la France a glissé jusqu'à l'abîme; elle n'y est point tombée. C'est un fait aussi que l'histoire a enregistré seulement deux grandes réparations judiciaires; et toutes deux, Dreyfus, Calas, en France. On attend les autres peuples à l'épreuve; encore la partie ne sera-t-elle plus égale, car la leçon donnée par la France, l'expérience qu'elle a faite, sont des enseignements pour le monde entier.«] Joseph Reinach, *Histoire de l'Affaire Dreyfus*, Bd. 5, Paris 1904, S. 108–109.

2 »[...] qu'un nouveau Voltaire surgirait pour défendre ce nouveau Calas.« Gabriel Monod, Öffentlicher Brief in *Le Temps* und im *Journal des débats* vom 6. November 1897, zit. nach Vincent Duclert, *Alfred Dreyfus. L'honneur d'un patriote*, Paris 2006, S. 593. Ähnlich äußerte sich schon im Sommer 1897 der Journalist Joseph Reinach in Briefen an den Senator Auguste Scheurer-Kestner, den er zu einem energischeren Einsatz für Dreyfus zu motivieren versuchte, indem er ihm mit der Anrede »Mon cher Arouet« schmeichelte und die Empfehlung gab, »de relire l'affaire Calas. C'est toujours *exactement* les mêmes obstacles, les mêmes difficultés, les mêmes raisonnements. Les noms seuls sons changés.« Joseph Reinach, Brief an Auguste Scheurer-Kestner, August 1897, zit. nach André Roumieux, »Les déchirements d'un républicain alsacien«, in: Auguste Scheurer-Kestner, *Mémoires d'un sénateur dreyfusard*, Strasbourg 1988, S. 13–50, hier S. 41.

3 »La place de Zola est au Panthéon, à côté de Voltaire, qui défendit Calas […]«, Francis Boissy d'Anglas, Senatsrede vom 20. November 1906, zit. nach Duclert, *Alfred Dreyfus*, S. 976.

4 Joseph Jurt, *Frankreichs engagierte Intellektuelle. Von Zola bis Bourdieu*, Göttingen 2012, S. 34; Jacqueline Ponty, »La presse quotidienne et l'affaire Dreyfus en 1898–1899. Essai de typologie«, in: *Revue d'histoire moderne et contemporaine* 21 (1974), S. 193–220.

5 »La raison l'emporte à Paris sur le fanatisme, quelque grand qu'il puisse être; au lieu qu'en province le fanatisme l'emporte presque toujours sur la raison.« Voltaire, *Traité sur la tolérance à l'occasion de la mort de Jean Calas*, o. O. 1763, S. 16.

6 Dieses Kapitel ist eine leicht überarbeitete Fassung von Caspar Hirschi, »Dreyfus, Zola und die Graphologen. Vom Expertenversagen zum Intellektuellensieg?«, in: *Historische Zeitschrift* 3 (2016), S. 705–747.

7 Christine Métayer, »De l'école au palais de justice: l'itinéraire singulier des maîtres écrivains de Paris (XVIe–XVIIIe siècles)«, in: *Annales. Économies, Sociétés, Civilisations* 5 (1990), S. 1217–1237, hier S. 1225.

8 Pierre François Muyart de Vouglans, *Institutes au droit criminel, ou Principes généraux en ces matières, suivant le droit civil, canonique, et la jurisprudence du royaume*, Paris 1757, S. 328–329.

9 »Outre que ces Experts s'expliquent toûjours d'une maniere vague & incertaine par ces mots, *nous croyons … nous estimons …* personne n'ignore que leur Art est, par lui-même, sujet à une infinité d'erreurs, d'autant que la Situation mal-aisée d'un homme en écrivant ou signant, une Maladie, l'Yvresse, une Plume mal taillée, du mauvais Papier, & autres Circonstances semblables, peuvent changer en partie la formation des lettres. A quoi l'on peut ajoûter qu'il y a des Faussaires si habiles à contrefaire la signature des autres, que ceux mêmes dont on a contrefait l'Ecriture s'y trouvent trompés: il n'y auroit donc que les Cas, où les Experts parleroient *affirmativement*, & où la ressemblance des Ecritures seroit tellement palpable,

que les moins clairs-voyans ne pourroient s'y méprendre, & que d'ailleurs leur Déposition se trouveroit soûtenue de celle des Témoins qui auroient vû écrire & signer les Pieces par l'Accusé; qu'elle pourroit former une Preuve complette contre lui.« Ebd., S. 331–332.

10 Siehe z. B. Guy de Rousseau de la Combe, *Traité des matières criminelles, suivant l'ordonnance du mois d'Août 1670*, Paris 1741, sowie die Ausführungen in: Adhémar Esmein, *Histoire de la procédure criminelle en France*, Paris 1882, S. 270–272.

11 Métayer, »De l'école«, S. 1225–1227.

12 Ebd., S. 1229–1232.

13 »Mais il y a tant de contradictions entre les experts, leurs principes sont si variables, leur art si conjectural, si chimérique! On a vu huit experts déclarer qu'une écriture n'étoit pas de la main de l'accusé qui la reconnut pour être de lui.« Jacques Pierre Brissot de Warville, *Théorie des lois criminelles*, Bd. 2, Berlin 1781, S. 133.

14 »Le rapport d'experts en écriture ne peut être considéré comme preuve fondamentale, jusqu'à ce que cet art ait trouvé des principes.« Ebd., S. 165.

15 »L'art des experts était incertaine, et l'on peut dire, qu'il l'est encore.« Esmein, *Histoire*, S. 271.

16 Johann Caspar Lavater, *Physiognomische Fragmente zur Beförderung der Menschenkenntniß und Menschenliebe*, Bd. 3, Leipzig 1775, S. 113.

17 Michon publizierte »Les mystère de l'écriture« in Co-Autorschaft mit dem Handleser Adolphe Desbarrolles, wobei er wie in den ersten Ausgaben seiner Zeitschrift nur mit dem Vornamen Jean-Hippolyte auftrat. Adolphe Desbarrolles, Jean-Hippolyte [Michon], *Les mystères de l'écriture: art de juger les hommes sur leurs autographes*, Paris 1872; Jean-Hippolyte Michon, *Système de graphologie. L'art de connaître les hommes d'après leur écriture*, Paris ^{6}1875. Zur Chronologie von Michons Vorgehen siehe Joseph Seiler, *De Lavater à Michon. Essai sur l'histoire de la graphologie*, Bd. 2, Freiburg i. Ü. 2000, S. 321–323.

18 »Certitude scientifique«; Michon, *Système*, S. 59.

19 Ebd., S. 22.

20 »Le plus royal«; ebd., S. 92.

21 »Sur la simple signature de Bismarck, en appliquant rigoureusement les règles graphologiques, sans avoir eu recours à aucune autre notion révélatrice du caractère, j'ai pu faire un portrait intellectuel et moral ayant la valeur d'une photographie.« Ebd., S. 87.

22 »Une véritable photographie de l'âme« / »une véritable photographie de l'être intime«; ebd. S. 35, sowie »Post-scriptum«, in: ebd., S. 15.

23 »La découverte de la graphologie met à nu cette faiblesse des expertises faites d'après la vieille méthode de la comparaison des pièces sur l'unique raison de la ressemblance ou de la non ressemblance des lettres. Ce procédé enfantin a dû être employé jusqu'à la découverte de l'anatomie graphique, qui démontre que telle ou telle forme de lettre appartient à tel ou tel cerveau qui écrit. Le graphologiste ne s'occupe pas, comme les experts l'ont fait jusqu'à ce jour, de la ressemblance apparente des lettres: il faut pour lui que l'écriture, par exemple dans un testament, corresponde à l'état intellectuel et moral dévoilé par l'étude de l'écriture habituelle de la personne à laquelle est attribuée le testament. *S'il y a discordance entre le testament attribué, et l'écriture de celui auquel on l'attribue, le testament est faux.*« Michon, *De l'intervention de la science nouvelle la graphologie dans les causes judiciaires*, Paris 1878, S. 4.

24 »Ces messieurs, qui n'on pas besoin de connaître la graphologie, ont fait un travail pitoyable, honteux, qui est le déshonneur de la science des expertises au XIXe siècle.« Ders., »Post-scriptum«, in: ders., *Système*, S. 17.

25 Hans H. Busse, *Graphologie und gerichtliche Handschriften-Untersuchungen (Schrift-Expertise). Unter besonderer Rücksicht auf den Fall Dreyfus-Esterhazy*, Leipzig 1898, S. 9. Zur bewegten Geschichte der Grafologie in Deutschland siehe Per Leo, *Der Wille zum Wesen. Weltanschauungskultur, charakterologisches Denken und Judenfeindschaft in Deutschland 1890–1940*, Berlin 2012.

26 Der Ablauf des zweistufigen Gutachterverfahrens lässt sich am ausführlichsten den Zeugenaussagen der Experten im zweiten Prozess gegen Dreyfus von 1899 entnehmen: Le conseil de guerre de Rennes, *Le procès Dreyfus devant le conseil de guerre de Rennes. Compte-rendu sténographique in-extenso*, Paris 1900, Bd. 2, S. 297–386 (Gobert, Bertillon); S. 445–474 (Teyssonnières, Charavay, Pelletier). Weitere Aussagen zu und Zitate aus den Gutachten sind in der Urteilsbegründung des ersten Prozesses gegen Dreyfus von 1894 enthalten: ebd., Bd. 1, S. 10–20. Zu Bertillons forensischer Forschungstätigkeit siehe Pierre Piazza (Hg.), *Aux origines de la police scientifique. Alphonse Bertillon, précurseur de la science du crime*, Clamecy 2011; zu Bertillons Rolle in der Affaire Dreyfus siehe im selben Band den Aufsatz: Roger Mansuy und Laurent Mazliak, »L'analyse graphologique controversée d'Alphonse Bertillon dans l'affaire Dreyfus. Polémiques et réflexions autour de la figure de l'expert«, in: ebd., S. 350–370.

27 Duclert, *Alfred Dreyfus*, S. 160.

28 Sogar Dreyfus vermutete in der Haft, er sei womöglich Opfer eines Spions geworden, der gezielt seine Handschrift gefälscht habe. Anders als bei Bertillon war es bei Dreyfus aber eine wilde Spekulation, denn er hatte nicht die Gelegenheit, seinen Verdacht am *Bordereau* selbst zu überprüfen. Vgl. Philippe Oriol, *L'histoire de l'Affaire Dreyfus de 1894 à nos jours*, Paris 2014, S. 211.

29 Duclert, *Alfred Dreyfus*, S. 159–160.

30 Zu Teyssonnières' engem Bezug zu Michon siehe seine Aussage im Prozess gegen Émile Zola in: *L'affaire Dreyfus. Le procès Zola devant la cour d'assises de la Seine et la cour de cassation*, Paris 1898, Bd. 1, S. 450; zu Pelletiers Sicht der gerichtlichen Schriftexpertise siehe seine kurze Abhandlung: »De la valeur légale des expertises en écritures«, Paris 1899, S. 6–7.

31 »En expert consciencieux, je ne devais pas aller chez M. Bertillon, dont l'opinion était faite.« Le conseil de guerre de Rennes, *Le procès Dreyfus*, Bd. 2, S. 470.

32 »La preuve: fac-similé du *Bordereau* écrit par Dreyfus [...]? Pas de doute possible.« *Le Matin* vom 10. November 1896, S. 1.

33 »Les experts on recherché les ›tics‹ particuliers aux écrivains, qui se trouvent en quelque sorte dans la main, et que celle-ci exécute régulièrement et machinalement, sans intervention du cerveau; c'est mécanique et aussi mathématique.« Ebd.

34 Bernard Lazare (Hg.), *Une erreur judiciaire. Deuxième mémoire (avec des expertises d'écritures)*, Paris 1897. Lazare hielt die Qualität der fotografischen Reproduktion im *Matin* für »excellente«: »Elle ne diffère de l'original que par un léger écrasement, dû aux effets des machines rotatives, qui ne compromet en aucune façon la forme des lettres, ni les dispositions générales.« Ebd., S. 60.

35 Michon, *Système*, S. 87–92; Hans H. Busse, *Bismarcks Charakter. Mit vierzig Handschriften-Proben von Bismarck und Anderen*, Leipzig 1898; ders., *Graphologie*.

36 Busse, *Graphologie*, S. 9.

37 Busse zitierte in dieser Passage zustimmend seinen kurz zuvor verstorbenen grafologischen Mitstreiter Wilhelm Thierry Preyer. Ebd., S. 32.

38 »Si elle n'a pas de ressemblances profondes avec l'écriture de Dreyfus, elle y ressemble trop, superficiellement, pour ne pas reconnaître là une intention d'imiter son écriture.« Jules Crépieux-Jamin, »Conclusions«, in: Lazare (Hg.), *Une erreur judiciaire*, S. 54.

39 Bernard Lazare, »L'affaire Dreyfus«, in: ebd., S. 5–64, hier S. 52.

40 Ders., »Mémoire sur ses activité pendant l'affaire Dreyfus«, in: Philippe Oriol (Hg.), *Bernard Lazare. Anarchiste et nationaliste juif*, Paris 1999, S. 241–268, hier S. 259.

41 »Le bordereau est l'œuvre d'un faussaire, imitateur grossier de l'écriture de Dreyfus.« Paul Moriaud, »Conclusions«, in: Lazare (Hg.), *Une erreur judiciaire*, S. 57. Ähnlich pointiert drückten sich die amerikanischen Gutachter Carvalho und Ames aus, während der Franzose Gustave Bridier die gleiche Annahme vorsichtiger formulierte.

42 »L'écriture du capitaine Dreyfus, jugée graphologiquement, le met absolument à couvert de la supposition de pouvoir être un lâche et un traître.« Louis de Rougemont, »Conclusions«, in: ebd., S. 56.

43 »Au témoignage de trois hommes, dont l'un, policier vulgaire et valet de justice, est suspect légitimement, j'oppose l'affirmation libre de douze hommes de compétence et d'indépendance indiscutables.« Lazare, »L'affaire Dreyfus«, S. 60.

44 Scheurer-Kestner wurde frühzeitig in Lazares Publikationsvorhaben eingeweiht und äußerte bereits im September die Besorgnis, die Expertengutachten würden »alles andere in der Wahrnehmung der breiten Öffentlichkeit auslöschen«, und hielt dabei besonders die Schlussfolgerung von Crépieux-Jamin für »extrem gefährlich«: »Er sagt, es sei wahrscheinlich, dass das Dokument in der Absicht gefälscht worden sei, Dreyfus zu schaden – das ist falsch, völlig falsch.« (»Il dit qu'il est probable que la pièce a été fabriquée dans l'intention de nuire à Dreyfus – c'est faux – archifaux.«) Auguste Scheurer-Kestner, Briefe an Joseph Reinach vom 22. und 27. September 1897, zit. nach Oriol, *L'histoire*, S. 525.

45 Siehe z. B. die zwei Briefe an Cesare Lombroso – den einzigen der Experten, dessen Gutachten Lazare nicht in die Sammlung aufnahm. Aus dem ersten Brief vom 21. Februar 1897 geht hervor, dass Lazare den Gutachter ausdrücklich darum bat, einen Beitrag zur Rettung des unschuldigen Dreyfus zu leisten, und ihm zudem seine eigene Verteidigungsschrift für Dreyfus schickte. Im zweiten Brief vom 26. September 1897 bezeichnet Lazare den *Bordereau* schließlich als »un faux«, wobei er zu diesem Zeitpunkt die anderen Expertengutachten bereits erhalten hatte. Olivier Bosc, »Le signe et la preuve. Deux lettres retrouvées de Bernard Lazare à Cesare Lombroso au moment de l'Affaire Dreyfus«, in: *Mil neuf cent* 15 (1997), S. 215–220, hier S. 218–220.

46 »Ce que je puis affirmer après être arrivé à la fin de ma tâche, c'est que la lettre-missive, *base unique de l'accusation*, est l'œuvre d'un faussaire. [...] Le rapport de M. Bertillon nous le montre comme obsédé

de l'idée qu'il peut être découvert et appliquant toutes les ressources de son esprit à dissimuler son écriture.« Bernard Lazare, zit. nach Oriol, *L'histoire*, S. 211.

47 Émile Zola, *Correspondance*, Bd. 9, Paris und Montreal 1993, S. 97, zit. nach Ruth Harris, *The Man on Devil's Island. Alfred Dreyfus and the Affair that Divided France*, London 2010, S. 109.

48 »[…] un passant, dont les yeux sont ouverts sur la vie.«; »La vérité est en marche, rien ne l'arrêtera plus.« Émile Zola, »M. Scheurer-Kestner«, in: *Le Figaro* vom 25. November 1897, S. 1.

49 »la plus têtue des mauvaises volontés«; ders., »Le Syndicat«, in: *Le Figaro* vom 1. Dezember 1897, S. 1.

50 »[…] une campagne de sectaires, tuant dans notre cher peuple de France toute générosité, tout désir de vérité et de justice«; »pas une voix haute et noble, […] qui se soit élevée dans cette presse honnête«; »pas un homme de nos assemblées n'a eu un cri d'honnête homme […]«; ders., »Procès-verbal«, in: *Le Figaro* vom 5. Dezember 1897, S. 1.

51 Le conseil de guerre de Rennes, *Le procès Dreyfus*, Bd. 2, S. 462; zum Einfluss des Mediävisten und Dreyfusards Gabriel Monod auf Charavays Entscheidung siehe Bertrand Joly, »L'École des chartes et l'affaire Dreyfus«, in: *Bibliothèque de l'école des chartes* 147 (1989), S. 611–671, hier S. 628.

52 Ebd., S. 625.

53 Seiler, *De Lavater à Michon*, Bd. 2, 283; Adrien Varinard, *J.-H. Michon. Fondateur de la Graphologie. Sa Vie et ses Œuvres*, Paris 1884.

54 So jedenfalls die zeitgenössische Einschätzung von Busse, *Graphologie*, S. 31.

55 Le conseil de guerre de Rennes, *Le procès Dreyfus*, Bd. 2, S. 478, S. 578.

56 »J'accuse les trois experts en écritures, les sieurs Belhomme, Varinard et Couard, d'avoir fait des rapports mensongers et frauduleux, à moins qu'un examen médical ne les déclare atteints d'une

maladie de la vue et du jugement.« Émile Zola, »J'Accuse ... !«, in: *L'Aurore* vom 13. Januar 1898, S. 1–2.

57 »Les experts qui sont appelés ici comme témoins sont des membres de l'Institut, des professeurs de l'École des chartes, des hommes qui mettent au jour les matériaux de l'Histoire de France, des hommes qui ont la garde de nos Archives nationales, et non des Coüard ou des Varinard.« Fernand Labori, *Expertise d'écriture, remarque à adresser aux jurés à ce propos*, zit. nach Laurent Ferri, »Émile Zola et ›ces messieurs de l'École des chartes‹ dans l'affaire Dreyfus. Documents inédits«, in: *Bibliothèque de l'École des chartes* 2 (2006), S. 595–603, hier S. 598.

58 »Pouvez-vous affirmer, en votre âme et conscience, que l'écriture du bordereau n'est pas celle (du capitaine *biffé*) de Dreyfus?« Émile Zola, Modellbrief vom 20. Januar 1898, zit. nach ebd.

59 »Tout d'abord, j'ai vu, sans être graphologue, ni expert en écritures, que l'écriture de M. Esterhazy se confondait avec celle du bordereau. [...] soumises à une critique sévère, il n'en reste rien, rien, rien!« Le conseil de guerre de Rennes, *L'affaire Dreyfus*, Bd. 1, S. 535.

60 »C'est qu'en effet, Messieurs, nous autres, hommes de science, nous avons une autre manière de raisonner. Quand nous découvrons un fait, croyez-vous que nous nous empressons de le publier? Non, nous répétons encore l'expérience, nous en vérifions les conditions; et ce n'est que quand notre certitude est faite, inébranlable, que nous publions le fait. Et pensez-vous alors – car je dois vous dire qu'en science, quelques faits nouveaux ne sont rien; ce qui a de l'importance, ce sont des conclusions générales qu'on en tire – pensez vous que tout d'abord nous allons présenter, comme des hypothèses, nous disons: Il est probable que ... et ce n'est qu'après des expériences nouvelles que nous les proclamons comme loi. Voilà la vraie méthode scientifique! Voilà la méthode qui a manqué aux actes de l'accusation!« Ebd.

61 Zu Havet und seiner Analyse des *Bordereau* siehe Denis Thouard, »Ein Philologe in der Dreyfus-Affäre: Louis Havet. Über Expertisen und wissenschaftliches Ethos«, in: Ralf Klausnitzer, Carlos

Spoerhase und Dirk Werle (Hg.), *Ethos und Pathos der Geisteswissenschaften. Konfigurationen der wissenschaftlichen Persona seit 1750*, Berlin 2015, S. 133–164, hier S. 154–161.

62 »Il y a bien des façons de parler français: on peut parler français avec correction ou en commettant des fautes. […] Eh bien! dans le bordereau, il y a des tournures incorrectes et des tournures impropres qui semblent indiquer quelqu'un qui ne connaît pas bien la langue ou qui penserait en une langue étrangère.« Le conseil de guerre de Rennes, *L'affaire Dreyfus*, Bd. 1, S. 544–545.

63 Ebd., S. 545.

64 Ebd., S. 546.

65 Zur Geschichte dieser Logik siehe Caspar Hirschi, *The Origins of Nationalism. An Alternative History from Ancient Rome to Early Modern Germany*, Cambridge 2012, S. 110–118.

66 »M. Havet lorsqu'il a déposé en faveur du capitaine Dreyfus au procès Zola, a critiqué l'expression: ›Sans nouvelles m'indiquant que vous désirez me voir, je vous adresse cependant … etc.‹ Un lettré comme Dreyfus, dit M. Havet, ne se permettrait pas une expression aussi incorrecte que celle-là. Or, dans la lettre du 27 mai 1893, mentionnée dans la brochure de M. Bernard Lazare, à la page 300, on lit ceci: ›Quoique sans nouvelles depuis mon départ de France, j'espère cependant qu'au moment où te recevra cette lettre […]‹ Il y a là une locution absolument conforme à celle du bordereau, locution signalée par M. Havet comme ne pouvant pas se trouver sous la plume de Dreyfus.« Le conseil de guerre de Rennes, *Le procès Dreyfus*, Bd. 1, S. 109.

67 Ebd., S. 108.

68 »C'est là une tournure très fréquente dans la syntaxe allemande, où l'on emploie une première phrase, qui contient implicitement une objection, sans annoncer l'objection puis, quand vient la seconde phrase, on vise l'objection et on met la particule *doch*, cependant.« Ebd., Bd. 3, S. 249.

69 Jules Crépieux-Jamin, »L'expertise en écriture et l'affaire Dreyfus«, in: *L'année psychologique* 13 (1906), S. 187–229.

70 Madeleine Rebérioux, »Histoire, historiens et dreyfusisme«, in: *Revue historique* 255 (1976), S. 407–432, hier S. 424.

71 »Le bordereau et le faux Henry sont des documents sur lesquels la critique peut opérer tout aussi bien que sur une charte.« Paul Meyer, Brief an Jules Lemaître vom 22. Januar 1899, zit. nach Pascal Ory und Jean-François Sirinelli, *Les intellectuels en France de l'affaire Dreyfus à nos jours*, Paris [3]2002, S. 28.

72 »Il en sortit le jour, où il put déchiffrer, comme il l'eût fait d'une charte, le fameux bordereau [...]« Rebérioux, »Histoire«, S. 418.

73 Philippe Oriol argumentiert noch stramm auf Rebérioux' Linie. Auch Vincent Duclert, François Hartog und Laurent Rolle teilen weiterhin ihre Grundüberzeugung, zeichnen aber stellenweise ein differenzierteres Bild. Ruth Harris tritt zwar rhetorisch als Revisionistin auf, weicht aber inhaltlich nur in Nuancen von der Perspektive der »intellectuels« ab. Konsequenter distanziert sich Bertrand Joly von Rebérioux' Interpretation und hebt sich auch insofern von den meisten anderen Autoren ab, als er gleich mehrere Gemeinplätze über die Affaire einer kritischen Prüfung unterzieht. Oriol, *L'histoire*, S. 395–396, S. 657, S. 852–854, S. 1201–1205; Vincent Duclert, »Introduction«, in: ders. und Perrine Simon-Nahum (Hg.), *Les événements fondateurs: L'affaire Dreyfus*, Paris 2009, S. 7–20, hier S. 13; François Hartog, »1906–2006. L'histoire au miroir de l'Affaire«, in: ebd., S. 40–49, hier S. 43; Laurent Rollet, »L'université et la science«, in: ebd., S. 195–208, hier S. 201–203; Harris, *The Man*, S. 143, S. 167, S. 413, S. 421, Bertrand Joly, *Histoire politique de l'affaire Dreyfus*, Paris 2014, S. 85–86, S. 211–212, S. 610–611.

74 Oriol, *L'histoire*, S. 44–45, S. 525.

75 Joly, *Histoire politique*, S. 85.

76 John Grand-Carteret, *L'affaire Dreyfus et l'image. 266 caricatures françaises et étrangères*, Paris 1898, S. 260; ein weiteres Beispiel für den schlechten Ruf der Grafologie: ebd., S. 307.

77 Christophe Charle, »Champ littéraire et champ du pouvoir: les écrivains et l'affaire Dreyfus«, in: *Annales. Économies, Sociétés,*

Civilisations 2 (1977), S. 240–264; ders., *Naissance des »intellectuels«*, Paris 1990, S. 97–116, S. 201–212.

78 »Sur le boulevard, hier, mardi gras: ›Alors, tu te déguises?‹; ›Qui‹; ›En quoi?‹; ›En ›intellectuel‹‹. Un peu plus loin: ›Vous n'êtes qu'un ›intellectuel‹‹; ›Eh va donc, experts ›en écriture‹‹! Et les deux adversaires se secouent vigoureusement par le collet.« Grand-Carteret, *L'affaire Dreyfus*, S. 295.

VI. Das Expertenbeben von L'Aquila

1 »Experten müssen wegen falscher Prognose ins Gefängnis«, in: *Süddeutsche Zeitung* vom 22. Oktober 2012, {www.sueddeutsche.de/panorama/prozess-um-erdbeben-in-laquila-experten-muessen-wegen-falscher-prognose-ins-gefaengnis-1.1503214}, letzter Zugriff am 09.09.2016.

2 Sven Stockrahm, »An Naturkatastrophen kann kein Mensch schuld sein«, in: *Die Zeit* vom 23. Oktober 2012, {www.zeit.de/wissen/umwelt/2012-10/l-aquila-erdbeben-seismologen-urteil-kommentar}, letzter Zugriff am 09.09.2016.

3 »Gericht verurteilt Erdbebenexperten zu Haftstrafen«, in: *Handelsblatt* vom 22. Oktober 2012, {www.handelsblatt.com/panorama/aus-aller-welt/laquila-katastrophe-gericht-verurteilt-erdbeben experten-zu-haftstrafen/7286136.html}, letzter Zugriff am 09.09.2016.

4 »Scientists convicted of manslaughter for failing to warn of earthquake«, in: *The Guardian* vom 22. Oktober 2012, {www.theguardian.com/science/2012/oct/22/scientists-convicted-manslaughter-earthquake}, letzter Zugriff am 09.09.2016.

5 *The Sun* vom 23. Oktober 2012, {www.thesun.co.uk/sol/home page/irishsun/4603979/Boffins-jailed-for-not-predicting-killer-earth quake.html}, letzter Zugriff am 02.06.2012.

6 Elisabetta Povoledo und Henry Fountain, »Italy Orders Jail Terms for 7 Who Didn't Warn of Deadly Earthquake«, in: *The New York Times* vom 22. Oktober 2012, {www.nytimes.com/2012/10/23/

world/europe/italy-convicts-7-for-failure-to-warn-of-quake.html?_r=0}, letzter Zugriff am 09.09.2016.

7 »[…] perseguire scienziati per non aver fatto qualcosa che non possono ancora fare: predire i terremoti.« INGV, »Lettera aperta dei sismologi al Presidente Napolitano, Rom, vom 18. Juni 2010«, {www.lettera43.it/upload/files/letteraingvnapolitano.pdf}, letzter Zugriff am 09.09.2016.

8 »The charges against these scientists are both unfair and naïve. The basis for those indictments appears to be that the scientists failed to alert the population of L'Aquila of an impending earthquake.« Alan I. Leshner, »Letter to President Napolitano, vom 29. Juni 2010«, {www.aaas.org/sites/default/files/migrate/uploads/0630italy_letter.pdf}, letzter Zugriff am 09.09.2016.

9 »The sentence handed down to six Italian scientists is truly shocking, revealing appalling ignorance of the basic nature of scientific inquiry within the Italian legal system. The verdict might have been understandable in the Dark Ages, standing alongside the persecution of Galileo, but in today's world it simply is an embarrassment to the Italian Government and anyone associated with it.« Robert May, zit. in {www.sciencemediacentre.org/expert-reaction-to-the-manslaughter-verdict-for-the-seismology-trial-in-italy}, letzter Zugriff am 09.09.2016.

10 Stuart Clark, »From Galileo to the L'Aquila earthquake: Italian science on trial«, in: *The Guardian* vom 24. Oktober 2012, {www.theguardian.com/science/across-the-universe/2012/oct/24/galileo-laquila-earthquake-italian-science-trial}, letzter Zugriff am 09.09.2016.

11 John Beddington, zit. in {www.sciencemediacentre.org/expert-reaction-to-the-manslaughter-verdict-for-the-seismology-trial-in-italy}, letzter Zugriff am 09.09.2016.

12 Bill McGuire, zit. in: ebd.

13 Der Bericht ist einsehbar unter {www.geos.ed.ac.uk/homes/imain/igmpapers/LAquila.pdf}, letzter Zugriff am 09.09.2016;

»Earthquakes don't kill people directly: buildings do.« Ian Main, zit. in {www.sciencemediacentre.org/expert-reaction-to-the-manslaughter-verdict-for-the-seismology-trial-in-italy}, letzter Zugriff am 09.09. 2016.

14 Simon Jenkins, »Wave a banknote at a pundit, and he'll predict anything«, in: *The Guardian* vom 25. Oktober 2012, {www.theguardian.com/commentisfree/2012/oct/25/italy-earthquake-laquila-banknote-predict}, letzter Zugriff am 09.09.2016.

15 »Journalists, like bankers, are getting hell these days for their mistakes. Why let seismologists off the hook?« Ebd.

16 Stephen S. Hall, »At Fault?«, in: *Nature* 477 (September 2011), S. 264–269.

17 Edwin Cartlidge, »Aftershocks in the Courtroom«, in: *Science* 338 (Oktober 2012), S. 184–188.

18 Unter den vielen Aufsätzen von Alexander über L'Aquila werden hier nur jene genannt, die für die Expertenthematik von unmittelbarer Bedeutung sind: David E. Alexander, »The L'Aquila Earthquake of 6 April 2009 and Italian Government Policy on Disaster Response«, in: *Journal of Natural Resources Policy Research* 2 (2010), S. 325–342; ders., »Communicating Earthquake Risks to the Public: the Trial of the ›L'Aquila Seven‹«, in: *Natural Hazards* 2 (2014), S. 1159–1173; die Replik darauf von Franco Gabrielli und Daniela Di Bucci, »Comment on ›Communicating Earthquake Risks to the Public: the Trial of the ›L'Aquila Seven‹‹ by David E. Alexander«, in: *Natural Hazards* 73 (2015), S. 991–998; die Replik auf die Replik von David E. Alexander, »Reply to a Comment by Franco Gabrielli and Daniela Di Bucci: ›Communicating Earthquake Risks to the Public: the Trial of the ›L'Aquila Seven‹‹«, in: *Natural Hazards* 1 (2015), S. 999–1003.

19 Im Fall des Rinderwahns besteht die Hauptparallele im vorauseilenden Gehorsam von Regierungsexperten im Rahmen einer öffentlichen Kommunikationsstrategie, die das Risiko für die Bevölkerung herunterspielen und das Unwissen der Wissenschaftler

kaschieren sollte, während sie im Fall von David Nutt in der medialen Reaktion von Wissenschaftsfunktionären auf die politisch motivierte Degradierung des Experten liegt, die einer zusätzlichen Skandalisierung des Falls Vorschub leistete. Als Einstiegsquelle in die Expertenproblematik der Rinderwahn- bzw. BSE-Krise vgl. den offiziellen *BSE Inquiry Report*, Vol. 1: *Findings and Conclusions*, London 2000, S. 231–236, S. 265. Zur »Affäre Nutt« siehe Kapitel 1 dieses Buches.

20 Charles Thorpe hat am Beispiel des Sturzes von J. Robert Oppenheimer das Degradierungsritual von Experten zu einem Spezifikum liberaler Demokratien erklärt. Für den Oppenheimer-Fall dürfte das Konzept zwar nicht ganz funktionieren, aber Thorpe hat mit ihm einen Prozess beschrieben, der für moderne Gesellschaften insgesamt charakteristisch sein mag. Charles Thorpe, »Disciplining Experts: Scientific Authority and Liberal Democracy in the Oppenheimer Case«, in: *Social Studies of Science* 4 (2002), S. 525–562, hier S. 532.

21 Siehe dazu auch den bereits erwähnten Bericht der »International Commission on Earthquake Forecasting«. Der Bericht wurde vom italienischen Zivilschutzamt in Auftrag gegeben und in Kooperation mit dem INGV verfasst. Entsprechend kritisch fällt er gegenüber Giuliani aus. International Commission on Earthquake Forecasting, *Operational Earthquake Forecasting. State of Knowledge and Guidelines for Utilization*, 30. Mail 2011, {www.geos.ed.ac.uk/homes/imain/igmpapers/LAquila.pdf}, letzter Zugriff am 9.9.2016.

22 Thomas Migge, »Das Orakel in den Abruzzen. Italienischer Techniker erfindet treffsicheres Erdbebenvorhersagesystem«, in: Deutschlandfunk, Sendung *Forschung Aktuell* vom 20. Januar 2009, {www.deutschlandfunk.de/das-orakel-in-den-abruzzen.676.de.html?dram:article_id=26110}, letzter Zugriff am 09.09.2016.

23 »Intervista a Giampaolo Giuliani (Previsione Terremoti) 23 Marzo 2009«, in: *Youtube*, {www.youtube.com/watch?v=WieaA-PrQEN4}, letzter Zugriff am 09.09.2016.

24 John Dollar, »The man who predicted an earthquake«, in: *The Guardian* vom 5. April 2010, {www.theguardian.com/world/2010/apr/05/laquila-earthquake-prediction-giampaolo-giuliani}, letzter Zugriff am 09.09.2016.

25 So berichtet David Alexander aufgrund eines Artikels in der Zeitung *Il Centro*: Alexander, »The L'Aquila Earthquake«, S. 330.

26 »[...] i massimi esperti di terremoti, diranno: è una situazione normale. Sono fenomeni che si verificano [...] Meglio che ci siano cento scosse di quattro scala Richter piuttosto che il silenzio, perché cento scosse servono a liberare energia e non ci sarà mai la scossa quella che fa male.« Guido Bertolaso, »Telefongespräch mit Daniela Stati am 30. März 2009«, in: *Youtube*, {www.youtube.com/watch?v=rROgB5QMgHs}, letzter Zugriff am 09.09.2016; ein Protokoll des Telefonats in Giuseppe Caporale, »L'Aquila, esperti a consulto sul terremoto ›Ma è soltanto un'operazione mediatica‹«, in: *La Repubblica* vom 18. Januar 2012, {http://inchieste.repubblica.it/it/repubblica/rep-it/2012/01/18/news/processo_maddalena_g8_terremoto_l_aquila-28302134}, letzter Zugriff am 09.09.2016.

27 »[...] invece di parlare io e te facciamo parlare i massimi scienziati nel campo della sismologia.« Bertolaso, »Telefongespräch mit Daniela Stati am 30. März 2009«.

28 Bernardo de Bernardinis: »La comunità scientifica continua a confermare che la situazione è favorevole – continua – perché c'è uno scarico di energia continuo.« [...] Interviewer: »Intanto ci beviamo un bicchiere di vino«; de Bernardinis: »Assolutamente, un Montepulciano DOC, mi sembra importante«. Video und Mitschrift des Interviews auf: {http://video.repubblica.it/dossier/terremoto-in-abruzzo/quando-de-bernardinis-disse-beviamoci-un-bicchiere-di-montepulciano/108566/106951}, letzter Zugriff am 09.09.2016.

29 Der Wissenschaftsjournalist Ranieri Salvadorini, der eine dezidiert expertenkritische Position vertritt, führt ein Zitat von Franco Barberi an, um zu beweisen, dass alle Experten schon am Sitzungstag über die »Entladungsthese« von Bertolaso und de Bernardinis

unterrichtet worden seien. Allerdings bleibt Salvadorini in seinem Artikel einen Beleg für das Zitat schuldig, und auch im Gerichtsprozess wurde der Sachverhalt nicht befriedigend geklärt, {https://medium.com/@ranierisalvadorini/why-the-american-reconstruction-of-the-major-risks-trial-is-flawed-d52c758f9b6f#.6cmywzaky}, letzter Zugriff am 29.09.2016.

30 »Il Prof. Barberi conclude che non c'e` nessun motivo per cui si possa dire che una sequenza di scosse di masso magnitudo possa essere considerata precursore di un forte evento.« Riunione Commissione Grandi Rischi, *Verbale*, 31. März 2009.

31 »Wollte man ein sehr starkes Beben der Magnitude 7 durch Beben der 4 entladen, so bräuchte es rund 33 000 Beben der Magnitude 4, um die Energie des Magnitude-7-Bebens abzubauen.« Markus Weidmann, *Erdbeben in der Schweiz*, Chur 2002, S. 62.

32 Giuseppe Grandori, Elisa Guagenti und Federico Perotti, »Alarm systems based on a pair of short-term earthquake precursors«, in: *Bulletin of the Seismological Society of America* 4 (1988), S. 1538–1549.

33 International Commission on Earthquake Forecasting, *Operational Earthquake Forecasting. State of Knowledge and Guidelines for Utilization*, 30. Mai 2011, S. 328, S. 343, {www.geos.ed.ac.uk/homes/imain/igmpapers/LAquila.pdf}, letzter Zugriff am 09.09.2016.

34 Zit. nach Cartlidge, »Aftershocks in the Courtroom«, S. 186.

35 Alexander, »The L'Aquila Earthquake«, S. 331; ders., »Communicating Earthquake«, S. 1162.

36 Hall, »At Fault?«, S. 264.

37 Alexander, »The L'Aquila Earthquake«, S. 328–329, S. 332–333.

38 Ebd., S. 335–336.

39 Primo Di Nicola, »E sull'allarme negato volano le accuse«, in: *L'Espresso* vom 21. Dezember 2009, {http://espresso.repubblica.it/palazzo/2009/12/21/news/e-sull-allarme-negato-volano-le-accuse-1.17623}, letzter Zugriff am 09.09.2016.

40 »La riunione di oggi è finalizzata a questo, quindi è vero che la verità non la si dice [...] Alla fine fate il vostro comunicato stampa con

le solite cose che si possono dire su questo argomento delle possibili repliche e non si parla della vera ragione della riunione. Va bene?« Guido Bertolaso, Telefongespräch mit Enzo Boschi, 9. April 2009, in: *La Repubblica* vom 25. Oktober 2012, {http://video.repubblica.it/dossier/terremoto-in-abruzzo/bertolaso-la-verita-non-la-possiamo-dire/108822/107207}, letzter Zugriff am 09.09.2016.

41 »Non ti preoccupare, sai che il nostro è un atteggiamento estremamente collaborativo. Facciamo un comunicato stampa che prima sottoponiamo alla tua attenzione.« Enzo Boschi, Telefongespräch mit Guido Bertolaso, 9. April 2009, in: ebd. Siehe ebenfalls Giuseppe Caporale und Elena Dusi, »L'ordine di Bertolaso dopo il sisma ›La verità non si dice‹«, in: *La Repubblica* vom 25. Oktober 2012, {www.repubblica.it/cronaca/2012/10/25/news/terremoto_aquila_intercettazioni-45259736}, letzter Zugriff am 09.09.2016.

42 Enzo Boschi, Brief an Giuseppe Zamberletti und Franco Barberi, 16. September 2009, in: *L'Espresso* vom 21. Dezember 2009, {http://speciali.espresso.repubblica.it/sfogli09/lettera/index.html}, letzter Zugriff am 09.09.2016.

43 Guido Bertolaso, Brief an Giuseppe Zamberletti, Franco Barberi, Enzo Boschi und Gianni Letta, ohne Datum, in: *L'Espresso* vom 21. Dezember 2009, {http://speciali.espresso.repubblica.it/sfogli09/eventi/index.html}, letzter Zugriff am 09.09.2016.

44 Zit. nach Cartlidge, »Aftershocks in the Courtroom«, S. 188.

45 Enzo Boschi, Paolo Gasperini und Francesco Mulargia, »Forecasting where larger crustal earthquakes are likely to occur in Italy in the near future«, in: *Bulletin of the Seismological Society of America* 5 (1995), S. 1475–1482, hier S. 1479–1480.

46 Zit. nach Cartlidge, »Aftershocks in the Courtroom«, S. 187.

47 »Anch'io ho fatto tutto quello che in genere si fa per fare carriera. Ho leccato il sedere quando c'era da leccarlo, ho assecondato, ho chinato la testa: non ho paura a negarlo. [...] Sono sempre stato gentile con i potenti perché sapevo che avrebbero potuto aiutarmi.« Zit. nach Flavia Amabile, »Anch'io come la Gelmini«, in:

La Stampa vom 8. Spetember 2008, {www.lastampa.it/2008/09/08/blogs/diritto-di-cronaca/anch-io-come-la-gelmini-v8KpVBPLuefgk70oMjl9ZM/pagina.html}, letzter Zugriff am 09.09.2016. Eine englische Übersetzung von Boschis Aussage in Salvadorini, »American reconstruction«.

48 Nicola Nosengo, »Italian Court Finds Seismologists Guilty of Manslaughter«, in: {www.nature.com/news/italian-court-finds-seismologists-guilty-of-manslaughter-1.11640}, letzter Zugriff am 09.09.2016.

49 Edwin Cartlidge, »Earthquake Experts Convicted of Manslaughter«, in: {www.sciencemag.org/news/2012/10/earthquake-experts-convicted-manslaughter}, letzter Zugriff am 09.09.2016.

50 Für eine kritische Beurteilung des Urteils siehe Marco Mucciarelli, »Some Comments on the First Degree Sentence of the ›L'Aquila Trial‹«, in: Max Wyss und Silvia Peppoloni (Hg.), *Geoethics. Ethical Challenges and Case Studies in Earth Sciences*, Amsterdam u. a. 2015, S. 206–210.

51 »Gravi profili di colpa si ravvisano anche nell'adesione, consapevole e acritica, alla volontà del Capo del Dipartimento della Protezione Civile di fare una ‹operazione mediatica› che si è concretizzata nell'eliminazione dei filtri normativamente imposti tra la Commissione Grandi Rischi e la popolazione aquilana.« Marco Billi, *Sentenza nella causa penale contro Franco Barberi* [...], Januar 2013, S. 750, {https://processoaquila.files.wordpress.com/2013/01/sentenza-grandi-rischi-completa-1.pdf}, letzter Zugriff am 09.09.2016. Siehe auch Edwin Cartlidge, »Judge in L'Aquila Earthquake Trial Explains His Verdict«, in: {http://news.sciencemag.org/earth/2013/01/judge-laquila-earthquake-trial-explains-his-verdict}, letzter Zugriff am 09.09.2016.

52 Nick Squires, »Italian Scientists Cleared of Failing to Predict L'Aquila Earthquake«, in: *The Telegraph* vom 10. November 2014, {www.telegraph.co.uk/news/worldnews/europe/italy/11221825/Italian-scientists-cleared-of-failing-to-predict-LAquila-earthquake.

html}; Philipp Ball, »Caution Should Be the Watchword for Scientists Trying to Predict the Future«, in: *The Guardian* vom 12. November 2014, {www.theguardian.com/commentisfree/2014/nov/12/caution-watchword-scientists-predict-future-laquila-earthquake-italy#comments}; »L'Aquila-Katastrophe: Gericht spricht verurteilte Erdbebenforscher frei, in: {www.spiegel.de/wissenschaft/natur/l-aquila-erdbeben-verurteilte-forscher-von-gericht-freigesprochen-a-1002115.html}, letzter Zugriff für alle am 09.09.2016.

53 Peter Strohschneider, »Zur Politik der transformativen Wissenschaft«, in: André Brodocz et al. (Hg.), *Die Verfassung des Politischen. Festschrift für Hans Vorländer*, Wiesbaden 2014, S. 175–192, hier S. 183.

54 Edwin Cartlidge, »Why Italian Earthquake Scientists were exonerated«, {http://news.sciencemag.org/earth/2015/02/why-italian-earthquake-scientists-were-exonerated}, letzter Zugriff am 09.09.2016; zum Urteil des Kassationsgerichts ders., »Italy's supreme court clears L'Aquila earthquake scientists for good«, {www.sciencemag.org/news/2015/11/italy-s-supreme-court-clears-l-aquila-earthquake-scientists-good}, letzter Zugriff am 17.10.2016.

55 Melissa Lane, »When the Experts are Uncertain: Scientific Knowledge and the Ethics of Democratic Judgement«, in: *Episteme* 1 (2014), S. 97–118, hier S. 109.

56 Die Wissenschaftsforscherin Danielle DeVasto interpretiert die Konstellation anhand einer Kombination von Annemarie Mols (am Beispiel von Behandlungsprozessen in Krankenhäusern entwickelten) »multiple ontologies« und den Expertentypologien von Harry Collins und Robert Evans. Auf diesem Weg wird aus Giuliani ein »referred expert« mit Anspruch auf »contributory expertise«, die aber nur die wissenschaftlichen Kommissionsmitglieder für sich beanspruchen können, während es allen beteiligten Akteuren an »interactional expertise« gebricht. DeVasto versucht dabei, die verschiedenen Formen von Expertise aufgrund von einzelnen Aussagen in Protokollen und Berichten mit spezifischen Praktiken, einer »expertise of doing«,

in Verbindung zu bringen, was aber im Vergleich zur Methode einer teilnehmenden Beobachtung im Krankenhaus nicht befriedigend gelingen kann. Entsprechend dürftig fallen die Schlussfolgerungen aus: »What this doing-based analysis of expertise makes abundantly clear is that people are complicated. They cannot simply be forced into categories.« Danielle DeVasto, »Being Expert: L'Aquila and Issues of Inclusion in Science-Policy Decision Making«, in: *Social Epistemology* 4 (2015), S. 1-26; Harry M.Collins und Robert Evans, »The Third Wave of Science Studies: Studies of Expertise and Experience«, in: *Social Studies of Science* 2 (2002), S. 235-296.

57 Naomi Oreskes, »How Earth Science has Become a Social Science«, in: *Historical Social Research* 2 (2015), S. 246-270.

58 Ebd., S. 259.

59 »L'Aquila shows that scientists can no longer ignore the social factors that affect and even control how damaging a particular earthquake may be.« Ebd., S. 262.

60 Mario Biagioli, *Galileo, Courtier. The Practice of Science and the Culture of Absolutism*, Chicago 1994, S. 339.

61 Niklas Luhmann, »Kausalität im Süden«, in: *Soziale Systeme* 1 (1995), S. 7-28, hier S. 19, S. 22, S. 24, S. 26.

62 Zum frühneuzeitlichen Klientelismus in Italien siehe u. a. Wolfgang Reinhard, *Freunde und Kreaturen. »Verflechtung« als Konzept zur Erforschung historischer Führungsgruppen. Römische Oligarchie um 1600*, München 1979; Daniel Büchel und Volker Reinhardt (Hg.), *Modell Rom? Der Kirchenstaat und Italien in der Frühen Neuzeit*, Köln u. a. 2003.

Schluss: Die Disziplinierung der Wissenschaft

1 Für die Polemik von Donald Trump siehe {www.youtube.com/watch?v=79qnYH6cu2s}, letzter Zugriff am 27.06.2018.

2 Für die Aussage von Gove siehe {www.youtube.com/watch?v=sz1_LHtfuCI}, letzter Zugriff am 27.06.2018; zur Expertensuche der

britischen Regierung Rob Merrick, »Brexit: Government ›Bars Foreign Academics from Advising on EU withdrawal‹, in: *The Independent* vom 7. Oktober 2016, {www.independent.co.uk/news/uk/politics/brexit-lse-foreign-academics-barred-banned-government-eu-withdrawal-advisors-a7350691.html}, letzter Zugriff am 27.06.2018.

3 Beim einen soll es sich um Jeffrey Goldberg, Chefredakteur des *Atlantic*, bei der anderen um Laura Rozen, außenpolitische Korrespondentin des *Al-Monitor*, gehandelt haben. Beide bestritten die Darstellung vehement. Siehe dazu Jeffrey Goldberg, »Ben Rhodes and the ›Retailing‹ of the Iran Deal«, {www.theatlantic.com/politics/archive/2016/05/ben-rhodes-and-the-retailing-of-the-iran-deal/481893}, letzter Zugriff am 27.06.2018.

4 David Samuels, »The Aspiring Novelist Who Became Obama's Foreign-Policy Guru«, in: *New York Times* vom 5. Mai 2016, {www.nytimes.com/2016/05/08/magazine/the-aspiring-novelist-who-became-obamas-foreign-policy-guru.html}, letzter Zugriff am 18.06.2018. Samuels wurde nach dem Bericht von allen involvierten Parteien angegriffen, auch von Rhodes, in der Sache aber kaum korrigiert.

5 Tom Nichols, *The Death of Expertise. The Campaign Against Established Knowledge and Why it Matters*, Oxford 2017, u. a. S. 5.

6 Daryl E. Chubin und Edward J. Hackett, *Peerless Science. Peer Review and U.S. Science Policy*, Albany 1990, S. 121.

7 Daran ändert auch eine Anonymisierung der Begutachteten gegenüber den Gutachtern, wie sie die sogenannten Double-Blind Reviews vorsehen, nichts. Gutachter genießen weiterhin den Vertrauensvorschuss, potenzielle Konkurrenten unvoreingenommen und interesselos zu bewerten, und falls sie herausfinden wollen, aus welcher Feder ein Antrag stammt, genügt häufig eine genaue Durchsicht der Anmerkungen von Bewerbungsunterlagen.

8 »A young researcher submits a complex, carefully developed paper to a leading journal. It is rejected with suggestions of significant further research needed before the paper is publishable. A year

later, a nearly identical paper is published in another top journal, by a well-known, well-connected researcher who happens to be on the previous journal's review board. In the interests of damage control, the young researcher does not complain and moves on to another research project.« Joan E. Sieber, »Quality and value: How can we research peer review? Improving the peer-review process relies on understanding its context and culture«, {www.nature.com/nature/peerreview/debate/nature05006.html}, letzter Zugriff am 01.03.2018.

9 Von einem analogen Fall mit anderem Ausgang berichtet Richard Smith, wobei er Ross und Reiter nennt: »Peer review: a flawed process at the heart of science and journals«, in: *Journal of the Royal Society of Medicine* 4 (2006), S. 178–182, hier S. 180.

10 Peter A. Lawrence, »The politics of publication«, in: *Nature* 422 (2003), S. 259–261, hier S. 260.

11 »Peer review should be seen as a political process regulated by gatekeepers who invoke the peer ›community‹ selectively as a mechanism of social control.« Chubin und Hackett, *Peerless Science*, S. 121.

12 »Peer review is difficult to reconcile with democratic values, as it is shamelessly secretive, elitist, and oligarchic.« Ebd., S. 122.

13 {https://de.wikipedia.org/wiki/Peer-Review} sowie {https://en.wikipedia.org/wiki/Peer_review#cite_ref-2}, letzter Zugriff am 30.05.2018. Teile der folgenden Passagen sind erschienen in: Caspar Hirschi, »Wie die Peer Review die Wissenschaft diszipliniert«, in: *Merkur* 10 (2018), S. 5–19.

14 Melinda Baldwin, »In Referees we trust?«, in: *Physics Today* 2 (2017), S. 45–49, hier S. 45.

15 Ebd.; Harriet Zuckerman und Robert K. Merton, »Patterns of evaluation in science: Institutionalization, structure and functions of the referee system«, in: *Minerva* 9 (1971), S. 66–100, hier S. 66. Zuckerman und Merton führen Oldenburg noch nicht explizit als Begründer der Peer Review an, stellen aber die Verbindung zu ihm her, die später zur Legende ausgebaut wurde. Voll ausgebildet anzutreffen ist die Legende bei Chubin und Hackett, wobei sie ebenfalls, ohne den Widerspruch

aufzulösen, bereits die historisch zutreffende Herleitung der Peer Review von der staatlichen Forschungsförderung Mitte des 20. Jahrhunderts vornehmen; Chubin/Hackett, *Peerless Science*, S. 19–20.

16 Baldwin, »In Referees we trust?«, S. 45.

17 Aileen Fyfe, »Peer review: not as old as you might think, in: *Times Higher Education* vom 15. Juni 2015 {www.timeshighereducation.com/features/peer-review-not-old-you-might-think}, letzter Zugriff am 02.03.2018.

18 Birn, *Royal Censorship of Books*, S. 42, S. 47–54.

19 David Shatz, *Peer Review. A Critical Inquiry*, Oxford 2004, S. 19.

20 Baldwin, »In Referees we trust?«, S. 47–49; Alex Csiszar, »Peer Review. Troubled from the Start«, in: *Nature* 532 (2016), S. 306–308; Fyfe, »Peer review«.

21 Chubin und Hackett, *Peerless Science*, S. 20–22; siehe auch John C. Burnham, »The Evolution of Editorial Peer Review«, in: *The Journal of the American Medical Association* 10 (1990), S. 1323–1329.

22 Baldwin, »In Referees we trust?«, S. 47.

23 Michèle Lamont, *How Professors Think. Inside the Curious World of Academic Judgment*, Cambridge, London 2009, S. 123–125, S. 135–136, S. 239–240.

24 Baldwin, »In Referees we trust?«, S. 47–49.

25 Melinda Baldwin, »Credibility, peer review, and *Nature*, 1945–1990«, in: *Notes and records of the Royal Society* 3 (2015), S. 337–352, hier S. 346, S. 348; zur Geschichte von *Nature* siehe dies., *Making »Nature«. The history of a scientific journal*, Chicago 2015.

26 Ebd., S. 348.

27 Theodore C. Bergstrom et al., »Evaluating big deal journal bundles«, in: *Proceedings of the National Academy of Sciences* 26 (2014), S. 9425–9430.

28 Stephen Buranyi, »Profit ohne Risiko. Das erstaunliche Modell der Wissenschaftsverlage«, in: *Merkur* 10 (2017), S. 5–19.

29 Einen Überblick über die Kampagne auf der Homepage des NDR: {www.ndr.de/nachrichten/investigation/Dossier-Das-

Geschaeft-mit-der-Wissenschaft,fakesciencedossier100.html}, letzter Zugriff am 23.07.2018.

30 Patrick Bauer et al., »Das Scheingeschäft. Angriff auf die Wissenschaft«, in: *Süddeutsche Zeitung* vom 19. Juli 2018, {https://projekte.sueddeutsche.de/artikel/wissen/angriff-auf-die-wissenschaft-e398250}, letzter Zugriff am 23.07.2018.

31 Judit Bar-Ilan und Gali Halevi, »Post retraction citations in context: a case study«, in: *Scientometrics* 1 (2017), S. 547–565.

32 Eine Auswahl der umfangreichen Literatur zum Thema: John Ioannidis und C. Glenn Begley, »Reproducibility in Science. Improving the Standard for Basic and Preclinical Research«, in: *Circulation Research* 1 (2015), S. 116–126; C. Glenn Begley und Lee M. Ellis, »Drug Development: Raise Standards for Preclinical Cancer Research«, in: *Nature* 483 (2012), S. 531–533; Brian D. Earp und David Trafimov, »Replication, falsification, and the crisis of confidence in social psychology«, in: *Quantitative Psychology and Measurement* 6 (2015), {http://journal.frontiersin.org/article/10.3389/fpsyg.2015.00621/full}, letzter Zugriff am 09.09.2016.

33 The Economist, »Let's just Try that Again« vom 6. Februar 2016, {www.economist.com/news/science-and-technology/21690020-reproducibility-should-be-sciences-heart-it-isnt-may-soon}, letzter Zugriff am 09.09.2016.

34 Gerade Universitäten definieren die Meriten ihres wissenschaftlichen Personals wesentlich über die Höhe der eingeworbenen Projektmittel, zum einen, weil sie Leistung so mit minimalem Aufwand berechnen können, zum andern, weil sie einen Teil der Mittel, den sogenannten Overhead, zur Finanzierung des eigenen Betriebs verwenden dürfen.

35 »It's the kind of stuff we do all our lives … Teaching, criticizing other people's work, reading articles for courses that you're going to teach. I mean, all we do is criticize and pick apart people's arguments.« Lamont, *How Professors Think*, S. 44.

36 Ebd., S. 79.

37 »Peer review is a bit like democracy – a bad system, but the best one possible.« Sieber, »Quality and value«.

38 Susan van Rooyen et al., »Effect of blinding and unmasking on the quality of peer review: a randomized trial«, in: *Journal of the American Medical Association* 3 (1998), S. 234–237; Fiona Godlee, Catharine R. Gale und Christopher N. Martyn, »Effect on the quality of peer review of blinding reviewers and asking them to sign their reports: a randomized controlled trial«, in: ebd., S. 237–240; Zusammenfassungen von ähnlichen Befunden bei Chubin und Hackett, *Peerless Science*, S. 122–123; Shatz, *Peer Review*, S. 2–3.

39 »In addition to being poor at detecting gross defects and almost useless for detecting fraud it is slow, expensive, profligate of academic time, highly subjective, something of a lottery, prone to bias, and easily abused.« Smith, »Peer review«, S. 179.

40 »We have little evidence on the effectiveness of peer review, but we have considerable evidence on its defects.«, ebd.

41 Siehe z. B. Douglas P. Peters und Stephen J. Ceci, »Peer-review practices of psychological journals: the fate of published articles, submitted again«, in: *Behavioral and Brain Sciences* 2 (1982), S. 187–255.

42 Zur Kritik, Peer Review sei inhärent konservativ, weil es Projekte favorisiere, die bestehende Positionen bestätigten, wenig Widerspruch erregten und leicht erreichbare Ziele formulierten, siehe Shatz, *Peer Review*, S. 83–103.

43 Die gleiche Forderung haben u. a. schon Chubin und Hackett erhoben in: *Peerless Science*, S. 204.

44 Jan-Werner Müller, *Was ist Populismus? Ein Essay*, Berlin 2016.

Abbildungsnachweise

S. 32: David Nutt u. a., »Developing a Rational Scale for Assessing the Risks of Drugs of Potential Misuse«, in: *The Lancet* 369, 2007, S. 1047–1053, hier S. 1050.

S. 38: *Leah Betts auf dem Sterbebett*, Great Burstead, Essex, zwischen dem 12. und 16. November 1995, auf *www.itv.com*.

S. 61: Frontispiz der *Philosophical Puppet Show*, London 1785(?), Cambridge University Library.

S. 72: Frontispiz des *Cours d'architecture enseigné dans l'académie royale d'architecture* von François Blondel, Paris 1675.

S. 74/5: Henri Testelin, *Colbert présentant à Louis XIV les membres de l'Académie royale des Sciences*, Paris 1670er-Jahre, Château de Versailles et de Trianon.

S. 91: *Pièce facétieuse sur le magnétisme: Dans un salon où se voit le baquet de Mesmer se trouve un certain nombre d'hommes et de femmes sous l'influence du magnétisme*, Paris 1780er-Jahre, Bibliothèque nationale de France.

S. 92: François-Louis Brossard de Beaulieu, *Portrait d'Antoine Laurent Lavoisier*, Paris 1784, Château de Versailles et de Trianon.

S. 100: *Le Magnétisme dévoilé*, Paris, zwischen 1784 und 1788, Bibliothèque nationale de France.

S. 104: *Le doigt magique ou le magnétisme animal. Simius semper simius*, Paris 1780er Jahre, Bibliothèque nationale de France.

S. 116: Armand Fouquier, *Causes célèbres de tous les peuples*, Bd. 2, Paris 1859, Bibliothèque nationale de France.

S. 124: Armand Fouquier, »Calas. – Sirven. – de la Barre.«, in: *Causes célèbres de tous les peuples*, Bd. 2, Paris 1859, S. 1, 8, Bibliothèque nationale de France.

S. 150: Armand Fouquier, »Calas. – Sirven. – de la Barre.«, in: *Causes célèbres de tous les peuples*, Bd. 2, Paris 1859, S. 9, Bibliothèque nationale de France.

S. 162: Charles Philibert de Lasteyrie nach einer Vorlage von Pierre-Nolasque Bergeret, *Voltaire promettant son appui à la famille Calas*, o. O. o. J., Bibliothèque municipale de Bordeaux.

S. 169: Voltaire, *Traité sur la tolérance*, o. O. [Genf] 1763, S. 1.

S. 179: Antoine Louis, *Mémoire sur une question anatomique relative à la jurisprudence*, Paris 1763, Bibliothèque nationale de France.

S. 195: *Egte afbeelding van de guillôtine te Parys*, o. O. [Amsterdam?] zwischen 1791 und 1795, Bibliothèque nationale de France.

S. 203/4: Vor- und Rückseite des *Bordereau*, Paris 1894, Service historique de la Défense, Vincenne.

S. 211/2: Handschriftenvergleich von Ludwig XI., Ludwig XIV. und Bismarck, in: Jean-Hippolyte Michon, *Système de graphologie. L'art de connaître les hommes d'après leur écriture*, Paris 1875, S. 99–100.

S. 214: »Die Handschrift des Mörders und Brandstifters Friedrich Erxleben«, Beilage zu Hans H. Busse, *Graphologie und gerichtliche Handschriften-Untersuchungen (Schrift-Expertise). Unter besonderer Rücksicht auf den Fall Dreyfus-Esterhazy*, Leipzig 1898.

S. 219: Fotografische Reproduktion des *Bordereau* auf der Titelseite von *Le Matin* vom 10. November 1896, S. 1, Bibliothèque nationale de France.

S. 220: Detailansicht der fotografischen Reproduktion des *Bordereau* auf der Titelseite von *Le Matin* vom 10. November 1896, S. 1, Bibliothèque nationale de France.

S. 227–230: *Affaire Dreyfus, Document No. 1, Le Bordereau (Fragment); Document No. 2, L'Ecriture de Dreyfus; Document No. 3, l'Ecriture d'Esterhazy*, o. O. nach dem 10. November 1896, Bibliothèque historique de la Ville de Paris.

S. 233/4: *Affaire Esterhazy. Identité absolue des Ecritures*, o. O. o. J. [wahrscheinlich Winter 1897–1898].

S. 236: Émile Zola, »J'Accuse ... ! Lettre au président de la République«, in: *L'Aurore* vom 13. Januar 1898.

S. 250: *L'Affaire Zola. Portraits des principaux témoins*, o. O. o. J. [nach Januar 1898].

S. 271: »L'Aquila sette anni dopo il sisma sparita un'intera generazione«, in: *Corriere della Sera* vom 7. April 2016.

S. 272: »President Barack Obama, joined by Italian Prime Minister Silvio Berlusconi, tour earthquake damage in L'Aquila, July 8, 2009«, in: *Wikimedia Commons*, 16.10.2009, {https://commons.wikimedia.org/wiki/File:President_Barack_Obama_tour_earthquake_damage_in_L%27Aquila,_Italy_-_Wednesday,_July_8,_2009.jpg}, letzter Zugriff am 17.07.2018.

Dank

Die Arbeit an diesem Buch begann vor mehr als zehn Jahren in England, führte für mehrere Archivrecherchen nach Frankreich und fand ihren Abschluss in der Schweiz. Auf dem langen Weg erhielt ich Unterstützung von zahlreichen Personen und Institutionen, denen ich danken möchte.

An der Uni Cambridge schärfte Tim Blanning meinen Blick für die Unterschiede zwischen englischen und französischen Akademien, Simon Schaffer für die schwierige Vereinbarkeit von wissenschaftlichem Unabhängigkeitsideal und Nützlichkeitsgebot und Emma Spary für die konfliktreichen Kooperationen zwischen Pariser Zünften und Akademien. In Paris unterstützten mich Florence Greffe von den Archives de l'Académie des sciences und mehrere Mitarbeitende der Archives nationales nach Kräften bei der Quellensuche, während das Personal der Bibliothèque nationale an guten Tagen die Originaldokumente herausrückte und mir das Durchspulen von Mikrofilmen ersparte. Aus Toulouse schickte mir Geraud de Lavedan von den Archives municipales den Zugang zu den digitalisierten Reichtümern der Affaire Calas und nahm mir damit jedes Argument, mich für eine archivalische Abenteuerreise ins Languedoc von der Familie abzusetzen.

Als ich aus England in die Schweiz zurückkehrte, fand ich bei Michael Hagner an der ETH Zürich eine ideale Arbeitsstätte und lernte von ihm viel über das Spannungsverhältnis von Wissenschaft und Demokratie. Nach dem Wechsel an die Universität St. Gallen konnte ich mehrere Fallstudien im historischen Kolloquium vorstellen, wo mir Sebastian Beese, Jan Horstmann, Karen Lambrecht, Florian Schui und Simone Zweifel wertvolle Anregungen gaben.

Wichtige Impulse kamen auch von Personen, mit denen ich nicht institutionell verbunden war. Mein Interesse für die Geschichte des Experten wurde von Frank Rexroth mit der Einladung zu einer Tagung in Göttingen erst richtig geweckt. Christelle Rabier verhalf mir zu einem besseren Verständnis der Expertentätigkeit frühneuzeitlicher Chirurgen und Mediziner. Dank Remo Grolimunds kundiger Auskunft konnte ich Fragen zum Stand der Erdbebenforschung klären, während mich Petra Gehring auf Luhmanns Aufsatz über »Kausalität im Süden« aufmerksam machte. Martina Schlauri half mir in spätabendlichen Überstunden beim Übersetzen französischer Zitate. Immer wieder durfte ich die Kritik von Carlos Spoerhase und Andreas Hauser, meinem »Götti«, in Anspruch nehmen; sie gaben mir nicht nur Orientierung in der Arbeit, sondern auch Freude an der Wissenschaft.

Schließlich erhielt ich, als das Buch auf der Zielgeraden war, in Tilman Vogt einen ebenso gründlichen wie scharfsinnigen Lektor, und als die Druckfahnen vorlagen, haben sie Annemarie Hirschi und Karen Lambrecht trotz hohem Zeitdruck sorgfältig durchgearbeitet. Ihnen allen gilt mein großer Dank.

Erste Auflage Berlin 2018

MSB Matthes & Seitz Berlin Verlagsgesellschaft mbH
Göhrener Str. 7, 10405 Berlin
info@matthes-seitz-berlin.de

Umschlaggestaltung: Dirk Lebahn, Berlin
Satz: Tom Mrazauskas, Berlin
Druck und Bindung: Pustet, Regensburg

ISBN 978-3-95757-525-8

www.matthes-seitz-berlin.de

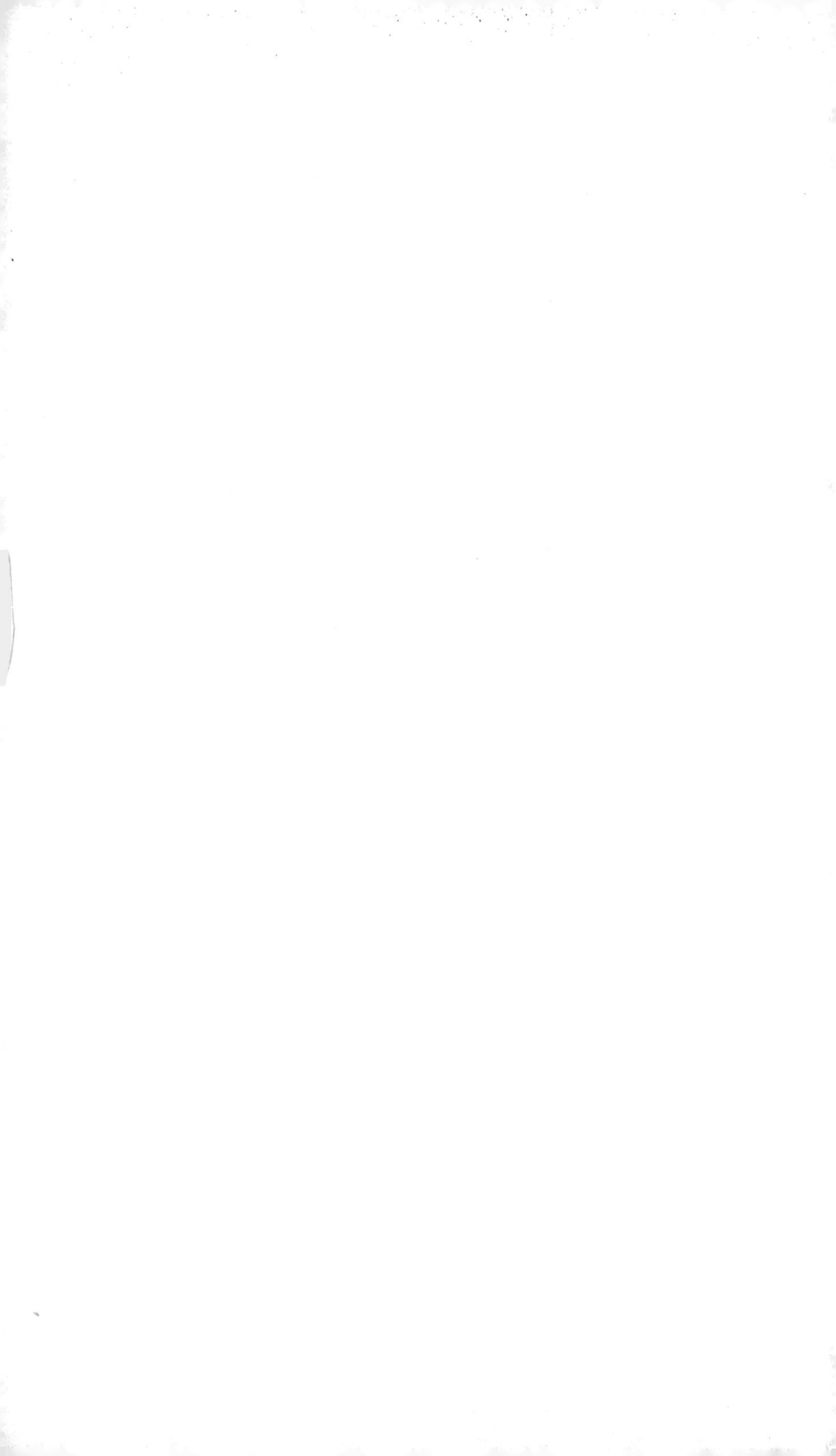